복음이 이끄는 기독교

부흥과개혁사 는 교회의 부흥과 개혁을 추구합니다. 부흥과개혁사는 부흥과 개혁이 이 시대 한국 교회를 향한
하나님의 뜻이라고 믿으며, 조국 교회의 부흥과 개혁의 방향을 위한 이정표이자, 잠든 교회에는 부흥과 개혁을 촉구
하는 나팔소리요, 깨어난 교회에는 부흥과 개혁의 불길을 지속시키는 장작더미이며, 부흥과 개혁을 꿈꾸며 소망하
는 교회들을 하나로 모아 주기 위한 깃발이고자 기독교 출판의 바다에 출항하였습니다.

복음이 이끄는 기독교

마이클 호튼 지음 이용중 옮김

부흥과개혁사

목차

1부 복음을 복음답게: 위를 바라보기, 밖을 바라보기

감사의 글

로버트 호색과 로버트 핸드에게 베이커 출판사의 나머지 직원들과 더불어 이 책을 더 나은 책으로 만들기 위해 여러 가지로 도움을 준 데 대해 다시 한 번 특별한 감사를 드린다. 또 캘리포니아 웨스트민스터 신학교의 동료들과 학생들, 샌디에이고에 있는 크라이스트 연합 개혁 교회의 형제자매들에게도 감사를 드린다. 그들은 나의 가족과 내게 늘 격려와 교훈과 기쁨의 원천이 되고, 이 책의 메시지의 구체적인 표현을 제공해 준다. 물론 이 땅에서 가장 크게 감사해야 할 사람들은 늘 영감의 원천이 되어 주는 아내 리사와 아이들-제임스, 올리비아, 매튜, 애덤-이다.

THE GOSPEL DRIVEN LIFE

이 책의 목표는 기독교인이자 교회인 우리의 믿음과 인내가 다시 복음, 즉 하나님의 아들 예수 그리스도 안에서 죄와 사망에 대한 하나님의 승리의 선포를 지향하도록 방향을 전환시키는 것이다. 처음 여섯 장에서는 하늘에서 들려온 긴급 뉴스를 살펴보고, 나머지 장들에서는 이 복음이 세상에서 만들어 내는 공동체에 초점을 맞출 것이다. 단순히 복음이 먼저 있고 그 다음에 복음을 믿는 사람들로 구성된 공동체가 있는 것이 아니다. 복음은 지금도 우리를 기다리고 있는 하늘나라의 혼인 잔치에 대한 불완전한 예고편인 그런 공동체를 만들어 낸다. 교회는 독특한 이야기와 교리뿐만 아니라 나름의 '정치'와 수단을 지닌 나름의 문화다. 교회는 자신이 선포하는 메시지와 일관되게 교회의 생명과 정체성과 성장과 확대를 스스로 자력으로 만들어 내고 있는 것이 아니라 위로부터 *받고 있다.*

기독교 신앙은 모든 종교, 영성, 인생철학과는 구별되게 본질상 ('좋은 소식'을 의미하는) 복음이다. 교회는 나머지 세상에 어리석고 무력하게 보이는 이 독특한 선언으로 인해 구속받고 다시 정의된 하나님의 세상의 일부로서 교회의 사명을 시작하고 확대하며 완수한다. 다시 말해 모든 신자-집합적으로는 교회-는 하나님의 활동의 수혜자가 됨으로써 사망에서 생명으로 넘어갔다.

『그리스도 없는 기독교』의 뒤를 이어 이 책에서는 역사상 가장 위대한 이야기와 하나님이 역사하시는 놀라운 방식들을 살펴보고 패스트푸드가 만연한 세상에서 하나님의 잔치에 참여할 사람들을 모을 것이다. 『복음이 이끄는 기독교』에서 우리는 현대 기독교의 믿음과 인내와 복음 증거 속에서 새로운 개혁을 보기를 소망하며 위기에서 해법으로 방향을 전환한다.

복음은 단순히 우리가 동의하는 일련의 사실들이 아니라 우리의 정체성을 재설정하는 극적인 이야기다. 연극의 관점에서 복음에 대해 생각해 보라. 매주 우리는 우리 자신의 대본을 가지고 교회에 간다. 당신의 대본이 나의 대본과 비슷하다면 그것은 '별 볼일 없는 쇼'다. 그러나 하나님이 내려오셔서 우리에게 새 대본을 주신다. 우리의 원래 역할이 주연과 함께 죽고 부활하는 의미심장한 줄거리다. 하나님은 우리의 연극에서 우리를 뒷받침하는 역할을 찾으시는 대신 하나님의 새로운 세상을 위해 우리를 점점 늘어나는 출연자의 일부로 자신의 대본 속에 집어넣으신다. 이 대본은 우리가 새 창조를 실현하기 위한 특정한 수순만을 따르려 하는 경우에는 새 창조를 위한 청사진을 제시하지 않는다. 성령님은 그 대신 이 복음을 통해 우리를 이 드라마 속으로, 이미 시작된 새 창조 속으로 몰아가신다. 우리는 더 이상 죄와 사망의 지배 아래 있는 '아담 안에' 있지 않고 '그리스도 안에' 있다.

이 책은 '위를 바라보기, 밖을 바라보기'와 '주위 둘러보기, 앞을 바라보기'라는 두 부분으로 나뉜다. 나는 이 책에서 복음의 긴급성과 하나님이 우리에게 복음을 전달하시는 놀랍고 예상하지 못한 수단들을 강조하기 위해 '뉴스'와 관련된 여러 표현-'긴급 뉴스', '제1면', '머리기사'-을 사용하기로 했다. 우리는 자기 내면을 들여다보는 것이 아니라 우리 밖으로 인도되어야 하나님, 우리 자신 또는 세상에 대한 진리를 발견할 수 있다. 안에서 밖으로 향하게 되면 우리는 믿음 안에서 위로 하나님을 바라보고, 밖으로 우리 이웃을 바라보며, 사랑으로 섬기고 복음을 전하게 된다. 놀라운 소식은 우리로 하여금 우리 자신의 가정과 경험과 추측에 집중하게 하는 대신 실제 세계의 '밖에 있는' 것에 집중하게 한다. 복음을 통해 역사하시는 성령님만이 옛 창조의 한가운데서 새 창조를 일으킬 수 있는 이런 능력이 있으시다. 우리는 점차 바깥 세상이 자기도취적인 편견에 휩싸인 안쪽 세상보다 더 흥미롭다는 것을 발견한다. 그것은 우리가 스스로 달성하기는커녕 예상조차 해 본 적 없는 해방이다. 그것은 하나의 선물이다. 그것은 복음 속에서 약속되었고 지금 이 시대에도 성령님께서 우리에게 미리 맛보게 해 주시는 결혼식 피로연이다. 우리의 소비자 문화는 인스턴트 식품식의 영성으로 즉각적인 만족을 제공하지만 복음은 우리를 아브라함, 이삭, 야곱과 함께 잔칫상에 둘러앉히며 삼위 하나님은 하늘의 선물들로 우리를 대접하신다.

새로운 개혁은 메시지의 변화와 방법의 변화를 모두 요구한다. 우리의 믿음뿐만 아니라 우리의 개인적, 공동체적인 실천도 변해야 한다. 오늘날 우리 교회들이 우리의 행동과 경건과 세상을 변화시킬 목표에 집중한다면, 우리 시대의 긴급한 필요는 말 그대로 야위어 가고 있는 세상에서 용서와 새 생명과 참된 변화를 전해 주는 잔칫집 주인이시자 그 음식이신 그리스도께 대한 초점을 회복하는 것이다.

『그리스도 없는 기독교』와 마찬가지로 이 책은 일시적 흥분에 지쳐 있고 소망을 찾고 있는 폭넓은 기독교인 독자층을 위해 쓴 책이다. 특별히 이 책은 자신의 삶과 자신의 교회가 점점 더 복음 중심적으로 변해 가는 모습을 보고 싶은 젊은 평신도, 부모, 목회자들을 주요 대상으로 하는 책이다.

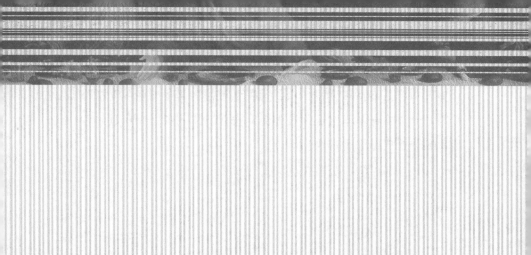

THE GOSPEL DRIVEN LIFE

1

복음을 복음답게
- 위를 바라보기, 밖을 바라보기 -

01

복음과 하나님 중심성: 제1면의 하나님

1

복음과 하나님 중심성

제1면의 하나님

24시간 보도 프로그램의 성공으로 미루어 보건대 우리는 오늘날 뉴스에 미쳐 있다. 우리는 이 세상을 형성해 가는 사건들에 대한 정보를 얻기보다 일상생활의 쳇바퀴를 벗어나 무언가 대단한 것의 일부가 되기를 갈망한다. 그런 많은 사건들도 중요하기는 하지만 대개의 경우 그런 사건들은 끊임없이 나타났다 사라지며 몇 주, 심지어 며칠-때로는 몇 시간-만 지나도 우리는 이미 잠시 우리의 시선을 사로잡은 1면 머리기사들을 잊어버린다.

교회에서도 똑같은 일이 벌어진다. 우리는 일시적인 유행들로 인해 가장 중요한 문제-그리스도께서 우리에게 복음을 선포하고 양들을 먹이라고 주신 사명-에서 너무 쉽게 주의를 딴 데로 돌린다. 모든 파티는 환상의 사라짐, 피로감 같은 심한 후유증을 남긴다. 그러나 우리는 늘 다음번 화제를 찾아 헤매는 속물들이다.

CNN과 인터넷 언론이 생겨나기 오래 전에 기독교 신앙의 기본적인 내용은 지정된 '뉴스'-실제로 좋은 소식-였다. *유앙겔리온*(εὐαγγέλιον, 좋은 소식)이라는 말은 세속적인 그리스 문화에서 보통 최전방에서 전령이 가져오는 싸움터에서의 승전보를 가리키는 데 사용된 말이다. 이 단어는 초기 기독교인들이 자신들의 메시지와 세상에 대한 사명을 가리키기 위해 다른 어떤 말보다도 더 많이 차용한 말이다.

머리기사는 어떤 때는 우리의 시선을 사로잡기도 하지만 어떤 때는 그렇지 않다. 대개 우리는 선정적인 머리기사에 너무 익숙해져서 그런 기사에 더 이상 시선을 빼앗기지 않는다. 『그리스도 없는 기독교』에서 나는 그리스도와 그리스도의 구속 사역을 중심으로 얽혀 있는 성경의 기본적인 줄거리를 사람들이 심각하게 훼손하고 혼동하며 모르는 척하고 어떤 경우에는 부인하기까지 하고 있다고 주장했다.[1] 요컨대 1면 머리기사가 뒷면, 종교면, 또는 연예면, 정치면, 스포츠면, 예술 및 문화면 등 다른 지면으로 보내지고 있다. 그 결과는 하나님이 우리 이야기의 주연이 아닌 조연이 되시는 것이다. 우리가 1면 머리기사의 주인공이 되고 역사와 우리 자신의 삶 속에서 성부, 성자, 성령의 사역은 배경 속으로 사라진다.

문제의 일단은 뉴스 산업이 말 그대로 하나의 산업이 되어 버렸다는 점에 있다. 나는 세상을 그리 오래 살지는 않았지만 주요 언론사들의 슬로건이 바뀌고 있다는 사실을 기억할 만큼은 오래 살았다. 나는 CBS 뉴스 앵커 월터 크롱카이트가 매일 저녁 "오늘은 별다른 뉴스가 없습니다."라는 말로 방송을 끝냈던 것을 기억한다. 그러나 온갖 뉴스들이 경쟁하는 시대에 뉴스는 '당신이 접할 수 있는 모든 뉴스'가 되어 팔려 나간다. 이런 변화는 별 의미 없는 변화가 아니다. 그것은 *실제로 무엇이 중요한가*와 관련이 있다기보다는 나와 상당한 시장 점유

---

1) 마이클 호튼, 『그리스도 없는 기독교』 김성웅 옮김 (서울: 부흥과개혁사, 2009).

율을 차지하는 동료 소비자들이 느끼기에 오늘날 우리의 삶에 무엇이 중요한가와 관련이 있다.

나는 요즘 뉴스에 대해 전보다 냉소적으로 변했다. 그 이유 중에 하나는 나도 더 이상 어린아이가 아니며 크롱카이트도 자기 나름의 관점이 있었다는 사실을 깨달았기 때문이고, 또 다른 이유는 텔레비전 뉴스가 특히 너무 염치없이 오락과 상술과 개인적 편향에 휘둘리게 되었기 때문이다. 사람들이 과거에 크롱카이트를 신뢰했던 이유는 자신을 뉴스거리로 만들지 않았기 때문이다. 그런데 오늘날 우리는 기자들이 자기 나름의 팬을 확보한 유명 인사가 되기를 기대한다. 교회에서도 마찬가지 상황이 너무 자주 벌어진다.

그러나 바로 여기에 기독교의 위기가 있다. 한편으로 복음은 믿기에 가장 합리적인 소식이다. 그것은 우리가 요즘 흔히 듣는 소식이 아니다. '종교는 일종의 비합리적인 비약이다. 당신이 종교를 지적으로 더 많이 연구할수록 종교에서 멀어질 가능성은 더 커진다.' 바로 이것이 당신이 교회에서나 길거리에서 들어 봤음직한 가설이다. 그러나 '예수님은 당신을 더 행복하게 만든다.'는 주장은 순전히 주관적인 진술이다. 어느 누구도 단순히 기독교가 자신의 삶 속에서 매우 큰 도움을 주었다는 이유 때문에 기독교인이 되면 안 된다. 복음은 온갖 종교적 주장들 중에서 유일하게 어떤 역사적 사건에 대한 선포다. 따라서 기독교는 본질상 영성, 종교, 도덕의 원천이 아니라 극적인 이야기이며 핵심에는 티베리우스 황제가 다스리던 시대에 예수님이 우리 죄를 위해 십자가에 달리시고 사흘 뒤에 죽은 자들 가운데서 육체적으로 부활하셨다는 주장이 있다. 앞으로 살펴보게 되겠지만 예수님의 부활에 대한 주장은 매우 합리적이며 사실 다른 대안적인 설명보다 합리적이다. 사도 바울은 고린도 교인들에게 그리스도께서 부활하지 않으셨다면 우리도 구원받지 못한 것이라고 말했다. 다른 어떤 종교도 전적으로 역사적인 사실에 의지해서 자기 종교의 타당성을 주장하지는 않는다.

다른 한편으로 복음은 "멸망하는 자들에게는 미련한 것"(고전 1:18)이다. 종교와 철학—그리스인들이 '지혜'라고 생각하는 것—은 우리 안에 있는 영혼을 도와 일상생활의 실제적인 문제들을 해결하기 위해 존재한다. 당신이 진실로 자신을 하나님의 진노 아래 있는 죄인으로 생각하지 않는다면, 한 유대인 랍비의 성육신, 생명, 십자가의 죽음, 부활에 대한 이 모든 이야기는 핵심을 벗어난 것처럼 보인다.

우리가 이 세상에서 순례자로 남아 있는 만큼 복음은 우리에게도 낯선 것으로 남아 있을 것이다. 죽는 날까지 우리는 하나님이 우리에게 공표하시는 나쁜 소식과 좋은 소식을 믿으려고 몸부림칠 것이다. 우리는 그냥 당연하게 자신은 죄 속에서 태어나 영적으로 죽어 있으며 무력하고 우리 자신을 구원하거나 거룩하신 하나님께 깊은 인상을 심어 주기 위해 손가락 하나도 까딱할 수 없는 존재라고 생각하지 않는다. 그 결과 우리의 가장 큰 필요는 성자 안에서 하나님의 구원의 역사로 성령님에 힘입어 구속받고 의롭다 함을 받고 거듭나고 거룩해지고 영화롭게 되는 것이라는 생각이 저절로 들지 않는다. 만일 우리가 선포하는 '좋은 소식'이 우리가 이미 아는 것—또는 안다고 생각하는 것—과 경험하는 것으로 결정된다면, 그것은 진정한 뉴스가 아니다. 그런 메시지는 우리가 이미 타당하고 실제적이고 유용하다고 생각하는 것들에 갇혀 결코 우리를 놀라게 하고 혼란스럽게 하고 난처하게 만드는 메시지가 되지 못할 것이다. 그런 메시지는 결코 우리를 뒤흔들어 놓거나 우리로 하여금 자신의 우선순위와 실재에 대한 해석을 재평가하게 하지 못한다.

당신은 진짜 뉴스를 들으면 그것이 진짜 뉴스임을 안다. 교회를 박해하는 데 앞장섰던 사울을 생각해 보라. 부활하시고 승천하신 그리스도와의 갑작스런 만남으로 말에서 떨어진 그는 혼란으로 휘청거렸다. 하나님과 하나님이 역사 속에서 펼치시는 계획에 대한 깊은 확신에 따라 정직하고 신실하게 행동했던 사울은 하나님, 자기 자신, 이스라엘 및 이방인에 대한 자신의 생각 전체와 자신의 도덕적 열정에 대한 확신이 잘못되었음을 깨닫게 되었다. 그는 하나님이 예루살렘에서 행하고 계신 일을 완전히 오해하고 있었다. 그의 삶에서 일어난 혁명은 그가 자기 이름을 사울에서 바울로 바꿀 만큼 강력했다. 이방인의 사도로서 바울은 빌립보 교회의 기독교인들에게 전에는 자신의 신분이 엄격한 유대인의 겉모습—율법에 대한 헌신에 있어서는 동료들보다도 더 열성적인 '바리새인에 속한 한 바리새인'—속에 감춰져 있었지만 이제는 자신의 '의'를 '배설물'로 여기게 되었다고 말했다. 그는 그동안 자기의 열정과 노력으로 축적해 온 모든 것을 이제 율법에서 난 자기 의를 버리고 그리스도 안에서 발견되기 위해 부채 항목으로 옮겼다.

이 놀라운 소식을 위해 바울은 자신이 남들에게 가한 것과 똑같은 고난을 기꺼이 받으려 했다. 이 소식은 모든 것을 바꾸어 놓았다. 그리고 바울은 이제 더 이상 1면 머리기사의 주인공이 아니었다. 바울은 하나님의 이야기에서 조연을 맡았다. 복음은 "유대인에게는 거리끼는 것이요 이방인에게는 미련한 것이로되 오직 부르심을 받은 자들에게는……하나님의 능력이요 하나님의 지혜"라고 말한 사람이 바로 바울이었다.

바울과 그의 동료 사도들은 스스로 본성적으로—우리 모두와 똑같이—자기에게 몰두하는 인간이라는 사실을 알았다. 종교개혁자들은 아우구스티누스의 말을 인용하면서 타락한 죄인인 우리는 모두 '우리 자신에게 기울어져 있다.'고 말했다. 영적으로 심각한 척추측만증을 가지고 태어난 우리의 등뼈는, 보이는 것이라고는 전부 우리 자신의 시급한 필요, 욕구, 욕망, 순간적인 만족밖에 없을 만큼 심각하게 휘어져 있다. 그러나 복음은 우리로 하여금 곧게 서서 위로는 믿음으로 하나님을 바라보고, 밖으로는 사랑과 섬김으로 우리 이웃을 바라보게 한다. 어떤 뉴스도 그런 일은 할 수 없지만, 복음은 그 일을 할 수 있다.

성경 기자들이 '복음'이라는 단어를 선택한 것도 꽤 흥미롭다. 다른 많은 종교의 핵심은 좋은 충고, 좋은 기술, 좋은 프로그램, 좋은 생각, 좋은 지원 체제다. 이런 것들은 우리를 우리 자신 속으로 더 깊이 몰아가서 내면의 빛, 내면의 선함, 내면의 목소리, 또는 내면의 원천을 발견하게 한다. 그러나 우리 안에서는 아무런 *새로운* 것도 발견할 수 없다. 내 영혼 깊은 곳에는 구원자가 없다. 나의 내면에서는 단지 그 기원을 확인할 수 없는 두려움, 근심, 지루함 등의 느낌이 들지 않게 하려고 내게 온갖 어리석은 말을 지껄이는 내 음성의 메아리만 들릴 뿐이다. 그러나 기독교의 핵심은 좋은 소식이다. 그것은 우리가 성취해야 할 임무, 우리가 이루어야 할 사명, 우리가 인생 코치들의 도움을 받아가며 따라야 할 전략이 아니라 다른 누군가가 이미 우리를 위해 모든 것을 이루고 성취하고 따르고 달성했다는 소식으로 다가온다. 좋은 충고는 일상적인 방향 설정에 도움이 될 수도 있다. 그러나 예수 그리스도에 대한 좋은 소식은 우리를 죄의 책임, 죄가 우리 삶에 휘두르는 폭정, 죽음에 대한 공포에서 *구해 준다.* 그것이 좋은 소식인 이유는 그 결과가 우리에게 달려 있지 않기 때문이다. 그것은 하나님과 하나님 자신의 목적과 약속에 대한 하나님의 신실하심에 대한 소식이다.

보통 사람은 종교의 목적이란 우리에게 일련의 규칙이나 기술을 제시하거나 우리가 더 사랑하고 용서하고 인내하고 배려하고 관대해지는 데 도움을 주는 생활 방식을 형성시켜 주는 것이라고 생각한다. 물론 성경에는 그런 내용도 많이 있다. 모세와 마찬가지로 예수님은 율법 전체를 바로 그런 관점에서 하나님 사랑과 이웃 사랑으로 요약하셨다. 그러나 율법은 하나님의 *도덕적인* 뜻에 대한 계시로서 중요하지만 하나님의 *구원하시려는* 뜻에 대한 계시와는 다르다. 우리는 하나님과 이웃을 사랑해야 하지만 그것이 곧 복음은 아니다. 우리가 더 나은 사람이 되어야 한다는 것을 깨닫기 위해 그리스도께서 십자가에서 죽으실 필요는 없었다. 도덕적인 권면이 잘못되었다는 것이 아니라 그런 권면은 그것이 명령하는 세상을 만들어 낼 수 있는 능력이 없다는 것이다. 도덕적인 권면과 지시는 선할 것일 수도 있다. 만일 그것이 하나님의 말씀에서 나온 권면이라면, 그것은 실제로 *완벽한* 권면이다. 그러나 그런 것은 복음이 아니다.

두 개의 릴이 있는 영화 한 편이 있다고 상상해 보라. 첫 번째 릴은 창조부터 타락까지의 줄거리를 다루는 반면, 두 번째 릴은 창세기 3장 15절에 나오는 구주에 대한 약속부터 요한계시록 끝부분에 나오는 새 하늘과 새 땅까지의 나머지 이야기를 담고 있다. 첫 번째 릴-또는 그것의 여러 버전-은 모두가 다 수백 번이나 보았다. 그러나 두 번째 릴은 일부에서 상영된 것을 제외하고는 전혀 알려지지 않았다. 성경적인 은유로 되돌아가자면 율법은 이미 우리가 알고 있다. 반면 복음은 누군가가 말해 주어야 한다.

바울이 로마서 초두에서 설명하듯이 율법은 피조물 안에 있는 양심에 기록되어 있다. 살인하고 도둑질하는 것이 나쁜 짓이라는 사실은 누구나 안다. 우상 숭배는 하나님이 존재한다는 사실을 누구나 알고 있다는 증거이며, 나름의 의식과 영적인 의무로 하나님의 진노를 누그러뜨리려는 사람들의 노력은 수많은 제사 제도에 반영되어 있다. 그러나 이런 원래의 보편적인 계시는 율법이지 복음이 아니다. 우리의 첫 조상이 처음 죄를 저지른 뒤에 하나님은 어느 누구도 구원하실 의무가 없었다. 하나님은 자신의 안식에 들어가기 위한 조건과 그것을 범했을 경우에 받을 형벌을 이미 제시하셨으므로 아담과 하와는 영원한 죽음의 확인 외에 자신이나 후손들에게 무엇인가를 기대할 이유가 없었다. 그러나 하나님은 대가 없이 자비를 베푸시기로 작정하셨다. 하나님의 입에서 또 다른 말씀이 흘러나왔다. 하와의 몸에서 나올 구주, 뱀의 머리를 짓밟을 새 아담에 대한 좋은 소식이었다. 그때부터 인류는 두 집안으로 나뉘어졌다. 하나는 가인과 그의 교만한 왕국으로 대표되는 집안이었고, 다른 하나는 그 후손들이 하나님의 이름을 부른 셋으로 대표되는 집안이었다. 지배욕의 지배를 받는 한 왕국은 현세의 번영, 안전, 정의를 목표로 하지만 영속적으로 폭력과 내적 붕괴에 빠진다. 하나님의 약속의 지배를 받는 또 다른 왕국은 구원과 그리스도 안에 있는 모든 신령한 복을 받기 위해 하나님을 바라본다.

그래서 '율법'은 뉴스가 아니다. 율법은 우리가 이미 내적으로 알고 있는 것이다. 대다수의 사람들이 여전히 죽이거나 훔치거나 그 밖에 다른 사람의 이익을 해치는 짓은 잘못된 일이라고 믿고 있음을 정기적으로 확인시켜 주는 여론 조사 결과를 살펴보라. 사람들은 심지어 '하나님'에 대한 막연한 의무감까지 느끼고 있다. 그러나 성자의 죽음과 부활을 통한 하나님의 구조 작전에 대한 지식은 보통 사람이 이미 알고 있는 지식이 아니다. 그들이 임종할 때 목사님들이 그들에게 하나님을 만난 적이 있느냐고 물으면, 심지어 평생 교회에 다닌 교인들에게서도 이런 이야기를 종종 듣는다. "그랬으면 좋겠습니다. 하나님은 아시겠죠. 전 완전히 바르게 살지는 못했지만 그렇게 살려고 노력했습니다." '복음'은 놀라운 소식이며 신자들에게도 여전히 놀라운 소식이다. 눈을 들어 그 아들의 복음으로 옷 입으신 하나님을 바라보도록 누군가가 우리를 끊임없이 잡아당겨 주지 않는다면, 우리는 볼썽사납게 구부러진 가지처럼 천성적으로 우리 자신에게로 기울어진다. 더 좋은 부모와 배우자와 친구가 되어라, 진실한 인간관계를 맺어라, 덜 이기적으로 행동하고 남들에게 더 많이 베풀어라, 인생의 게임에 방관자가 되기보다는 적극적으로 뛰어들어라, 기타 등등의 조언을 해 줄 사람은 우리에게 필요치 않다. 그런 문제들에 대한 조언을 들으면 우리는 고개를 끄덕인다. 그리고 메모를 하기 시작하고, 다음 주에는 실천에 옮겨 보겠다고 결심한다. 그런 권면이 전부 우리가 실천할 수 있을 것 같을 때는 귀가 솔깃하다. 계획을 실행에 옮긴다면 우리는 이미 성공에 필요한 모든 요건을 다 갖추고 있다는 이야기를 들을 때, 우리의 자기 의는 벌떡 일어선다.

그런 많은 조언들은 진실일 수도 있지만, 이미 율법(해야 할 일)에 친숙해진 우리는 교회의 메시지가 그런 조언들과 얼마나 다르며 기독교의 메시지가 얼마나 급진적인지 의문을 품을 수 있다. 하지만 예수 그리스도에 대한 급진적인 소식만이 우리로 하여금 모든 사소한 일에서부터 관심을 돌리게 할 수 있고, 우리를 안으로부터 변화시킬 수 있다. 복음만이 우리의 핵심적 정체성에 근본적인 재평가를 가져와 우리도 바울처럼 스스로 대단한 경력으로 생각했던 것을 버리고, 그 대신 그리스도 안에서 발견되도록 만들 수 있다. 사실 복음이 실재에 대한 우리의 인식 전체를 바꾸어 놓고 나면, 복음은 심지어 우리로 하여금 하나님의 법을 우리가 하나님 및 서로와 맺는 관계에 대한 하나님의 도덕적인 뜻의 구체적 표현으로 이해하게 한다. 율법은 더 이상 우리를 정죄하는 것이 아니라 우리를 인도한다. 따라서 우리가 율법에서 우리 스스로 영악하게 고안해 낸 온갖 첨가물을 제거하고 더 이상 우리 자신의 순종에 의지하지 않을 때, 율법 자체도 합당한 대접을 받게 된다. 우리가 복음으로 옷 입으신 *그리스도를 신뢰하면* 우리의 실수가 율법의 심판을 촉발할 것을 두려워하지 않고 *율법의 인도를 받게 된다.* 종교적인 프로그램들과 전도 전략들은 맞춤식 인구 통계 자료로 정의된 공동체를 만들어 낼 수 있을지 모르지만 복음은 각 세대와 인종, 부한 자와 가난한 자를 그리스도와 그리스도의 은혜의 잔치 주위에 모으는 진정한 '다문화적' 공동체를 창조한다.

사람들이 교회에 싫증을 느끼고 교회 없이도 충분히 잘 살 수 있다고 생각하는 것은 전혀 이상한 일이 아니다. 우리는 다시 한 번 우리자신 대신 하나님을 1면 머리기사의 주인공으로 볼 필요가 있다. 영적, 도덕적, 치료적 건강을 위한 개인적, 사회적 운동에 있어서 하나님에게 돕는 역할을 찾아 주어야 하는 것이 우리의 역할이 아니다. 우리는 하던 일을 멈추고 하나님이 우리 같은 죄인들을 구원하시기 위해 행하신 일에 대한 하나님의 놀라운 선언에 귀 기울일 필요가 있다. 교회가 세상에 제공할 수 있는 진정으로 유일무이한 것은 오직 복음뿐이다. 복음만이 죄와 사망의 지배를 받는 지금 이 시대에 *새 창조*를 가져온다. 그것이 이 책의 기본적인 메시지다.

1면의 주인공이신 하나님

"넌 바깥 구경 좀 더 해야겠다." 누군가가 현실 감각이 조금 부족하다는 인상을 받을 때, 우리는 보통 이런 말을 듣는다 - 또는 말한다. 우리의 대화 상대자가 우리가 이미 알고 있을 것이라고 생각하는 어떤 소식을 말했는데, 우리가 그 소식을 듣고 놀라움을 표시할 때, 상대방이 우리에게 때때로 이런 말을 한다. 편협하게 우리 자신의 내적인 생각, 경험, 느낌, 절실한 필요에만 초점을 맞추면 우리에게 익숙하지 않은 것과는 단절되게 된다. 아무것도 우리 밖에서 우리에게로 찾아와 견고한 우리 내부의 요새를 흔들어 놓거나 교란시킬 수 없다. 내향성이라는 누에고치로 우리 자신을 감싸면 우리는 사적인 경건이라는 우리 자신의 개인적인 예배 속에서 편안함을 느끼며 우리 자신이 모든 것을 책임지고 있다고 생각한다. 그리고 우리는 단지 우리 마음을 따르고 있고 스스로 참되고 가치 있고 유용한 것을 결정하고 있다고 상상한다. 그러나 사실 우리의 선택은 이미 마케팅 문화를 통해 결정되어 있고, 우리의 기호는 이 사라져 가는 시대의 어떤 주어진 순간에 우리를 위해 계획된 상품과 서비스, 개성과 이미지, 가능성과 불가능성에 좌우된다. 하나님이 처음으로 자신을 우리와 하나님의 세상에 소개하실 때, 하나님의 말씀은 우리가 궁전으로 착각한 이 감옥에서 우리를 해방시키러 찾아온다. 하나님의 첫 말씀은 이것이다. "너는 바깥 구경을 더 해야겠다." 우리는 스스로 만들어 낸 이 누에고치 밖으로 나와야 한다.

성경의 하나님은 기이한 하나님이다. 우리가 관리하거나 통제하거나 순응시키거나 우리에게 친숙한 경험 속에 받아들일 수 있는 그런 하나님이 아니다. 우리 자신의 내부를 들여다보면 이런 하나님을 발견할 수 없다. 하나님의 말씀은 우리의 내적인 음성과는 다르다. 하나님은 우리와 비슷한 크기로 축소시키거나 우리의 사색이나 경험이나 절실한 필요로 측량할 수 없는 분이다. 오히려 하나님은 우리 맞은편에 서서 만물의 실상이 어떤지를 우리에게 말씀해 주신다. 하나님이 실제로 우리와 대면하실 때, 우리의 사색은 우상으로 폭로되고, 우리의 경험은 우리 자신이 투사된 이미지에 지나지 않는 것으로 평가되며, 우리의 절실한 필요는 우리가 미처 깨닫지 못한 더 절실한 필요로 대체된다. 하나님은 우리를 대면하시고 혼란에 빠뜨리시며 우리가 설정한 쾌적한 환경 밖으로 우리를 끌고 가신다. 우리가 알몸이 된 것 같은 부끄러움을 느낀다면, 그것은 우리가 실제로 성경의 하나님의 임재 속에 있다는 좋은 징표다.

열방의 우상들은 종교면을 장식하지만 하나님은 1면 머리기사의 주인공이시다. 회개와 믿음은 이런 만남을 통해 촉발된다. 당신 자신에게서 밖으로 눈을 돌려 역사 가운데서 행동하시는 하나님을 보라!

당신의 정신생활은 뉴스가 아니다

지금 상태로 가다가는 그런 날이 오지 말란 법도 없겠지만, 주요 언론 기관들이 자신들의 내적인 열망이나 예감을 뉴스로 보도한다면, 아직까지는 그런 언론 기관이 살아남을 가능성은 별로 없을 것이다. '경제가 호전될 것 같은 예감이 든다'는 말로 시작되는 경제 기사, 또는 어떤 큰 재난에 대한 기사의 진실성은 그 기사가 독자의 일상생활에 얼마나 유용한지에 따라 결정된다는 생각을 어느 누가 진지하게 받아들이겠는가? 얼마 전에 나는 어느 여기자에게 왜 미국의 언론 기관들(특히 텔레비전 뉴스)은 다른 언론 기관들이 보도하는 국제적인 뉴스를 일상적으로 생략하느냐는 질문을 던진 적이 있다. 그 여기자는 내게 이렇게 말했다. "그런 뉴스는 미국인들의 생활과 별 관련성이 없다고 판단되니까요." 자기도취란 바로 이런 것이다! 우리가 매일의 경험에 유용하다고 판단하는 것이면 무엇이든 그것이 곧 뉴스의 기준이 된다면, 그런 경험의 한계를 감안할 때, 우리는 가장 중요한 사건들을 일부 놓치게 될 것이다. 뉴스는 사람들에게 먹혀들기 때문에 중요한 것이 아니라 단지 뉴스이기 때문에 중요하다. 뉴스는 우리 자신의 내적인 경험 밖에서 어떤 일이 일어나는지를 우리에게 말해 준다. 리그 챔피언을 예측하는 스포츠 기사조차도 실제로 지금까지 진행된 경기들, 각 팀의 순위, 부상 선수 현황 및 기타 요소들을 바탕으로 한 기사여야 한다. 그런데 종교에 이르면 우리의 기준은 완화된다. 그 기사가 사실인지는 별로 중요하지 않다. 중요한 것은 그것이 우리에게 효과가 있고 내 인생 계획을 설계하는 데 도움이 되느냐는 것이다.

우리는 사실이라는 공적 영역과 가치라는 사적 영역, 자연과 역사라는 외부 영역과 자유와 영혼이라는 내부 영역의 구분을 받아들였다. 그러나 종교와 영성이 일반적으로 우리를 더 우리 내부로 몰고 가며 우리의 '내적인 세미한 음성'이나 '내면의 빛'을 따라가게 하는 수단이 되는 곳에서 복음은 우리 밖에서 우리의 상황과 정체성에 대한 진리가 있는지, 특별히 구속의 소망이 있는지를 찾아보라고 촉구한다. 우리가 생각하거나 느끼거나 행동하거나 참이기를 원하는 것은 최종적으로 중요한 것이 아니다. 누군가가 우리에게 소식을 전해 주어야 한다. 그러나 이것은 우리가 원하지 않는 바로 그것, 우리에게 실재가 무엇인지 말해 주는 우리 밖, 우리 위에 있는 한 권위 있는 원천, 즉 하나님이다.

20세기 초에 영국의 시인, 풍자 작가, 소설가인 G. K. 체스터턴은 프리드리히 니체(1844~1900)와 동일한 관점을 가진 오스카 와일드, 조지 버나드 쇼 같은 친구들과 자주 논쟁을 벌였다. 니체의 유산은 보다 극단적인 형태의 실존주의나 포스트모던 사상에서 받아들여져 왔고 보통 허무주의로 인식된다. 이런 의미에서 허무주의(문자적으로는 "무(無)–주의")는 인생에 아무 의미도 없다는 뜻이 아니라 인생에서 내 스스로 창조하지 않는 의미는 없다는 뜻이다. 오직 당사자의 의지만이 모든 것을 지배한다. 니체는 이렇게 말했다. "내 인생에는 아무 목적도 없다는 것이 그 기원의 우연적 본질로 볼 때 분명하다. 내가 나 자신을 위해 어떤 목적을 설정할 수 있다는 것은 또 다른 문제다."[2]

이런 관점에서 보면 기독교는 흥을 깨는 종교, 한 사람의 정신생활

---

2) Mark C. Taylor, *Erring: A Postmodern A/theology* (Chicago: University of Chicago Press, 1987), p. 66에서 재인용.

을 통제하는 것과 관련된 종교였다. 육체가 아닌 영혼, 세상이 아닌 경건한 감정이 기독교의 무대라고 사람들은 주장했다. 그러나 체스터턴은 이런 묘사가 정통 기독교가 아닌 다른 곳에서 기원했다고 지적했다. 그리고 이렇게 말했다. "기독교에 변명의 여지가 없는 찬사를 바치는 이들은 일반적으로 무절제하고 자유주의적인 기독교인들이다."

> 그들은 마치 기독교가 도래하기 전에는 어떤 경건도 없었던 것처럼 말하는데 이는 중세인이면 누구라도 열심히 바로잡으려 했을 주장이다. 그들은 기독교의 훌륭한 점은 기독교가 제일 먼저 단순성 혹은 자기 억제, 또는 내향성과 진실성을 전파했다는 사실이라고 묘사한다. 만일 내가 기독교의 훌륭한 점은 기독교가 처음으로 기독교를 전파했다는 사실이라고 말한다면, 그들은 나를 매우 편협한(이 말이 무엇을 의미하든 간에) 사람이라고 생각할 것이다. 기독교의 독특성은 기독교가 독특했다는 점이었고, 단순성과 진실성은 독특한 것이 아니라 모든 인류를 위한 명백한 우상이다. 기독교는 수수께끼에 대한 해답이지 오랜 이야기 뒤에 나온 마지막 진부한 문구가 아니다.[3]

복음의 놀라운 소식을 사람들이 이미 알고 있는 것의 식상한 반복으로 전락시킨 것은 기독교 정통 신앙이 아니라 도덕주의적인 자유주의다.

체스터턴은 "기독교에서 교리의 갑옷을 벗겨 내면 (마치 뼈라는 갑옷이 벗겨진 사람에 대해 말하는 것처럼) 기독교는 내면의 빛이라는 퀘이커교의 교리와 다를 바가 없어진다."는 의견을 피력한, 자신이 최근에 읽은 한 신문

---

3) G. K. Chesterton, *Orthodoxy: The Romance of Faith* (New York: Doubleday, 1990), p. 75.

기사를 묘사했다. 그리고 이렇게 응답했다. "자, 만일 내가 기독교는 특별히 내면의 빛이라는 교리를 파괴하기 위해 세상에 나왔다고 말한다면 그것은 과장된 말일 것이다. 그러나 그것이 진실에 훨씬 더 가까운 말일 것이다." 4) 1세기의 로마인들 (특히 스토아 철학자들)은 내면의 빛을 옹호하는 이들이었다. 그러나 체스터턴은 이렇게 결론짓는다. "모든 끔찍한 종교들 중에서도 가장 끔찍한 것은 내면의 하나님에 대한 숭배다." 5) "기독교는 우선적으로 인간은 한 신적인 친구, 한 신적인 우두머리를 놀라움과 열정을 가지고 바라보기 위해 안을 들여다볼 뿐만 아니라 밖을 바라봐야 한다고 강력하게 주장하기 위해 세상에 등장했다. 기독교인이 되는 것의 유일한 즐거움은, 인간에게 오로지 내면의 빛만 남아 있다는 것이 아니라 인간이 결정적으로 해처럼 선명하고, 달처럼 맑으며, 깃발을 든 군대처럼 무서운 외적인 빛을 인식했다는 점이다." 6) 성경은 매일을 위한 부드러운 생각을 제시하는 영구적인 원리들의 모음집이 아니다. 성경은 우리의 자기 향상을 위한 원천이 아니다. 오히려 성경은 그리스도를 중심으로 하여 약속에서 성취로 전개되는 극적인 이야기다. 성경의 초점은 하나님과 하나님의 행동이다. 하나님은 우리의 드라마에서 조연이 아니라 주연이다. 하나님은 우리의 행복과 성취를 보장하기 위해 존재하시는 분이 아니다. 오히려 우리가 하나님을 영화롭게 하고 하나님을 영원토록 즐거워하기 위해 존재한다. 하나님은 우리의 '삶의 변화' 프로젝트를 촉진하는 존재가 아니다. 하나님은 인생 상담사가 아니다. 오히려 하나님은 우리의 창조자, 입법자, 재판장, 언약의 주님이시다. 앞으로 살펴보게 되겠지만 하나님은 우리의 구속자이시기도 하다. 그러나

---

4) 앞의 글.
5) 앞의 글, pp. 75~76.
6) 앞의 글, p. 76.

그리스도 안에서 이루어진 하나님의 구원 사역에 대해 말하기 전에 먼저 인간 중심적인 사고방식에서 하나님 중심적인 사고방식으로 초점을 바꾸어 놓아야 한다. 복음은 자아 안에 있는 내면의 빛에 대해 증언하는 것이 아니라, 세상에 찾아와 어둠 속에서 빛나며 어둠을 정복하는 빛(요 1:4~9)에 대해 증언한다.

개신교 종교개혁자들은 복음은 전적으로 신자들 밖에 있다는 확신으로 근심하는 신자들을 위로했다. 그것은 다른 사람이 내게 그리스도의 이름으로 말하는 '외적인 말씀'이다. 복음은 전혀 내 안에 있는 어떤 것에 의존하지 않는다. 복음은 객관적이고 완성된 역사다. 복음은 전적으로 당신 밖에 있다! 누군가 당신에게 복음을 말해 준 적이 있는가? 당신의 내적인 음성이나 양심이나 마음이나 의지나 영혼이 당신에게 뭐라고 말하든, 그 문제에 대한 하나님의 객관적인 말씀은 그 모든 것을 이긴다는 생각이 정말로 든 적이 있는가?

하나님은 종교면에 실리는 신이 아니다

성경의 하나님은 '밖에 계신' 하나님이다. 하나님은 우리가 거의 예상하지 못하는 곳, 하나님이 만드신 평범하고 특별히 비천한 것들 속에서, 매일의 역사 속에서 우리를 발견하기를 좋아하신다. 성경적인 믿음은 내면생활에 제한되지 않으므로 사적인 종교적 체험에 제한받지 않는다. 성경에서 하나님과 인간이 맺는 관계의 핵심적인 정황은 언약의 정황이다. 성경 전체는 하나님이 왕, 재판관, 구원자가 되시고 인간은 언약의 종이 되는 하나의 긴 법정 재판으로 해석될 수 있다. 성경에서 하나님은 고대 근동 세계의 국제적인 정치적 조약을 피조물과 자신과의 관계에 적용하신다. 이방 민족들의 이와 같은 고대의 정치적 조약에는 종주(큰 왕이나 황제)와 봉신(작은 왕이나 부족 지도자)이 있었고, 신들이 증인으로 요청되었다. 그러나 오직 이스라엘에서만 이스라엘 민족의 하나님 자신이 곧 조약 작성자이자 위대하신 왕, 언약의 주였다. 열방의 신들은 '종교면'의 신들이었지만, 이스라엘의 하나님은 온 세상과 세상의 역사를 자신의 무대라고 주장하셨다.

하나님은 단순히 역사의 증인이 아니다. 하나님은 왕적인 위엄면에서는 상징적으로 중요하지만 역사적으로는 무시할 만한 현대의 군주들과는 다르다. 이스라엘의 하나님은 자기가 좋아하는 나라의 자랑스러운 유산과 군사적인 힘을 상징하는 애국 행사를 주재하며 리본이나 자르는 신이 아니다. 오히려 하나님은 이스라엘조차도 존대해야 하는 분이다. 이스라엘이 조약의 규정을 위반하면, 하나님은 종교적 증인이 아니라 권리를 침해당한 당사자가 되었고, 우리의 첫 조상을 낙원에서 쫓아내셨듯이 그 백성을 하나님의 거룩한 땅에서 쫓아내실 분이었다. 하나님은 일방적으로 그 백성과 조약을 맺으셨지 그들과 협상하시지 않았다.

성경은 바로 이런 이스라엘과 하나님의 언약이라는 정황 속에서 펼쳐진다. 사실 창세기 1장과 2장의 창조 기사는 인간과 하나님과의 언약을 위한 전주곡이자 역사적 서막이었고, 이스라엘이 시내 산에서 한 서약은 이 언약을 반영한다. 이 언약의 종주는 하나님이다. 이스라엘의 하나님은 단순히 강력한 근동의 통치자가 아니라 하늘과 땅의 창조자다. "땅과 거기에 충만한 것과 세계와 그 가운데에 사는 자들은 다 여호와의 것이로다"(시 24:1). 이스라엘뿐만 아니라 온 열방, 인간뿐만 아니라 모든 피조물이 하나님의 우주적 통치에 봉사하기 위해 존재하게 되었다. 하나님은 옆자리에서 증인으로 앉아 가끔씩 정치적인 문제에 손을 대기는 하지만, 주로 종교면에 자신을 국한시키는 분이 아니다. 하나님은 존재하는 모든 것을 자신을 위해 창조하셨고, 자신의 목적을 위해 역사를 다스리시며, 자신의 지혜가 지시할 때마다 현재 상황을 교란시킬 권리를 가지고 계신 1면의 하나님이다.

이런 언약적 맥락 속에서 하나님은 이스라엘에게 자신의 이름을 주셨다. 이 공식적인 행동으로 하나님은 이스라엘을 자신에게, 자신을 이스라엘에게 속박하신다. '이름들'이 있고 '그 이름'이 있다. "주의 이름이 온 땅에 어찌 그리 아름다운지요"(시 8:1). "하나님이여 주의 이름과 같이 찬송도 땅끝까지 미쳤으며"(시 48:10). "그의 이름이 이스라엘에 알려지셨도다"(시 76:1). 예수님이 우리에게 기도 가운데 거룩히 여길 것을 촉구하신 이름도 바로 이 이름이다(마 6:9). 하나님께는 많은 칭호가 있지만 이름은 오직 하나뿐이다. 영어 성경에서 하나님의 칭호(아도나이)와 개인적인 이름(야훼)의 차이는 각각 대문자와 소문자의 사용으로 구별된다.

고대의 정치적 조약에는 위기의 때에 종주인 왕의 이름을 부를 수 있는 조항이 포함되었는데, 이 조약에서 언약의 하나님은 자기 백성들이 곤경에 처했을 때 하나님을 부를 수 있도록 자신의 이름을 그 백성에게 주신다. 하나님은 지적으로 하늘의 비밀에까지 도달하려는 우리의 만족을 모르는 욕구를 충족시키기 위해서가 아니라, 우리를 하나님 자신 및 다른 이들과 화목케 하시기 위해 자신의 이름을 계시하신다. 하나님의 목표는 단순히 이해받는 것이 아니고, 이용당하는 것은 더더욱 아니며, 자기 백성 가운데 영원히 평화롭게 거하시는 것이다. 하나님이 거룩하게 하시는 장소(땅과 성전)나 시간(안식일과 절기)과 마찬가지로, 하나님은 믿음, 소망, 사랑 속에서 하나님 주위에 모인 공동체를 만드시기 위해 자기 이름을 계시하신다.

하나님은 이방 민족들 사이에서 그들의 신들을 위해 이미 사용하고 있었던 다양한 호칭들을 유일한 참 하나님인 자신을 가리키는 데 사용하신다. 그러나 이스라엘이 대적으로부터의 구원을 위해 부르도록 허락받은 이름은 바로 하나님의 개인적인 이름인 야훼였다. 출애굽기 3장에 나오는 이 계시 사건은 그 언약적인 정황(종주권 조약)의 눈에 띄는 특징들을 지니고 있다. 야훼의 자녀들이 무거운 압제의 손 아래 있었을 때는 바로가 이집트의 주인(종주)이었고 심지어 예배의 대상이었다. 하나님은 모세에게 바로의 잔인한 종주권에서 자기 백성을 해방시킬 언약의 주로 부를 자신의 개인적인 이름을 모세에게 알려 주신다. 이제부터 야훼의 백성은 이 개인적인 이름으로 하나님을 알아야 한다(출 3:4~15).

하나님의 백성을 내보내라는 모세의 바로를 향한 호소가 이 요구에 대한 보복으로 극심한 고난을 촉발시키자 모세는 (하나님의 고유한 이름을 부르며) 이렇게 항변한다. "주여, 어찌하여 이 백성이 학대를 당하게 하셨나이까? 어찌하여 나를 보내셨나이까? 내가 바로에게 들어가서 주의 이름으로 말한 후로부터 그가 이 백성을 더 학대하며 주께서도 주의 백성을 구원하지 아니하시나이다"(출 5:22~23). 이 말에 대해 야훼는 자신의 맹세를 다시 언급하시며 이렇게 덧붙여 말씀하신다. "나는 여호와이니라 내가 아브라함과 이삭과 야곱에게 전능의 하나님으로 나타났으나 나의 이름을 여호와로는 그들에게 알리지 아니하였고"(6:2~3). 하나님은 그들과 언약을 맺으셨고, 그 언약을 기억하셨으며, 앞으로도 기억하실 것이다. "그러므로 이스라엘 자손에게 말하기를 나는 여호와라 내가 애굽 사람의 무거운 짐 밑에서 너희를 빼내며 그들의 노역에서 너희를 건지며 편 팔과 여러 큰 심판들로써 너희를 속량하여"(6절).

야훼 하나님은 자기 백성을 해방하시고 그들을 자신의 거룩한 땅으로 데려가시기 위해 바로 왕에게 전쟁을 선포하신다. 바로가 먼저 히브리인 장자들을 학살하자 야훼는 이집트의 장자들을 치신다. 각 재앙은 이집트의 온갖 신들 가운데 주요한 신들 각각에 대해 하나님의 주권을 나타내는 심판이다.

그러므로 이방 종교와는 대조적으로 하나님의 이름의 계시는 자기 뜻대로 우주적인 힘을 조종하기 위한 은밀한 암호가 아니다. 오히려 그것은 언약적인 보증이다. 이집트의 위성 국가들이 자국을 침략하는 군대에게서 해방되기 위해 그들의 종주의 이름을 부를 수 있는 것처럼 하나님은 자기 백성에게는 구속의 맹세로서, 대적들에게는 심판의 맹세로서, 자신의 개인적인 이름을 계시하신다. 이러한 해방을 기초로 해서 이스라엘은 다른 어떤 신이나 주의 이름도 불러선 안 된다. "나는 너를 애굽 땅, 종 되었던 집에서 인도하여 낸 네 하나님 여호와니라 너는 나 외에는 다른 신들을 네게 두지 말라"(출 20:2~3).

이사야서 45장에서 하나님은 이렇게 선언하신다. "땅의 모든 끝이여, 내게로 돌이켜 구원을 받으라 나는 하나님이라 다른 이가 없느니라 내가 나를 두고 맹세하기를 내 입에서 공의로운 말이 나갔은즉 돌아오지 아니하나니 '내게 모든 무릎이 꿇겠고 모든 혀가 맹세하리라.' 하였노라…… '이스라엘 자손은 다 여호와로 말미암아 의롭다 함을 얻고 자랑하리라.' 하느니라"(22~23, 25절). 이런 정황에서 성부가 이 유일무이한 이름을 우리와 같은 육신을 입고 태어나시고 "죽기까지 복종하셨으니 곧 십자가에" 죽으신 그 아들에게 넘겨주셨다는 것은 의미심장하다. "이러므로 하나님이 그를 지극히 높여 모든 *이름 위에 뛰어난 이름*을 주사 하늘에 있는 자들과 땅에 있는 자들과 땅 아래에 있는 자들로 모든 무릎을 *예수의 이름에 꿇게 하시고* 모든 입으로 *예수 그리스도를 주라 시인하여* 하나님 아버지께 영광을 돌리게 하셨느니라"(빌 2:8~11, 강조는 저자). 구원은 오직 예수 그리스도의 이름을 불러야만 임한다(행 2:21, 5:41; 롬 10:13; 엡 1:21; 히 1:4).

이야기가 전개됨에 따라 삼위이신 한 하나님의 정체는 더욱 분명해진다. 모든 것이 성부로 인해, 성자 안에서, 성령을 통해 이루어진다.

언약 속에서 하나님은 자신을 특정한 사람들과 장소와 일들에 속박되게 하신다. 하나님은 어떤 이들은 야훼로, 어떤 이들은 알라로 예배하는 어떤 추상적인 신도 아니고 미국의 여러 건국 시조들이 언급한 위대한 영이나 자애로운 섭리도 아니다. 하나님은 아브라함과 이삭과 야곱의 하나님, 이스라엘의 하나님, 시온에 거하시는 하나님 그리고 처녀의 태에서 육신이 되신 하나님이다.

우리의 예배는 이렇게 전개되는 삼위 하나님의 역사적 드라마에 집중하고 있는가? 우리는 끊임없이 우리의 내적 체험과 우리 자신의 주관적 필요에서부터 역사상의 진짜 뉴스메이커에게로 향하고 있는가? 우리는 계속적으로 우리 자신에게서 탈피하여 "그 앞에 있는 기쁨을 위하여 십자가를 참으사 부끄러움을 개의치 아니하시더니 하나님 보좌 우편에" 앉으신 "믿음의 주요 또 온전하게 하시는 이인 예수를"(히 12:2) 바라보고 있는가? 우리의 공적 예배와 개인 예배는 인간의 의지나 노력에 집중되어 있는가, 아니면 "긍휼히 여기시는 하나님"(롬 9:16)께 집중되어 있는가? 하나님이 우리의 기존 계획에 어떻게 들어맞는지를 보여 주려는 것이 요점인가, 아니면 우리가 전개되는 구속의 드라마에 어떻게 들어맞는지 말씀하시는 하나님의 음성을 들으려는 것이 요점인가? 구약의 절기들과 같이 기독교인들이 기념하는 큰 사건들은 성자의 성육신(성탄절), 십자가에서의 죽으심(수난일), 부활(부활절), 그리스도께서 성부의 우편으로 올라가심(승천일), 성령을 보내심(오순절) 등 하나님의 능하신 행동과 관련이 있다. 기독교인의 달력에는 우리 자신이 한 일을 기념할 자리가 없다.

우리는 하나님이 자신을 계시하시기를 기뻐하시는 만큼만 하나님을 알게 되며, 하나님은 역사 속에서 자신의 행동을 통해 자신을 계시하신다. 야훼와 이스라엘은 언약의 드라마에서 모두 '재판 중에' 있다. 그러나 타락 이후로 인간은 뉴스메이커이신 하나님을 대체하려 애써 왔다. 교묘한 왜곡의 전략이 먹히지 않았을 때 사탄은 더 직접적인 방법을 취했다. "너희가 그것을 먹는 날에는 너희 눈이 밝아져 하나님과 같이 되어 선악을 알 줄 하나님이 아심이니라"(창 3:5). 사물의 진상, 선과 악의 본질, 진리와 거짓, 행복에 이르는 최상의 길을 스스로 결정할 수 있는데, 왜 하나님의 입에서 나오는 모든 말씀에 귀 기울여야 하는가?

많은 독자들은 기업가, 비행사, 영화 제작자로 국제적인 명성을 얻은 비범한 거물 하워드 휴즈의 비극적인 말년에 대한 보도를 기억할 것이다. 훤칠한 키, 검은 머리카락, 준수한 용모를 가진 그는 세계 곳곳을 여행하면서 여러 휴양지를 돌아다녔는데 종종 휴양지를 통째 매입해서 고급 옥상 주택을 소유하곤 했다. 그런데 말년에 그는 점점 신경이 과민해지고 외출을 싫어하게 되었다. 라스베이거스에 있는 데저트 인 호텔의 관리인들이 더 이상 이 특이한 손님을 다룰 수가 없게 되자 그는 그 호텔을 다른 몇 개의 호텔과 함께 사들였다. 불면증 환자였던 그는 하루 종일 텔레비전 시청을 할 수 있도록 지역 텔레비전 방송국도 몇 개 사들였다. 휴즈는 마지막 4년 동안 바하마 제도의 재너두 휴양지에서 살면서 최측근 몇 사람과 관계가 소원해진 아내와만 전화로 대화하려 했다. 플라스틱 변기와 연결된 호텔 방을 한 시도 떠나지 않은 그는 병 속에 소변을 보고 그 병들을 자신의 객실 곳곳에 가지런히 놔두었다. 그의 머리카락과 손톱은 점점 길어지고 거칠어졌으며,

이전의 190센티미터에 이르는 신장과는 대조적으로 죽을 때 몸무게가 약 40킬로그램밖에 나가지 않았고, 시신도 지문 분석을 통해서야 겨우 확인할 수 있었다. 성탄절 전야에 태어났다는 사실을 자랑하고 다녔고 수십 년 동안 세상의 이목을 집중시켰던 그는 가벼운 삼류 잡지의 기사거리가 되고 말았다.

다니엘서에서 역사상 느부갓네살 대왕으로도 알려진 바벨론 왕 느부갓네살 2세의 이야기를 읽을 때마다 나는 하워드 휴즈의 이 비극적인 이야기를 떠올리게 된다. 다니엘서 4장에서 느부갓네살 왕은 다니엘에게 자신이 최근에 꾼 꿈을 해석해 줄 것을 요청한다. 세계적으로 유명한 공중 정원을 포함해 자신의 영광을 한껏 드러내는 제국을 건설하고 예루살렘과 유다를 잿더미로 만들었던 이 교만한 통치자는 모든 것을 잃게 되었다. 그의 꿈은 성취되었다.

> 이 모든 일이 다 나 느부갓네살 왕에게 임하였느니라 열두 달이 지난 후에 내가 바벨론 왕궁 지붕에서 거닐새 나 왕이 말하여 이르되 "이 큰 바벨론은 내가 능력과 권세로 건설하여 나의 도성으로 삼고 이것으로 내 위엄의 영광을 나타낸 것이 아니냐?" 하였더니 이 말이 아직도 나 왕의 입에 있을 때에 하늘에서 소리가 내려 이르되 "느부갓네살 왕아, 네게 말하노니 나라의 왕위가 네게서 떠났느니라 네가 사람에게서 쫓겨나서 들짐승과 함께 살면서 소처럼 풀을 먹을 것이요 이와 같이 일곱 때를 지내서 지극히 높으신 이가 사람의 나라를 다스리시며 자기의 뜻대로 그것을 누구에게든지 주시는 줄을 알기까지 이르리라." 하더라 바로 그때에 이 일이 나 느부갓네살에게 응하므로 내가 사람에게 쫓겨나서 소처럼 풀을 먹으며 몸이 하늘 이슬에 젖고 머리털이 독수리 털과 같이 자랐고 손톱은 새 발톱과 같이 되었더라(단 4:28~33).

미국의 한 거물의 일생보다 느부갓네살의 일생에 훨씬 더 가까운 것
이 사담 후세인의 일생이다. 후세인은 이라크 역사에서 오랫동안 찬
양받은 느부갓네살의 유산을 자주 상기시키며 자신을 이 위대한 왕의
분명한 계승자로 여겼고 실제로도 그랬다.

그러나 후세인은 어느 농장의 구덩이 속에 숨은 채 발견되어 결국
2006년에 비인도적인 범죄를 저지른 대가로 처형된 반면, 다니엘서는
느부갓네살이 마음의 변화를 경험했음을 보여 준다.

> 그 기한이 차매 나 느부갓네살이 하늘을 우러러 보았더니 내 총명
> 이 다시 내게로 돌아온지라 이에 내가 지극히 높으신 이에게 감사
> 하며 영생하시는 이를 찬양하고 경배하였나니 그 권세는 영원한 권
> 세요 그 나라는 대대에 이르리로다 땅의 모든 사람들을 없는 것같
> 이 여기시며 하늘의 군대에게든지 땅의 사람에게든지 그는 자기 뜻
> 대로 행하시나니 그의 손을 금하든지 혹시 이르기를 네가 무엇을
> 하느냐고 할 자가 아무도 없도다(34~35절).

지상의 권력자들은 일반적으로 하나님에 대한 믿음을 약하고 어리
석은 자들을 위한 버팀목으로 취급한다. 느부갓네살은 높이 세운 공
중 정원에서 자신의 업적을 감탄의 눈으로 바라보면서 그런 생각에
대해 아무런 의심을 품지 않았다. 그러나 그는 말 그대로 이성을 잃었
다. 사실을 있는 그대로 인식하는 것은 어리석음이 아니라 멀쩡한 정
신이다. 하나님은 창조주이시며 주님이시다. 우리는 모두 겨우 개미
언덕 꼭대기에 기어오르고 나서 온 땅을 정복한 것처럼 우쭐대는 개
미들과 다를 바 없다. 느부갓네살이 제정신을 되찾자 모사들과 관원
들도 다시 그에게 돌아왔고 그는 전보다 더 큰 존경을 받으며 "내 나
라에서 다시 세움을" 받았다. "지금 나 느부갓네살은 하늘의 왕을 찬

양하며 칭송하며 경배하노니 그의 일이 다 진실하고 그의 행하심이 의로우시므로 교만하게 행하는 자를 그가 능히 낮추심이라"(36~37절).

드디어 이 위대한 바벨론 왕은 경험을 통해 하나님은 왕과 그의 제국의 주권을 상징하는 왕의 신전에 있는 황금 신상이 아니라 천지의 주재라는 사실을 배웠다. 이스라엘의 하나님은 '종교면'에 실리는 신들과는 거리가 먼 유일하신 하나님이며 매일 1면 머리기사를 장식하시는 분이다.

> 어찌하여 이방 나라들이 분노하며 민족들이 헛된 일을 꾸미는가? 세상의 군왕들이 나서며 관원들이 서로 꾀하여 여호와와 그의 기름 부음받은 자를 대적하며 "우리가 그들의 맨 것을 끊고 그의 결박을 벗어 버리자." 하는도다 하늘에 계신 이가 웃으심이여 주께서 그들을 비웃으시리로다 그때에 분을 발하며 진노하사 그들을 놀라게 하여 이르시기를 "내가 나의 왕을 내 거룩한 산 시온에 세웠다." 하시리로다……그런즉 군왕들아 너희는 지혜를 얻으며 세상의 재판관들아 너희는 교훈을 받을지어다 여호와를 경외함으로 섬기고 떨며 즐거워할지어다 그의 아들에게 입맞추라 그렇지 아니하면 진노하심으로 너희가 길에서 망하리니 그의 진노가 급하심이라 여호와께 피하는 모든 사람은 다 복이 있도다(시 2:1~12).

주인, 여행자, 순례자

당신의 하나님이 온갖 종교적인 이야기를 만들어 낸다 해도 거기에 관심 있는 사람은 아무도 없다. 함께 기도하는 가정은 화목한 가정이 된다거나 성경적 원리를 따르는 사람들은 지금 인생의 황금기를 맞이

할 수 있다는 식의 이야기는 약간은 흥미로운 이야기일지도 모르겠다. 어떤 잡지 편집자나 몇몇 기자들이 가장 최근의 '부흥'이나 '가치관에 따라 투표하는 투표자들'이 중요한 역할을 하는 선거를 기사로 다루어도 어색하지 않을 만큼 종교적 대중 운동은 얼마든지 흔하게 볼 수 있다.

그러나 바울이 아테네의 철학자들에게 말했듯이 "우주와 그 가운데 있는 만물을 지으신 하나님께서는 천지의 주재시니 손으로 지은 전에 계시지 아니하시고 또 무엇이 부족한 것처럼 사람의 손으로 섬김을 받으시는 것이 아니니 이는 만민에게 생명과 호흡과 만물을 친히 주시는 이"(행 17:24~25)시다. 각 사람이 어디에 살며 얼마나 오래 살지를 결정하신 분도 하나님이시다(26절). 이방 종교는 확실히 일종의 미신이다(바울은 22절에서 '종교적'이라는 뜻과 '미신적'이라는 뜻을 함께 지닌 중의적인 단어를 사용한다). 그러나 이스라엘의 하나님은 사적인 외진 곳이 아니라 세계사의 무대에서 활동하신다. "알지 못하던 시대에는 하나님이 간과하셨거니와 이제는 어디든지 사람에게 다 명하사 회개하라 하셨으니 이는 정하신 사람으로 하여금 천하를 공의로 심판할 날을 작정하시고 이에 그를 죽은 자 가운데서 다시 살리신 것으로 모든 사람에게 믿을 만한 증거를 주셨음이니라"(30~31절). 부활은 역사상 연대 추정이 가능한 사건으로서 개인적 경건의 벽장 속에 가두어 둘 수 없는 사건이다. 누구나 이 사건에 직면해야 한다. 이 사건은 그저 그런 또 하나의 종교적인 이야기가 아니다. 그것은 국제적인 1면 머리기사다.

우리는 아담과 마찬가지로 우리 스스로 대본을 쓰고 우리 스스로 줄거리를 만들어 내는 편을 선호했다. 현대에 사람들은 마침내 우리가 미신의 찌꺼기에서 보편적 이성의 계몽된 시대로 성숙했다고 생각했다. 계몽주의 철학자 임마누엘 칸트는 각 개인이 "자신에게서 모든 것을 산출해 내야 한다."[7]고 주장했다. 어떤 외적인 권위-우리 밖에 있는 어떤 말씀-도 우리를 심판하거나 구원하도록 허용해선 안 된다는 것이다. 그러나 우리는 자율적인 이성의 깃발 아래 그 이전의 모든 시대를 다 합친 것보다 더 많은 파괴와 억압, 폭력과 학살을 자행했다.

합리주의적 오만에 대한 반작용으로 우리 시대는 겸손으로 위장한 비합리적 회의주의로 휩쓸려 가고 있다. 체스터턴은 현대 사상 속에서의 '겸손의 위치 이탈'에 대해 언급했는데 그의 글은 많은 사람들이 포스트모던이라고 부르는 사상에 대한 묘사로도 손색이 없다.

> 인간은 즐거움을 구함으로써 최고의 즐거움을 잃어버렸다. 최고의 즐거움은 놀라움이기 때문이다. 그래서 인간이 자신의 세상을 더 크게 만들려고 하면 언제나 자신을 더 작게 만들어야 한다는 사실이 명백해졌다……그러나 우리가 오늘날 겪고 있는 질환은 제자리를 잃어버린 겸손이다. 겸손은 야망의 기관에서 자리를 옮겼다. 그리고 결코 있어서는 안 될 확신의 기관에 자리를 잡았다. 인간은 자신에 대해서는 의심을 품되 진리에 대해서는 의심하지 않아야 했다. 그런데 이것이 정반대로 뒤바뀌었다. 오늘날 인간이 옹호하는 인간의 한 기관은 정확히 그가 옹호해선 안 되는 기관, 즉 자기 자신이다.[8]

오늘날 우리가 의심하는 것은 우리 자신이 아니라 하나님의 말씀이다. 체스터턴의 친구들은 니체와 마찬가지로 기독교 정통 신앙은 인류를 덮친 재앙이자 삶과 행복에 대한 저주라고 생각했다. 그러나 그

---

7) Immanuel Kant, *Political Writings*, ed. Hans Reiss, trans. H. B. Nisbet (Cambridge: Cambridge University Press, 1970), p. 43.

8) G. K. Chesterton, *Orthodoxy*, pp. 157~158.

핵심에 있어서 절망을 품고 있는 것은 다름 아닌 허무주의다. 삶에는 아무런 초월적인 의미나 목적이 없다는 것이 허무주의의 주된 논조이므로 체스터턴은 이렇게 덧붙여 말했다. "허무주의는 어떤 이야기도 발견하기를 바랄 수 없다. 허무주의의 이야기에는 아무 줄거리가 없을 것이다."

> 회의주의의 밀림 속에서는 아무런 의미도 발견할 수 없다. 그러나 교리와 계획의 숲 속을 거니는 사람은 점점 더 많은 의미를 발견할 것이다. 거기서는 마치 내 아버지의 집에 있는 연장들이나 그림들처럼 어떤 것에든지 얽힌 이야기가 있다. 그곳은 내 아버지의 집이기 때문이다. 나는 내가 시작한 곳-바른 종착지점-에서 끝을 낸다. 나는 최소한 모든 좋은 철학의 문으로 들어갔다. 나는 내 두 번째 소년기로 들어갔다. [9]

'포스트모던적인' 반응만 유별나게 정통 신앙에 대한 이야기를 오만하고 편협하다고 생각하는 것은 아니다.

새로운 겸손은 사람들을 마비시켜 진보, 혁신, 미래에 대한 흥분된 기대 등의 온갖 이야기에도 불구하고 실제로 어느 방향으로도 움직이지 못하게 한다. "우리는 정신적으로 너무 겸손해서 구구단도 못 믿을 인류를 양산하고 있는 중이다……옛 시대를 비웃는 이들은 너무 오만해서 확신을 가질 수가 없었다. 그러나 이 사람들은 너무 겸손해서 확신을 가질 수가 없다." [10] 체스터턴은 또 이렇게 덧붙여 말한다. "이러이러한 신조는 한 시대에는 신봉할 수 있지만 다른 시대에는 신봉할 수 없다고 말하는 어리석은 습관이 현대의 논쟁 속에서 생겨났다……

---

9) 앞의 글, p. 31.
10) 앞의 글, p. 32.

어떤 철학은 월요일에는 믿을 수 있지만 화요일에는 믿을 수 없다고 말하는 편이 차라리 낫겠다."[11]

현대의 자아 개념은 자아가 고찰하는 모든 것의 주인이라는 개념이었다면, 탈현대의 자아는 여행자로 묘사하는 것이 가장 알맞다. 거기에는 아무런 목적지가 없다. 구체적으로 말하면 그저 아무 곳으로나 떠다니는 개인적인 여행만 있을 뿐이다. 오늘날 니체의 제자가 된 마크 테일러는 우리는 스스로 선택한 목적지 외에는 어떤 구체적인 목적지로도 향하지 않는 '목적 없는 떠돌이'가 되기를 갈망할 수 있을 뿐이라고 말한다. 우리는 여전히 우리 자신의 대본을 쓰기를 원하지만 〈사인펠드〉(미국에서 인기 있는 시트콤-편집자 주)의 표어처럼 그것은 시시껄렁한 쇼일 뿐이다.

테일러는 이렇게 설명한다. "비(非)/신학의 관점에서 보면, 순수한 기원이란 존재한 적이 없었으며 완벽한 결말도 결코 존재하지 않을 것이다. '모든 약속, 모든 미래의 소망과 기대는 하나님의 죽음 속에서 종말을 맞이한다.'"[12] 언약과 성취의 패턴을 지닌 '역사'라는 개념을 만들어 낸 것은 바로 '그 책'(즉, 성경)이다. 테일러는 불만스런 어조로 이렇게 지적한다. "창세기의 '순간'과 요한계시록의 '순간' 사이에서 서구 역사는 흘러간다. 역사는 자아와 마찬가지로 신학적 개념이다."[13] 성경은 역사적 사건 그 자체에서 의미가 발견된다고 전제하지만 테일러는 성경이 각 사람들에게 스스로 의미를 창조할 여지를 전혀 남겨놓지 않는다고 비판한다.[14] "주권적인 하나님의 죽음은 이제 주권적 자아의 탄생으로 보인다."고 테일러는 말한다. 그러나 하나

---

11) 앞의 글, p. 74.
12) Mark C. Taylor, *Erring*, p. 155.
13) 앞의 글, p. 53.
14) 앞의 글, p. 66.

님의 죽음은 자아의 죽음도 가져왔다.[15] "로고스는 없다. 상형 문자만 있을 뿐이다."[16]

그래서 우리는 정해진 목적지 없이 볼거리를 찾아 배회한다. 우리는 사실 여행자처럼 진리를 찾는 구도자라기보다는 서구 소비자주의의 거대한 쇼핑몰 안에서 우리를 유혹하는 새로운 경험, 정체성, 이미지, 스타일의 구경꾼들이다. 실제로 우리는 "그 생각이 허망하여지며 미련한 마음이 어두워졌나니 스스로 지혜 있다 하나 어리석게"(롬 1:21~22) 되었다.

현대 및 탈현대적 형태의 인간의 자율성(자기 통제)과는 대조적으로 성경의 드라마는 하나님을 1면 머리기사의 주인공으로, 우리를 조연으로 공포한다. 역사에는 중대한 기원과 종점이 있으며 그 속에서 우리 자신은 출연자의 일원이다. 그것은 법정 드라마이며 그 속에서 우리는 거짓 증인이 되거나 참 증인이 되거나, '아담 안에' 있거나 '그리스도 안에' 있거나, 의롭게 되거나 정죄를 받거나, 살거나 죽는다. 우리는 주인도 아니고 여행자도 아닌 순례자가 된다. 주인과는 달리 순례자는 아직 목적지에 이르지 못했고 감히 자신만의 영광의 나라를 세우려 하지도 않는다. 순례자들은 모든 해답을 알고 있지도 않고 자신들의 목적지가 어떤 곳인지 정확히 알지도 못한다. 그들의 여정에서는 하나님의 약속과 그 약속의 성취가 그들을 이끌어간다. 그러나 여행자들과는 달리 순례자들은 정해진 장소를 향해 길을 가며 그 길 위에 있는 모든 지점은 목적지를 향한 이정표다.

니체와 그의 계승자들이 사람들로 하여금 혈과 육의 세상에서 물러나 종교적 내향성의 누에고치 속으로 숨게 만드는 일체의 종교 철학을 배격한 것은 옳았다. 그들이 영혼을 육체와 함께 해방시키는 것

---

15) 앞의 글, pp. 20~30.
16) 앞의 글, p. 97.

이 아니라 영혼을 육체*에서* 해방시키는 하나님은 우리의 예배를 받기에 합당치 않다고 결론지은 것은 옳았다. 그러나 그들은 이런 도덕주의적 금욕주의가 아닌 기독교에 대해서는 분명 아무런 인식이 없었다. 극단적으로 단순한 율법주의(복음과 율법의 혼동)에 대한 그들의 유일한 대답은 똑같이 극단적으로 단순한 반율법주의(율법의 부정)였다. 그들은 이 세속적 실존의 영역을 순전히 그림자로 환원시키는 초월적인 하나님과 천상의 영역을 없애 버려야만 삶을 긍정할 수 있다고 생각했다. 그러나 그 과정에서 그들은 의미와 소망의 유일한 원천을 배제했다.

체스터턴은 기독교의 바깥 고리는 원죄와 심판과 지옥에 대한 진지한 인식으로 어둡기 그지없지만 "그런 무자비한 보호 장치의 내부에서는 어린아이들처럼 춤을 추고 어른들처럼 포도주를 마시는 오래된 인간적인 삶을 발견하게 될 것"이라고 말했다. "기독교는 이교적인 자유를 위한 유일한 틀이기 때문이다. 그러나 현대 철학에서는 상황이 정반대다. 현대 철학의 바깥 고리는 분명히 예술적이고 자유롭다. 그러나 그 안에는 절망이 있다."[17] 하나님을 믿지 않는 세상에서는 오락으로 가득 차 있으나 어떤 사실적인 줄거리도 없는 일종의 피상적인 행복과 막연한 안녕이 죽음에 대한 두려움을 숨기고 있다. 하나님의 은혜를 떠나서는 우리의 치명적인 상처에 충분히 대처할 수도 없고 하나님 나라의 참된 희락과 환희를 맛볼 수도 없다. 우리의 죄(단순히 죄들이 아닌 우리의 죄에 물든 상태)를 부정한다면 우리는 장례식에 참석하기에는 지나치게 어리석다. 복음을 어리석게 여긴다면 우리는 잔치에 참여하기에는 지나치게 심각하다.

역설적이게도 니체와 그의 제자들이 거부한 왜곡된 형태의 기독교

---

17) G. K. Chesterton, *Orthodoxy*, p. 157.

와 그들 자신의 대안은 공통점이 많다. 둘 다 자기 밖을 바라봄으로써 실체와 그에 대한 올바른 해석을 받아들이기보다는 자기 내면으로 돌아서는 쪽을 지향한다. 둘 다 하나님의 외적인 말씀을 통해 초월적인 하나님에게서 심판과 구원을 받기보다 개인적인 체험과 의지와 노력을 바탕으로 이야기를 만들어 내기로 결심했다. 다른 누군가에게 심판과 구원을 받고 하나님 나라의 혼인 잔치에서 이 땅의 비참한 죄인들과 함께 모이기에는 전자는 너무 경건하고 후자는 너무 무법하다.

이 책 전체를 통해 나는 삼위 하나님이 우리를 내적인 독백에서 빠져나오게 하시고 하나님의 구원의 대본 속에서 우리에게 새로운 줄거리와 새로운 배역과 새로운 대사를 주시는 방식을 탐구할 것이다. 하나님은 스바냐를 통해 이스라엘 민족에게 모든 의를 성취하며 언약의 주 여호와의 명령과 사명에 '아멘'으로 화답할 장차 오실 구속자에 대해 예언하셨다. 하나님은 이스라엘과 유다에서뿐만 아니라 온 열방에서 남은 자들을 하나님의 궁정으로 인도하실 것이다. "그때에 내가 여러 백성의 입술을 깨끗하게 하여 그들이 다 여호와의 이름을 부르며 한 가지로 나를 섬기게 하리니"(습 3:9).

우리는 자신의 삶을 그린 영화의 극작가, 연출가, 감독이 되려는 야망을 내려놓고 구속하시는 하나님의 뒤를 이어 해방된 포로들의 감사의 행렬에 동참할까? 아니면 우리의 사적이고 공적인 목표를 위해 '하나님'과 '영성'을 이용할까? 시온을 향해 가는 예배자의 무리에 동참할까, 아니면 시편 2편에 묘사된 여호와와 그 기름 부음받은 자를 대적하는 광적인 반란에 가담할까? 우리는 아직 목적지에 이르지도 않았고 단지 허영의 시장에서 이 가게 저 가게를 배회하지도 않으며 "장차 올 도성을 찾는"(히 13:14) 여행자들이다. 테일러의 말은 옳았다. 성경은 실제로 기원과 목적지가 있는 역사의 개념을 탄생시켰다. 예수님이 요한에게 주신 계시에서 선포하신 것처럼, 창조자가 곧 완성자다. "주 하나님이 이르시되 '나는 알파와 오메가라 이제도 있고 전에도 있었고 장차 올 자요 전능한 자라.' 하시더라"(계 1:8). 바로 이것이 1면 머리기사다.

02

2

복음과 인간의 진짜 위기 해결

우리는 건강보험 위기, 중동에서의 위기, 재정 위기와 교육 위기, 자연 재해 등 매일 위기에 직면해 있다. 종교적 내향성의 관점에서 보면 이런 위기들은 영혼의 진보와는 아무 관계가 없는 육신의 외적인 혼란일 뿐이므로 전혀 중요하지 않다. 적극적 허무주의의 관점에서 보면 이런 위기들은 이미 보잘것없는 삶을 약화시키고 단축시키므로 궁극적 대재앙이다. 순전히 자연주의적이고 허무주의적인 세계관에는 최악의 현세적 비극보다 더 무서운 어떤 것의 위협도, 이 세상에서 가장 좋은 순간보다 더 웅대한 어떤 것에 대한 소망도 없다.

그러나 우리가 만물의 중심에 계신 하나님에 대해 생각할 때 우리의 가치 평가는 변한다. 우리가 매일 보는 머리기사들은 하찮은 것도 아니고 궁극적인 중요성을 띤 것도 아니다. 죽음은 우리가 다룰 수 있는 범위를 넘어선다. 세계 시장은 신뢰할 만한 믿음의 대상과는 거리가 멀다. 국제적 분쟁은 궁극적으로 원죄에 뿌리를 두고 있다. 궁극적 평화는 우리의 능력 밖이다. 그것은 우리의 원수들이 우리를 겨누고 있기 때문만이 아니라 *우리 자신의 마음*이 증오, 폭력, 불의로 가득 차 있기 때문이다. 사람들이 말하는 것처럼 "손바닥도 마주쳐야 소리가 난다."

죽음에 대한 준비가 되어 있기 전에는 사실 삶에 대한 준비도 되어 있지 않은 것이다. 최소한 캘리포니아에서는 사람들에게 죽을 권리가 허락되지 않는다. 사람들은 단지 '세상을 떠날' 뿐이다. 과거에 사람들이 하나님의 말씀을 듣고 구원받기 위해 하나님의 이름을 불렀을 때 유리창을 통해 볼 수 있었던 교회 묘지의 십자가와는 달리 ('숲 속 잔디' 같은 미화된 이름을 가진) 감상적인 익명의 공동묘지는 죽음을 시야에서 숨긴다. 우리는 죽음에 대해 이야기하기를 좋아하지 않으며 임종을 앞둔 친척이나 친구와 시간을 보내는 것을 불편해한다. 세속적인 스트레스나 불안감의 완화, 결혼 생활과 가족 내의 문제 해결, 막연한 '행복'의 증진 따위에 초점을 맞춘 교회는 사람들의 시선을 이 땅에 속한 것들이 올바르게 보이는 하늘로 향하게 할 기회를 자주 잃어버린다.

스탠리 하우어워스가 말했듯이 모든 것을 바꾸어 놓은 날은 2001년 9월 11일이 아니라 주후 33년의 수난일이었다.[1] 문제 있는 학교들도 세상에서 다음 세대의 지도력을 약화시키지만 그보다 더 큰 위기는 복음이 한 세대에서 다음 세대로 전해지고 있느냐의 여부다. 끔찍한 홍수, 지진, 폭풍우, 화재는 현세적인 안전을 위협하지만, 우리는 그리스도께서 심판하시러 다시 오실 때 세상의 이목을 집중시킬 궁극적 위기를 잊어버리지 않았는가?

---

1) Stanley Hauerwas, "A Pacifist Response," in *Dissent from the Homeland: Essays after September 11*, ed. Stanley Hauerwas and Frank Lentricchia (Durham, NC: Duke University Press, 2003), p. 188.

1950년대에 예일 대학의 리처드 니부어는 개신교 자유주의의 이른바 '복음'을 다음과 같이 통렬하게 묘사했다. "진노 없는 하나님이 십자가 없는 그리스도의 봉사를 통해 죄 없는 인간을 심판 없는 왕국으로 데려가셨다." [2) 이 문장의 각 문구는 매우 통렬하다. 첫째로 많은 미국인들이 생각하는 감상적인 하나님은 온 땅의 심판자라기보다는 로저스 씨(유명한 교육 프로그램 진행자-역주)와 더 닮아서 진노하실 수가 없는 분이다. 하나님은 우리와 우리의 행복을 위해 존재하시므로 이 하늘의 친구는 우리가 자신에게 상처를 주면 실망하고 슬퍼할지는 몰라도 결코 죄를 일차적으로 자신과 자신의 완벽한 공의에 대한 범죄로 보시지는 않는다. 둘째로 우리는 실수-때때로 꽤 안 좋은 실수-를 저지를 수도 있지만 그렇다고 해서 우리 자신을 죄인이라고 부르는 것은 잘못된 일이며 우리가 죄에 포로가 되어 이 난국을 스스로 헤쳐 나오려 애쓰거나 헤쳐 나오기 위해 할 수 있는 일이 아무것도 없다고 상상하는 것은 더더욱 잘못된 일이다. 그래서 셋째로 하나님은 기본적으로 선량한 사람들인 우리를 심판 없는 나라로 인도하신다. 우리를 정죄할 수 있는 율법도 없고 우리를 의롭다 할 수 있는 복음도 없기 때문이다. 마지막으로 만일 당신이 기본적으로 좋은 사람이라면, 당신에게는 이런 식의 종교적 치료법을 위한 대속적이고 속죄적인 희생 제물이 필요하지 않다. 당신에게 진정으로 필요한 것은 좋은 본보기다.

나는 복음을 받아들일 준비가 가장 잘 된 사람들은 바로 죄수들이라는 사실을 발견했다. 한 감옥 선교 지도자가 언젠가 내게 원죄, 그리스도의 대속적 속죄, 그리스도의 전가된 의로 인한 칭의 등에 대한 이야기는 너무 '현학적'이라고 말한 적이 있다. 수감자들은 자신들의 문제에 대한 실제적 해결책을 찾고 있다. 결국 감옥의 목표는 우리 이웃

---

2) H. Richard Niebuhr, *The Kingdom of God in America* (New York: Harper, 1959), p. 193.

인 수감자들이 감옥에서 풀려나면 사회에 유익이 되는 시민이 될 수 있도록 그들을 개과천선하게 하는 것이다. 그러나 내 경험상 대부분의 사람들보다 율법과 복음을 더 잘 받아들이는 이들은 바로 죄수들이다. 그들은 체포당하고, 재판정에 서고, 소송에서 패하고, 판사가 판결문을 읽는 소리를 듣는다는 것이 어떤 것인지 잘 안다. 예수님이 종교적으로나 도덕적으로 자신감에 가득 찬 사람들을 목표로 정하시지 않았다는 사실은 의미심장하다. "내가 의인을 부르러 온 것이 아니요 죄인을 불러 회개시키러 왔노라"(눅 5:32). 물론 종교 지도자들 또한 실제로는 불의했지만 그들은 그 사실을 인정하지 않았다. 그래서 그들은 용서받기 위해 그리스도께로 달려가지 않았다. 예수님은 그들에게 이렇게 말씀하셨다. "내가 진실로 너희에게 이르노니 세리들과 창녀들이 너희보다 먼저 하나님의 나라에 들어가리라"(마 21:31).

도덕주의적이고 심리 치료적인 문화에서는 진노가 들어설 자리가 없다. 그런 문화에서는 좋은 사람이 되고 좋은 감정을 갖는 것이 하나님이나 하나님의 심판과 아무런 관련이 없어진다. 그리고 그것은 또한 십자가가 우리에게 하나님이 우리를 얼마나 사랑하시는지를 보여 주는 기괴한 실물 교육으로서의 지위 외에는 어떤 지위도 가질 수 없음을 의미한다.

그러나 진짜 위기는 하나님이 육신이 되셔서 율법을 성취하시고 우리 대신 율법을 위반한 데 대한 형벌을 받으시는 방법 외에는 그 어떤 것으로도 해결될 수 없다. 이것이 성경 전체의 초점이다. 결혼 생활, 자녀 양육, 직장에서의 스트레스, 낮은 자존감, 우리의 건강이나 금융 시장에 대한 염려 등 여러 가지 면에서 우리에게 문제가 있을 수 있다. 그러나 우리가 직면한 궁극적 위기는 로마서 1장 18절에 잘 요약되어 있다. "하나님의 진노가 불의로 진리를 막는 사람들의 모든 경건하지 않음과 불의에 대하여 하늘로부터 나타나나니."

위기에 대한 분석

　성경의 드라마는 하나님이 그 주인공이시지만 조연도 포함한다. 하나님은 세상을 창조하실 필요가 없으셨다. 하나님은 우리, 또는 다른 어떤 존재도 창조할 필요가 없으셨다. 성부, 성자, 성령은 스스로 완벽하시고 서로 간의 교제에 있어서 충분히 만족하시며 또한 천군 천사의 영원한 예배를 받으셨다. 그러나 이 삼위 하나님께서는 아무 대가 없이 우리를 창조하기로 작정하셨다. 우리가 존재하게 된 것은 순전히 하나님의 관대하심과 자유와 사랑과 넘치는 기쁨에서 비롯된 일이었다.

　성령님이 모양도 없고 공허한 우주 위를 운행하시면서 물과 물을 나누어 마른 땅이 드러나게 하셨을 때, 우주의 창조자이시며 주인이신 하나님이 우리와 함께 거하실 처소가 마련되었다. 하나님의 형상으로 창조된 아담과 하와는 땅을 다스리고 정복하라는 사명을 부여받았다. 여기서 다스리고 정복한다는 표현에 사용된 동사는 나중에 성전에서 섬기는 제사장들의 역할을 묘사하는 데 사용된 동사와 동일하다. 에덴은 하나님의 성전, 하늘 자체의 축소판, 하나님의 발등상이었다. 인간은 하나님 나라의 (하나님 말씀을 선포하는) 선지자, (온 천지 만물이 영원한 안식으로 승리의 행진을 할 때 온 천지 만물을 질서정연하게 이끌어 가는) 제사장, (하나님의 부왕으로 다스리는) 왕이 되어야 했다.

　그러나 그 대신 아담은-우리의 대표자로서-위대하신 왕이 기쁨 가운데 왕의 형상을 지닌 존재들 뒤로 자신의 피조물들이 차례차례 행진하기를 기다리시는 관람석에서 오히려 멀어져 약속된 땅을 우회하는 길로 온 우주를 인도했다. 각 나라별로 국기를 앞세우고 행진하는 올림픽 개막식의 화려함을 떠올려 보라. 이 상황이 바로 그런 상황이다. 하나님의 형상대로 창조된 아담과 하와는 이미 영광과 존귀로 관을 썼지만, 우리의 대표자는 아직 경주를 마치고 금메달을 목에 건 상태는 아니었다. 그런데 아담은 경주를 하는 대신 하나님과는 관계없는 자신의 영광과 행복을 찾아 자신의 사명과 행렬에서 이탈하여 출구 밖으로 나가 버렸다. 아담은 하나님에게서 듣는 모든 말씀에 의존하기를 원치 않고 자신의 내적인 빛의 인도를 받기 원했다. 아담은 창조주의 반사된 영광을 얻는 데 만족하지 않고 달 대신 해가 되기를 원했다. 그러자 하나님이 우리의 첫 조상에게 주신 아름다움은 곧바로 시들어 버렸고, 우리의 첫 조상은 자신들의 벗은 몸을 부끄러워하게 되었다. 하나님이 그들에게 주신 영광은 이제 교만으로 바뀌었고, 하나님이 그들에게 다스리라고 주신 권능은 곧 역사의 배경을 가로지르는 포악한 공포의 행진 속에서 행사되었다.

거룩함이 없으면 행복도 없다. 우리는 "하나님을 영화롭게 하고 영원토록 하나님을 즐거워하기 위해" [3] 하나님의 형상으로 창조되었으므로 우리의 성취와 의미와 기쁨은 하나님과의 교제 속에서 발견된다. 교부 아우구스티누스가 기도의 형태로 표현한 것처럼 "주님은 주님 자신을 위해 우리를 만드셨고 우리의 마음은 주님 안에서 안식하기 전에는 안식하지 못한다." [4] 이러한 안식이 없는 마음은 강렬한 지배욕에서, 탐욕에서, 우리는 하나님의 원수라는 부인할 수 없는 사실에 대해 우리의 양심을 무디게 만들어 주겠다고 약속하는 수많은 헛된 재미와 오락에서 그 모습을 드러낸다.

이스라엘의 역사는 여러 가지 면에서 이 창조 이야기의 복사판이다. 하나님은 자기 백성이 '어둠과 공허'를 가로질러 마른 땅 위로 걷게 하시려고 다시 한 번 물들을 나뉘게 하셨고, 이스라엘은 하나님의 '장자'였다. 그럼에도 하나님이 이스라엘을 약속의 땅으로 인도하실

---

3) 웨스트민스터 소교리문답 1문.
4) Augustine, *Confessions*, trans. Henry Chadwick (Oxford: Oxford University Press, 1991), p. 3.

때 이스라엘 또한 받아야 할 시험이 있었다. 신실한 언약의 종으로 하나님의 말씀에 주의할 것인가, 아니면 그 대신 하나님을 재판정에 세우고 스스로 자신들의 운명을 결정할 권리를 주장할 것인가? 하나님을 영화롭게 하고 즐거워할 것인가, 아니면 하나님의 형상을 지닌 존재로서의 직분을 버릴 것인가? 뱀을 하나님의 동산에서 쫓아내고 젖과 꿀이 흐르는 땅을 유업으로 물려받을 것인가, 아니면 스스로 우상을 숭배하는 민족들에게 유혹을 받아 언약을 저버리는 반역자로 전락할 것인가?

그러므로 인간으로서의 우리의 정체성은 법정 재판이라는 정황 속에서 형성되며, 우리는 그 재판에서 증인석에 출두할 것을 요청받는다. 우리는 바로 이런 대본의 줄거리 속에서 우리의 삶을 발견한다. "하늘이 하나님의 영광을 선포하고 궁창이 그의 손으로 하신 일을 나타내는도다 날은 날에게 말하고 밤은 밤에게 지식을 전하니"(시 19:1~2). 그러나 하나님의 형상을 지닌 인간도 하나님의 주요 증인으로 서서 하나님의 영광을 선포할까? 이 조연 중에 가장 중요한 배역, 생명나무에 이르는 행진에서 무리를 이끌도록 임명된 존재는 자신의 소명을 성취할까? 그는 이 행렬을 영생과 영광으로 인도할까? 아니면 자신의 이름으로 자신의 깃발 아래 자신의 도성으로 향하는 에움길로 인도할까?

하나님은 당신에게 무엇을 기대하시는가

이런 이야기는 직장에서 일하거나 장을 보거나 자녀를 학교나 축구 연습하는 운동장에 바래다주는 일 같은 우리의 일상생활과는 동떨어진 매우 거창한 이야기처럼 들린다. 하나님의 형상으로 창조되었다는 왕적인 운명이 나와 이 주의 내 바쁜 일정과 무슨 관계가 있는가? 이런

질문을 던질 때 이미 우리는 긴급성-심지어 일상적인 직업의 가치 있
는 측면-의 폭정에 너무 쉽게 사로잡혀 숲을 보지 못하는 경향을 보여
주고 있는 것이다. 우리는 하나님과 우리를 향한 하나님의 목적에서
눈길을 돌려 우리 자신의 직접적인 필요라는 편협한 지평으로 우리
자신을 정의한다. 하지만 우리가 전체적인 그림을 바로 보게 될 때 나
머지 것들이 제자리를 찾게 된다. 우리가 자녀들을 차에 태워 바래다
주는 것은 단순한 노력 봉사가 아니라 하나님의 형상을 지닌 선지자
들, 제사장들, 왕들을 키우고 있는 것이다. 우리가 남편과 아내로서 우
리의 개인적인 일정과 욕구를 양보하는 것은 단순한 양보가 아니라
하나님이 창조하신 세상을 돌보면서 하나님과 서로를 섬기기 위해
"생육하고 번성하라."는 창조주의 명령을 완수하는 데 우리의 에너지
를 쏟는 것이다.

아담은 단순히 사사로운 인간이 아니라 공적인 대표였다. 당신은
아담과 하와와 마찬가지로 하나님을 영화롭게 하고 영원토록 즐거워
하기 위해 하나님의 형상으로 창조되었다. 이것은 추상적인 개념이
아니다. 그것은 하나님의 법으로 정의된다. 그리고 법은 사랑의 정반
대가 아니라 사랑의 구체적인 표현이다. 사랑은 확실히 감정을 내포
하지만 감정 이상이다. 우리로 하여금 타인에게 헌신하게 하는 것은
바로 타인을 기뻐하는 일에 대한 헌신이다. 대개는 사랑의 감정이 하
나의 의무로서의 헌신적인 사랑에 *뒤따르는* 것이지 헌신이 감정에 뒤
따르는 것은 아니다.

결혼 생활 초기에 나는 사랑에 대한 값진 교훈-지금도 배우려고 노
력하고 있는 교훈-을 배웠다. 사랑이란 내가 내 방식대로 표현하고
싶은 자발적인 감정이라는 미국적인 어리석은 생각에 젖어 있던 나는
성탄절이나 아내의 생일만 되면 늘 아내가 원하지 않는 선물을 주곤
했다. 아내는 친절하게도 자기가 원하는 것을 내게 말해 주었지만 나

는 화만 잔뜩 냈다. 나는 아내가 자기가 좋아한다고 말하는 선물이 아니라, 내 생각에 아내가 좋아할 것 같은 선물을 아내에게 주기를 원했다. 나의 '선물하기'는 사실 일종의 이기심이었다. 나는 아내에게 기쁨을 주기보다는 나의 선택이 옳았음을 입증하는 데서 나름의 자기만족을 얻기에 급급했다. 우리의 죄는 그처럼 뿌리가 깊다. 타인을 위해 선행을 하거나 타인에게 무엇인가를 주는 일조차 우리의 교만을 옹호할 기회가 된다.

그것은 마치 가인이 하나님께 바친 제사와 비슷하다. 그것은 하나님이 명하신 제사가 아니었다. 하나님이 가인과 가인의 제사를 거부하시고 아벨과 아벨이 양으로 바친 제물을 더 좋아하셨을 때, 질투는 살인으로 바뀌었다. 그보다 한참 뒤에 아론의 아들들-하나님의 성막에서 섬기는 제사장들-은 하나님을 예배하는 데 허락되지 않은 다른 불을 드렸다. 그들은 단지 '자발적으로' 하나님을 예배하는 데 자신들의 개인적인 손길을 더했을 뿐이었지만, 하나님은 그런 일을 명하시지 않았고 그래서 그 자리에서 즉시 그들의 생명을 취하셨다.

내 아내도 나처럼 죄인이어서 하나님보다 관대한 경향이 있다. 그러나 하나님은 거룩하시며, 독창적이고 스스로 인정한 예배라는 우리의 '자발적인' 제사를 '그래, 그것 참 좋은 생각이구나!' 하시며 관대하게 받아 주시지 않을 것이다. 그런 생각은 패역한 생각이다. 내가 우연히 운이 좋아서 내 생각이 아내의 생각과 일치했다 하더라도, 나로 하여금 아내가 좋아하지 않는 선물을 사게 만든 것은 바로 그와 똑같은 동기였다. 우리는 세상과 세상 안에 있는 모든 사람이 우리를 중심으로, 즉 우리가 좋아하고 싫어하는 것, 우리의 쾌적범위, 우리의 절실한 필요를 중심으로 공전하도록 만들고 싶어한다. 반면 하나님은 우리에게 진실, 즉 하나님이야말로 만물이 하나님으로 말미암아, 하나님 안에서, 하나님을 위해, 하나님을 통해 존재하는 그런 분이라는 사실을 인정하기를 요구하신다.

나는 네 자녀의 아버지로서 "당신 말 못 들었어." 또는 "당신이 나한테 분명하게 말했으면 그렇게 했을 거야."라는 변명에 꽤 익숙해져 있다. 사탄은 하나님의 말씀의 명료성에 의문을 제기함으로써 우리의 첫 조상을 꼬드기는 데 성공했다. "하나님이 *참*으로 ~라 하시더냐?" 하나님이 말씀하시는 실상은 약간 애매모호하다고 우리 스스로를 설득하고 나면 대본을 고치기가 훨씬 더 쉬워진다. 타락한 이후 우리는 그와 똑같이 감사의 행진에서 이탈한 자신을 정당화한다. 하나님이 참으로 우리가 하나님의 진노 아래 있고, 죄로 죽었으며, 심지어 하나님의 주권적인 은혜의 선물이 없으면 하나님의 아들도 믿을 수 없다고 말씀하셨는가? 하나님이 참으로 역사의 끝에 모든 사람에게 심판이 있으며, 어떤 이들은 영원한 형벌을 받게 될 것이라고 말씀하셨는가? 분명 지옥은 실재하는 장소가 아니다. 지옥은 단지 사람들이 하나님의 길을 따르지 않을 때 겪게 되는 외로움과 불행이라는 주관적 체험일 뿐이다. 어떻게 악인이 오직 믿음으로 자신에게 전가된 다른 누군가의 행위를 기초로 의인으로 선언될 수 있는가? 하나님이 참으로 우리에게 우리 자신에 대해 죽고 그리스도와 함께 부활해야 한다고 말씀하셨는가?

이스라엘은 거듭해서 하나님을 시험했다. 미가는 사람들이 하나님을 기쁘시게 하고 하나님의 진노를 돌이키기 위해 스스로 할 수 있는 일이 무엇인가라는 질문을 던졌다고 증언한다. 이스라엘은 마치 하나님이 명하신 일은 무엇이든 다 했으니 자신들이 벌을 받는다면 그것은 하나님이 요구 조건을 더 분명하게 밝히시지 않았기 때문인 듯이 그저 말씀만 하시면 무슨 일이든 준행하겠다고 하나님께 입버릇처럼 대답한다. "사람아, 주께서 선한 것이 무엇임을 네게 보이셨나니 여호와께서 네게 구하시는 것은 오직 정의를 행하며 인자를 사랑하며 겸손하게 네 하나님과 함께 행하는 것이 아니냐?"(미 6:8).

우리가 무엇을 *행하지 않았는가?* 바로 그것이 선지서에서 거듭 제기되는 질문이다. 이 질문은 마태복음 19장에서 젊은 부자 관원이 예수님께 한 질문과 별반 다르지 않다. "선생님이여 내가 무슨 선한 일을 하여야 영생을 얻으리이까?" 예수님이 온 율법을 다 지키라고 대답하시자, 그 관원은 마치 자신이 빼먹은 계명이 혹시 있을지도 모른다는 듯이 "어느 계명이오니이까?" 라고 묻는다. 예수님이 율법의 두 번째 돌판(이웃 사랑)을 다시 언급하시자 그는 이렇게 대답한다. "이 모든 것을 내가 지키었사온대 아직도 무엇이 부족하니이까?" 그래서 예수님은 그를 이렇게 다그치신다. "네가 온전하고자 할진대 가서 네 소유를 팔아 가난한 자들에게 주라 그리하면 하늘에서 보화가 네게 있으리라 그리고 와서 나를 따르라." 참된 천국의 삶은 바로 이런 삶이다.

그 젊은 부자 관원은, 자신은 살인이나 절도 따위에 간접적으로 관여한 적도 없기 때문에 율법을 다 지켰다고 생각했다. 그는 법정에서 위증을 한 일도 없었다. 또 부모를 공경했고 아내 이외의 여자와 동침한 적도 없었다. 그렇다면 무엇이 빠졌는가? 그러나 예수님이 산상 설교(마 5장)에서 설명하신 대로 이웃을 향한 분노는 살인과 다름없고(21~26절), 정욕은 간음과 똑같으며(27~30절), "음행한 이유 없이" 이혼하는 것은 새로운 배우자를 간음한 사람으로 만드는 것이고(31~32절), 맹세는 자신이 통제할 수 없는 일을 통제할 수 있는 것처럼 여기는 일이며(33~37절), 모든 형태의 보복은 금지되었고(38~42절), 원수까지도 사랑해야 하며(43~48절), 가난한 사람을 구제하는 일은 순수한 동기로, 공개적으로 떠벌리지 말고 은밀히 해야 한다(마 6:1~4).

물론 이런 기준에 따르면 그 젊은 부자 관원은 도덕적으로 겨우 몇 가지 흠밖에 없는 것이 결코 아니었다. 그것은 그가 영생으로 들어가기 위해 아직 행하지 못한 몇 가지 추가적인 율법을 확인하는 차원의 문제가 아니었다. 이 사람을 너무 심하게 매도하지는 말자. 이스라엘의 법에 근거하여 한 유대인을 범법자로 만드는 공적인 죄의 관점에서 보면, 그는 훌륭하고 정직한 시민이었다. 그러나 예수님은 율법의 실제 의도라는 관점에서 보면 그가 참으로 어떤 점에서도 율법을 이룬 것이 아님을 깨닫기를 요구하신다. 만일 그가 참으로 이웃을 사랑했다면, 그는 모든 것을 팔아 가난한 자들에게 주었을 것이다. "그 청년이 재물이 많으므로 이 말씀을 듣고 근심하며 가니라"(마 19:22). 야고보가 말하는 대로 "누구든지 온 율법을 지키다가 그 하나를 범하면 모두 범한 자가"(약 2:10) 된다. 하나님은 상대 평가를 하지 않으시며 하나님의 거룩한 공의는 우리에게 맞도록 조절될 수 없다.

그러면 하나님은 당신에게 그리고 우리 모두에게 무엇을 기대하시는가? 하나님은 우리가 원래 창조하신 의도대로 하나님이 기뻐하시는 언약의 동반자, 예배의 중심(에덴동산과 그 이후의 성전)에서 땅끝까지 온 피조물을 이끌고 감사의 행진을 진두지휘할 사명을 받은 하나님의 형상을 지닌 존재로 변화되기를 기대하신다. 하나님은 우리를, 하나님의 영광의 나라를 땅끝까지 확장시킬 사명을 완수해야 하는 목표를 이룰 수 있는 윤리적인 탁월함과 능력을 지니도록 창조하셨다.

일에서부터 영원한 안식에 이르는 왕의 행렬

창세기의 처음 두 장에서는 해와 달이 다스리는 낮과 밤, 물고기가 다스리는 물, 새가 다스리는 공중, 육지의 포유동물이 다스리는 수목으로 가득한 땅 등 다스리는 자와 다스림받는 것이 각 영역별로 모여 있다. 그리고 마지막으로 무대가 그처럼 풍성하게 준비되었을 때, 하나님이 등장하신다.

하나님이 이르시되 "우리의 형상을 따라 우리의 모양대로 우리가 사람을 만들고 그들로 바다의 물고기와 하늘의 새와 가축과 온 땅과 땅에 기는 모든 것을 다스리게 하자." 하시고 하나님이 자기 형상 곧 하나님의 형상대로 사람을 창조하시되 남자와 여자를 창조하시고(창 1:26~27).

하나님은 창조 사역을 성공적으로 완수하신 뒤 자신이 이루신 일에 깊이 만족하셔서 친히 만드신 작품들 위에 좌정하시고 위풍당당하게 안식에 들어가셨다. 이제 천지 만물이 영원한 안식일, 천상의 안식에 의기양양하게 들어가는 것으로 귀결되는 하나님의 이 창조적인 역사의 패턴을 따라갈 차례다. 창조주가 왕의 위엄으로 좌정하셨을 때 우주의 다스리는 존재들은 하나님의 가장 높은 선지자, 제사장, 왕의 지휘 아래 하나님 앞에서 열병식을 거행했다(창 2:1~3).

기독교 학자들뿐만 아니라 유대교 학자들도 지적하는 대로 이러한 일하심(시도)과 안식(정복)의 패턴은 이스라엘 역사 내내 반복된다. 예를 들면, 시편 68편은 이스라엘이 이끄는 하나님의 승리의 행렬, 에덴동산을 뱀의 부패시키는 영향에서 정결하게 하고 세상의 중심에 있는 여호와의 산인 시온 산에 개선 행진하는 출애굽에서부터 가나안까지의 왕의 행진을 노래하는 찬가다.

우리의 단조로운 일상사는 영원한 안식을 향해 가는 위대하신 왕 앞에서 피조물의 왕들이 행진하는 모습을 반영하는 시편 68편의 왕의 행진과는 거리가 한참 멀어 보인다. 일어나자마자 부리나케 일터로 나가고 집에 와서는 텔레비전을 잠깐 보고 그 다음 날에도 똑같은 일상을 반복한다. 그런 일상들 속에서 우리는 이따금씩 운동을 하거나 친구나 가족과 함께 시간을 보내거나 취미 생활을 해 보려 한다. 표면적으로는 업무량을 줄이고 생활을 좀 더 편리하게 만들기 위해 과학 기술을 발전시켰는데, 역설적으로 전보다 오히려 일이 더 많아졌다. 예컨대, 나는 많은 시간을 이메일에 할애하지 않을 수 없게 되었다. 기술과 관련된 문제에 대해서는 대부분 서툰 나도 이메일만은 능숙해졌다고 생각했다. 그런데 이메일은 마치 야구 연습장에서 기계가 던져 주는 야구공처럼 모든 일이 신속하게 이루어지는데도, 전에 손으로 일일이 편지를 개봉하고 답장을 쓸 때보다 이메일에 답하는 데 시간이 더 많이 소요된다. 영국에 있는 내 친구들은 고급스런 편지지, 우아한 필체, 시처럼 읽히는 산문으로 아름다운 편지를 써 보낸다. 그러면 나는 이메일로 답장을 보낸다. 잘 차려진 잔치 음식 같은 편지에 감자칩 한 봉지 같은 편지로 화답하는 것이다.

이런 상황에서는 효율성이 질을 위협한다. 깊이와 폭, 사려 깊은 생각, (다른 사람들을 포함한) 중요한 일에 대한 신중한 관심 등이 긴급성의 폭압으로 인해 밀려난다. 이런 가치관은 우리의 신앙과 실천에서도 드러난다. 이런 현상은 말씀 읽기, 기도, 묵상으로 주님과 함께 시간을 보내기를 싫어하는 우리 자신의 모습에서뿐만 아니라 공적인 예배에서도 우리가 자주 듣는 피상적이고 준비가 덜 된 설교, 잘 준비된 예전을 대체하는 빠른 속도의 시끄러운 연출, 성경 본문과 모든 시대를 위한 가르침에 대한 설명은 거의 없이 일상생활 속에서의 효율성에만 집중하는 습관 등에서 잘 드러난다. 시장의 가치관-쇼핑몰의 가치관은 아니라 할지라도-이 주일의 거룩함을 몰아내면서 기독교의 안식일은 더 이상 매주 기독교인을 성장시키는 원천이 되지 못하고 있다.

분주함은 풍성한 삶과 같은 것이 아니다. 우리는 스트레스가 말 그대로 우리를 죽이고 있다는 의학계의 주장을 점점 자주 듣는다. 우리는 바쁘게 사는 것을 좋아하지만, 대체 무엇을 하느라고 그렇게 바쁜가? 그 모든 것이 대체 무슨 유익이 있는가? 왜 우리는 여기에 있으며, 우리가 그토록 광적으로 추구하는 목표는 과연 무엇인가? 스트레스는 스트레스를 줄이기 위한 더 많은 테크닉을 통해 줄이는 것이 아니라, 가치관의 변화를 통해 줄이는 것이다. 문제는 우리가 잠시 멈춰 서서 장미꽃 향기를 맡을 수 있는 여유가 있을 때, 우리 자신 또한 더 잘 알게 된다는 것이다. 그런데 그것은 우리가 상상한 것보다 더 큰 스트레스를 유발할 수도 있다. 장미꽃은 언제나 감미로운 것이 아니다. 분명 우리는 우리 자신에게 많은 시간을 쏟지만 보통은 진지하게 전반적으로 우리의 삶을 평가하기보다는 여러 방법으로 우리 자신을 향상시키는 데 많은 시간을 할애한다. 우리는 종종 하나님과 우리 이웃에 대한 사랑을 전혀 고려하지 않고도 "어떻게 하면 행복해질 수 있을까?" 라는 질문에 성공적으로 대답할 수 있다고 생각한다. 그런데 역설적이게도 우리의 가장 큰 이슈가 우리 자신의 행복이라면, 우리는 결코 우리의 궁극적인 기쁨이자 안식이 되시는 하나님을 알 수 없다.

위대한 교부 아우구스티누스는 나쁜 것을 사랑하는 것만이 죄가 아니라 좋은 것을 *무절제하게* 사랑하는 것도 죄라고 지적했다. 다시 말해서, 죄란 하나님의 선물을 우상으로 바꾸는 것이다. 그것은 로마서 1장에 나오는 감사하지 않는 삶에 대한 사도의 묘사를 성취시키는 우리의 '계몽된' 방식이다. "스스로 지혜 있다 하나 어리석게 되어 썩어지지 아니하는 하나님의 영광을……우상으로 바꾸었느니라……이는 그들이 하나님의 진리를 거짓 것으로 바꾸어 피조물을 조물주보다 더 경배하고 섬김이라 주는 곧 영원히 찬송할 이시로다"(22~23, 25절).

당신은 다른 무엇이나 다른 누구보다도 하나님을 더 사랑한다고 진정으로 말할 수 있는가? 당신은 하나님께 감사하고 이웃을 섬기는 것으로 특징지어지는 삶을 살고 있는가, 아니면 나처럼 아주 조그마한 실패에도 불평, 불만을 쏟아 내고 있는가? 당신의 직업은 하나님의 소명인가 아니면 그냥 일일 뿐인가? 당신의 일상적인 습관, 계획, 관심사는 당신의 신앙을 변호하고 있는가? 당신의 이웃과 친척과 직장 동료들-심지어 당신이 별로 그렇게 좋아하지 않는 사람들-은 당신의 일상적인 관심과 관대한 행동에서 유익을 얻고 있는가? 당신은 (하나님 및 당신과 관계된 타인과의) 모든 관계를 당신 자신의 이익과 필요에 얼마나 도움이 되는가를 기준으로 평가하는가? 아니면 당신의 도움이 필요한 사람을 볼 때-설령 그런 사람을 아직 못 만났더라도-모든 것을 내려놓는가?

내가 이런 질문들을 글로 옮기던 바로 그날, 일곱 살 먹은 내 아들이 같이 놀아 달라고 졸라 댔다. 나는 안 그래도 잠시 휴식을 취해야 할 상황이었지만 아이에게 바쁘다고 핑계를 댔다. 나의 그런 결정을 정당화하기란 별로 어렵지 않다. 어쨌든 나는 사람들에게 우리의 삶에 대한 하나님의 요구를 쉽게 이해시키기 위한 책을 열심히 쓰고 나서 잠시 휴식을 취하고 있기 때문이다. 그러나 나는 나의 가장 가까운 이웃을 사랑하고 섬길 수 있는 순간을 놓쳐 버렸다. 일반적인 평가로서만이 아니라 구체적인 상황에서도 나는 하나님의 영광에 미치지 못했다.

몇몇 사람들은 당신의 장례식 때 당신에 대해 몇 가지 좋은 말을 해 줄지도 모른다. 그러나 당신이 병석에 누워 임종을 앞두고 당신의 삶을 평가해 본다면 어떤 후회가 남게 될까? 당신이 시간적으로나 물질적인 면에서 투자한 것들에 대해 전반적으로 어떤 평가가 내려질까? 이런 질문들은 우리 자신이 말하는 우리의 모습에 대해서만이 아니라 우리가 *실제로* 어떤 사람이며, 인생에서 우리가 *실제로* 가장 중요하게 여기는 것은 무엇인지에 대해 점검하는 데 도움을 주는 몇 가지 질문이다.

이스라엘은 시내 산에서 창조될 때부터 약속의 땅에서 안식할 때까지 왕의 행렬을 이끄는 일에 있어서 아담보다 나을 것이 전혀 없었다. "그들은 아담처럼 언약을 어기고……"(호 6:7). 이스라엘이 이 시험에서 실패하여 하나님의 백성들을 하나님의 선하심과 은혜에 대한 찬양이 아닌 반란으로 이끌었을 때 반복된 역설은 이스라엘 민족이 하나님을 시험했다는 점이다. 그들은 스스로 하나님의 새 낙원을 황량한 황무지로 바꾸어 놓았으면서도 왜 하나님이 자신의 약속을 이루시지 않았는지 의아하게 생각했다. 나는 하나님이 우리의 하나님이 되시겠다고 약속하셨다고 생각했다. 나는 우리가 하나님의 눈동자이며 이 세상에서 하나님이 사랑하시는 백성이라고 생각했다. 그런데 포로 생활과 고문과 예루살렘의 파괴의 와중에서 하나님은 어디 계신가? 약속의 땅에 들어간 이스라엘 백성은 몇 세기 뒤에 광야에서 살았던 그들의 조상들과 똑같이 '하나님을 시험하며' 자신들의 권리를 요구했다. 실패의 책임을 우리 자신에게서 타인에게로 그리고 궁극적으로 하나님께로 돌리는 이런 경향은, 멀리는 우리의 첫 조상에게까지 거슬러 올라간다. 하나님의 백성들도 자기 길로 가다가 길을 잃으면 하나님을 탓하는 양들에 비유된다. 우리는 자율적인 개인이 되고 싶어하지만 이 불가능한 꿈이 악몽으로 변하면 그 원인으로 하나님을 지목한다.

이 법정 드라마의 명장면 중에 하나는 이사야서 59장에 기록되어 있다. 이스라엘은 하나님의 신실함에 이의를 제기했다. 악의 문제가 제기될 때 우리가 보통 마주치는 수수께끼와 비슷하게 이스라엘 백성은 하나님이 자신들을 침략하는 적군의 위협에서 구원하시는 일에 관심이 없거나 그럴 만한 능력이 없다고 비난했다. 그러자 하나님은 언약의 변호자인 이사야를 통해 상황을 반전시키신다. "여호와의 손이 짧아 구원하지 못하심도 아니요 귀가 둔하여 듣지 못하심도 아니라 오직 *너희* 죄악이 너희와 너희 하나님 사이를 갈라 놓았고 너희 죄가 그의 얼굴을 가리어서 너희에게서 듣지 않으시게 함이니라"(1절, 강조는 저자).

이스라엘은 하나님을 길들이려고 애써 왔다. 하나님은 때때로 우리와 '불화'할 수도 있지만 하나님의 진노의 위협은 레이더망에 포착되지도 않았다. 예레미야는 사람들에게 그들이 듣고 싶은 말만 들려주는 수많은 거짓 선지자들이 있었음을 우리에게 상기시켜 준다. 예루살렘이나 거룩한 성전에 해로운 일이 닥친다는 것은 생각할 수도 없는 일이었고, 거짓 선지자들은 건강과 부와 행복에 대한 낙관적인 메시지로 사람들을 거짓된 확신에 빠지게 했다. "그들이 말한 묵시는 자기 마음으로 말미암은 것이요 여호와의 입에서 나온 것이 아니니라 항상 그들이 나를 멸시하는 자에게 이르기를 '너희가 평안하리라 여호와의 말씀이니라.' 하며 또 자기 마음이 완악한 대로 행하는 모든 사람에게 이르기를 '재앙이 너희에게 임하지 아니하리라.' 하였느니라"(렘 23:16~17). 하나님은 참으로 우리와 친한 친구인가? 아니면 성경적인 말로 표현하자면 "나는 가까운 데에 있는 하나님이요 먼 데에 있는 하나님은 아니냐?"(23절). 그러나 실제로 이스라엘은 앗수르에 의해 포로로 끌려갔고 유다는 사슬에 묶여 바벨론으로 끌려갔다. 거짓 선지자들과 그들의 낙천적인 추종자들이 참되거나 유용하거나 고무적이거나 도덕적으로 정당화될 수 있다고 생각한 것은 전혀 중요하지 않았다. 하나님은 신실하지 않은 세입자들을 쫓아내심으로써 언약에 대한 자신의 신실함을 정확히 입증하셨다.

이사야서 59장에서 재판은 계속되었고 판사이신 하나님은 자신의 선지자를 통해 백성들을 고발하셨다. 백성들과 제사장은 똑같이 알 속에 있는 동안에도 독을 가득 품고 있는 새끼들을 낳는 독사나 자기의 잘못을 가리려고 거미줄을 엮는 거미와 같다. "그 짠 것으로는 옷을 이룰 수 없을 것이요 그 행위로는 자기를 가릴 수 없을 것이며 그 행위는 죄악의 행위라 그 손에는 포악한 행동이 있으며"(3~6절). 판사가 재판에서 결정적인 증거를 제출하자 백성들은 마침내 자신들에게 임한 재앙은 자신들의 죄에서 비롯되었다는 사실을 자백했다.

> 정의를 바라나 없고 구원을 바라나 우리에게서 멀도다 이는 우리의 허물이 주의 앞에 심히 많으며 우리의 죄가 우리를 쳐서 증언하오니 이는 우리의 허물이 우리와 함께 있음이니라 우리의 죄악을 우리가 아나이다 우리가 여호와를 배반하고 속였으며 우리 하나님을 따르는 데에서 돌이켜 포학과 패역을 말하며 거짓말을 마음에 잉태하여 낳으니 정의가 뒤로 물리침이 되고 공의가 멀리 섰으며 성실이 거리에 엎드러지고 정직이 나타나지 못하는도다 성실이 없어지므로 악을 떠나는 자가 탈취를 당하는도다(11~15절).

문제는 열성이나 경건한 말이나 영적인 열정의 부족이 아니었다. 분명히 교회들은 안식일마다 사람들로 가득했지만 그들의 교리와 예배와 일상생활의 부패로 인해 하나님은 이렇게 답변하실 수밖에 없었다.

> 내가 너희 절기들을 미워하여 멸시하며 너희 성회들을 기뻐하지 아니하나니 너희가 내게 번제나 소제를 드릴지라도 내가 받지 아니할 것이요 너희의 살진 희생의 화목제도 내가 돌아보지 아니하리라 네 노랫소리를 내 앞에서 그칠지어다 네 비파 소리도 내가 듣지 아니하리라 오직 정의를 물같이 공의를 마르지 않는 강같이 흐르게 할지어다(암 5:21~24).

이 모든 성구들에 따르면 진정한 위기는 백성들이 불행하다는 사실이나 임박한 외세의 위협에 직면해 있다는 사실이 아니라, 그들이 불의하며 하나님이 그들의 적이라는 사실이다.

사도 바울도 로마서 10장에서 이와 똑같은 고발장을 제출한다. "내가 증언하노니 그들이 하나님께 열심이 있으나 올바른 지식을 따른 것이 아니니라 하나님의 의를 모르고 자기 의를 세우려고 힘써 하나님의 의에 복종하지 아니하였느니라 그리스도는 모든 믿는 자에게 의를 이루기 위하여 율법의 마침이 되시니라"(2~4절).

오늘날에도 종교, 영성, 도덕적 개혁 운동에 대한 많은 열정이 있다. 그러나 우리가 하나님께서 율법 속에서 요구하시는 의와 복음 속에서 주시는 의에 대해 무지하다면, 우리는 세리와 창녀보다 하나님 나라에서 더 멀리 떨어져 있는 것이다(마 21:32). 바로 이것이 선지자들이 전하고 예수님께서 공생애 가운데 선포하신 메시지다.

더 이상의 위기관리는 없다

위기관리가 필요할 때가 있다. 자연재해 피해자들은 정부나 공공 영역의 구제 혜택을 받는다. 우리는 백신을 개발하거나 경제 계획을 수립하거나 병원에서 근무하는 등 일터에서 분주하게 일하는 사람들에게 고마움을 느낀다. 그러나 우리가 관리할 수 없는-사실상 다른 모든 위기의 근원인-한 가지 위기가 있는데 그것은 곧 죄와 그 영원한 결과다.

목회자들은 점점 위기관리 전문가가 되어 버렸다. 위기관리의 일부는 단순히 성도들을 목양하는 일의 일부이지만 나머지 대부분은 우리가 목회자들이 우리의 상태를 진단하고 우리의 가장 심각한 위기를 실제로 해결해 주는 좋은 소식을 전달하는 신실한 선지자보다는 개인적인 코치, 심리치료사, 인생상담가가 되어 주기를 기대한다는 사실에서 기인한다. 우리는 영적인 기술에 있어서는 조금 더 세련될 수도 있지만 그러한 패턴에 익숙해 있다. 우리는 모든 것이 아무 문제없고 두려워해야 할 하나님의 진노 따위는 없으며, 하나님이 선하시거나 우리가 선량해서 어떤 최종적인 심판이 우리 머리 위로 떨어질 일은 없다고 말하는 설교자들을 기쁜 마음으로 따른다. 우리는 심지어 우리의 잘못을 숨겨 줄 거미줄을 치도록 도우면서 우리의 조상, 주변 환경, 사회, 배우자 그리고 궁극적으로는 하나님께 책임을 전가하는 일을 거들어 줄 영적 조언자들에게 많은 돈을 지불할 것이다. 거짓 선지자인 우리는 우리 자신과 타인과 하나님께 우리 자신의 실상에 대해 거짓말을 한다. 거짓 제사장인 우리는 한동안 하나님을 매수할 수 있다고 여겨지는 불쌍해 보이는 제물이면 무엇이든 드린다. 거짓 왕인 우리는 섬기기보다는 지배하려 애쓰며 하나님까지 포함해서 모두가 우리를 떠받치는 조연 역할을 맡아 주기를 기대한다.

그러나 문제는 하나님의 언약에 대한 하나님의 불성실함이 아니라 우리의 불성실함이다. 그리고 우리가 잘못을 저지른 당사자이므로 *하나님이 우리의 문제이며* 하나님은 우리가 통제할 수 없는 분이다. 사실 하나님의 말씀은 우리에게 위기의 근원을 직시하고 우리의 자기 구원 전략을 포기할 것을 요구한다. 하나님의 의가 더 이상 우리를 (두렵게 하기는커녕) 방해하지 않을 때, 우리는 그리스도 예수 안에 있는 선물인 하나님*에게서* 온 의를 간절히 구할 필요를 전혀 느끼지 않는다. 우리는 더 이상 조나단 에드워즈의 유명한 설교에 나오는 것과 같은 '진노하시는 하나님의 손안에 있는 죄인'이 아니라 '능력을 받을' 필요가 있는, 다소 문제가 있지만 선한 의도를 가진 희생자에 더 가깝다. 오늘날에는 아무도 하나님을 *위협적인* 분으로 여기지 않는 것 같다.

그러나 그 자체가 하나의 위험한 실수다.

하나님의 거룩하심은 희미해졌고 죄악에 물든 인간의 상황은 우선 죄들의 수준으로 조절되었다. 즉, 우리는 죄란 우리 스스로는 벗어날 수 없는 속박과 죽음과 정죄의 보편적 상황이라고 인식하는 대신 죄를 야단을 맞거나 다시 반복하지 말라는 충고를 들을 수도 있는 특정한 행동이나 습관으로 환원시킨다. 증상을 질환 자체로 착각하는 것이다. 둘째로 우리는 죄를 일차적으로 동료 인간이나 우리 자신의 행복에 악영향을 주는 부정적인 행동으로 다룬다. 특히 제멋대로인 이 시대의 문화에 속한 많은 이들에게 남아 있는 유일한 법-이 법은 엄청난 근심을 불러일으키는 인정사정없는 명령이다-은 자신을 돌보라는 것이다. 죄를 참으로 죄로 여기게 만드는 수직적 관계는 거의 완전히 잊혀졌다. 이제 죄는 더 이상 죄-하나님께 대한 범죄-가 아니라 실수, 즉 우리의 잠재력에 걸맞게 살거나 세상을 더 나은 곳으로 만들지 못한 실수일 뿐이다. 사실 죄는 하나님의 법에 따라 정의할 필요조차 없으며 우리 자신의 내적인 빛, 곧 우리가 도덕적으로 혐오스럽다고 개인적으로 생각하는 것을 반영한다. 셋째로 우리는 이런 죄들을 '외부인'에게 전가하여 죄를 다른 사람들이 저지르는 일로 정의한다. 각자의 이데올로기에 따라 공화당 지지자나 민주당 지지자, 동성연애자나 사회적 보수파, 사회주의자나 자본주의자, 회교도나 유대교인이나 기독교인이나 세속적 인문주의자가 '죄인'이 된다. 우리가 우리 자신 속에서 죄를 발견할 때조차 죄는 단순히 적절한 전략으로 다룰 수 있는 자기 파괴적인 행동으로 손쉽게 다루어진다.

그러나 성경적 관점에서 볼 때 죄를 죄로 만드는 것은 무엇보다도 죄가 우리와 우리 주변 사람들에게 가져다주는 모든 불행이나 수치가 아니라, 하나님 앞에서의 객관적 범죄라는 점이다. 인생에서 의미나 목적이나 성취를 발견하지 못한다고 해서 영원한 정죄를 받는 사람은 아무도 없다. 그러나 죄를 먼저 수직적으로, 즉 하나님과의 관계 속에서 정의할 때 우리는 무가치하며 죄를 지은 존재라는 끊임없는 의식은 마침내 그 진정한 원천과 대상을 발견한다. 진정한 죄만이 진정으로 용서받을 수 있다. 우리가 우리 자신을 용서할 수는 없다. 타인에 대한 용서도 죄의 부채를 없애고 우리에게 의인의 신분을 줄 수는 없다. 우리의 죄가 무엇보다 하나님께 대한 범죄가 되는 경우에만 죄를 객관적으로, 전부, 최종적으로 용서받을 수 있다. 하나님의 진노는 실제적이며 심판의 날을 위해 점점 쌓여 가고 있다는 성경의 주장을 피할 길은 없다. 그리스도의 십자가 사역의 핵심은 하나님의 진노에 대한 화목이지만, 이는 우리가 우리를 기본적으로 더 나아지기 위해 약간의 도움이 필요한 선량한 사람들이라고 생각하는, 길들여진 신에게 경배할 경우에는 아무 의미가 없다. 만일 '오늘날의 사람들'이 죄와 십자가에 대한 설교와 가르침을 비현실적이라고 여긴다면, 그것은 오로지 우리가 이스라엘 백성들처럼 하나님의 거룩하심과 의에 대한 인식이 무뎌졌기 때문이다.

신학이 화목(하나님의 진노의 충족)을 중요한 주제로 다루지 않으면 결국에는 용서도 포기할 수밖에 없다. 우리는 돈 헨리의 노래 "알라의 동산"에서 하나님의 진노에 대한 부정과 용서의 부정과의 이와 같은 관련성을 볼 수 있다.

> 사실도 없고, 진리도 없고 단지 조작해야 할 자료만 있으니…….
> 잘못된 것도 없고 맞는 것도 없으니 밤에 잠도 잘 오네.
> 수치도 없고 해결책도 없고 후회도 없고 응보도 없고
> 그저 티셔츠를 팔아먹는 사람들만 있을 뿐…….

원리가 아니라 사람이다

유대인 신학자 마이클 와이스코그로드는 현대의 '윤리학' 개념을 성경의 율법 개념과 비교한다.[5] 하나의 원리에 대한 위반은 계산 실수처럼 일종의 실수일 수는 있지만 피해자에게서 용서를 받아야 할 일은 아니다. 다시 말해, 그것은 어떤 사람에 대한 범죄라기보다는 어떤 원리에 대한 실수다. 그러나 성경은 대중문화에서 친숙한 어떤 제스처와 똑같이 '고압적으로' 죄를 일종의 범죄라고 말한다. 죄는 실수가 아니라 개인적인 범죄다. 죄를 원리와 문제의 측면에서 보면 용서가 가능하지 않지만 "죄는 범죄이기 때문에 용서가 가능하다."[6] 어떻게 하나의 기준, 행복에 대한 모호한 의식, 또는 도덕적 품위에 대한 열망으로부터 객관적인 용서를 받을 수 있는가? 맹목은 우리를 용서할 수 없지만 하나님은 용서하실 수 있다. 우리가 우리 자신의 기준에 따라 살지 못하고 그 결과 우리 자신을 용서할 수 없다고 해서 그 때문에 정죄를 받을 리는 없다. 우리는 궁극적으로 우리 자신이나 배우자나 이웃에게 책임이 있는 것이 아니라 하나님께 책임이 있다.

예일 대학의 신학자 조지 린드벡은 이렇게 일갈한다. "속죄는 가톨릭에나 개신교에나 우선적인 현대적 의제가 아니다."[7] 이는 자유주의 개신교인들만이 아니라 복음주의자들에게도 사실이다.[8] 그렇게 된 까닭은, 우리가 직면한 궁극적인 위기는 하나님의 진노라고 우리가 진정으로 믿지 않기 때문이다. 우리는 하나님과 하나님의 거룩하심도, 우

5) Michael Wyschogrod and R. Kendall Soulen, eds., *Abraham's Promise: Judaism and Jewish-Christian Relations* (Grand Rapids: Eerdmans, 2004), pp. 53 이하.
6) 앞의 글, p. 70.
7) George Lindbeck, "Justification and Atonement: An Ecumenical Trajectory," in *By Faith Alone: Essays on Justification in Honor of Gerhard O. Forde*, ed. Joseph A. Burgess and Marc Kolden (Grand Rapids: Eerdmans, 2004), p. 205.
8) 앞의 글, pp. 205~206.

리 자신과 우리의 부패함도 이해하지 못한다. 우리는 칭찬할 만한 행위로 우리 자신을 구원할 수 있다고 생각하지는 않을지도 모르지만, 적어도 하나님이 우리의 선한 의도만은 알아주실 것이라고 생각한다. 적어도 우리에게는 자유의지를 올바로 발휘하여 '예수님을 우리의 구주이자 주님'으로 결정할 만큼의 품위는 있다. 린드벡은 이렇게 결론짓는다. "한때 십자가가 서 있던 곳은 이제 빈 공간이다." [9] 마찬가지로 조지 헌싱어도 이렇게 지적한다. "그리스도의 피는 고대에나 현대에나 이방인들이 생각하기에는 혐오스럽다. 이런 생각은 은혜를 통해 지속적으로 분쇄되지 않으면 널리 만연하게 될 것이다." [10] 하나님의 진노가 더 이상 문제가 되지 않는 곳에서는 그리스도의 십자가도 더 이상 해결책이 아니다. "화해의 사회적 혹은 수평적 측면은……화해의 수직적 측면을 무색하게 한다." [11] 헌싱어의 다음과 같은 지적은 옳다. "예수님께서 고난당하실 때 세상 죄를 짊어지셨다는 생각은 현시대에 거의 완전히 버려진 사상이다." [12]

칭의-즉, 오직 믿음으로 말미암아 우리의 죄는 그리스도에게 전가하고 그리스도의 의는 우리에게 전가하심으로써 악인을 의롭다고 선언하시는 하나님의 행위-의 교리는 오늘날 우리 사회에 있어서 현실성이 없거나 이해하기 어렵다. 그 이유는 하나님과 죄가 교회에 있어서 현실성이 없거나 이해하기 어렵게 되어 버렸기 때문이다. 감독교회 주교 C. 피치먼스 앨리슨이 우리에게 상기시켜 주는 대로 "칭의가 구원을 자기실현으로 대체해 버린 사람들에게 이상한 교리가 되어 버린 것은 당연하다." [13] 실제로 앨리슨은 펠라기우스주의(사람들은 기본적으

9) 앞의 글, p. 211.
10) George Hunsinger, *Disruptive Grace: Studies in the Theology of Karl Barth*, rev. ed. (Grand Rapids: Eerdmans, 2000), pp. 16~17.
11) 앞의 글, p. 21.
12) 앞의 글.

로 선하며 자신의 행위로 자신을 구원할 수 있다는 믿음)는 언제나 그리스도의 희생적 속죄에 대한 부정으로 이어지고, 마침내는 그리스도의 신성의 필요성에 대한 부정으로 이어진다는 점을 입증하기 위해 신학의 역사를 지적한다. 이런 형태의 종교는 자신을 죄책에서의 해방으로 선전하지만 "자신의 자유(말씀의 은혜를 받기 전까지는 소유하지 못하는 자유)를 올바로 '사용' 하지 않는 속박된 사람들을 꾸짖는 행위의 목회적인 잔인함은 대체로 무시되어 왔다." [14] 이 모든 것은 죄책과 하나님의 진노-그 결과 그리스도의 구원 사역-를 제거하는 일을 전문으로 하는 선지자들이 실제로는 일종의 율법주의를 제시하고 있는 모순을 보여 준다. 사람들은 (죄를 지었기 때문에) 여전히 죄책감을 느끼지만, 지금은 *죄책감을 느낀다는 이유로* 죄책감을 느껴야 한다.

우리를 유구무언으로 만드시는 하나님

우리가 인정하든 인정하지 않든 간에 우리의 죄책감, 근심, 낙심, 스트레스의 궁극적인 원천은 하나님의 진노이며, 우리는 이 문제를 부정하거나 보다 다루기 쉬운 증상에 집중하여 이 문제에 대한 우리의 의식을 마비시킴으로써 이 문제를 피하기를 기대할 수 없다. 하나님의 법의 정죄에서 해방되는 데는 오직 한 가지 길밖에 없다. 우리는 우리의 삶을 합리화하고, 하나님의 말씀을 의심하며, 우리 자신을 변호하기를 그만두어야 한다. 우리는 하나님의 말씀에 '아멘'으로 화답하는 존재로 창조되었다. 그러나 거짓 선지자인 우리는 변명의 대가가

---

13) C. Fitzsimons Allison, "Pastoral Care in the Light of Justification by Faith Alone," in Joseph A. Burgess and Marc Kolden, eds., *By Faith Alone*, p. 308.

14) 앞의 글, p. 312.

되어 버렸다. 우리는 하나님이 우리에게 주신 지혜와 의사소통이라는 선물을 하나님을 공격하는 데 사용한다. 우리는 하나님의 이야기를 말하는 대신 우리의 벌거벗음을 가리기 위해 무화과 잎사귀 같은 말을 만들어 낸다. 우리는 우리 자신과 서로를 속여 어리석음에 빠진다. 하나님이 우리를 구원하시기 위해 해야 할 첫 번째 일은 우리를 침묵하게 하는 것이다.

로마서 1장 19~32절에서 바울은 하나님의 진노가 악인들에 대해 하늘로부터 나타나고 있으며, 이는 전적으로 정당한 일이라고 설명한다. 아담과 하와는 하나님의 법을 알았다. 사실 그들은 원래 지음받은 상태에서는 복음이 전혀 필요하지 않았다. 복음은 하나님이 우리를 구원하기 위해 행하신 일에 대한 좋은 소식이기 때문이다. 아담은 구원받을 필요가 없었다. 아담은 온 우주를 안식으로 인도하고 생명나무의 실과를 먹을 수 있도록 하나님의 명령에 순종해야 했다. 인간은 원래 율법을 지킬 수 있게 되어 있었다. 하나님은 우리를 순종하도록 창조하셨고, 하나님 나라를 온 땅에 펼치기 위해 하나님이 우리에게 주신 사명을 완수하는 데 필요한 모든 능력을 주셨다.

우리는 이것을 행위 언약(또는 창조 언약)이라고 부른다. 물론 타락 이후에는 생명나무의 실과를 먹을 권리를 얻을 수 있다는 소망만 사라진 것이 아니라, 에덴동산으로 되돌아갈 수도 없게 되었다. 그런데 예상하지 못한 일이 일어났다. 하나님은 아담과 하와에게 복음을 선포하셨고, 그 결과 은혜 언약이 시작되었다.

그러나 이 은혜 언약 밖에 있는 이들, 이 언약의 약속을 받아들이지 않는 이들은 어떻게 되는가? 불신자들은 하나님과 개인적 관계가 없다는 것은 사실이 아니다. 바울은 여기 로마서 1장에서 '불신자들도 하나님과 관계가 있다!'고 말한다. 하나님의 존재를 하나님이 하신 일로 분별할 수 있다는 말은 옳지 않지만, 모든 사람은 이미 하나님을ㅡ

최소한 심판자로서는-알고 있다는 말은 옳다. "그러므로 그들이 핑계하지 못할지니라"(롬 1:20). 그 이유는 바로 불신자들도-심지어 자칭 무신론자들도-하나님과 개인적인 관계가 있어서 하나님의 법을 지켜야 할 의무가 있는 피조물로서 하나님의 진노 아래 있기 때문이다. 그러므로 스스로 무신론자라고 주장하는 이들이 존재하기는 하지만, 사실 그들은 스스로 참이라고 알고 있는 진리를 억누르고 있으며, 그들이 그렇게 하는 이유는 자신의 죄로 인한 하나님의 진노의 현실을 피하기 위해서다. 이것이 '부정 속에서 사는' 궁극적인 이유다.

성경에 계시된 복음이 아니더라도 모두가 하나님을 알지만 단지 창조자이자 심판자로서만 안다. 하나님에 대한 우리의 자연적 지식은 원래의 창조 언약까지만 확대된다. 하나님이 타락 이후에 우리를 구원하셨다는 좋은 소식은 놀라운 발표였다. 하나님은 아무도 구원하실 필요가 없었다. 하나님은 자신의 원수들이 계속 원수로 남아 자기 길을 가다가 그에 합당한 심판을 받도록 내버려 두실 수도 있었다. 그러므로 그리스도 안에서의 하나님의 구원 약속은 우리의 의식에 전적으로 낯선 것이다. 비록 우리가 우리 자신과 우리가 사랑하는 사람들을 정당화하기 위해 규칙을 마음대로 변개한다 하더라도, 선한 사람들은 천국에 가고 악한 사람들은 지옥에 가는 것이 우리의 상식에 부합된다. 그러나 나쁜 소식은 우리가 생각하는 것보다 더 나쁘다.

유대인이나 헬라인이나 다 죄 아래에 있다고 우리가 이미 선언하였느니라 기록된 바 '의인은 없나니 하나도 없으며 깨닫는 자도 없고 하나님을 찾는 자도 없고 다 치우쳐 함께 무익하게 되고 선을 행하는 자는 없나니 하나도 없도다……우리가 알거니와 무릇 율법이 말하는 바는 율법 아래에 있는 자들에게 말하는 것이니 이는 모든 입을 막고 온 세상으로 하나님의 심판 아래에 있게 하려 함이라 그

러므로 율법의 행위로 그의 앞에 의롭다 하심을 얻을 육체가 없나
니 율법으로는 죄를 깨달음이니라(롬 3:9~12, 19~20, 강조는 저자).

다시 말해, 우리가 우리 자신의 도덕적 열심, 영성, 자유의지, 선한
의도로 우리의 죄책을 덮을 수 있다고 생각한다면, 우리는 아직 우리
가 처한 상황의 심각성을 깨닫지 못한 것이다. 우리는 하나님을 찾지
않는다. 우리는 의롭지 않으며 우리의 가장 훌륭한 행위가 우리와 우
리 이웃에게 칭찬받을 만하다 할지라도 그조차 하나님께는 혐오스럽
다. 마지막으로 하나님의 심판은 우리의 변명을 침묵시킨다. 우리는
법정으로 소환된다. 그리고 더 이상 우리의 결백을 주장하거나 하나
님을 심판대에 세우지 않고 하나님의 판결을 받아들인다.

진짜 위기를 직시하라

건강보험 문제를 해결하는 일은 매우 중요한 일이다. 우리가 정기
건강 검진을 위해서나 중병에 걸릴 경우를 대비해 믿을 만한 보험을
들어 두는 문제에 관심을 갖는 데는 그럴 만한 이유가 있다. 자연재해
피해자들에 대한 우리의 관심과 동정과 지원은 언제나 꼭 필요할 것이
다. 우리의 배우자와 가족과 사회의 건강은 사소한 문제가 아니다.
그럼에도 이 모든 근심은 단지 우리가 진지하게 대처하기를 별로 좋
아하지 않는 더 본질적인 위기의 징후일 뿐이다.

사도 바울은 우리에게 "죄의 삯은 사망"(롬 6:23)이라고 말한다. 사망
은 단순히 '당연한 순리'가 아니다. 그것은 하나님이 언약을 어긴 죄
로 인류에게 지우신 보편적 형벌의 일부다. 그래서 '아담 안에' 머물
러 있는 모든 이들에게 이 첫째 사망은 둘째 사망, 즉 영원한 형벌의

예고일 뿐이다. "사망이 쏘는 것은 죄요 죄의 권능은 율법이라"(고전 15:56). 우리 미국인들은 건강보험에 수십억 달러를 쓰고 자신의 이미지와 인간관계의 개선을 위한 영적, 심리적, 육체적 변신에는 그보다 수십억 달러를 더 쓴다. 우리는 죽지 않으려고 무척 애를 쓰지만 언젠가는 반드시 죽게 될 것이며 이런 증상들의 근본적인 원인은 죄다.

죄는 무엇보다 특정한 행동을 불러일으키는 하나의 상태다. 언젠가 예수님과 제자들이 한 맹인 곁을 지나갈 때 예수님을 따르던 제자들이 "랍비여, 이 사람이 맹인으로 난 것이 누구의 죄로 인함이니이까? 자기니이까, 그의 부모니이까?"라고 질문하자 예수님은 이렇게 대답하셨다. "이 사람이나 그 부모의 죄로 인한 것이 아니라 그에게서 하나님이 하시는 일을 나타내고자 하심이라"(요 9:1~3). 우리는 모두 이런 상태에 처해 있다. 우리 각자는 하나님이 아담의 상속자인 우리에게 선포하신 형벌의 일부로 죽음을 맞는다. 예수님 시대의 종교 지도자들은 우리 시대와 매우 비슷하게 죄를 특정한 행동들—특히 다른 사람들이 저지르는 행위들—로 환원시켰다. 분명 이 맹인은—아니면 적어도 그의 부모는—무언가 몹쓸 짓을 저지른 것이 틀림없다.

영화 〈사운드 오브 뮤직〉에서 마리아는 대위의 사랑을 받게 된 자신의 행운에 압도되어 이렇게 노래한다. "모든 일에는 원인이 있지요. 아니 뗀 굴뚝에 연기 나는 법은 없어요. 그러니 난 젊은 시절이나 어린 시절에 언젠가 좋은 일을 한 게 틀림없어요." 펠라기우스주의—우리는 우리 자신을 구원할 수 있는 선한 사람들이라는 믿음—는 우리의 자연스런 신학이다. 이런 생각을 따로 배워야 하는 사람은 아무도 없다. 이런 생각을 서양에서는 '당연한 보상을 받는 것'이라고 말하고, 동양에서는 '업보'라고 말할지 모르지만 둘 다 똑같은 개념이다. 요한복음 9장에 나오는 이 일화에서 예수님의 제자들은 단지 선한 사람들에게는 선한 일이 일어나고, 악한 사람들에게는 악한 일이 일어난다는 생각을 하고 있었던 것이다.

이 세상에서는 그런 원리가 잘 통하지 않는다 하더라도 내세에서는 분명히 그렇게 될 것이라고 우리는 추론한다. 악행이나 악업은 결국 되돌아와 우리의 뒤통수를 칠 것이고, 선행은 하나님 혹은 우주의 은총으로 보답을 받을 것이다.

복음을 제외한다면 이 모든 생각은 참이다. 하나님이 모든 것을 뿌린 대로 거두도록 만드신 것이다. 하나님은 아담에게 언약을 어기면 사망의 저주가 임하고 하나님과 서로에게 적의를 품게 될 것이라고 경고하셨다. 우리의 자연적인 도덕적 정의감은 궁극적으로 우리가 하나님의 형상으로 창조되었다는 사실에서 기인한다. 신약 성경은 일관되게 인류가 하나님의 거룩한 공의의 저울에 달아본 각자의 행위에 따라 심판을 받게 될 것이라고 확언한다. 율법의 규정에 따른 개인적인 선행(하나님과 이웃에 대한 사랑)으로 의롭다 함을 받으려는 이들은 그 율법으로 평가받을 것이다(롬 2:12). 그리고 그 기준은 우리가 얼마나 열심히 노력했느냐, 또는 우리의 공적인 삶이나 사적인 삶 속에서 얼마나 끈질기게 성경적 도덕성을 변호했느냐 하는 것이 아닐 것이다. "하나님 앞에서는 율법을 듣는 자가 의인이 아니요 오직 율법을 행하는 자라야 의롭다 하심을 얻으리니"(13절).

그러나 창세기부터 요한계시록까지 우리의 도덕적 의식과는 이질적이고 거리가 먼 또 다른 낱말이 나오는데, 그것이 곧 복음이다. 예수님은 요한복음 9장에 나오는 맹인의 일화에서 이 부패한 상식을 철폐하신다. 의인처럼 보였던 사람들은 정죄를 받는 반면, 악인들은 사면을 받는다. 아니 사면을 받는 정도가 아니라 의롭다고 인정받는다. 즉, 사실상 하나님께서 그리스도의 순종의 삶과 죽음을 근거로 악인들을 의롭다고 선언하신다. 이 특정한 맹인이 이 특정한 장애를 갖게 된 것은 그나 그의 부모가 저지른 특정한 죄 때문이 아니라, 타락한 인류가 공통적으로 겪는 저주를 그도 나누어 받았기 때문이며, 하나님이 그를 예수 그리스도 안에서 극적으로 나타난 하나님의 자비의 대상으로 선택하셨기 때문이다. 그는 하나님의 구원이나 위대한 도덕적 본보기의 능동적인 조력자가 아니라 값없는 은혜의 수동적인 수혜자로 선택받았다. 그는 자신의 육체적 실명을 고침 받으려고 예수님께 왔지만 시력은 물론이고 그보다 훨씬 많은 것을 덤으로 받았다. 이 하늘에서 온 치료자의 도래는 다음과 같은 선지자의 기도에 대한 응답이었다. "여호와여, 내가 주께 대한 소문을 듣고 놀랐나이다 여호와여, 주는 주의 일을 이 수년 내에 부흥하게 하옵소서 이 수년 내에 나타내시옵소서 진노 중에라도 긍휼을 잊지 마옵소서"(합 3:1).

당신 자신의 '황색 저널리즘'을 신뢰하지 말라

우리 각자 자신을 살펴보고 현실을 점검해야 할 때가 있다. 문제는 우리가 우리 자신을 가장 잘 판단할 수가 없다는 것이다. 원래 자기 발냄새는 향기로운 법이다. 나는 결혼하기 전까지는 어떤 길이든 잘 찾을 수 있다고 생각해 왔었다. 그런데 알고 보니 지도조차 똑바로 읽어낼 능력이 없었다. 그런데도 나는 차 안에 '객관적 실재'(지도를 말함—역주)를 두기 전까지 그 사실을 전혀 몰랐다.

앞에서 살펴본 대로 성경에서는 우리가 "불의로 진리를 막는"다는 사실을 보여 준다. 우리는 변명을 하며 위기를 모면하려 하거나 우리의 실패 때문에 진리를 직시하기를 포기하고 세상에서 숨어 버린다. 우리가 속한 기독교 진영 안에서까지 현대의 영성을 대체로 특징짓는 '내면의 여행'은 하나님이 우리를 하나님의 법정에 출두하도록 소환하실 때 하나님에게서 도망치는 또 다른 방법이 되기 십상이다. 우리에게는 우리 밖에 실재하여 우리의 삶에 대해 판결을 내리고 낙관주의나 비관주의에서 우리를 불러내어 실상을 있는 그대로 파악하게 할 하나님의 말씀이 필요하다. 만일 우리의 내적 성찰이 우리를 더 큰 자기 확신으로 이끈다면 그것은 우리가 자기기만에 빠진 것일 뿐이다.

이스라엘 안에도 있었고 오늘날의 교회 안에도 있는 거짓 선지자들은 '황색 저널리즘'에 몰두한다. 19세기 말에 뉴욕의 신문들과 경쟁하기 위해 태어난 '선정적 저널리즘'은 신문을 팔아먹기 위해 진지한 뉴스보다 오락과 선정주의를 선호하는 관행을 가리키는 말이 되었다. 바울은 디모데에게 이렇게 경고했다.

> 너는 이것을 알라 말세에 고통하는 때가 이르러 사람들이 자기를 사랑하며 돈을 사랑하며 자랑하며 교만하며 비방하며 부모를 거역하며 감사하지 아니하며 거룩하지 아니하며 무정하며 원통함을 풀지 아니하며 모함하며 절제하지 못하며 사나우며 선한 것을 좋아하지 아니하며 배신하며 조급하며 자만하며 쾌락을 사랑하기를 하나님 사랑하는 것보다 더하며 경건의 모양은 있으나 경건의 능력은 부인하니 이 같은 자들에게서 네가 돌아서라(딤후 3:1~5).

그런 시대에는 거짓 스승들이 쉽사리 "남의 집에 가만히 들어가"(6절) 연약한 이들을 유혹할 것이다.

많은 교회 마케팅 전문가들이 오늘날의 미국 사회와 교회 안에서 이와 비슷한 상황을 묘사한다. 그러나 그들은 전형적으로 이런 자기도취적인 경향에 순응하기 위한 다양한 전략을 제시하는 반면, 바울은 디모데에게 이렇게 말한다. "그러나 너는 배우고 확신한 일에 거하라 너는 네가 누구에게서 배운 것을 알며 또 어려서부터 성경을 알았나니 성경은 능히 너로 하여금 그리스도 예수 안에 있는 믿음으로 말미암아 구원에 이르는 지혜가 있게 하느니라"(14~15절). 지난 시대의 선정적인 신문들과는 달리 "모든 성경은 하나님의 감동으로 된 것"(16절)이다. 바울 사도는 덧붙여 이렇게 말한다.

> 하나님 앞과 살아 있는 자와 죽은 자를 심판하실 그리스도 예수 앞에서 그가 나타나실 것과 그의 나라를 두고 엄히 명하노니 너는 말씀을 전파하라 때를 얻든지 못 얻든지 항상 힘쓰라 범사에 오래 참음과 가르침으로 경책하며 경계하며 권하라 때가 이르리니 사람이 바른 교훈을 받지 아니하며 귀가 가려워서 자기의 사욕을 따를 스승을 많이 두고 또 그 귀를 진리에서 돌이켜 허탄한 이야기를 따르리라(딤후 4:1~4).

우리는 다 '귀가 가렵다.' 문제는 우리가 자신의 상태에 대한 진리를 기꺼이 들어서 예수 그리스도 안에 있는 좋은 소식을 들을 준비를 할 것인가 하는 것이다.

황색 저널리즘은 돌팔이 의술과 비슷하다. 우리 집안의 오래된 내력 중에 하나는 스스로 자기 병을 진단하는 것이다. 나의 할머니는 주로 값싼 버번위스키로 이루어진, 몸소 만드신 자신만의 '치료제'를 철석같이 믿으셨다. 나는 병원 진찰 예약을 전염병만큼이나 싫어한다. 그래서 병원에 가기가 싫어 내 병은 내가 잘 알고 어떻게 치료해야 하는지도 잘 안다고 아내에게 하소연한다. 병원에서 몸무게를 재면 집에서 잰 몸무게보다 항상 더 나온다. 간호사는 내가 호주머니에 든 물건을 꺼내거나 허리띠를 푸는 것도 절대 허용하지 않는다.

육체적인 건강면에서나 영적인 건강면에서나 우리에게는 우리 밖에 서서 우리의 상태에 대해 진실을 말해 줄 누군가가 필요하다. 내가 나 자신을 진단하면 이렇게 말할 수 있다. "글쎄요, 내가 해야 할 일을 다 안 할 수도 있겠지요. 분명히 나는 매일 실수를 저지릅니다. 하지만 알고 보면 나도 아주 선량한 사람이에요. 최소한 나는 바른 양심을 가진 사람입니다." 그러나 교회에 오면 누군가가 그리스도의 이름으로 강단에 서서 내게 바른 진단을 내려준다. 내 마음은 나의 외적인 행동-최소한 다른 사람들이 보는 행동-보다 훨씬 더 부패했다. 나는 마치 젊은 부자 관원처럼 예수님께 내가 아직 하지 않은 '한 가지 일'을 알려 달라고 요청한다. 그러나 나는 바로 이 *자리*에서 하나님의 말씀을 들으며 앉아 내 스스로 어떤 일도 하나님이 원하시는 대로 행한 것이 없다는 사실을 듣고 깨닫는다. 죄는 표면에 있는 것이 아니다. '마음속 깊은 곳'은 더 엉망이다. 우리의 마음은 우리가 아직 손도 대지 않은 죄들도 이미 저질렀다. 우리의 패역함은 우리 마음속에서부터 하나님과 우리 이웃에게로 분출된다(마 12:33~37). "만물보다 거짓되고 심히 부패한 것은 마음이라 누가 능히 이를 알리요?"(렘 17:9).

진찰 뒤에 내게 제시되는 사실들을 마주하게 되면 무지는 복이 아니라는 사실을 알게 된다. 무지는 가면 갈수록 심각한 문제로 이어질 수 있다. 그래서 우리에게는 기꺼이 우리의 기분을 망쳐 놓을 몸의 의사와 영혼의 의사가 모두 필요하다. 우리의 가려운 귀가 듣고 싶어하는 것이면 무엇이든 우리에게 말해 줄 거짓 스승들을 많이 두는 것은 우리가 건강하지도 않은데 건강한 것처럼 느끼게 만드는 거짓된 의사를 두는 것보다 훨씬 더 위험하다. 우리는 우리 자신을 진단할 수 없다. 우리가 주의 깊게 준비하고 숙고한 뒤에 하나님의 말씀을 전하도록 하나님께 사명을 받은 설교자의 말을 들을 때 우리의 방어 기제는 무너진다. 우리가 진짜 저울에 달릴 때 우리의 변명은 설득력을 잃어버린다. 하나님은 당신에게 무엇을 기대하시는가? 하나님은 당신이 당신의 인생을 향한 하나님의 뜻을 분별하기 위해 하나님의 은밀한 방에 몰래 들어가 하나님의 비밀 파일을 들춰 보기를 기대하시지 않는다. 우리는 어디서 살아야 하는가, 누구와 결혼해야 하는가, 어떤 직업을 택해야 하는가와 같은 하나님이 계시하시지 않은 것들을 알아야 할 의무가 없다. 하나님이 우리에게 있기를 원하는 곳이 어디인지를 *발견하는 것*이 문제가 아니라, 우리가 있는 곳에서 하나님이 원하는 사람이 되는 것이 문제다. 하나님은 당신에게 책임을 물으실 모든 일을 이미 *말씀해 주셨다*. 그 모든 것은 명명백백하다. 하나님은 당신의 삶을 향한 하나님의 목적을 계시하셨다. 당신은 그 목적을 성취하고 있는가? 매일 아침 당신의 주된 목표는 하나님을 영화롭게 하고 즐거워하는 것인가, 아니면 당신 자신을 영화롭게 하고 즐거워하며 하나님을 섬기는 일이 당신의 행복 추구를 정당화하는 만큼만 진지하게 하나님을 받아들이는 것인가? 우리의 이의 제기와는 관계없이 하나님의 객관적 판결은 우리 모두에게 '이유 없음!'이라고 소리 높여 답변한다.

아담이 죄를 짓자 하나님은 아담을 심판하시러 내려오셨다. 아담과 하와에게는 사형 판결 외에는 다른 어떤 것도 기대할 권리가 없었다. 하나님은 지금도 아담의 타락한 자녀인 우리 모두를 부르시는 것처럼 아담에게 "네가 어디 있느냐?"(창 3:9)라고 부르셨다. 아담은 이렇게 대답했다. "내가 동산에서 하나님의 소리를 듣고 내가 벗었으므로 두려워하여 숨었나이다"(10절). 어떤 귀한 옷도 하나님이 인간의 몸을 단장하신 그 아름다움을 더해 줄 수 없었지만 이제 벌거벗은 몸은 하나님 앞에서 인간의 부패한 마음의 벌거벗은 수치에 대한 가시적인 증거였다. 아담은 하와를 탓했고, 하와는 뱀을 탓했으며, 모두가 하나님을 탓했다. 당치도 않은 적반하장이었다. 자기들이 언약을 어겨 놓고도 하나님을 심판대에 세운 아담과 하와는 주인이 아닌 종으로서의 자기 역할을 받아들일 수가 없었다. 그러나 하나님은 그들을 하나님의 법정에 세우고 그들에게 유죄를 선고하시지 않았다. 하나님은 언약 위반에 대해서는 언약의 제재 규정을 집행하셨지만 생명나무에 이르는 문은-이번에는 아담이 성취하도록 하기 위해서가 아니라 뱀의 머리를 밟을 두 번째 아담을 위해-계속 열어 두셨다. 그리고 이 약속의 가시적인 보증으로 "여호와 하나님이 아담과 그의 아내를 위하여 가죽옷을 지어"(21절) 입히셨다.

하나님은 우리 각자에게 찾아오셔서 "네가 어디 있느냐?"라고 물으시며 우리를 그림자 밖으로, 끝없는 변명과 제한 조건과 핑곗거리와 자기 의의 허세 밖으로 데려가신다. 하나님은 당신의 벌거벗음을 보신다. 하나님은 당신이 그 벌거벗음을 가릴 수 없음을 알고 계신다. 당신이 짠 도덕과 영성의 옷은 당신의 수치를 가릴 수 없는 "거미줄"(사 59:6)과 같으며 당신의 죄는 물론이고 "우리의 *의*는 다 더러운 옷"(사 64:6, 강조는 저자) 같다.

바울은 로마의 기독교인들에게 "기록된 바 의인은 없나니 하나도 없으며 깨닫는 자도 없고 하나님을 찾는 자도"(롬 3:10~11) 없다고 말한다. 이 말이 과연 사실일까? 바울의 말은 과장된 말이 아닐까? 하나님을 찾는 일에 자기 삶을 헌신한 사람들과 인류에 봉사하는 데 자기 삶을 바치는 많은 훌륭한 사람들은 대체 어떻게 된 것인가? 분명 하나님은 우리가 받은 빛에 비추어 최선을 다해 살았는지를 기준으로 세상을 심판하실 것이다. 그러나 로마서의 처음 세 장에서 바울의 전체적인 목표는 우리가 얼마나 많은 빛을 받았는가와 상관없이 언제나 같은 행동을 하고 있다는 사실을 우리에게 납득시키는 것이다. 우리는 자연의 빛(하나님을 믿지 않는 이방인들도 알고 있는 하나님의 존재와 도덕적 의지)이든 은혜의 빛(성경에 있는 복음에 대한 하나님의 계시)이든 모든 진리를 억누른다. 계시는 죄인을 판결하기에 충분하다. 우리 자신의 평가와는 관계없이 하나님의 법정 앞에서는 아무도 선하지 않으며 아무도 하나님을 찾지 않는다.

이 말은 동료 인간들 앞에서 도덕적으로 훌륭한 사람이 아무도 없다는 의미가 아니다. 바울은 기록된 율법이 없는 이방인들조차 때때로 자신의 양심을 따른다고 단언했기 때문이다(롬 2:14~15). 또한 이 말은 아무도 하나님을 찾지 않는다는 뜻도 아니다. 실제로 유대인들뿐만 아니라 이방인들도 매우 종교적이다. 그러나 우리는 우리 자신을 정당화하고 우리 자신에 대한 하나님의 진리와 하나님의 의를 멀리하기 위해 하나님의 도덕적인 뜻에 대한 이러한 계시를 조직적으로 왜곡한다(롬 1:21~2:11). 자연 종교, 영성, 도덕 따위는 사실 우리가 하나님에게서 도망치기 위한 주된 수단이다.

하나님의 법은 우리가 사용할 수 있는 도구가 아니다. 그것은 하나님이 우리를 측량하시는 잣대다. 하나님의 법은 '완전하게 되라.' 라고 말한다. 반면 하나님의 복음은 '그리스도를 믿어라. 그러면 하나님 앞에서 완전하게 여김 받을 것이다.' 라고 말한다. 율법은 우리가 구원을 받으려면 어떻게 해야 하는지 말해 주는 반면, 복음은 우리에게 하나님이 우리를 구원하시기 위해 무슨 일을 하셨는지 말해 준다. 율법과 복음은 모두 우리의 타락한 심령에는 너무 극단적으로 보인다. 예수님은 당대의 종교 지도자들이 율법에 대한 요한의 엄숙한 가르침은 지나치게 염세주의적인 반면, 복음에 대한 예수님의 가르침은 지나치게 희망적이라고 생각했다는 점을 지적하셨다(눅 7:31~35). 오늘날에도 상황은 마찬가지다.

하나님의 요구에 대한 올바른 가르침은 무엇보다도 영광에 이르려는 우리의 노력을 격려하기보다는 우리를 절망에 빠지게 만들 것이다. 우리는 교회가 '삶의 변화'에 집중한다는 말을 자주 듣는다. 그러나 문제와 하나님의 해법 모두 우리의 상상을 초월한다. 하나님은 우리의 삶을 개선하시기 위해서가 아니라 끝내시기 위해, '옛 아담'을 변화시키기 위해서가 아니라 '옛 아담'을 죽이고 새 생명 가운데 우리를 그리스도와 더불어 부활시키기 위해 찾아오신다. 우리의 변화된 삶은 결코 하나님의 심판을 안전하게 통과할 수 있을 만큼 변화되지는 않을 것이다. 그러나 "구원은 여호와께"(욘 2:9, 강조는 저자) 속하였다.

03

미리보기

복음과 위대한 그리스도 이야기

3

복음과 위대한 그리스도 이야기

우리의 이목을 사로잡는 머리기사들 가운데 많은 것이 중요한 법정 드라마와 관계가 있다. 빈틈없는 변론은 종종 허점이 없어 보인다. 피고는 겉으로 보기에 구체적인 알리바이가 있다. 그러나 다음 순간 뻔한 속임수를 명백히 폭로하는 증거물이 제시되면 범인은 죄를 자백한다.

우리가 살펴본 대로 이사야 59장에서 벌어지는 사건이 바로 이것이다. 증거가 제시되자 사람들은 하나님을 시험하는 대신 자신의 죄를 인정한다. 그 다음에는 어떻게 되는가? 보통은 사건이 이쯤해서 마무리가 된다. 정의가 승리하는 것이다. 그러나 성경의 드라마에서는 바로 이 순간에 놀라운 반전이 일어난다. 선지자는 계속해서 이렇게 말한다. "여호와께서 이를 살피시고 그 정의가 없는 것을 기뻐하지 아니하시고 사람이 없음을 보시며 중재자가 없음을 이상히 여기셨으므로"(15~16절). 만일 하나님이 단지 공의롭고 의로우시며 거룩하기만 하시다면, 간단하게 인류를 지면에서 쓸어버리시고 처음부터 다시 시작하실 수도 있었을 것이다. 중재자 없이 어떻게 이스라엘에 유리한 해결책이 나올 수 있겠는가? 모세가 '금송아지' 사건 이후에 이스라엘을 위해 중보하자 하나님은 진노를 가라앉히셨다. 그러나 지금 하나님은 스스로 이스라엘 대신 심판을 받겠다고 나서는 사람도 없고 심지어 이스라엘을 변호할 사람도 아무도 없는 것을 보셨다. 하지만 바로 이 순간이 참으로 흥미진진한 이야기가 전개되는 시점이다. *"자기 팔로 스스로 구원을 베푸시며 자기의 공의를 스스로 의지하사"*(16절, 강조는 저자). 심판자이신 하나님이 친히 강림하셔서 심판하실 뿐만 아니라 구원도 하신다. "여호와의 말씀이니라 '구속자가 시온에 임하며 야곱의 자손 가운데에서 죄과를 떠나는 자에게 임하리라'"(20절). 이것이 바로 이스라엘이 기대하지는 않았지만 어쨌든 듣게 된 소식이다.

하나님은 모든 것을 바꾸어 놓으셨다. 재판은 하나님에 대한 이스라엘의 소송으로 시작되었다. 그러나 하나님은 형세를 역전시켜 이스라엘을 심판대에 세우시고 그들에게 유죄 판결을 내리셨다. 아무도 이스라엘을 이 정당한 판결에서 구해 줄 수 없었다. 그럼에도 하나님이 친히 구원자가 되셨다. 심판자가 구원자가 된 것이다. 사실 심판하시는 하나님이 심판받는 존재가 되셨다. 하나님의 사랑은 하나님의 공의를 압도하거나 파기한 것이 아니라 성취했다. 공의와 사랑, 의와 자비, 진노와 평화가 십자가에서 하나가 되었다. 이것은 거대한 이야기다. 이 이야기는 에덴동산에서 타락 이후에 처음 시작되었고, 하나님은 이스라엘의 가장 어두운 시대에 끝까지 약속을 지키셨다.

로마서 3장 9~20절에서 바울은 그때까지 전개해 온 논증을 이렇게 요약했다. 율법은 유대인과 이방인을 막론하고 모든 사람을 정죄하며 하나님의 법정 앞에서 모든 입을 침묵시킨다. 하나님의 의 앞에는 아무도 설 수 없다. 모두가 죄인이다. 인간의 법정이나 여론의 법정, 또는 이웃이나 배우자나 친구들의 눈 앞에서는 죄인이 아닐 수도 있다.

자기가 보기에는 양심의 가책을 받지 않을 수도 있다. 그럼에도 참으로 중요한 유일한 판결은 하나님의 판결이며 그 판결은 명백하다. 우리가 받은 유일한 계시가 하나님의 존재와 능력과 의에 대한 우리의 자연적인 지식뿐이라면 우리에게는 아무런 소망이 없을 것이다.

그런데 바로 그때 이사야서 59장에서와 마찬가지로 바울의 입에서 새로운 말이 나온다.

> 이제는 율법 외에 하나님의 한 의가 나타났으니 율법과 선지자들에게 증거를 받은 것이라 곧 예수 그리스도를 믿음으로 말미암아 모든 믿는 자에게 미치는 하나님의 의니 차별이 없느니라 모든 사람이 죄를 범하였으매 하나님의 영광에 이르지 못하더니 그리스도 예수 안에 있는 속량으로 말미암아 하나님의 은혜로 값없이 의롭다 하심을 얻은 자 되었느니라 이 예수를 하나님이 그의 피로써 믿음으로 말미암는 화목제물로 세우셨으니(롬 3:21~25).

구약 성경("율법과 선지자")은 하나님이 "자기의 의로우심을 나타내사 자기도 의로우시며 또한 예수 믿는 자를 의롭다"(롬 3:26) 하실 이날을 예고했다. 우리의 진정한 위기는 하나님*의* 의지만 그 해결책은 값없는 선물인 하나님*에게서* *나온* 의다. 어떤 사람은 지혜롭게도 '그리스도를 대가로 하는 하나님의 부요하심'(God's Riches At Christ's Expense)이라는 말의 앞 글자를 모아 GRACE(은혜)라는 줄임말을 만들어 냈다. 율법을 주신 언약의 주 예수 그리스도는 언약을 대표하는 종이 되셔서 율법을 완벽하게 성취하시고 우리 대신 율법의 심판을 받으셨다.

하나님은 놀라움으로 가득하신 분이다. 우리를 이 이야기의 중심에 놓으면 이 이야기는 추방과 하나님의 판결은 공평하다는 고백으로 끝나는 어두운 이야기로 변한다. 이스라엘 또한 이방 민족들 못지않게 죄를 지었다는 사실이 밝혀졌다. 아담과 하와에게는 정죄 외에는 아무것도 기대할 권리가 없었다. 그러나 하나님은 예상치 못한 선물로 그들을 놀라게 하신다.

우리에게서 하나님께로 스포트라이트가 옮겨지면 나쁜 소식이 좋은 소식으로 변한다. 바울은 우리를 다음과 같이 일깨운다. "허물과 죄로 죽었던 너희를……긍휼이 풍성하신 *하나님이* 우리를 사랑하신 그 큰 사랑을 인하여 허물로 죽은 우리를 그리스도와 함께 살리셨고(너희는 은혜로 구원을 받은 것이라)"(엡 2:1, 4~5, 강조는 저자). '하나님이'라는 말은 언제나 상황을 역전시킨다. 줄거리는 뒤바뀌어 예상치 못한 방향으로 흘러가기 시작한다.

역사상 가장 위대한 이야기

유명한 영국의 극작가, 추리 소설가, 수필가 및 시인인 도로시 세이어스는 1949년에 '역사상 가장 위대한 이야기'인 그리스도의 성육신과 삶, 죽음과 부활의 이야기를 성경의 줄거리로 묘사한 뒤, 왜 교회들이 이 이야기를 식상한 도덕주의로 바꾸어 버렸느냐는 의문을 던졌다.

최근의 공식적인 기독교는 이른바 '혹평'을 받고 있다. 우리는 교회들이 텅텅 비는 이유는 설교자들이 교리-사람들 말대로 '지루한 교리'-를 지나치게 강조하기 때문이라고 일관되게 확신한다. 그러나 사실은 그와 정반대다. 지루함을 조장하는 것은 다름 아닌 교리에 대한 경시다. 기독교 신앙은 인간의 상상력에 가장 큰 충격을 준 흥미진진한 드라마이며 교리가 바로 그 드라마다……이것이 우리가 그토록 지루하게 느끼는 교리다. 이 놀라운 드라마에서는 하나님이 희생자이자 주인공이다. 만일 이 드라마가 지루하다면 도대체 어떤 것을 흥미진진하다고 말할 수 있을까? 그리스도를 십자가에 매단 사람들을 공평하게 평가하자면 그들은 결코 그리스도를 지루하다는 이유로 고발하지 않았다. 그와는 정반대로 그들은 그리스도가 너무 힘이 넘쳐서 위험한 인물이라고 생각했다. 그런 놀라운 인물을 은폐시키고 그리스도를 단조로운 분위기로 감싸는 일은 이후의 세대에 남겨진 몫이었다. 우리는 그리스도를 '온유하고 겸손한' 분이라고 말하며 유다의 사자의 발톱을 매우 효과적으로 잘라 냈고 그리스도를 핏기 없는 성직자들과 독실한 할머니들에게 알맞은 애완동물로 추천했다.

세이어스는 성경의 드라마를 보통의 연극과 대조한다.

하나님이 인간에게 군림하는 폭군의 역할을 한다면 그것은 해소되지 않은 억압에 대한 암울한 이야기다. 인간이 인간에게 군림하는 폭군의 역할을 하면 그것은 흔히 볼 수 있는 인간의 무익함에 대한 음울한 기록이다. 그러나 인간이 하나님에게 폭군의 역할을 하고 하나님을 자기보다 더 나은 인간으로 여긴다면 그것은 참으로 놀라운 드라마다. 이제 우리는 그런 교리를 유쾌하다고 말할 수도 있고 파괴적이라고 말할 수도 있다. 우리는 그것을 계시라고 말할 수도 있고 쓰레기라고 말할 수도 있다. 그러나 만일 우리가 그것을 지루하다고 말한다면 언어는 아무런 의미가 없는 것이다.[1]

---

1) Dorothy Sayers, *Creeds or Chaos?* (New York: Harcourt, Brace and Company, 1949), p. 3.

성경의 드라마에서 우리의 모든 기대와 가정과 품은 생각들은 의문에 부쳐진다. 심판자이신 하나님은 자신의 공의가 요구하는 형벌을 스스로 담당하신다. 피해를 입은 당사자가 구원자가 되며 바로 그때 하나님이 구원하시는 이들에게서 가장 극악한 폭력 행위를 당하신다. 버림받은 자가 왕의 상속자가 되고, 외부인이 내부인이 되며, 내부인은 외부인이 되고, 스스로 의인이라고 생각했던 이들은 실제로 정죄를 받고, 도덕적 회복의 소망이 전혀 없었던 이들은 의인으로 선언된다. 참으로 이상한 이야기다.

"경건하지 아니한 자를 의롭다 하시는 이"(롬 4:5, 강조는 저자). 좋은 소식의 핵심을 이루는 이러한 주장은 단순한 만큼이나 우리의 직관과 어긋나지만 교회와 세상에 헤아릴 수 없는 복-과 곤란-을 가져왔다. 착해져라, 쓰레기는 분리수거해라, 신용카드 빚은 가급적 얻지 마라, 살을 빼고 운동을 해라. 이런 충고들은 모두 나름대로 타당성이 있을 수 있다. 또 그 중에 어떤 것은 몇몇 성경 본문에서 타당하게 적용될 수도 있을 것이다. 그러나 그것은 성경의 거대한 이야기가 아니다. 만일 이런 것이 교회가 세상에 전달해야 할 '뉴스'라면 사람들이-특히 젊은이들이- 식상함을 느끼는 것은 당연하다. 이런 식의 뉴스는 하늘에서 내려올 필요가 없다. 이런 뉴스를 대다수의 설교자들보다 더 잘 전달할 수 있는 세상의 현자들은 차고 넘친다.

종교와 영성에 대한 흔한 이야기들 속에서 우리는 의무감을 넘어선 어떤 일을 행한 영웅적인 사람들의 이야기를 듣게 된다. 그들의 모범은 우리를 고무시키거나 아마도 우리 자신을 품위 있는 존재로 변화시키지 못한 데 대해 부끄러움을 느끼게 하려는 의도를 가지고 있을 것이다. 그러나 예수님이 말씀하시는 이야기에서 의롭다 하심을 받고 집으로 돌아간 사람은 자신의 의로움을 확신한 바리새인이 아니라 눈을 들어 하늘을 바라보지도 못하고 "하나님이여 불쌍히 여기소서, 나는 죄인이로소이다."라고 부르짖을 수밖에 없었던 멸시받는 세리였다 (눅 18:9~14). 사도 바울로 하여금 "바리새인"으로서의 모든 열정적인 순종을 되돌아보며 "그리스도를 얻고 그 안에서 발견되려"고 그것을 "배설물"로 여기며 "내가 가진 의는 율법에서 난 것이 아니요 오직 그리스도를 믿음으로 말미암은 것이니 곧 믿음으로 하나님께로부터 난 의"라고 고백하게 한 것은 다름 아닌 이 단순한 주장이었다 (빌 3:8~9).

하나님의 의는 우리 모두를 정죄하는 계명이지만 하나님*에게서* 나온 의는 모든 믿는 자를 구원하는 선물이다. 이 복음은 죄인들이 "그리스도 예수 안에 있는 속량으로 말미암아 하나님의 은혜로 값없이 의롭다 하심을 얻은 자"가 되며 "이 예수를 하나님이 그의 피로써 믿음으로 말미암는 화목제물로" 세우셨다고 선언한다 (롬 3:24~25). 하나님은 우리의 죄를 그리스도께 전가하시고 (돌리시고) 그리스도의 의를 우리에게 전가하신다 (돌리신다). "그러므로 우리가 믿음으로 의롭다 하심을 받았으니 우리 주 예수 그리스도로 말미암아 하나님과 화평을 누리자" (롬 5:1). 이것은 이해하기에는 가장 단순한 뉴스이지만 받아들이기에는 가장 어려운 뉴스다. 바울은 이 교리를 무척 중요하게 생각한 나머지 이 교리를 노골적으로 부정하는 것을 "아나테마"(ἀνάθεμα)- 즉 갈라디아 교회가 범하려 했던 이단 행위(갈 1:8~9)-로 간주했다. 바울에게 있어서 칭의에 대한 부정은 은혜에 대한 부정, 심지어 그리스도에 대한 부정과 다를 바 없었다. "만일 의롭게 되는 것이 율법으로 말미암으면 그리스도께서 헛되이"(갈 2:21)죽으신 것이기 때문이다.

그래서 하나님은 악인들-최선을 다했으나 부족함이 있어서 최소한 그 진실함 때문에 받아들일 만하다고 판단되는 사람들이 아니라 의인으로 선언되는 바로 그 순간에도 본질적으로는 불의한 사람들-을 의롭다 하신다. "일을 아니할지라도 경건하지 아니한 자를 의롭다 하시는 이를 믿는 자에게는 그의 믿음을 의로 여기시나니 일한 것이 없이 하나님께 의로 여기심을 받는 사람의 복에 대하여 다윗이 말한 바……"(롬 4:5~6). 이 메시지는 종교와 도덕이 작동하는 방식에 대한 우리의 자연적인 인식에 비추어 보면 매우 이상하게 들린다. 종교의 핵심은 사람들을 더 나은 사람이 되도록 노력하고 자신의 삶을 개선하며 하나님을 기쁘시게 하도록 만드는 것이 아닌가? 어떻게 하나님 앞에서 의롭게 될 수 있는 유일한 방법은 일하기를 멈추고 경건하지 않은 자를 의롭다고 선언하시는 하나님을 믿는 것이라고 말할 수가 있는가? 그런 메시지는 분명 도덕적 혼돈을 가져올 것이다.

통계 수치를 통해 알 수 있는 것처럼 대다수의 미국인들은-기독교인임을 자처하는 이들의 다수를 포함해-선한 사람이 죽으면 천국에 간다고 믿는다. 길거리를 지나다니는 보통 사람의 가장 상식적이고 직관적이며 자연스러운 신념은 하나님이 경건한 사람을 의롭다 하신다는 것이다. 그렇다면 물론 우리는 경건의 기준을 현저히 낮추기 위해 "경건한"이라는 말을 재정의해야 할 것이다. 하나님의 의와 공의와 거룩함은 약간 느슨해질 필요가 있겠지만 여론 조사 결과로 미루어 판단하건대 대다수의 미국인들은 자기 의로 옷 입고 혼인 잔치에 갈 수 있다고 생각한다.

'예수 그리스도는 주님이시다!' : 역사적 사실로서의 부활

십자가 처형은 역사의 끝이 아니다. 또한 예수님은 죽은 자들 가운데서 부활하셨다. 예수 그리스도는 "우리가 범죄한 것 때문에 내줌이 되고 또한 우리를 의롭다 하시기 위하여"(롬 4:25) 살아나셨다. 부활은 단순히 우리가 동의를 표하는 놀라운 기적이 아니다. 그것은 믿음으로 그리스도와 하나가 된 모든 죄인의 객관적 칭의를 확보한 사건이었다. 그러므로 복음은 사람마다 다르고 매주 다른, 우리 안에서 일어나는 일이 아니라 우리가 축소하거나 변경하거나 개선하거나 완성할 수 없는 하나님이 이루신 객관적인 일에 대한 소식이다.

포괄적인 종교의 핵심은 언제나 보편적이고 영원한 원리였다. 심지어 대중문화 속에서도 산타클로스 같은 인물은 그를 둘러싼 신화가 좋은 교훈을 가르치기 때문에 성탄절에 중요한 상징이 된다. 만일 우리가 받은 사랑의 일부를 정기적으로 되돌려줄 수만 있다면, 이 땅에는 평화가 있을 것이다. 산타, 예수, 간디, 테레사 수녀는 이런 주장을 제기하는 데 이용될 수 있다. 주요 종교들의 많은 추종자들에 따르면 설령 그들의 유명한 스승들의 생애를 둘러싼 신화가 참이 아니라 하더라도 그들 종교의 원리는 참일 것이다. 그러나 기독교는 핵심적으로 모두가 마음속 깊이 알고 있는 좋은 교훈이나 영원한 원리와 관계가 없다. 기독교는 하나님이 인간의 반대에도 불구하고 약속을 하시고 그 약속을 성취하시는 이야기의 전개에 우리의 관심을 집중시킨다.

최근에 나는 지나가는 말로 기독교란 어떤 역사적 사실에 근거해서 그 성패가 좌우된다고 말했다가 그 말에 흥미를 느낀 어떤 네트워크 뉴스 PD와 몇 번 대화를 나눈 적이 있다. "종교란 어쨌든 삶의 '마술적인' 측면과 관련된 것 아닙니까? 누가 과연 어떤 해석은 옳고 어떤 해석은 잘못됐다고 말할 수 있습니까? 해석이란 모두 신비의 영역과 씨름하려는 시도 아닙니까?" 믿음은 비합리성의 영역에 속한다는 것이 특별히 계몽주의 시대 이래의 일반적인 가정이다. 그런 가정은 중요한 치료적 기능을 발휘하기는 하지만 옳은 해석과 잘못된 해석이 존재하는 역사나 과학과는 다르다. 내가 부활에 대한 역사적 주장과 부활의 증거를 쭉 설명하자 그 PD는 이렇게 대답했다(이 말은 내가 이 책의 주제에 맞게 지어낸 이야기가 아니다). "흥미롭군요. 그렇다면 그거야말로 뉴스

네요." 믿거나 말거나, 부활의 소식은 귀신이 출몰하는 집이나 자가 요법의 영역에 속하는 것이 아니다. 이 소식은 우리 마음의 반응뿐만 아니라 이성의 반응도 요구하며 영성이나 내적인 평안을 추구하는 사람들만이 아니라 모든 사람의 반응을 요구하는 공적인 주장이다. 사람들의 영적인 습관과 취미에 대해 보도하는 것은 새 시대를 여는 보편적 의미가 있는 역사적 사건을 보도하는 것과는 다르다.

나는 (무엇보다) 종교적 논증을 공공 정책에 대한 논쟁에 수용해서는 안 된다는 주장으로 유명한 뛰어난 철학자인 고 리처드 로티와 함께 그와 비슷한 대화를 나눈 적이 있다. 나는 자유주의자들과 보수주의자들이 성경에서 실제로 다루지 않고 있는 이데올로기를 정당화하기 위해 성경을 자주 이용한다는 점에 대해서는 그의 견해에 동의했지만, 만일 기독교가 개인적, 주관적인 느낌이나 실용주의적인 효용을 바탕으로 해서가 아니라 기독교의 역사적 주장을 바탕으로 해서 명확히 표현된다면 상황이 달라지지 않겠느냐고 그에게 질문했다. 잠시 뒤에 그는 이렇게 결론을 내렸다. "맞습니다. 그 주장이 참이냐는 문제와는 별개로 만일 누군가가 공적인 고찰을 필요로 하는 공적인 주장을 한다면 상황은 크게 달라질 겁니다." 물론 이런 고찰에 있어서 중립적인 사람은 아무도 없다는 점을 나는 잘 알고 있다. 또한 지식이란 '처음부터 끝까지 해석'이라고 말한 로티보다 그 점을 더 잘 알았던 사람도 없다. 그러나 공적인 진리로서의 기독교의 주장의 본질은 이 담론을 비합리적이고 주관적이며 개인적인 신비주의의 영역에서 공적인 영역으로 옮겨 놓는다. 그래서 사도들은 그리스도에 대해 증언할 때 관례적으로 자신들이-그리고 다른 사람들이-목격한 사건들을 지적했다.

본질적으로 기독교는 예수 그리스도께서 "우리가 범죄한 것 때문에 내줌이 되고 또한 우리를 의롭다 하시기 위하여" (롬 4:25) 살아나셨다는 복음-선언-이다. 몸의 머리이신 그리스도의 부활은 그리스도를 믿는 모든 이들의 칭의를 확보했다. 우리의 양심이 하나님께서 그리스도 안에서 우리에게 은혜를 베푸신다고 확신할 때만이 '예수님은 주님이시다!'라는 선언이 임박한 심판의 위협이 아닌 좋은 소식으로 환영을 받을 수 있다. 그리스도는 사망과 지옥, 죄와 정죄를 능가하시는 주님이다.

복음으로 인해 그리스도께서 우리의 최종적 구원을 보증할 보증금으로서 우리 안에 거하실 성령을 보내셨다는 것은 분명 좋은 소식이다. 그럼에도 복음은 예수님이 우리 마음 안에 사신다는 것이 아니다. 복음은 예수님이 우리를 위해 사셨고 우리를 위해 죽으셨으며, 우리를 위해 부활하셨고 우리를 위해 다스리시며 말세에 우리를 위해 돌아오신다는 것이다. 복음은 참으로 우리를 변화시키지만 그 이유는 바로 복음이 다른 누군가가 우리를 위해 성취한 일에 대한 객관적인 역사적 사실이기 때문이다. 복음이란 순종과 희생과 죽은 자들 가운데서의 부활 속에서 우리의 중보자이자 대표이신 *예수 그리스도*에게 일어난 일에 대한 소식이다.

가장 의심 많은 학자들조차 그리스도가 로마의 통치 아래 십자가에서 죽으셨다는 사실을 인정하는데, 그 이유는 특별히 기독교인이 아닌 관원들과 역사가들이 동시에 이 사건을 전하고 있기 때문이다. 초기의 유대인 및 로마인 관원들이 동의한 사실은 다음과 같다. (1) 예수님은 유대법 아래서는 신성 모독자로, 로마법 아래서는 소란을 일으키는 자로 십자가에 달렸다. (2) 예수님이 죽으신 사실은 로마의 엄격한 십자가 처형 절차에 따라 확인되었다. (3) 예수님이 죽으신 지 사흘 뒤 예수님의 무덤은 비었다. (4) 예루살렘에서 예수님의 행방에 대한 소동이 널리 일어났다. 1세기에 나온 로마의 통치자들과 역사가들, 랍비 문헌, 유대 역사가 요세푸스 등의 증언을 종합해 보면 이런 사실들을 알 수 있다.

거기서부터 여러 이론들이 나왔다. 유대 지도자들(바리새인들)은 산헤드린 경찰과 로마 병사들의 이중 방비에도 불구하고 어찌된 일인지 예수님의 시신을 도둑맞았다고 주장했다. 이 문제를 골치 아픈 유대인 내부의 문제로 다루었던 로마인들은 빈 무덤에 무척 화가 나서 예수님을 안다고 주장하는 모든 사람들을 샅샅이 조사하기 시작했다. 사라진 시신은 반란을 억제하는 로마식 십자가 처형의 효력을 반감시켰다. 그리고 우리는 자기 초소를 버린 병사들이 받는 형벌은 극형이었고 보초병들은 부활절 아침에 일어난 일에 너무 기겁한 나머지 상관의 손에 달린 자신들의 운명을 전혀 생각지 못했다는 사실을 알고 있다.

예수님의 시신-또는 최소한 부활 이외의 그럴 듯한 설명-을 날조해 낼 수단과 동기와 기회가 있었던 사람들은 그렇게 하지 못했다. 그래서 소동이 일어난 것이다. 사도들 자신의 기록에 따르면 사도들조차 부활 소식을 믿음으로 받아들이지 않았다. 실제로 예수님은 부활 후에 제자들에게 나타나셨을 때, 선지자들이 예언한 것과 예수님이 친히 십자가에 달리시고 사흘 만에 부활하실 것에 대해 말씀하신 것을 제자들이 더디 이해하고 더디 믿는 것에 대해 실망감을 나타내셨다. 제자들은 부활 이야기를 전혀 믿을 마음이 없었고 그런 이야기를 지어낼 생각은 더더욱 없었다.

물론 예수님의 초기 제자들은 예수님이 부활하셨고 그들에게 40일 동안 나타나셔서 예수님의 죽으심과 부활이 구약 성경 곳곳에 어떻게 약속되었는지 설명해 주셨다고 믿게 되었다. 그들은 예수님이 영광 가운데 성부 하나님의 우편으로 올라가시는 모습을 보았다. 거기서 예수님은 산 자와 죽은 자를 심판하러 다시 오실 때까지 머물러 계실 것이다. 제자들 자신의 설명에 따르면, 예수님이 체포되신 후 스스로 겁쟁이에 불과함을 드러낸 제자들은 이제 부활하신 그리스도를 증언하기 위해 기꺼이 순교자가 되었고, 이 좋은 소식은 예수님이 "예루살렘과 온 유대와 사마리아와 땅끝까지" 이를 것이라고 약속하신 대로 급속도로 퍼져 나갔다.

사도들은 로마 당국에 불려 갔을 때 예수님이 자신들의 결혼 생활을 다시 회복하는 데 어떻게 도움을 주셨는지, 또는 복음이 자신들의 일상생활에 어떻게 도움이 되고 유용하다고 생각하는지에 대해서는 아무 말도 하지 않았다. 보고할 만한 그와 같은 이야기들도 있었을 것이다. 그러나 그것은 그들의 복음이 아니었다. 오히려 그들은 일시를 추정할 수 있는 사건들을 증언했고 자신들을 재판하는 자들도 그 사건들을 잘 알고 있으리라고 생각했다. 그것은 '종교 이야기'가 아니라 엄청난 세계사적 중요성을 지닌 국제적인 머리기사였다(개인적인 위기를 극복하도록 도와주는 눈에 안 보이는 친구를 두었다는 이유로 기소되는 사람은 없다). 사도들은 세속 통치자들에게 자신들의 주장을 뒷받침할 살아 있는 목격자들을 조사해 보라고 말했다. 만일 이 증인들이 좋은 충고, 영적, 도덕적인 치료법만을 제공하거나 자신들의 '상품'의 실용적인 유용성만을 변호했다면, 로마 제국은 제국 종교의 틀 안에 또 다른 신흥 종교를 가미하는 데 아무런 어려움이 없었을 것이다. 그러나 사도들의 주장은 예수님만이 우주의 주인이자 세상의 구원자라는 것이었다(이 두 칭호는 모두 로마 황제가 자신을 지칭하는 데 사용한 명칭이었다).

예수님이 죽은 자들 가운데서 부활하신 사실은 자신이 성육신하신 하나님이며 성부 하나님이 자신으로 말미암아 세상을 창조하시고 자신 안에서 만물을 붙들고 계신다는 예수님의 주장을 변호하며 역사-와 우리 자신의 삶-의 유일한 실제 주인이신 예수님이 온 땅의 최고 재판장일 뿐만 아니라 "수고하고 무거운 짐 진 자들아, 다 내게로 오라 내가 너희를 쉬게 하리라."(마 11:28)고 우리를 초대하시는 구속자이심을 의미한다. 고난을 이기시고 우리의 승리하신 머리로서 하나님의 안식의 영광에 들어가신 마지막 아담이신 예수님만이 자신을 우리의 영원한 안식으로 제시하실 수 있다.

시장의 보이지 않는 손, 정부, 제약 회사, 병원 등 우리가 우리 자신의 운명을 맡기는 다른 온갖 '주들'을 생각해 보라. 그 가운데 어느 것도 인격적이거나 호의적이거나 자비롭거나 동정적이지 않다. 또한 그런 권력 가운데 어떤 것도 진정으로 우리의 궁극적 안전을 위협하는 인격적이거나 비인격적인 세력을 다스리지 못한다. 우리가 특별히 지난 몇 년 동안 목격해 온 대로 시장은 합리적인 공급자가 아니다. 시장은 우리를 생각해 주거나 우리의 삶을 계획하거나 우리의 구원을 위해 모든 것이 합력하게 하거나 우리에게 구속을 가져다주지 않는다. 정부는 관료 제도이지 자비로운 목자가 아니다. 정부는 중요한 책임을 이행하지만 우리의 궁극적 신뢰를 받을 만한 가치는 없다. 또한 우리가 백신이나 의료 기술에 얼마나 많은 돈을 투자하는지와 관계없이 우리는 결국 죽게 될 것이다.

이런 맥락에서 예수님이 주님이라는 선언은 모든 것과 모든 것의 의미가 모든 정사와 권세보다 높은 하늘 보좌에 좌정하신 예수님이 우리 죄를 대신해 죽으시고 우리를 의롭다 하시기 위해 부활하신 바로 그분이라는 사실에 따라 결정된다는 것을 의미한다.

예수님이 해답이라면 질문은 무엇인가

이 소제목은 이전에 몇 번 본 적이 있는 자동차 범퍼 스티커에서 따온 것이다. 누군가가 우리에게 "당신은 구원받았습니까?"와 같은 질문을 던지면 우리는 종종 설명하기 곤란한 슬로건을 내뱉듯이 말한다. 그러나 "예수님이 해답입니다." 같은 말은 성경의 이야기를 떠나서는 아무런 의미가 없다. 교회와 대중적인 기독교 서적 및 방송의 표준 메뉴로 판단해 보건대, 예수님은 모든 것에 대한 해답이다. 예수님은 망가진 인생과 결혼 생활과 인간관계를 고쳐 주시고, 우리를 중독에서 회복되도록 도와주시며, 스트레스를 덜어 주시고, 우리에게 이 부정적인 세상에서 긍정적인 자녀를 길러 내는 법을 가르쳐 주시고, 우리의 자존심을 높여 주시고, 인생에 대한 낙관적 태도를 북돋아 주신다.

나는 지금 그리스도께 속하면 놀라운 결과가 뒤따른다는 사실을 부정하는 것이 아니다. 우리는 참으로 죄의 책임은 물론 죄의 속박에서도 해방되었다. 기독교인인 우리는 근본적인 회심과 변화의 놀라운 사례들을 접해 본 적이 있다. 그러나 모든 종교, 심지어 세속적인 프로그램 속에서도 그와 비슷한 사례를 발견할 수 있다. 변화된 삶은 분명 복음의 능력을 증언하지만 그것은 바로 복음 자체가 우리의 불완전한 변화가 아니라 우리를 위한 그리스도의 완벽한 사역이기 때문이다.

더 나아가 기독교인들은-심지어 가장 탁월한 순간에도-하나님의 영광에 계속해서 미치지 못한다. 그리스도의 구원 사역은 성금요일의 이른 아침 시간에 그리스도를 세 번이나 부인했던 베드로를 구원하기에도 충분하다. 그것은 험담으로 다른 사람의 평판을 망가뜨리거나 직원을 혹사하거나 고용주의 돈을 훔치거나 위기에 처한 친구를 배신한 이들뿐만 아니라 결혼 생활이 망가지거나 심각한 부도덕에 빠진 신자도 구원하기에 충분하다. 신자는 중간과 끝에서도 처음과 마찬가지로 거룩하신 하나님 앞에서 그리스도의 의를 유일하게 합당한 의복으로 붙든다. 복음은 우리나 우리의 행동, 느낌, 경험, 또는 생각의 중요성과 관련 있는 것이 아니다. 복음은 다양한 시대에 다양한 정도로 그 모든 차원에 있어서 우리에게 영향을 준다. 그러나 복음은 언제나 반복될 수 없고 유일무이하며 변경할 수 없는 사실들에 대한 소식이다. 그것은 하나님이 그 아들 안에서 우리를 위해 행하신 일에 대한 객관적인 소식이다. 복음은 율법을 떠나 우리가 떠안고 있었으면서도 그 사실을 알지도 못했던 한 가지 문제를 해결해 준다.

이방인들은 당연히 구속의 이야기를 이해하지 못한다. 그 한 가지 이유는 그들이 이스라엘 역사의 일부가 아니기 때문이다. 그들에게는 제사와 성전이 없으며 하나님의 백성을 그들의 죄를 담당할 메시아에게로 인도할 예언은 더더욱 없다. 그래서 복음은 이방인들에게 소식은 소식이되 그들의 직관에 가장 어긋나는 소식으로 다가온다. 이방인들은 본질상 고통과 고난, 불행, 무절제한 행동을 극복하기 위한 바른 원리를 발견함으로써 스스로를 구원할 수 있다고 생각한다. '훌륭한 삶'으로 이끄는 가장 좋은 길을 찾는 것, 그것이 바로 그리스 철학의 본질이었다. 지혜는 기본적으로 윤리학이었다. 그들은 복음을 찾은 것이 아니었다. 왜냐하면 그들은 자신들이 길을 잃었다고 생각하지 않았기 때문이다. 그들은 하나님과의 화해를 추구하지도 않는다. 그들은 자신들이 하나님의 원수라고 느끼지 않기 때문이다. 바울은 그들이 그리스도와 그리스도가 십자가에 못 박히신 일에 대한 메시지에 기분이 상했다고 고린도 교회에 보낸 편지의 처음 두 장에서 주장한다. 그것은 이방인들이 비현실적이라고 생각했던(그리고 생각하는) 해답일 뿐만 아니라 그들을 화나게 한 질문이었다. 복음은 예수님과 같은 시대를 살았던 유대인들 가운데서도 율법에 흡수되었지만 되살아난 민족적 신정(神政)에 대한 기대 속에 흡수되었다. 바로 그 때문에 바울은 복음이 유대인들에게는 걸림돌이고 그리스인들에게는 어리석은 것이라고 말한 것이다.

복음은 오늘날 특히 서구에서 대다수의 사람들에게 이해할 수 없는 것이다. 그들 자신의 구체적인 이야기들은 성경에서 말하는 창조, 타락, 구속, 완성의 이야기와 동떨어져 있기 때문이다. 우리의 초점은 내성적이고 편협하며 우리 자신의 직접적인 지식, 경험, 직관에 국한되어 있다. 우리는 하나님을 포함해서 다른 사람들로 하여금 우리를 행복하게 만들도록 하려고 필사적으로 애쓰며 우리에게 의미 있는 역할을 부여하는 진짜 이야기는 보지 못하는 것 같다.

기독교적인 관점에서 우리는 이것을 자아도취적인 경향으로 볼 수 있지 않을까? 유일한 문제는 오늘날 사람들이 마치 복음이라는 이 거대한 이야기를 '이 사라져 가는 시대'가 이미 결정해 버린 것처럼 말하고 있다는 점이다. 신약의 관점에서는, 시간이 점점 다해 가는 "이 세상"과 그리스도의 부활로 시작되어 그리스도의 재림으로 완성되는 "오는 세상"이라는 두 세상이 있다 (마 12:32, 24:3; 고전 2:6; 갈 1:4). "우리의 세상"을 형성하는 큰 사건이든 사소한 사건이든, 그 모든 사건은 전도자의 말대로 "해 아래서"(전 1:3) 일어나는 일들이다. 즉, 그런 일들은 선물이라기보다는 주어진 것으로, (종교와 영성을 포함하여) 거기에 잘 대처하기 위해 우리에게 필요한 온갖 자원을 동원해서 가능한 한 잘 견뎌내야 할 운명으로 여겨지는, 현재 모습의 세상이다. 그러나 하나님의 이야기는 수직적 차원을 도입하여 악명 높은 바벨탑의 건축자들이 꿈꾼 것과 같이 우리가 '우리 이름을' 내기 위해 세운 '산당들' 뿐만 아니라 절망에서도 우리의 눈을 들게 한다.

그러나 만일 복음이 우리의 질문 - 최소한 우리가 해 아래서 이 시대에 설정된 우리의 인생이라는 영화의 상황 속에서 자동적으로 생각해 내는 질문 - 에 대답해 주지 않는다면 어떻게 되는가? 사람들을 성경적 배경 속에 배치시키고 그들이 이전에 자신에게 그런 것이 있는지조차 몰랐던 문제들을 제기하게 하는 것이 복음을 제시하는 사람이 할 일이다. 하나님의 말씀은 우리에게 바른 대답뿐만 아니라 바른 질문도 제시한다.

하나님의 이야기 속에서는 우리가 상상한 문제, 고민, 소망, 열망, 계획이 거대한 구도 속에서 새로운 상대적 중요성을 갖게 되기는 하지만 더 이상 가장 중요하지는 않다. 우리는 이사야처럼 거룩한 하나님과 갑자기 대면하여 하나님 앞에서 '망하게' 된다. 즉, 말 그대로 무방비 상태에서 결딴이 난다. 이런 상황에서 우리는 하나님의 자비만 바라게 된다. 이런 딜레마를 해결할 진정한 해결책이 나오려면 하나님이 나서시지 않으면 안 된다. 우리가 올바른 영적 기술로 통제할 수 있는 우상을 상상하는 대신 실제로 존재하시는 하나님을 대면하게 되면 우리는 다른 질문을 던지고 다른 관심과 경험과 필요를 갖게 되기 시작한다.

'타이타닉'호에 승선한 승객들도 틀림없이 이 호화 여객선이 빙산에 충돌하기 직전까지 많은 필요와 경험과 관심사와 계획이 있었을 것이다. 그러나 그 운명적인 사건을 기점으로 해서 모든 것이 바뀌었다. 사람들은 더 이상 혹시 승무원들이 샴페인 한 병을 들고 자기 곁을 지나가지 않을까, 밤에 갑판 위를 거닐면 너무 춥지 않을까 하는 생각 따위는 하지 않고 미친 듯이 사랑하는 사람에게로 달려갔고 자신들을 구조해 줄 누군가에 대한 직접적인 절박한 필요의 편협한 지평선 너머를 바라보았다. 잠시 전만 해도 "알렉산더의 래그타임 밴드"라는 신나는 곡으로 승객들을 즐겁게 해 주던 호화 여객선의 악단은 배가 가라앉자 "내 주를 가까이"라는 찬송으로 연주를 마무리했다. 왜 우리는 곡 끝까지 가야만 가장 중요한 일들을 진지하게 받아들이는가? 복음은 *나의* 죄책, 부패, 죽음, 심판뿐만 아니라 온 천지 만물 위에 뒤덮인 죽음과 폭력과 불의와 증오의 수의(壽衣)도 다루고 있다.

우리가 아직도 자신들의 인생 영화의 관점에서 이야기와 문제와 해결책을 판단하고 있는 사람들에게 복음을 '현실적'이고 '접근 가능한' 것으로 만들려 한다면, 복음은 결코 도덕주의적인 치료법을 넘어서지 못할 것이다. 우리가 얼마나 완고하게 죽음의 현실을 부정하고 죽음에 직면할 때조차 하나님의 심판을 직시하지 않는지를 보면 참으로 놀랍다. 사랑하는 사람들의 죽음이나 우리 자신의 '죽음에 가까운' 경험에 직면해도 우리는 종종 궁극적인 문제에 대한 더 깊은 성찰에서 우리의 자아로 둘러싸인 공간의 아늑한 친숙함으로 신속히 되돌아온다. 이런 면에서 최소한 이런 포로 생활의 특징은 미국인들에게만 유별난 것이 아니다. "십자가의 도가 멸망하는 자들에게는 미련한 것이요 구원을 받는 우리에게는 하나님의 능력이라"(고전 1:18). 그리스인들이 십자가를 미련한 것으로 여긴 이유는 그들이 "지혜"를 찾고 있기 때문이지만, 구원받는 이들에게는 그리스도가 하나님의 지혜의 전형이라고 바울은 덧붙여 말한다(고전 1:30~31). 우리가 하나님의 법정에 있을 때 지혜에 대한 정의-우리가 인생에서 알아 두면 유용한 것-는 완전히 바뀐다. 하나님은 하나님 나름대로 자신에 대한 기사를 만들어 내신다.

그래서 하나님은 악인들- 최선을 다했으나 부족함이 있어서 최소한 그 진실함 때문에 받아들일 만하다고 판단되는 사람들이 아니라, 의인으로 선언되는 바로 그 순간에도 본질적으로는 불의한 사람들-을 의롭다 하신다. "일을 아니할지라도 경건하지 아니한 자를 의롭다 하시는 이를 믿는 자에게는 그의 믿음을 의로 여기시나니 일한 것이 없이 하나님께 의로 여기심을 받는 사람의 복에 대하여 다윗이 말한 바……"(롬 4:5~6).

하나님이 악인들을 의롭게 하신다는 주장은 "유대인에게는 거리끼는 것이요 이방인에게는 미련한 것"일 뿐만 아니라 사도 시대 교회에도 엄청난 논쟁을 가져왔고 교회 역사 내내 계속해서 논쟁을 불러일으켜 왔다. 실제로 로마 가톨릭교회는 이 놀라운 진리를 트렌트 공의회(1545~1563)에서 공식적으로 이단이라고 선언했다. 그러나 다행히도 그것으로 모든 이야기가 끝나지는 않았다. 그리스도의 이름을 고백하는 우리 모두는 하나님의 말씀을 함께 지속적으로 연구함으로써 하나님이 악인들을 의롭게 여기신다는 좋은 소식을 함께 인식하게 되기를 소망한다. "만일 은혜로 된 것이면 행위로 말미암지 않음이니 그렇지 않으면 은혜가 은혜 되지 못하느니라"(롬 11:6).

그러나 개신교인들은 오늘날 가톨릭 교인들만큼이나 복음이 우리에게 하나님께서 예수 그리스도 안에서 이미 우리를 위해 전부 최종적, 객관적으로 성취하신 어떤 일에 대한 소식이 아니라 무언가 해야 할 일을 주고 있다고 생각하는 경향이 있다. 트렌트 공의회처럼 많은 개신교인들이 은혜의 *필요성*은 긍정하지만 은혜의 *충분성*은 부정하려 한다.

로마 가톨릭의 구원 교리와 복음주의적인 구원 교리의 차이는 *칭의의 과정으로 이어지는 주입된 의*와 *성화의 과정으로 이어지는 전가된 의*의 대립으로 요약할 수 있다. 전자의 해석에 따르면 칭의는 의롭게 되는 과정이다. 최초의 칭의는 세례 때 발생하며 세례는 원죄의 죄책과 부패를 근절시킨다. 이 최초의 칭의는 전적으로 하나님의 은혜 덕분에 은혜를 세례받는 사람에게 주입하며 세례받는 사람은 이 칭의의 의를 늘리기 위해 이 내재적인 은혜에 협력해야 한다. 더 많이 협력할수록 칭의는 더 성장하게 되고 만일 은혜의 상태에서 죽으면 하나님 앞에서 받아들여지기를 소망할 수 있다. 이것이 최종적 칭의다. 그래서 최초의 칭의는 오직 은혜로 말미암는 반면, 최종적 칭의는 신자의 공로에 달려 있다. 신자가 은혜에 잘 협력했다면 이 세상과 다음 세상에서 견뎌야 할 형벌은 줄어들겠지만 잘 협력하지 않았다면 더 큰 형벌이 기다리게 될 것이다. 우리가 천국에서 영접을 받으려면 그 전에 하나님의 공의가 속죄를-그리스도의 속죄만이 아니라 우리의 속죄도-요구한다.

그러나 좋은 소식은 우리의 맏형이신 예수 그리스도 안에서 하나님이 하나님의 법이 요구하는 완벽한 순종을 받으셨다는 것이다. 우리가 얻어야 할 것은 더 이상 아무것도 남아 있지 않다! 그리스도께서 하늘의 재산에 속한 모든 재물을 얻으셨다! 우리는 실제로 선한 의도로 구원받은 것이 아니라 공로로 구원받았으나 모든 계명에 대해 완벽하고 모자람이 없으며 영구한 공로로 구원받았다. 그러나 우리에게 영원한 유업을 확보해 준 것은 우리의 공로가 아니라 그리스도의 공로다.

바울이 이 복음을 고안해 낸 것이 아니다. 그는 이 복음을 부활하신 그리스도께 직접 받았다. 바울은 (특히 롬 4장과 갈 2~4장에서) 아브라함과 다윗의 예를 들면서 자신의 논증을 뒷받침한다. 사실 이사야 53장의 친숙한 예언은 이러한 전가 혹은 교환을 묘사하고 있다. 고난받는 종은 우리의 죄를 짊어지고 우리 대신 고난을 당하며 자기의 의로운 행위로 "많은 사람을 의롭게 하며 또 그들의 죄악을 친히 담당"(11절)할 것이다. 우리의 죄는 그리스도께 전가되고 그리스도의 의는 우리에게 전가된다. 스가랴서 3장에는 사탄이 검사가 되고 여호와의 사자가 변호인이 되는 하늘의 법정에 선 대제사장 여호수아의 예언이 나온다. 여호수아 자신은 정죄를 받지만 여호수아의 더러운 의복은 없어지고 그 대신 그는 흠 없는 옷으로 갈아입혀진다. 예수 그리스도를 "여호와 우리의 의"라고 증언하는 신약 성경에는 이와 같은 본문들이 가득하다(렘 23:5~6, 33:16; 고전 2:30~31; 고후 5:21). "그러므로 이제 그리스도 예수 안에 있는 자에게는 결코 정죄함이 없나니"(롬 8:1). 해야 할 일은 아무것도 남아 있지 않다. 그리스도께서 우리를 위해 모든 일을 이루셨고 그리스도 안에서 우리는 이미 성부 하나님 앞에서 거룩하고 흠이 없다.

우리는 그리스도의 죽으심과 부활이 우리가 하나님 앞에서 받아들여지고 하나님의 자녀이자 상속자라는 칭호를 얻기에 충분한 근거라고 믿는가? 아니면 은혜는 우리를 출발점에 서게 했지만 이제 우리가 하나님의 은총을 유지하려면 '우리 몫'을 다 해야 한다고 생각하는가? 나는 종종 신자들이 처음 믿었을 때가 좋았다고 말하는 것을 듣는다. 그때 그곳에서 그들은 용서와 하나님의 은혜와 영생을 약속받았다. 그러나 시간이 지나면서 그런 메시지는 점점 바뀌었다. 지금은 바쁘게 일해야 할 때다. 복음은 불신자들을 위한 것이고 기독교인들은 계속해서 전진하기 위해 끊임없는 권면이 필요하다. 그러나 이는 성경의 사고방식과는 거리가 멀다. 처음 순간뿐만 아니라 신앙생활 내내 오직 복음만이 믿음을 낳고 길러 낸다. 그리스도는 연약하고 신실하지 못한 기독교인들의 구원을 위해서도 충분하다.

그렇다면 오직 그리스도 안에서 오직 믿음을 통해 받는 오직 하나님에 의한 객관적이고 완전하며 완벽하고 완성된 칭의와, 신자가 은혜에 협력함으로써 이루어지는 주관적이고 점진적이며 불완전한 미완성의 칭의 사이에는 거대한 간격이 있다.

당신의 마음을 따르지 말라

믿음은 종교적 경험이나 경건한 활동과 같은 것이 아니다. 오히려 믿음은 복음의 옷을 입으신 그리스도를 붙들기 위해 둘 다로부터 돌이키는 것이다. 우리는 '마음 가는 대로 살아라.'고 말하는 문화 속에서 살고 있다. 이런 문화에서는 사람들이 마음 가는 대로 살면 바른 목적지에 이르게 될 것이라고 간단하게 가정한다. 결혼 생활과 우정에 있어서 배신을 낳는 것은 바로 이런 철학이다. 이런 철학은 단순히 하나님이나 우리 이웃에 대한 어떤 의무도 없이 우리의 직접적인 욕구를 따르는 또 다른 방식일 뿐이기 때문이다. '마음 가는 대로 따르라.'는 것은 '당신이 원하는 것이라면 무엇이든 믿고 행하라.'는 것과 같다. 우리 마음속을 더 깊이 들여다볼수록 더 분명하고 순수하고 참된 것을 얻게 된다는 이런 생각은 하나의 환상일 뿐이다. 만일 예레미야나 예수님이나 나머지 성경 전체가 가르치는 대로 우리의 부패한 마음이 우리를 희생자인 동시에 범죄자로 만드는 악한 행동과 관계와 구조적 체계의 원천이라면 '당신의 마음을 따르라.'고 말하는 이런 감상적인 연하장 신학은 별 효과가 없을 것이다.

우리가 원하는 만큼 자주 우리 마음을 따르는 것은 허용되어 있지 않으며 그 점을 뒷받침하기 위해 법정과 경찰관들이 존재한다는 사실은 바람직한 일이다. 이 말은 조금 극단적으로 들릴지도 모른다. 분명 세상에는 선량한 사람들도 많이 있는 것이 사실이다. 또 내가 말하려는 요점은 사람들이 더 이상 악해질 수 없을 만큼 악하다는 말이 아니다. 오히려 요점은 우리의 존재의 모든 측면이 철저히 부패했으며 우리의 마음은 우리의 생각과 욕구와 행동의 중추라는 점이다. 우리의 전인격이 죄에 속박된 상태에서 태어난다면 우리의 마음은 궁극적으로 우리를 파괴할 것을 사랑한다. 다른 면에서는 상냥하고 품위가 있으면서도 노예를 사들이고 보유하고 심지어 학대하며 자기가 속한 인종이 더 우월하다는 아주 낭만적인 가정을 근거로 다른 사람들을 박멸하는 행위를 정당화한 사람들이 많이 있었다. 실제로 낭만주의 운동은 독일, 영국, 미국의 민족주의가 대두될 때 정점에 이르렀다.

악한 것은 마음 그 자체가 아니다. 오히려 마음은 부패되었다. 우리의 마음은 단지 원하는 것을 따라갈 뿐이다. 문제는 타락 이후로 우리가 죽음을 가져오는 것을 원한다는 점이다. 우리의 생각도 타락했다. 문제는 우리가 우리 마음보다 우리 생각을 따라가느냐가 아니라, 단순히 우리에게 자연스럽게 다가오는 길을 따라가는 것이 실제로 우리에게 가장 큰 이익이 되느냐는 것이다. 물론 사랑과 낭만에 빠지는 일 따위도 있다. 그러나 우리는 누군가가 어떤 놀라운 장점을 갖고 있지 않다면 그 사람과 사랑에 빠지려 하지도 않을 것이다. 우리가 진정으로 우리 마음을 따른다면 누군가를 우리와 완벽하게 잘 어울린다고ㅡ

즉, 우리가 가장 중요하다고 생각하는 본능, 인생 계획, 목표, 꿈, 기호 등을 만족시킨다고-생각하려 하지 않을 것이다. 이것이 자아도취의 본질이다. 그리고 이는 우리가 언제나 더 악해질 수 없을 만큼 악하다는 뜻이 아니라, 우리가 이미 알고 경험하고 느끼고 믿고 행하는 것에 대한 근시안적인 관심에 사로잡혀 있다는 뜻이다. 사랑에 빠지는 대다수의 사람들은 자신의 성격과 매우 다른 성격을 가진 사람에게 익숙해지고 자신이 스스로 선택하고 싶은 삶과는 다른, 훌륭한 삶에 대한 전반적으로 새로운 일련의 생각을 접한 뒤에 사랑에 빠진다. 진정한 로맨스는 이전에는 우리가 생각지도 못했을 일을 생각하고 느끼고 행하도록 요구하는 타인과 삶을 함께 할 가능성을 열어 둘 것을 요구한다.

만일 우리에게 적절한 것이면 무엇이든 진리라면 우리는 실제로 어떤 흥미로운 것도 마주치지 못할 것이다. 거울에 비친 자기 모습 외에는 발견할 수 있는 것이 아무것도 없다면 찾거나 살펴보거나 소망하거나 심지어 사는 것이 무슨 의미가 있는가? 만일 실재하는 세계가 각 사람의 의지 행위로 창조된 수많은 주관적인 세계들에 불과할 뿐이라면 어떨지 상상해 보라. 마치 〈중간 지대〉(미국의 SF 드라마 시리즈-역주)의 한 에피소드 같지 않은가? 마치 부모님 없는 휴일을 상상하는 아이들처럼 우리는 개인의, 개인에 의한, 개인을 위한 세상에 산다면 멋질 거라고 생각하지만, 그런 세상은 그 자체로 지옥일 것이다. 우리 자신만 남게 되면 우리 자신의 머리나 가슴이나 경험이나 관계 밖에서는 아무것도 우리에게 다가오지 않을 것이다. 우리의 지루하고 진부한 삶은 결코 방해받지 않을 것이다. 우리는 결코 방향 감각을 잃거나 무언가 웅대한 것을 향해 새로운 길을 찾게 되어 하나님께 부르심을 받거나 미지의 문을 통해 새 창조로 인도함을 받는 일이 결코 없을 것이다. 또 자신이 잘못되었다는 사실을 알아내거나 이전에는 전혀 몰랐거나 가능하다고 생각해 본 적 없는 것을 보고 놀라는 일도 결코 없을 것이다. 요컨대 우리가 우리 마음만 따라간다면 진실로 이 사라져 가는 시대의 헛된 이미지와 열망에 내내 끌려다닐 것이다. 하나님의 드라마에는 분명히 배역이 있는데 왜 자동차 충돌, 성행위, 불꽃놀이 따위만 있고 실제적인 줄거리는 전혀 없는 영화에서 대사도 없는 단역에 만족하는가? 우리가 진정한 드라마를 찾고 있다면 우리의 마음이 아닌 하나님의 대본을 따라야 한다. 우리가 아닌 하나님이 실재의 창조자이시며 오류 없는 해석자이시다. 우리는 실재를 보고 놀라는 순간 진정으로 우리가 실재와 관계가 있음을 안다. 우리는 하나님이 우리가 생각한 모습과 다르며 우리 자신의 우상 숭배적인 상상력에 포획되지 않을 때, 실제로 우리가 존재하시는 하나님을 만났다는 것을 알게 된다.

복음은 변화를 가져온다

복음이 우리의 감성과 지성과 의지와 행동을 변화시키는 이유는 바로 복음 자체가 우리의 변화에 대한 메시지가 아니기 때문이다. 나의 정체성 혹은 내가 느끼거나 선택하거나 행하는 것은 그 어느 것도 좋은 소식으로서의 자격이 없다. 내 삶의 가장 좋은 때에도 변화의 경험은 약하지만 복음은 내 안에 있는 어떤 것이 아니라 하나님 안에 있는 어떤 것, 내가 행한 어떤 일이 아니라 하나님이 행하신 어떤 일, 내가 인간관계 속에서 보여 주는 마음속의 사랑이 아니라 하나님이 그 아들 안에서 보여 주신 하나님의 마음속의 사랑으로 인해 존재하는 특정한 상황에 대한 소식이다. 정확히 역사 속에서 나를 위해, 내 밖에서 성취된 그리스도 안에서의 완성되고 충분하며 완벽한 하나님의 사역에 대한 좋은 소식인 복음은 처음뿐만 아니라 신앙생활 내내 '구원을 주시는 하나님의 능력'이다. 사실 우리의 성화란 한 마디로 그 좋은 소식을 충분히 인식하고 그에 따라 반응하며 하나님께서 우리가 이미 그리스도 안에서 그렇게 되었다고 말씀하시는 그런 사람들이 되는, 평생에 걸친 과정이다.

우리는 다양한 기술과 프로그램과 원리들을 통해 외적인 행동을 바꿀 수는 있지만 우리 마음을 바꿀 수는 없다. 새 창조가 있으려면 첫 창조와 같이 무에서부터(ex nihilo) 삼위 하나님의 말씀이 있어야 한다. 첫 창조 때에 하나님은 어떤 선재하는 물질을 가지고 일하신 것이 아니었다. 하나님의 인정("심히 좋았더라.")은 하나님의 첫 번째 말씀이 아니라 "~이 있으라 하시니 ~이 있었고"라는 하나님의 선언에 뒤따르는 것이었다.

마찬가지로 하나님이 자신의 의롭다 하시는 판결을 정당화하시기 위해 불경건한 이들 속에 있는 어떤 것을 발견하시는 것이 아니라 그 판결이 상황을 창조한다. 우리가 아직 불의한데도 하나님이 우리를 의롭다고 선언하실 때는(칭의) 똑같은 그 말씀으로 실제로 우리를 의롭게 만드는 내적인 갱신의 과정(성화)을 즉시 시작하신다. " '어두운 데에 빛이 비치라' 말씀하셨던 그 하나님께서 예수 그리스도의 얼굴에 있는 하나님의 영광을 아는 빛을 우리 마음에 비추셨느니라"(고후 4:6). 그러나 판결이 먼저 온다! 먼저 하나님은 그리스도의 순종과 죽으심과 부활을 기초로 우리를 의롭다고 선언하시고, 그 다음에 우리를 그리스도의 형상과 닮도록 만들기 시작하신다. 이는 우리의 직관과 너무나 어긋나는 것이다. 이와 정반대로 되어야 하는 것이 아닌가? 판사는 피의자가 무죄로 밝혀진 이후에 피의자를 의롭다고 선언한다. 그러나 이 경우에는 하나님이 다른 누군가의 기록이 우리에게 전가되었다는 이유로 우리를 결백하다고-결백할 뿐만 아니라 완벽하게 의롭다고-여기신다.

'영성'은 우리의 자아도취를 만족시키는 데 있어서 물질주의만큼이나 성공적이다. 우리를 내적인 자아와 그 자아의 경험과 도덕성과 활동에 몰두하게 하는 '신령한 것에 대한 추구'는 무신론만큼이나 신을 믿지 않는 것이다. 시장에는 자기 발전에 대한 우리 문화의 열망을 만족시키는 수많은 방편이 있다. 그러나 그런 방편들은 옛 아담을 치장하는 온갖 다양한 방법들이다. 더 나아가 그런 방편들의 도덕주의적인 처방은 실제로 스트레스를 줄이기는커녕 우리 자신을 하나님이 받으실 수 있도록 만들기 위해 우리 자신에게 더 많은 기대를 건다.

우리는 아픈 것이 아니라 영적으로 죽어 있다. 우리는 발전의 여지가 있는 선량한 사람들이 아니라 불경건한 자들이다. 우리는 약간의 지도가 필요한 자녀가 아니라 타락한 자녀다. 복음은 우리가 일관성 있게 행동하도록 돕고, 멋진 데이트를 위해 우리를 잘 차려 입히며, 우리 자신이나 남들이 보기에 우리 자신을 더 존경스럽게 만들기 위해 우리에게 찾아오는 것이 아니다. 오히려 복음은 우리를 죽이고 완전히 새로운 피조물로 되살리기 위해 우리에게 찾아온다. 새롭고 발전된 자아가 아니라 예수님과 함께 장사되고 부활한 자아가 참된 변화에 대한 복음의 메시지다.

도덕주의적이고 치유적인 영성은 우리를 "자기를 사랑하며……경건의 모양은 있으나 경건의 능력은 부인"(딤후 3:2, 5)하게 만드는, 바울이 디모데에게 경고한 자아도취적 강박 관념의 일부다. 그리고 그것이 부인하는 능력은 공로와는 관계없이 그리스도 안에 있는 값없는 칭의의 소식이다. 하나님의 능력은 프로그램이나 전략이나 자기 개발의 공식이나 더 나은 삶에 이르는 일곱 가지 단계나 정치적 개혁에 있지 않다. 불타는 건물 안에 갇혀 있는 사람처럼 우리는 우리 자신을 구조할 수 없다. *우리 안에는 아무런 소망이 없다!* 내적인 원천이나 가능성 따위도 없다. 하나님께로 향하는 문을 열고 천국에 이르는 계단을 오를 수 있는 아르키메데스의 점도 없다. 우리의 본성 전체가 죄에 속박되어 있어서 우리는 의지력으로 우리의 상태를 고칠 수도 없다. *우리의 유일한 소망은 우리 밖에 있으며 그 아들 안에서 우리를 구원하시는 하나님께로부터 온다!* 바울은 "내가 복음을 부끄러워하지 아니하노니 이 복음은 모든 믿는 자에게 구원을 주시는 하나님의 능력이 됨이라."(롬 1:16)고 말했다.

복음을 하나님이 행위와는 관계없이 불경건한 자들을 값없이 의롭다 하시는 일로 받아들이는 것은 겉으로 보기에는 직관에 반하지만 우리가 하나님 앞에서 법적으로 받아들여질 수 있는 유일한 원천일 뿐만 아니라 그 열매인 선행을 가능케 하는 유일한 원천이기도 하다. 우리는 우리 자신 안에서는 정죄를 받지만 그리스도 안에서는 의롭게 된다는 사실을 알 때만이 비로소 처음으로 자유롭게 하나님과 우리 이웃을 사랑하게 된다. 그리고 값없는 선물에 대한 감사의 마음에서 하나님과 이웃에게 반응하며 진정으로 하나님과 이웃을 우리 자신의 목적을 위해 이용하는 대신 자유롭게 사랑하고 기뻐하게 된다.

이 복음-하나님이 그리스도 안에서 죄인들을 의롭다 하신다는 좋은 소식-은 더 큰 목표를 위한 수단이 아니다. 복음은 많은 주제 가운데 하나의 주제가 아니다. 복음은 우리가 더 중요하고 더 현실적이며 더 실제적인 어떤 것으로 나아가기 위해 이용하는 것이 아니다. 복음은 우리가 그 안에서 헤엄치는 바다이고 우리가 숨을 쉬는 공기이며 우리를 규정하는 정체성이다. 마르크스주의자들은 새로운 상황과 맥락에 따라 다양한 방식으로 자신들의 원리를 적용할지 모르지만 언제나 계급투쟁 이야기로 되돌아온다. 이는 마치 자본주의자들이 시장의 보이지 않는 손을 불러내어 모든 경제적 위기에 대처하는 것과 똑같다. 그렇다면 기독교인들은 왜 시대 변화와 관계없이 그들을 규정하는 이야기인 성경의 드라마로 몇 번이고 되돌아와선 안 되는가? 복음의 이야기가 변하지 않는 이유는 그것이 영원해서가 아니라 이미 발생한 역사적 사건을 전하기 때문이다. 역사적 사건은 워털루 전투처럼 사라질 수가 없다. 그리스도의 구속 사역은 현재에도 지속적인 영향을 끼치지만 과거에 완결된 사건이다.

성경의 '거대한 이야기'는 어떤 요점을 전달하는 것이 아니라 그 자체가 요점이다. 예수님이 마르다의 오빠이자 예수님의 친한 친구였던 나사로의 무덤에서 마르다와 대화하실 때 마르다에게 "네 오라비가 다시 살아나리라."(요 11:23)고 말씀하신 사실은 매우 흥미롭다. 마르다는 그 말씀을 단지 자신도 당대의 많은 유대인들과 공유한 믿음인 말세에 있을 죽은 자들의 부활에 대한 교리적 주장으로 받아들였다. 그래서 그녀는 이렇게 대답했다. "마지막 날 부활 때에는 다시 살아날 줄을 내가 아나이다"(24절). 마르다는 지금이 신학적 토론을 벌이기에 적당한 때인지도 모른다고 생각했거나 예수님께서 자기에게 우리가 슬퍼하는 친구들과 친척들에게 적절하게 건네는 그런 종류의 진심 어린 위로의 말을 건네고 계신다고 생각했을지도 모른다. 그러나 예수님은 그녀로 하여금 그 이상의 것을 고백하도록 재촉하셨다. "예수께서 이르시되 '나는 부활이요 생명이니 나를 믿는 자는 죽어도 살겠고……이것을 네가 믿느냐?"(25~26절, 강조는 저자). 마르다의 초점이 나사로와 그녀 자신의 슬픔에 있었던 것은 당연했지만 예수님이 그 초점을 자신에게로 되돌리신 것은 바로 그 과정에서 마르다의 가장 큰 필요(그리고 그녀의 오빠의 필요)에 초점이 맞추어졌기 때문이다. 그 결과 마르다는 예수님을 부활이자 생명으로 고백했고 의롭다 함을 받았다.

복음은 천국과 지옥에 대한 막연한 믿음이나 내세에서의 더 나은 삶에 대한 소망이 아니다. 복음은 심지어 말세에 있을 부활에 대한 확신도 아니다. 그것은 예수 그리스도 자신이 우리의 생명이라는 소식이다. 예수님은 우리와 하나님과의 화평이기 때문이다. 예수님은 단지 우리에게 길을 보여 주기만 하시는 것이 아니다. 예수님이 곧 길이요 진리요 생명이다 (요 14:6).

무엇으로부터 구원받는가

이 질문에 대해서는 오늘날 많은 다양한 답변이 제시되어 있다. 어떤 기독교인들에게는 구원이란 예수 그리스도 안에서 하나님이 악과 죽음과 지옥의 세력을 이기시고 특별히 이 시대에 빈자와 약자를 괴롭히는 억압과 폭력에서 사로잡힌 이들을 해방시키셨다는 뜻이다. 앞에서 살펴본 것처럼-그리고 특별히 다음 장에서 보게 되겠지만-이런 견해를 지지하는 성경 본문들은 많이 있다. 특별히 초대 교회에서 두드러졌던 또 다른 해석은, 그리스도가 육신이 되시고 순종의 삶과 죽음과 부활로 아담으로 인한 인간 본성의 부패를 원상회복하심으로써 우리를 구원하셨다는 것이었다. 이 또한 내가 이미 언급한 대로 그리스도의 사명의 중요한 한 측면이다. 또 다른 지배적인 견해는 마치 왕의 명예가 공개적으로 손상된 뒤에 왕에게 죗값을 치르는 것처럼 그리스도의 사역을 일차적으로 하나님의 손상된 위엄에 대한 대가 지불로 이해한다. (중세 신학자 안셀무스와 관련 있는) 이 견해는 속죄를 요구하는 하나님께 저질러진 죄의 객관적 범죄성에 올바로 초점을 맞추고 있지만 성경에서는 십자가를 하나님의 위엄이 아닌 공의에 대한 속죄라고 말한다. 어떤 이들은 그리스도의 죽으심이 지상에서 하나님의 도덕적 통치를 재확립하며 하나님의 의를 드러내고 죄를 억제했다고 본다. 많은 이들이 그리스도의 사역을 주로 우리에게 하나님이 얼마나 우리를 사랑하시며 우리에게 서로 사랑하도록 격려하시는지를 보여 주는 도덕적인 모범으로 본다. 이 모든 대답들은 성경의 특정 본문에서 어느 정도 타당성을 갖는다. 그렇기 때문에 각각의 견해는 신학의 역사에서 별개의 속죄 이론으로 취급된다.

그러나 그리스도의 사역은 구약의 제사 제도라는 배경 속에서 완성된다. 그리스도는 '세상 죄를 지고 가는 하나님의 어린 양', 자기의 형제자매를 노예 시장에서 값 주고 사는 친족 구속자, 종의 저주를 담당하고 성부의 진노를 누그러뜨리며 우리를 하나님과 화해하게 하는 주님이다. *그리스도는 죄인들을 위한 대속적인 희생 제물로 죽으셨기 때문에 악의 세력을 정복하시고 아담의 범죄를 원상회복하시며 사명을 완수하시고 하나님의 의로운 통치와 형언할 수 없는 사랑을 보여 주시고 역사 속에서 하나님의 영예를 지키신 것이다. 그러나 그리스도의 구원 사역의 다른 모든 중요한 측면들은 사실 그리스도의 대리적, 대속적인 죄의 담당이 그 핵심에 위치할 경우에만 참이 될 수 있다.* 우리는 무엇으로부터 구원받는가? 하나님의 진노로부터 하나님 자신에 의해 구원받는다. 하나님은 사랑이시기 때문이다.

그리스도의 죄인들을 위한 대속 제물로서의 대속적인 죽음은 다른 모든 것을 뒤따라오게 한다. 그리스도는 우리의 저주—율법이 부과한 형벌—를 짊어지셨다. 사망의 쏘는 것이 사라졌다. "사망이 쏘는 것은 죄요 *죄의 권능은 율법이라 우리 주 예수 그리스도로 말미암아 우리에게 승리를 주시는 하나님께 감사하노니*"(고전 15:56~57, 강조는 저자). "*죄의 삯은 사망이요 하나님의 은사는 그리스도 예수 우리 주 안에 있는 영생이니라*"(롬 6:23, 강조는 저자). 그리스도의 사역을 악의 세력에 대한 승리로 보는 견해조차 하나님의 공의에 대한 그리스도의 법적 충족에 근거하고 있다. 하나님은 "우리의 모든 죄를 사하시고 우리를 거스르고 불리하게 하는 법조문으로 쓴 증서를 지우시고 제하여 버리사 십자가에 못" 박으셨다. 그런데 바로 이런 법적 행위를 수행할 때에만 그리스도께서 그로 인해 "통치자들과 권세들을 무력화하여 드러내어 구경거리로 삼으시고 십자가로 그들을 이기셨다."(골 2:13~15, 강조는 저자) 고 말할 수 있다. 그리스도의 희생은 위기의 뿌리-죄와 죽음의 저주-까지 이르러 새 창조에 필요한 모든 것을 성취하셨다.

그리스도의 십자가는 어떤 이들이 주장하듯이 "우주적 아동 학대" 가 아니다. 그 이유는 바로 십자가가 하나님의 의와 사랑의 표현이나 하나님의 손상된 위엄에 대한 보상일 뿐만 아니라 하나님의 공의롭고 거룩한 법에 대한 완전한 충족이기 때문이다. 만일 십자가가 하나님의 사랑의 표현일 뿐이라면 그리스도의 죽으심은 사랑보다는 신적인 냉혹함에 대한 실물 교육에 더 가까운 것으로 간주될 수 있을 것이다. 그러나 십자가의 경이로운 점은 공의를 요구하는 거룩한 성품을 지닌 바로 그 하나님이 또한 몸소 그 대가를 치르셨다는 점이다. 바로 그것이 사랑이다! 더 나아가 이는 그리스도의 자기희생은 되풀이될 수 없음을 의미한다. 우리는 우리 이웃의 일시적인 유익을 위해 우리 자신의 이익-심지어 우리 자신의 목숨-을 희생하라는 부르심을 받을 수는 있지만, 다른 사람들의 죄를 위해 우리 생명을 희생하라는 부르심은 결코 받지 않을 것이다. 하나님이 그 아들을 우리에게 주신 것은 그런 모든 희생을 끝내기 위한 희생이다.

성부 하나님은 성자에게 욕구 불만을 풀어 버리신 것이 아니라 원수들의 세상을 향한 사랑 때문에 사랑하는 아들을 보내셨다. 더 나아가 예수님은 수동적인 희생자가 아니라 자기 백성을 구원하시기 위해 아버지와 맺은 영원한 언약의 자발적인 당사자였다. "나는 선한 목자라 선한 목자는 양들을 위하여 목숨을 버리거니와"(요 10:11). 예수님은 자신의 목숨을 스스로 버리신 것이다. "이를 내게서 빼앗는 자가 있는 것이 아니라 내가 스스로 버리노라 나는 버릴 권세도 있고 다시 얻을 권세도 있으니"(18절). 큰 이야기는 하나님의 사랑이 우리의 미움을, 하나님의 자비가 우리의 죄책을, 하나님의 생명이 우리의 죽음을, 하나님의 영광이 우리의 교만을 이기셨다는 것이다. *하나님의 사랑은 우리의 미움을 능가한다!*

십자가의 목표는 단순히 벌하는 것이 아니라 회복하는 것이었다. 우리의 혼란스러운 삶과 괴로운 세상의 온갖 증세들 아래를 파 보면 그 모든 것의 뿌리는 깨어진 언약이다. 그것은 우리가 치유할 수 없는 우주의 상처지만 하나님은 그 아들의 십자가를 통해 평화를 세우심으로써 그 상처를 치유하셨다. 우리는 이 복음의 풍성함을 결코 다 이해할 수 없을 것이다. 복음은 우리의 삶과 우리의 역사와 우리의 세상의 모든 구석구석까지 울려 퍼지기 때문이다.

좋은 소식은 "구원은 여호와께"(욘 2:9) 속하였다는 것이다. "그런즉 원하는 자로 말미암음도 아니요 달음박질하는 자로 말미암음도 아니요 오직 긍휼히 여기시는 하나님으로 말미암음이니라"(롬 9:16). "또 미리 정하신 그들을 또한 부르시고 부르신 그들을 또한 의롭다 하시고 의롭다 하신 그들을 또한 영화롭게 하셨느니라"(롬 8:30). 이 황금 사슬에는 우리의 지문이 남아 있는 고리가 전혀 없다. 우리가 하나님을 선택하기 전에 하나님이 먼저 우리를 선택하셨다. 우리가 아직 하나님의 원수였을 때 하나님이 우리를 구원하셨다. 우리가 아직 불경건했을 때 하나님이 우리를 의롭다 하셨다. 우리가 아직 죽어 있을 때 하나님이 우리를 그리스도와 함께 되살리신다. 그리고 심지어 이 모든 것을 받을 믿음까지도 우리에게 주신다! 그래서 바울은 이렇게 소리칠 수밖에 없었다.

그런즉 이 일에 대하여 우리가 무슨 말 하리요? 만일 하나님이 우리를 위하시면 누가 우리를 대적하리요? 자기 아들을 아끼지 아니하시고 우리 모든 사람을 위하여 내주신 이가 어찌 그 아들과 함께 모든 것을 우리에게 주시지 아니하겠느냐? 누가 능히 하나님께서 택하신 자들을 고발하리요? 의롭다 하신 이는 하나님이시니 누가 정죄하리요? 죽으실 뿐 아니라 다시 살아나신 이는 그리스도 예수시니 그는 하나님 우편에 계신 자요 우리를 위하여 간구하시는 자시니라 누가 우리를 그리스도의 사랑에서 끊으리요?

바울의 대답은 분명할 뿐만 아니라 놀라울 만큼 훌륭하다. 어떤 것도 "우리를 우리 주 그리스도 예수 안에 있는 하나님의 사랑에서 끊을 수 없으리라"(롬 8:31~35, 39). 우리의 삶 속에서나 매일의 신문 기사에서 다른 어떤 놀라운 일이 발생하더라도 이 소식보다 더 나은 소식은 있을 수 없다.

THE GOSPEL DRIVEN LIFE

04

복음에 대한 바른 이해

4

복음에 대한 바른 이해

좋은 신문사에는 사실을 확인하는 간부들이 있다. 물론 그렇다고 해서 모든 오류가 다 없어지는 것은 아니지만 사실 확인은 오류를 없애는 데 도움이 되며 신문의 신뢰도도 높여 준다. 보도에 약간 엉성한 부분이 있거나 이곳저곳에 오해나 왜곡이 있으면 기사는 사람들을 오도하게 된다. 매일의 사건들을 보도하는 데도 신뢰도가 중요하다면 큰 사건에 대해서는 신뢰도가 더욱더 중요하다. 우리는 복음을 전해야 할 뿐만 아니라 *바르게* 전해야 한다.

성경 구절의 모든 이름과 사건과 배열을 안다고 해서 그것이 곧 성경의 줄거리를 이해한다는 뜻은 아니다. 이 장에서 우리는 마지막 아담이 고난을 당하시고 하나님의 안식 속으로 승리의 행진을 하신 길을 따라 제자들과 동행할 것이다. 앞으로 살펴보게 되겠지만 제자들은 사실을 제대로 파악하고 있다고 생각했다. 그들은 자신들이 갈릴리 오지에서 예루살렘으로 가는 여행이 무엇을 의미하는지 안다고 생

각했다. 그러나 그들은 적어도 하나님의 은혜로 깨닫게 되기 전까지
는 잘 알지 못했다.

예루살렘으로 가는 길

성경에는 캘리포니아만큼은 아니어도 많은 고속도로가 등장한다.
예컨대 메시아의 선구자가 만들고자 했던 고속도로가 있다. 세례 요한
의 메시지와 사역은 구약 성경의 마지막 두 장(말 3~4장)에 예언되어 있
다. 그러나 예수님이 오셨는데 아무도 진정으로 예수님을 기다리는 것
처럼 보이지 않는다. 분명 많은 사람들, 특별히 바리새인들은 메시아
가 나타나실 수 있도록 이스라엘 백성들의 행동을 일사불란하게 통일
시키기 위해 분주하게 온갖 엄숙한 원칙들을 세우며 메시아를 맞을 준
비를 하고 있다. 그러나 준비는 기다림과는 다르다. 선지자들은 언약
의 고발자로서의 사명을 다했다. 재판은 끝났다. 소작농을 쫓아내는
지주처럼 이스라엘을 포로로 보내신 하나님의 심판은 그 정당성이 입
증되었다. 그리고 바리새인들 스스로 나라가 아직도 로마의 압제자들
과 열의 없는 민족과 희비극을 연출하는 다윗의 왕위의 찬탈자인 로마
황제의 충견 헤롯 밑에서 포로 생활을 하고 있음을 인식했다.
이스라엘이 시내 산에서 "우리가 다 행하리이다."(출 19:8)라고 약속
하며 하나님과 맺은 민족적 언약은 누더기가 되었다. 이 분명한 사실
에 비춰 볼 때 종교 지도자들은 도덕 재무장 운동("이번에는 우리가 정말로 다
행하리이다.")을 독려할 것이 아니라, 회개와 이 모든 과정에 대한 근본적
인 성찰을 촉구했어야 했다. 그들은 예수님의 출현과 함께 나타난 분
기점에서 다른 고속도로를 탔어야 했다. 이 분기점은 메시아를 위한
고속도로의 건설자인 세례 요한이 자신이 아닌 "세상 죄를 지고 가는

하나님의 어린 양"(요 1:23~24)을 가리킬 때 요단 강에서 만나는 교차
점이다. 몇몇 다른 사람들(마리아는 물론이고 엘리사벳, 안나, 천사와 마주친 이후의 사
가랴 등)을 제외하면 다소 기괴하고 금욕적인 이 선지자가 진실로 예수
그리스도를 기다린 유일한 사람인 것처럼 보인다. 그는 예레미야가
예언한 것처럼 다음과 같은 사실을 알았다. "새 언약……은 내가 그
들의 조상들의 손을 잡고 애굽 땅에서 인도하여 내던 날에 맺은 것과
같지 아니할 것은 내가 그들의 남편이 되었어도 그들이 내 언약을 깨
뜨렸음이라"(렘 31:31). 이 언약은 자기 백성을 위한 메시아의 사역을 통
해 하나님의 신실하심에만 바탕을 둔 언약이 될 것이다.

그러나 그때부터 예수님은 시온(곧 다름 아닌 자기 자신)으로 인도할 동료
여행자들을 모으시는데, 예수님이 부르시는 사람들은 예수님을 기다
린 사람들이 아니었다. 놀랍지 않은가? "아담아, 네가 어디 있느냐?"
라고 부르시는 예수님은 언제나 낯선 분이다. 그러나 이제 예수님은
또한 마침내 우리 이름으로 "내가 여기 있나이다."라고 대답하시는
언약의 종이기도 하다.

첫째로 거친 어부, 도둑질하는 세리 등 전혀 어울리지 않지만 훗날
열두 사도가 될 사람들이 있다. 둘째로 하나같이 성전 경내에 들어가
는 것이 금지된, 참으로 소외당하는 이들-저는 자, 몸 불편한 자, 눈먼
자, 병든 자는 물론이고 문란한 여자들(그 중에 하나는 쫓아내야 할 사마리아 여인),
'죄인 및 세리들'-이 있다.

예수님은 제자들이 다른 일-그들이 매일 하는 일-을 하고 있을 때
그들을 부르신다. 실제로 예수님은 한 비유에서 혼인 잔치에 초대받
은 많은 사람들이 '생활'로 너무 바쁘다는 핑계를 대며 참된 생명을
얻지 못했다고 말씀하셨다(마 22:1~14). 예수님의 비유는 이스라엘의 종
교 지도자들이 그리스도와 그리스도의 나라를 거부하고 그 대신 죄인
들과 소외된 이들이 그 나라를 받은 것을 가리킨다. 예수님이 하나님

나라의 비유를 말씀하실 때마다 종교 지도자들이 화제를 바꾼 점은 매우 흥미롭다. 예컨대 이 사례에서 그들은 예수님께 이 의미심장한 혼인 잔치 초대에 대해 더 자세히 설명해 달라고 요청하는 대신 세금 정책에 대한 법적인 질문으로 예수님을 함정에 빠뜨리려 한다(15~22절). 그들은 중대한 뉴스를 뒷면으로 옮기고 자신들이 더 긴급하고 실제적으로 중요하다고 생각하는 일상적인 화제를 머리기사에 배치했다. 그리스도가 세우고 계신 나라는 그들이 기대한 나라만큼 그렇게 흥미롭고 현실적이고 유용하지 않았다.

마르틴 루터는 〈하이델베르크 논쟁〉에서 '십자가의 신학'을 '영광의 신학'과 대조했다. 전자는 골고다의 수치로 옷 입으신 하나님을 받아들이는 반면, 후자는 눈부신 위엄 가운데 계신 하나님을 직접 보는 것을 추구한다.

제자들조차 예수님이 영광의 나라를 세우시고 이방의 군주들과 유대인 지배층 가운데 있는 그들의 부패한 하수인들을 쫓아내심으로써 옛 언약의 신정 체제를 회복시키시기 위해 예루살렘으로 올라가신다고 생각했다. 오지에서 대도시로 버스를 타고 다니는 유력 후보의 선거 운동원들처럼 그들은 예루살렘이 권력과 영광과 팡파르가 울려 퍼지며 세워질 메시아 왕국을 의미한다고 생각했다.

예수님이 제자들에게 자신의 희생적 죽음을 준비하게 하실 때조차 그들은 애써 화제를 바꾸었고 심지어 베드로는 예수님이 부정적인 생각을 한다는 이유로 예수님을 책망하기까지 했다. 하늘에서 내려온 생명의 떡이신 예수님이 5천 명을 먹이신 뒤에 베드로는 예수님에 대한 놀라운 신앙 고백을 했다. "[당신은] 하나님의 그리스도시니이다"(눅 9:20). 이 신앙 고백에 뒤이어 예수님은 십자가에 달리시고 부활하실 것을 예고하신다(21~22절). 마가는 이 일을 이렇게 기록했다. "드러내 놓고 이 말씀을 하시니 베드로가 예수를 붙들고 항변하매"(막

8:32). 베드로에게는 분명히 "하나님의 그리스도"란- 최소한 이 시점에서는-죄를 짊어지는 어린 양을 뜻하는 말이 아니었다. 베드로가 생각하기에 이 여행의 목표는 수치가 아니라 영광이었다. "예수께서 돌이키사 제자들을 보시며 베드로를 꾸짖어 이르시되 '사탄아, 내 뒤로 물러가라 네가 하나님의 일을 생각하지 아니하고 도리어 사람의 일을 생각하는도다.' 하시고"(33절). 베드로는 예수님으로 하여금 십자가를 통과하여 영광- 다시 말해, 긍정의 힘으로 최고의 인생을 누릴 기회-에 이르는 대신 십자가를 우회하게 하려는 사탄의 유혹을 되풀이하며 자기도 모르게 예수님을 사명에서 멀어지게 하려 애썼던 것이다. 예수님은 계속해서 제자들에게 이 여행이 영광의 이야기가 아니라 십자가의 이야기이며 누구든지 자기를 따라오려면 이 이야기를 바로 이해해야 한다는 점을 알려 주셨다(34~38절).

베드로는 산 위에서 그리스도의 변화된 모습과 모세와 엘리야가 예수 그리스도를 증언하는 모습(눅 9:28~36)을 본 뒤에도 예수님의 요점을 이해하지 못한다. 예수님은 이번에는 더욱 힘을 주어 제자들에게 또다시 말씀하신다. "'이 말을 너희 귀에 담아 두라 인자가 장차 사람들의 손에 넘겨지리라.' 하시되 그들이 이 말씀을 알지 못하니 이는 그들로 깨닫지 못하게 숨긴 바 되었음이라 또 그들은 이 말씀을 묻기도 두려워하더라"(43~45절, 강조는 저자). 사마리아의 한 마을이 제자들의 복음 전파를 거부하자 야고보와 요한("우레의 아들")은 예수님께 "주여, 우리가 불을 명하여 하늘로부터 내려 저들을 멸하라 하기를 원하시나이까?" 라고 여쭙는다. "예수께서 돌아보시며 꾸짖으시고 함께 다른 마을로 가시니라"(51~56절).

여기 하나의 패턴이 보이는가? 베드로가 예수님에 대해 하나님의 그리스도라는 놀라운 신앙 고백을 했고 예수님이 십자가에 달리실 것을 거듭 언급하셨다는 사실에도 불구하고 제자들은 영광의 신학자들이다. 그들은 장차 위험과 고난과 환난이 닥칠 것을 기대하는 것이 아니라 유대인의 왕이 영광 가운데 즉위하실 것을 기대한다. 예수님은 다시 오실 때 영광과 권세, 심판과 진노 가운데 오실 것이다. 그러나 지금은 연약함과 고난과 수치와 죄를 짊어진 죽음 가운데 오신다.

실제로 열두 제자들 사이에서 벼슬자리를 두고 다툼이 벌어졌다(눅 22:24). 마가의 기록에 따르면 야고보와 요한은 예수님의 좌편과 우편에 앉는 영예를 놓고 다투지만 예수님은 이렇게 대답하신다. "너희는 너희가 구하는 것을 알지 못하는도다 내가 마시는 잔을 너희가 마실 수 있으며 내가 받는 세례를 너희가 받을 수 있느냐?" 야고보와 요한은 예수님이 취임 축하 파티를 언급하시는 것으로 착각하고 "할 수 있나이다."라고 씩씩하게 대답했다(막 10:35~39). 물론 쉽지 않은 일이 될 것이다. 아직 바로잡아야 할 것이 많이 남아 있다. 로마 황제는 강력하고 제사장들과 예루살렘의 가장 유력한 통치자들은 황제의 부패하고 억압적인 체제와 한통속이다. 전략과 하나님께 의지하는 태도가 필요하겠지만 예수님이 진두지휘하신다면 우리는 할 수 있다. 제자들은 예루살렘에 가까이 가면서 그렇게 생각한다. 예수님은 자신의 사명에 대한 제자들의 혼란에 어리둥절해지신 듯 보인다. 야고보와 요한은 자신들이 무엇을 간청하고 있는지 알지 못했다. 그것은 곧 아버지 하나님의 진노의 잔을 마시고 하나님의 공의의 맹렬한 불로 세례를 받는 것이었다. 그들은 요점을 놓쳤다. 그래서 예수님은 이렇게 덧붙여 말씀하셨다. "인자가 온 것은 섬김을 받으려 함이 아니라 도리어 섬기려 하고 자기 목숨을 많은 사람의 대속물로 주려 함이니라"(45절). 그래도 여전히 제자들은 마치 예수님이 횡설수설이라도 하신 것처럼 멍한 눈빛으로 쳐다본다.

예수님이 제자들에게 그들이 지게 될 십자가에 대해 말씀하실 때마다 그들은 귀 기울여 듣는다. 예수님이 무슨 말씀을 하시는지 제대로 알지는 못하지만 그럼에도 그들은 긍정적으로 대답했다. 그들은 자신들의 짐을 스스로 질 수 있다고 생각했다. 누군가가 질문한다면 "예수님이라면 어떻게 하실까?"라는 말이 그들이 대답할 준비가 되어 있다고 생각한 답변이었다. 그러나 그것은 예수님만이 그들을 *위해* 하실 수 있는 일-예수님의 죽음과 부활-이다. 그들은 그 점을 잘못 짚었다.

예루살렘에 입성하신 뒤에 예수님은 열두 제자에게 자신의 임박한 죽음에 대해 세 번째로 말씀하신다. "'보라, 우리가 예루살렘으로 올라가노니 선지자들을 통하여 기록된 모든 것이 인자에게 응하리라 인자가 이방인들에게 넘겨져 희롱을 당하고 능욕을 당하고 침 뱉음을 당하겠으며 그들은 채찍질하고 그를 죽일 것이나 그는 삼 일 만에 살아나리라.' 하시되 제자들이 이것을 하나도 깨닫지 못하였으니"(눅 18:31~34). 그들은 자신들을-그리고 이스라엘을-예수님 이야기에 나오는 등장인물들로 보는 것이 아니라 예수님을 이스라엘의 이야기에 나오는 한 등장인물로 보았다.

다락방에서 예수님이 성만찬을 제정하시고 자신이 세상을 떠나시자마자 제자들을 하늘의 보화의 수혜자로 만들 마지막 유언을 말씀하기 시작하실 때는 분명 모든 것이 제자리를 찾았을 것이다. 유월절 기간에 예루살렘 거리에 수천 마리의 양들의 울음소리가 사방에서 들리는 이때 제자들은 분명히 그리스도의 사명의 목적을 인식했을 것이다. 그러나 이 다락방에서마저도 예수님은 베드로에게 이렇게 말씀하신다.

"시몬아, 시몬아, 보라 사탄이 너희를 밀 까부르듯 하려고 요구하였으나 그러나 내가 너를 위하여 네 믿음이 떨어지지 않기를 기도하였노니 너는 돌이킨 후에 네 형제를 굳게 하라." 그가 말하되 "주여, 내가 주와 함께 옥에도, 죽는 데에도 가기를 각오하였나이다."

이르시되 "베드로야, 내가 네게 말하노니 오늘 닭 울기 전에 네가 세 번 나를 모른다고 부인하리라." 하시니라(눅 22:31~34).

예수님이 붙잡히실 때 한 제자는 칼을 뽑아 대제사장의 종의 귀를 베었다. "예수께서 일러 이르시되 '이것까지 참으라.' 하시고 그 귀를 만져 낫게 하시더라"(눅 22:51). 제자들은 끝까지 초림 때의 예수님의 사명이 영원한 구속을 위해 자기 생명을 바치는 것임을 깨닫지 못하고, 자신들이 눈앞에 펼쳐지는 한 지정학적 드라마의 등장인물이라고 상상했다. 그것은 분명 하나의 전쟁이었으나 제자들이 상상했던 군사적 정복 전쟁은 아니었다. 그리고 물론 베드로는 날이 밝기 전에 자기 스승을 세 번이나 부인했다(54~65절).

십자가 사건 이후에도 제자들은 자신들이 가고 있는 길을 이해하지 못했다. 예수님이 일상적인 자질구레한 일을 하고 있는 제자들을 처음 부르셨을 때 낯선 사람으로 찾아오신 것처럼, 부활하신 뒤에 엠마오로 가는 길에서 제자들과 만나셨을 때도 제자들은 예수님을 알아보지 못했다(눅 24:13~16). 하나님은 결코 우리에게 *발견되지 않으신다*. 하나님이 우리를 *발견하신다*. 선한 목자이신 "인자가 온 것은 잃어버린 자를 찾아 구원하려 함"(눅 19:10; 겔 34:16)이다. "하나님을 찾는 자"는 아무도 없지만(롬 3:11에 시 14:1~3과 53:1~3 인용), 바울은 이사야서 65장 1절을 인용하여 이렇게 말한다. "내가 나를 찾지 아니한 자들에게 찾은 바 되고 내게 묻지 아니한 자들에게 나타났노라"(롬 10:20). 그리스도는 준비되지 않고 기다리지도 않으며 이해하지도 못하고 다른 일을 하느라 바쁜 사람들을 부르신다.

이 사건에서 엠마오로 가던 제자들은 스승의 죽으심을 슬퍼하고 환상이 깨진 뒤에 벌어진 사태를 수습하느라 바빴다. 그들은 낯선 사람에게 이렇게 말했다. "우리는 이 사람이 이스라엘을 속량할 자라고 바랐노라"(눅 24:21). 그들은 적임자에게 소망을 걸었지만 "속량"이라는 말이 진정으로 무슨 의미인지를 이해하지 못했다. 그러자 예수님은 이렇게 대답하셨다. "미련하고 선지자들이 말한 모든 것을 마음에 더디 믿는 자들이여, 그리스도가 이런 고난을 받고 자기의 영광에 들어가야 할 것이 아니냐?"(25~26절). 선지자들이 예언한 것은 처음부터 영광이 아니라 고난 이후에 영광이었다. 예수님은 많은 사람의 죄를 짊어지고 악인을 의롭게 하시는 이사야서 53장의 고난받는 종이다. 우리가 예수님의 뒤를 이어 안식에 들어갈 때도 먼저 십자가가 있고 그 뒤에 부활이 있으며 먼저는 이 세상에서 고난을 받고 그 뒤에 그리스도의 승리에 동참하는 것이다. "이에 모세와 모든 선지자의 글로 시작하여 모든 성경에 쓴 바 자기에 대한 것을 자세히 설명하시니라"(27절).

우리는 나중에 예수님의 승천 이전 이 마지막 며칠로 되돌아올 것이다. 하지만 지금으로서는 예수님이 성경의 드라마 전체의 핵심 주인공일 뿐만 아니라 제자들이 핵심을 놓치고 있었을 때도 예수님이 우리의 구속을 이루고 계셨다는 것이 중요한 요점이다. 제자들은 공동 구속자가 아니었다. 그들은 예수님이 하나님 나라를 이 땅에 임하게 하시는 데 도움이 되지 않았다. 훗날 그들은 그리스도의 승리의 증인들이 되지만 지금으로서는 승리의 성취를 위한 노정에서 자신들의 어떤 공헌도 지적할 수 없었다. 그들도 우리와 마찬가지로 하나님 나라를 위한 그리스도의 수고의 수혜자였으며 우리와 마찬가지로 승리의 행렬 속에서 그리스도의 뒤를 따라 하나님의 안식으로 들어갔다.

이 이야기를 바르게 이해하는 것은 성경을 이해하기 위한 열쇠다. 그것은 기독교인이 되고 그리스도로 인해 성령으로 말미암아 그리스도가 성취한 사명의 놀라운 부요함에 눈을 뜬 제자가 되기 위한 열쇠다. 제자들은 예수님을 따랐다. 그들은 예수님의 길의 지혜를 배우고 예수님을 본받으려 했다. 그러나 그들은 참된 제자도에 수반되는 가장 중요한 요소들을 놓쳤다. 그들은 이 여행의 핵심을 오해했다. 그들은 예수님을 따르는 일의 가장 중요한 부분이 자신들은 예수님이 가시는 곳에 어디든지 따라갈 수 없고, 예수님만이 성취하실 수 있는 모든 일을 다 할 수 없으며, 그들의 마음을 열어 모든 성경에 계시된 그리스도를 깨닫게 하시는 성령의 역사가 없으면 예수님이 왜 오셨는지도 이해하지 못한다는 사실을 깨닫는 것이었음을 깨닫지 못했다. 이 나라를 세우기 위해 해야 할 가장 중요한 일들은 예수님이 홀로 하셔야 했다. 사실, 제자들은 목숨을 부지하려고 줄행랑을 쳤다.

그러나 그리스도는 우리에게 찾아오셔서 우리의 보이지 않는 눈과 들리지 않는 귀를 부드러운 손길로 고쳐 주시고, 우리를 자신의 본보기로 이끄실 뿐만 아니라 용서와 영생의 근원인 *자신에게로* 이끄시는 것처럼, 그들에게도 찾아오셨다. 우리는 우리 앞에 펼쳐지는 이 드라마의 핵심에 놓인 그리스도의 인격과 사역을 볼 때만이 구속사의 지도를 바르게 볼 수 있다. 그리고 엠마오로 가던 그 제자들처럼 하나님의 말씀을 들으러 모일 때마다 서로에게 이렇게 말할 수 있다. "길에서 우리에게 말씀하시고 우리에게 성경을 풀어 주실 때에 우리 속에서 마음이 뜨겁지 아니하더냐"(눅 24:32).

복음에 대한 일반적 오해

신약 성경은 구약과 마찬가지로 하나님의 능하신 일들을 선포한 뒤 거대한 전체 구도 속에서 그 일들이 어떤 의미를 갖는지를 우리에게 말해 준다. 복음서는 우리에게 예수님이 행하신 일을 말해 준다. 서신서는 예수님의 사역이 우리의 믿음과 예배와 실천에 대해 갖는 의미와 중요성을 구체화한다. 예수님이 제자들에게 자신의 사명의 드라마를 재해석해 주셔야 했던 것처럼 사도들이 다스린 교회들도 교리적 오해를 바로잡을 필요가 있었다. 우리도 마찬가지다.

내가 지금까지 말한 모든 내용에 비추어 보면, 복음은 하나님이 죄 용서와 새 창조의 시작을 위해 아들을 보내심으로써 이스라엘과 세상에 하신 약속을 성취하셨다는 것이다. 우리는 예수님이 어떻게 구약을 자신을 중심으로 해서 해석하셨는지 살펴보았다. 그리고 부활 이후의 가르침에서(특히 눅 24장에서) 예수님은 제자들을 온 열방에 대해 자신의 증인들이 되도록 준비시키시면서 이런 해석 방식을 심화시키셨다. 예수님의 제자들은 제자에서 사도로 변화되면서 마침내 복음을 이해한 것처럼 보인다. 누가가 사도행전에서 기록한 사도들이 전한 설교의 실례들은 그리스도를 중심으로 하는 예언과 성취의 패턴을 보여 주고 있기 때문이다. 예수 그리스도는 율법과 선지서와 시편에 약속된, 죄인들을 위해 죄를 짊어지시고 십자가에 달리시고 제 삼 일에 부활하시는 대속 제물이다.

이것이 예루살렘에서 유대와 사마리아와 땅끝까지 급속도로 퍼지는 복음을 구성한다. 이것이 유대 공회에서 예수의 "이 이름으로" 말하는 것을 금하도록(행 4:13~17) 만든 베드로의 메시지다(행 2:1~41, 3:11~26, 4:5~12). 그러나 베드로와 나머지 사람들이 이 결정을 전했을 때 교회는 하나님께 대한 찬양이 터져 나왔고 하나님의 약속을 그리스도께서 성취하셨다는 좋은 소식을 더욱더 담대하게 전했다(23~31절). 사도들은 공회 앞에서 다시 한 번 더 재판을 받으며 또다시 구원을 위해 그리스도의 죽으심과 부활에 대한 복음을 공개적으로 선포했다(행 5:22~32). "그들이 날마다 성전에 있든지 집에 있든지 예수는 그리스도라고 가르치기와 전도하기를 그치지 아니하니라"(42절).

이것이 스데반이 순교할 때 아브라함부터 출애굽과 광야에서의 이스라엘의 반역과 참된 하나님의 장막이신 예수 그리스도에 이르기까지 이스라엘의 역사를 회고하면서 전했던 설교의 내용이었다(행 7:1~53). 이것이 빌립이 고난받는 종에 대한 내용인 이사야서 53장을 읽고 있던 에디오피아의 국고 관리인에게 증언한 내용이다(행 8:26~40).

성경의 성취인 예수 그리스도의 복음은 사도행전 13장에 나오는 바울의 첫 설교의 내용이었다. 바울은 이 설교에서 "죄사함"을 주시는 다윗의 자손으로 이어지는 이스라엘의 역사를 회고한다. "또 모세의 율법으로 너희가 의롭다 하심을 얻지 못하던 모든 일에도 이 사람을 힘입어 믿는 자마다 의롭다 하심을 얻는 이것이라"(행 13:13~39). 이방인들은 실제로 "다음 안식일에도 이 말씀을"(42절) 전해 달라고 청했다. "이방인들이 듣고 기뻐하여 하나님의 말씀을 찬송하며 영생을 주시기로 작정된 자는 다 믿더라"(48절). 계속 이어지는 예들은, 사도들의 설교의 핵심은 곧 하나님께서 그 아들의 죽으심과 부활로 족장들과 선지자들에게 하신 약속을 성취하셨다는 요점을 확인시켜 준다.

오늘날의 인기 있는 설교와 전도에는 이 놀라운 이야기에 대한 암시는 있지만, 과연 그것이 핵심적인 내용을 이루고 있다고 말할 수 있는지는 의문이다. 오늘날 보수적인 개신교 진영에서조차 복음은 일반적으로 신약 성경에 함축되어 있지도 않은 공식과 정의와 표현들로 요약된다. 사실 이런 표현들은 초점을 그리스도에게서 다시 우리에게로 옮겨 놓는다. 몇 가지 예만 언급해 보겠다. 그런 표현들의 공통점은 구원(즉, 복음)을 역사 속에 있었던 그리스도의 객관적 사역에 대한 소식보다는 우리 자신의 회심 체험과 동일시하는 경향이다. '구원받는다'는 것은 십자가에서의 하나님의 승리에 대한 소식이라기보다 '내가 예수님께 응답했을 때 내게 일어난 일'을 의미하게 된다. 내가 '구원받은' 날을 기억하는 것이 나의 구원을 확보한 실제 사건 이상으로 나의 확신을 굳게 하는 것이 되었다. 나는 십대 시절에 특별히 바울의 로마서에서 배웠던 진리에 대한 나의 열정을 다른 이들과 공유했던 기억이 있다. 우리 교회 목사님은 마치 내가 아직 회심하지 않았을까 봐 염려된다는 듯이 내게 이렇게 물으셨다. "학생은 언제 구원받았습니까?" 나는 그 질문에 거만하게 대답했다고는 생각하지 않는다. 다만 이런 대답이 머릿속에 떠올랐다. "2천 년 전에요."

물론 우리는 믿음을 통해 의롭다 함을 받으며 회심은 (아래에서 설명하듯이) 모든 신자의 실재다. 그러나 복음은 우리가 어떻게 기독교인이 되느냐가 아니다. 회심을 일으키는 것은 바로 그리스도에 *대한* 메시지다. 다음은 오늘날 복음주의 진영에서 복음이 종종 어떻게 정의되는지를 보여 주는 몇 가지 예다.

1. "하나님과의 개인적 관계"

우리는 어디서도 사도들이 복음을 하나님과 개인적 관계를 가지라는 초대로 선포하는 모습을 발견할 수 없다. 결국 사도들은 모두가 이미 하나님과 개인적인 관계를 맺고 있다고 전제했다. 사실 우리의 주된 문제는 우리가 *실제로* 하나님과의 관계, 즉 공의로운 판사 앞에 선 죄 있는 피고의 관계를 맺고 있다는 점이다.

복음을 하나님과의 개인적인 관계로 제시하는 것은 곧 우리가 현재 하나님을 아는 기쁨이 결여된 중립적 상황에 있다고 가정하는 것이다. 또는 아마도 이 상황을 중립적이지는 않더라도 분리나 의사소통의 단절이라는 관점에서 생각하고 있는 것이다. 그러나 우리는 모든 사람이 하나님을 알지만 불의로 이 진리를 억누르고 있다는 사실을 살펴보았다. 우리의 문제는 우리가 하나님과 전혀 모르는 사이라는 것이 아니라 하나님은 자신의 의를 선포하시고 우리는 하나님의 면전에서 노골적으로 적대감을 드러낸다는 것이다. 바울이 에베소서 2장 1~9절에서 지적하듯이, 복음이 다루는 문제는 우리가 "허물과 죄로" 죽은 채 "진노의 자녀", 하나님의 원수로 세상에 태어난다는 사실이다.

그러므로 복음은 하나님과의 개인적 관계의 *가능성*을 제시하는 것이 아니라 그리스도에 바탕을 둔 하나님과의 *다른* 관계를 알려 준다! 우리는 하나님의 원수가 되는 대신 그리스도의 희생을 통해 하나님과 화목하게 되었다(롬 5:8~11). "그러므로 우리가 믿음으로 의롭다 하심을 받았으니 우리 주 예수 그리스도로 말미암아 하나님과 화평을 누리자"(롬 5:1).

2. "예수님께 내 마음속에 들어와 달라고 간구하기"

하나님은 그런 문구, 특히 하나님의 거룩하심과 우리의 죄에 대한 고백 그리고 그리스도의 구원 사역에 대한 믿음 속에 담긴 진리를 사용해 오셨다. 그러나 구원을 예수님이 우리 마음속에 거처를 정하시는 것과 동일시하는 것은 기껏해야 반쪽짜리 진리다. 복음은 그리스도가 우리의 죄책을 짊어지시고 우리의 칭의와 생명을 위해 부활하셨으며 현재 성부 하나님의 우편에서 중보하고 계신다는 것이다. 우리가 신앙생활 가운데 분투할 때 복음을 참으로 바로 우리를 위한 좋은 소식으로 만들어 주는 것은 지금도 하늘에서 사탄의 모든 참소에서 우리를 보호하시는, 우리 밖에 계신 그리스도의 이 객관적 사역이다. '예수님께 내 마음속에 들어오시도록 간구하는' 일은 한 마디로 성경에 나오는 문제에 답변해 주지 않는다.

나의 주된 위기는 예수님이 내 마음속에 안 계신다는 것이 아니라 내가─나머지 인류와 함께─'아담 안에' 있다는 것이며 복음이란 복음에 대한 믿음을 통해 내가─내 공동 상속자들과 더불어─이제 '그리스도 안에' 있다는 것이다. 예수님이 아니라 내가 자리를 옮겨야 한다! 신약 성경은 실제로 성부와 성자가 성령을 보내서서 신자 안에 거하게 하신다고 가르친다. 그러나 이런 성령의 내주는 오직 우리를 하늘에서 다스리시는 성육신하신 아들인 그리스도께 연합시켜 주기 때문에 구원을 준다.

예수님께 마음속에 들어오시도록 요청하는 방식의 구원은 전형적으로 복음이란 단지 하나님이 제공하시는 어떤 것이라고 가정하지만 이 구원을 실제로 효력 있게 만들려면 복음을 듣는 사람이-아무리 작은 일이라도-무언가를 해야 한다. 이전의 오해와 마찬가지로 여기에도 약간의 진리가 있다. 우리는 믿음을 통해 의롭다 함을 받는다. 그러나 이 믿음조차 하나님의 선물이다(엡 2:8~9). 사람들이 영접 기도를 함으로써 구원받는다는 인상을 받을 때, 우리는 하나님의 자비를 간구하는 것은 말할 것도 없고 그 자비를 소원할 믿음을 주시는 분이 바로 성령님이라는 사실을 쉽게 망각할 수 있다. 초점이 성령께서 그로 말미암아 우리에게 믿음을 주시는 복음 그 자체에서 믿음의 행위로 옮겨지는 것이다.

복음에 대한 이런 정의를 비판하는 가장 중요한 비판은 그런 정의가 성경에서 발견되지 않는다는 것이다. 신약 성경은 어느 누구에게도 예수님께 자기 마음속에 들어와 달라고 간구하는 '죄인의 기도'를 드리라고 요구하지 않는다. 특히 사도행전에서는 이런 패턴이 나타난다. 하나님의 심판이 모든 백성에게 공포된다. 복음이 성경 말씀에 대한 그리스도의 성취로 선포된다. 그리고 자기 죄와 그리스도 안에 있는 구원의 좋은 소식을 깨달은 많은 사람들이 믿고 세례를 받고 그로 인해 교회에 더해진다.

이것은 성경에서 찾아볼 수 없는 또 다른 표현이다. 사실 복음이 그토록 좋은 이유는 바로 그것이 *이미 실제로 벌어진 일*에 대한 소식이기 때문이다. "이 예수를 하나님이 살리신지라 우리가 다 이 일에 증인이로다 하나님이 오른손으로 예수를 높이시매 그가 약속하신 성령을 아버지께 받아서 너희가 보고 듣는 이것을 부어 주셨느니라 그런즉 이스라엘 온 집은 확실히 알지니 너희가 십자가에 못 박은 *이 예수를 하나님이 주와 그리스도가 되게 하셨느니라*"(행 2:32~33, 36, 강조는 저자).

우리 모두는 위로부터 만들어지고 우리의 신분을 받기보다는 무언가가 되고 무언가를 하고 싶어한다. 모든 것이 이미 다 이루어졌다는 말을 듣는 것은 우리의 영적인 자아에 치명타다. 그러나 그것이 복음의 영광이다! 복음이 좋은 소식인 이유도 바로 그것이다. 만일 하나님이 이스라엘을 이집트에서 해방시키시기 전에 이스라엘이 하나님을 주와 구주로 삼을 때까지 기다리셨다면 어떤 일이 벌어졌을지 상상해 보라! 하나님이 자신의 약속을 성취하신 이유는, 하나님이 이스라엘을 선택하시고 이스라엘에 사랑을 쏟으시며 가혹한 압제 아래 시달리던 이스라엘의 부르짖음을 들으시고 이스라엘을 긍휼히 여기셨기 때문이다. 다시 말해, 하나님이 이미 그들의 주와 구주이셨기 때문이다. "주와 구주"는 한 마디로 하나님의 신분이지 우리가 우리를 위해 하나님을 그렇게 되게 만드는 어떤 것이 아니다. 사실 하나님은 우리가 "경건하지 않은" 자였을 때, "우리가 아직 죄인 되었을 때", 심지어 "우리가 원수 되었을 때"도 우리를 다스리고 계셨고 구원하고 계셨다(롬 5:6~10).

믿음은 무언가를 받는 것이지 만드는 것이 아니다. 하나님의 선언적인 말씀만이 무언가를 창조한다. 하나님은 세상을 창조하실 때 "가능케 하라."고 말씀하시지 않았다. "하나님이 이르시되 빛이 있으라 하시니 빛이 있었고." 우리가 그리스도를 받아들여야 하는 것은 분명 사실이다. 그러나 그것은 그리스도께서 먼저 우리를 받아들이셨기 때문이다. "영접하는 자 곧 그 이름을 믿는 자들에게는 하나님의 자녀가 되는 권세를 주셨으니 이는 혈통으로나 육정으로나 사람의 뜻으로 나지 아니하고 오직 하나님께로부터 난 자들이니라"(요 1:12~13).

확실히 복음에는 지옥에서의 구원 이상의 것이 있다. 십자가는 단지 하나님이 죄인들을 용서하시는 방법만이 아니라, 압제와 폭력을 낳는 마귀적인 세력과 구조를 정복하시는 방법이기도 하다. 복음이 종종 그리스도의 구속사적 성취의 압도적인 웅대함을 놓쳐 버리는 지나치게 단순하고 개인주의적인 메시지로 격하되어 왔다는 점은 분명 사실이다. 복음은 단순히 '화재 보험'이 아니라 삼위 하나님이 인간의 반역에도 불구하고 새 창조의 약속을 성취하시는 방법이다. 그러나 오늘날 이러한 복음의 의미는 그리스도의 사역의 더 풍성한 측면뿐만 아니라 신자들의 행위까지도 어떻게든 구속적인 행위로 포함시킬 만큼 확대되었다. 우리는 오늘날 우리가 세상에서 그리스도께서 행하신 구속적 사랑의 사역을 완성시키는 '공동 구속자'라는 말을 많이 듣는다. '복음'의 의미가 복음에서 파생되는 일체의 것(그리고 아마도 복음에서 파생되지 않는 많은 것)으로 확대될 때 '사역'의 의미는 사실상 교회의 후원 아래서나 그리스도의 이름으로 행해지는 기독교인들의 어떤 활동이라도 다 포함할 만큼 확대된다.

이런 경우 그리스도는 일차적으로 구주라기보다는 도덕적 모범이 된다. 복음은 우리를 수용자가 되게 하고 그 순간 우리는 배우가 되지만, 그리스도를 스승으로 만들고 세상에서 그리스도의 구속 사역을 확대하는 일에 대한 이러한 강조는 우리를 예수 그리스도 안에서의 하나님의 화목케 하시는 행위의 증인이라기보다 그 행위의 동인이 되게 한다.

사람들은 때때로 성경은 한 권의 책이라기보다 하나의 도서관에 더 가깝다고 말한다. 때때로 우리는 성경의 다양성에 갈피를 잡지 못하고 레위기나 에스더서가 마태복음이나 로마서와 어떤 관계가 있는지 궁금해한다. 서사, 율법과 지혜문학, 예언, 시, 교훈, 권면 등을 전부 관통하는 실마리는 무엇인가? 성경에는 사실 창세기부터 요한계시록까지를 하나로 이어 주는 메시지가 있으며, 그 모든 가닥을 하나로 엮어 주는 것은 다름 아닌 그리스도다. 우리가 성경을 그 줄거리에 비추어 읽을 때 모든 것이 제자리를 찾아가기 시작한다. 모든 이야기와 지혜의 말과 찬양과 권면과 예언의 배경에는 점점 드러나는 그리스도와 그리스도의 구속 사역의 신비가 있다.

예수님 자신이 우리에게 성경 전체를 읽는 법을 말씀해 주셨다. 바리새인들은 성경의 수호자들이었다. 바리새인들은 자신들의 추종자들에게 성경의 권위 있는 해석자였다. 그러나 그들에게 성경은 일차적으로 시내 산, 즉 이스라엘이 율법의 모든 계명을 준수하겠다고 맹세한 언약에 대한 이야기였다. 그들에게 율법은 부차적인 줄거리-바울이 묘사한 대로 그리스도께로 이끄는 "초등교사"-가 아니라 주된 내용이었다. 메시아가 마침내 오시면 그는 로마인들을 몰아내고 유대의 신정 체제를 다시 세울 것이다. 메시아는 목표(end)에 이르는 수단이었지 바울이 그리스도를 지칭한 것처럼 "율법의 마침(end)"이 아니었다.

예수님은 친히 종교 지도자들에게 이렇게 말씀하셨다. "너희가 성경에서 영생을 얻는 줄 생각하고 성경을 연구하거니와 이 성경이 곧 내게 대하여 증언하는 것이니라 그러나 너희가 영생을 얻기 위하여 내게 오기를 원하지 아니하는도다"(요 5:39~40). 예수님은 제자들에게 성경 전체(그 당시에는 구약 성경)를 약속과 성취의 관점에서 예수님 자신을 주인공으로 삼아 읽으라고 가르치셨다(눅 24:25~27, 44~45). 제자들이 특정한 성경 구절을 얼마나 잘 암기했는지, 또는 이스라엘 역사의 핵심적인 순간들을 얼마나 빨리 기억해 낼 수 있는지와 관계없이 예수님이 성경을 자신의 이야기로 설명해 주시기 전까지 성경은 그들에게 불가사의였다.

그리스도는 성경 계시의 다양한 가닥들을 전부 하나로 꿰는 실이다. 그리스도가 없으면 성경의 줄거리는 뒤죽박죽인 등장인물들과 아무 관계없는 이야기들과 설명할 수 없는 법들과 혼란스러운 예언으로 조각조각 나누어진다. 제자들은 마침내 이 핵심을 이해한 것으로 보인다. 복음이 그들의 증언을 통해 예루살렘에서 이방 세계로 퍼져 나갔기 때문이다. 그리스도를 세 번이나 부인했던 베드로조차 나중에는 사도로서 다음과 같은 글을 쓸 수 있었다.

> 이 구원에 대하여는 너희에게 임할 은혜를 예언하던 선지자들이 연구하고 부지런히 살펴서 자기 속에 계신 그리스도의 영이 그 받으실 고난과 후에 받으실 영광을 미리 증언하여 누구를 또는 어떠한 때를 지시하시는지 상고하니라 이 섬긴 바가 자기를 위한 것이 아니요 너희를 위한 것임이 계시로 알게 되었으니 이것은 하늘로부터 보내신 성령을 힘입어 복음을 전하는 자들로 이제 너희에게 알린 것이요 천사들도 살펴보기를 원하는 것이니라(벧전 1:10~12).

하나님의 영원하신 아들은 이 이야기의 처음 부분인 창조 때 그 자리에 계셨다(요 1:1~3; 골 1:15~20). 예수님은 이스라엘이 죄로 인해 광야에서 부딪친 반석이었다(롬 9:32). 또 성경의 마지막 책에서 예수님은 하나님의 마지막 말씀이기도 하다. "두려워하지 말라 나는 처음이요 마지막이니 곧 살아 있는 자라 내가 전에 죽었노라 볼지어다 이제 세세토록 살아 있어 사망과 음부의 열쇠를 가졌노니"(계 1:17~18). 천상의 세계에서는 어린 양만이 역사 전체에 대한 계시를 담고 있는 두루마리를 펼칠 수 있었다. "그들이 새 노래를 불러 이르되 '두루마리를 가지시고 그 인봉을 떼기에 합당하시도다 일찍이 죽임을 당하사 각 족속과 방언과 백성과 나라 가운데에서 사람들을 피로 사서 하나님께 드리시고 그들로 우리 하나님 앞에서 나라와 제사장들을 삼으셨으니 그들이 땅에서 왕 노릇 하리로다.' 하더라." 그러자 하늘에서 모두가 어린 양 앞에 엎드려 경배했다(계 5:9~14). 그것이 하나님의 좋은 소식의 목표다.

드라마, 교리, 찬송, 제자도

오늘날 포스트모던 세대는 좋은 논증보다는 좋은 이야기와 그것을 보여 주는 공동체를 찾고 있다고들 한다. 이 말은 여러 가지 점에서 나에게 이해가 되는 말이지만 특별히 성경의 이야기를 당연한 것으로 여긴 세대에서 길러진-심지어 보수주의자들이 길러 낸-이들에게는 더더욱 그렇다.

교리를 낳는 것은 이야기다. 그래서 이야기가 없으면 교리는 추상적이고 시대와 상관없는 원리가 된다. 부활을 예로 들어 보자. 누군가가 오래 전에 예루살렘에서 죽은 자들 가운데서 부활한 것이 우리와 무슨 상관인가? 그리스도의 부활 교리는 하나의 줄거리 전개에 속한다. 하나님이 이 행위를 통해 죄인들에게 칭의와 생명을 주셨다는 말을 들을 때 우리는 고개를 끄덕일 수 있지만 과연 그것이 무엇을 의미하는가? 어떻게 그런 주목할 만한 사건이 옛 세상의 끝과 새 창조의 시작의 원인이 될 수 있는가?

우리는 교리를 해석할 이야기가 필요하지만 이야기를 해석할 교리도 필요하다. 그 둘 사이를 부지런히 오가야만 하나님이 행하신 일과 그 일이 오늘날 우리의 삶에 갖는 의미를 점점 더 잘 이해하게 된다. 극적인 이야기는 교리의 배경을 제공하지만 교리는 그 이야기의 의미를 설명해 준다. 우리는 더 이상 이야기를 당연한 것으로 받아들일 수 없지만 교리의 중요성을 경시하는 과잉 반응을 보여서도 안 된다.

기독교의 신앙과 실천은 드라마와 교리에서 끝나지 않는다. 교리의 목표는 우리에게 그리스도를 신뢰하고 찬양 가운데 우리의 마음을 그리스도께 바칠 믿음을 주는 것이다. 그때만이 비로소 믿음의 열매로서의 참된 제자도가 존재할 수 있다.

몇 세대 전에 보수주의적인 복음주의 진영에서 교리에 강조점을 두었다는 주장은 지나친 단순화일지는 모르지만 유용한 일반화일지도 모른다. 그때는 신앙의 기초가 공격을 받았다(지금도 그렇다). 그래서 그에 합당한 반응은 기본을 가르치는 일이었다. 사람들은 여전히 이야기의 주요 줄거리는 이해하고 있었지만 교리(최소한 몇 가지 '기초')를 바르게 이해할 필요가 있었다. 사람들은 자신이 가톨릭교인인지 개신교인인지, 아르미니우스주의자인지 칼빈주의자인지, 루터교인인지 침례교인인지, 은사주의자인지 비은사주의자인지 알고 있었다. 보수적인 복음주의 교회에서 성장한 나는 광학 투영기 위로 투영된 헬라어 구문까지 갖춘, 단 한 구절에 대한 긴 강의들을 기억한다. 물론 우리는 찬송가도 불렀다. 사실 그 노래들은 감상에 가까운 감정으로 가득했다. 그럼에도 교회 분위기는 교실 분위기와 비슷했다. 참된 예배를 위해 설교단이 꼭 필요한 건 아니지만 설교단은 하나님이 우리에게 말씀하실 것이라는 기대에 어울린다. 이 가구에서부터 선포가 이루어질 것이다. 그러나 그때는 설교단 대신 강대상이 있었다. 설교가 아닌 가르침이 초점이 되었다. 더 나아가 최소한 내가 기억하는 교회들에서는 세례당(수조든 세례반이든)이 없었고 작은 탁자가 있었는데 거기에는 꽃병과 펼쳐진 성경책이 놓여 있었다. 성찬이 거행되는 몇몇 주일만 제외하면 성찬용 잔도 없었다. 자연은 진공을 싫어한다. 그래서 설교와 성례가 만들어 내는 드라마의 상대적 부재 속에서 우리 세대의 많은 사람들은 무언가 더 의미 있는 것을 갈망하고 있었다.

그런데 상대적으로 짧은 기간에 강조점이 교리 교육에서 체험적인 예배로 옮겨졌다. "교리적인 세련미에 사로잡히지 말고 주님을 찬양합시다." 공적인 예배와 사적인 예배에서 초점은 하나님과 하나님이 우리 삶에서 차지하는 중요성에 대한 우리의 느낌을 표현하는 것에 맞춰졌다. 가르침은 매주 드리는 예배가 아닌 다른 때에 하는 일이 되었다. 그래서 지금은 교실 같은 분위기가 무대와 찬양 밴드가 정면 중앙에 위치하고 정성 들여 설계된 무대 조명이 깔린 극장 같은 분위기로 바뀌었다. 다른 무엇보다도 *찬송*에 강조점이 맞춰졌다.

이제 우리는 스스로 개인주의적이고 사유화된 형태의 종교적 체험이라고 간주하는 것에 대해 신물이 난 보수적인 기독교인들의 세대가 부상하고 있는 모습을 본다. 그들은 이야기를 회복하고 싶어하며 그 이야기를 삶으로 실천하고 싶어한다. 예수님의 본을 따라 가난한 이들을 먹이고 죄수들을 돌보고 환경을 보호하기 위해 우리는 무엇을 하고 있는가? 많은 젊은 기독교인들이 교리적 강의뿐만 아니라 교묘한 소비주의와 오락의 분위기에 대한 반작용으로 신비와 초월을 강조하는 분위기를 더 선호한다. 그들은 다른 무엇보다도 *제자도*를 강조한다.

나는 성경 강의가 넘쳐 나던 '좋았던 옛날'을 그리워하지 않는다. 내가 보기에 우리는 교리 이전에 교리를 해명해 주는 이야기로 되돌아갈 필요가 있다. 이 이야기는 설교단에서 말해지기만 하는 것이 아니라 세례와 성찬으로 상연되고 승인된다. 우리는 공통의 신앙 고백과 기도와 찬양으로 함께 거기에 반응한다. 그 과정에서 우리는 어느한 가지 요소(교리, 찬송, 제자도)에 집중하는 대신 각 요소를 서로 긴밀히 관련 있는 동등한 요소로 보존해야 한다. 그것은 우리의 이야기, 우리의 교리가 아니라 하나님의 이야기, 하나님의 교리인 것처럼 하나님의 방법이 우리의 공적인 예배의 형태를 결정지어야 한다. 우리는 이제 하나님의 이야기 속에서 우리의 위치를 발견하고 하나님의 가르침으로 생각이 새로워지며 하나님의 말씀의 인도를 받아 감사하는 마음으로 반응하여 세상 속에서 제자도를 위한 올바른 내용, 동기, 형태, 방향을 갖는다. 우리의 예배와 예배를 규정하는 위대한 교리를 형성하는 하나님의 극적인 이야기가 없으면 중앙 무대를 차지하는 것은 우리의 이야기, 우리의 넘치는 열심, 우리의 변혁적 제자도다. 공적인 예배에서 우리는 갈릴리에서 예루살렘으로 가는 제자들과 비슷하다. 우리는 제자들만큼이나 이 여행의 핵심을 잘 이해하지 못하는 경향이 있다. 우리에게는 모든 성경에서 자신을 계시하시고 우리의 영생을 위한 양식과 음료로 자신을 주시는 그리스도가 필요하다.

바울이 (로마처럼) 확고히 세워진 교회들에게 편지할 때조차 그 이야기로 말문을 여는 모습은 내게 의미심장하게 여겨진다. "예수 그리스도의 종 바울은 사도로 부르심을 받아 하나님의 복음을 위하여 택정함을 입었으니 이 복음은 하나님이 선지자들을 통하여 그의 아들에 관하여 성경에 미리 약속하신 것이라 그의 아들에 관하여 말하면 육신으로는 다윗의 혈통에서 나셨고 성결의 영으로는 죽은 자들 가운데서 부활하사 능력으로 하나님의 아들로 선포되셨으니……"(롬 1:1~4).

다음으로 그는 그 이야기를 뒤로 미루지 않고 마침내는 로마서 9장과 11장의 송영 가운데 경이감과 찬양 속에 푹 잠길 때까지 험준하고 가슴 벅찬 교리적 절경을 따라 그 줄거리를 해석해 나간다. 우리가 피하고 싶어하는 것은 바로 이 가파른 경사면이다. 그 길을 오르려면 힘이 든다. 그러나 그 절경을 바라보면 그 길은 충분히 오를 만한 가치가 있다. 우리는 마지막 4킬로미터를 남겨 두고 불만을 터뜨릴지도 모른다. 골짜기 아래 포근한 야영지에 그냥 머물러 서로 여기저기 둘러보고 노래하고 경치 구경이나 하면 왜 안 되는지 의아할지도 모른다. 그러나 일단 강과 숲의 거대한 경치, 눈으로 뒤덮인 산들과 탁 트인 숲속의 빈터를 내려다보고 나면 그 여행은 잊을 수 없는 추억이 된다. 사람들이 말하는 대로 '온 천하가 훤히 내다보인다.' 그리고 우리는 사도들처럼 경이감과 기쁨에 사로잡혀 언제라도 노래하고 싶어진다. 그것은 단순히 우리 자신을 표현하고 서로를 즐겁게 하기 위해서가 아니라, 이와 같은 생생한 무언가에 대한 체험이 우리에게 노래할 것을 요구하기 때문이다.

그런 다음에 비로소 사도는 "하나님의 모든 자비하심으로"(롬 12:1에서 로마서 끝까지) 적절한 실제적 반응을 추론한다. 이야기에서부터 교리와 실천에 이르기까지 이런 이성에 근거한 논증은 있지만 이야기와 교리와 실천 사이에 분명한 선을 그으려는 강박 관념은 없는 것처럼 보인다. 많은 시편들이 이와 비슷한 패턴, 즉 하나님의 능하신 일을 열거하고 우리에게 그 일의 의미를 가르쳐 준 다음 우리를 찬양과 순종이라는 적절한 반응으로 이끄는 패턴을 따른다.

그리스도의 모범이나 가르침을 따르라는 끊임없는 습관적 권면은 자기 의든 (나 자신이 정직한가에 따라) 절망이든 나를 더욱더 내 안 깊숙한 곳으로 몰고 가기만 할 것이다. 그러나 나를 알프스 산으로 이끌고 가면 나는 기꺼이 등산 장비를 싸고 풀고 다시 싸는 불편을 기꺼이 감수할 것이다. 우리가 서로의 은사와 전문적 지식에 의존할 때 내 동료들은 벗이 될 것이며 돌아올 때는 함께 모닥불 주위에 모여 저녁을 먹으며 함께 이야기하고 노래 부를 거리가 있게 될 것이다. 더 많이 받을수록 더 많이 줄 수 있다. 제자도-그리스도를 따르는 일-란 우리의 궁지에 몰린 줄거리에서 부르심을 받아 그리스도의 이야기의 일부가 되고 그리스도께 배워 점점 더 확신 가운데 그리스도께 우리의 삶을 의탁하는 것을 의미한다. 그럴 때 비로소 제자도는 잡무가 아닌 의미 있는 일이 될 수 있다.

우리에게는 이야기와 논증이 *함께* 필요하다. 이야기가 없으면 교리는 추상적이고 시대와 무관한 개념이 된다. 교리가 없으면 도덕적 명령법은 하나님의 당당한 직설법에 대한 합리적인 반응으로서의 자기 위치를 잃어버린다. 삼위 하나님의 이야기가 개인적 회심과 종교적 체험이라는 '내 이야기' 속에 함몰되고 교리가 닳아빠진 동전처럼 그 형상을 잃어버린 진부한 표어로 전락해 버리면 실제적 권면, 즉 예수님이 행하신 일이 아니라 예수님이라면 행하실 일에 초점을 맞춘 신조가 아닌 행위, 교리 없는 제자도밖에 남는 것이 없을 것이다.

우리가 오늘날 '증언'이라는 말을 어떻게 사용하는지 생각해 보라. 신약 성경에 나오는 사도들의 증언과 증거의 대상은 언제나 그리스도의 인격과 사역이지만 우리는 보통 이 말을 우리 자신의 체험, 변화, 변화된 삶을 지칭하는 데 사용한다. 내 말은 그런 식의 증언이 들어설 자리가 전혀 없다는 말이 아니다. 그러나 그런 증언이 우선한다는 것은 우리가 우리 자신을 주된 초점으로 삼았음을 암시한다. 우리는 하나님의 이야기에서 우리 자신을 발견하는 대신 개인적, 사회적 변화라는 우리 자신의 이야기에서 하나님을 위한 조연 역할을 만들어 낸다. 그러나 교회 역사에 대한 나의 일반화가 진실에 가깝다면, 좋은 소식은 이 순환의 끝이 교회를 다시 일깨우시는 하나님의 신실한 역사로 인해 교회가 당연하게 여겼던 그 보화와 자주 마주치게 된다는 것이다.

떠오르는 세대는 부당한 희화화로 인해 너무 쉽게 교리를 버리는 경향이 있을지도 모르지만 우리는 신앙의 교리에 담긴 명시적인 가르침뿐만 아니라 창세기에서 요한계시록에 이르는 복음의 이야기로도 되돌아갈 필요가 있다는 이 세대의 직관은 옳다. 우리에게는 성경의 드라마 및 교리와 조화를 이루는 (그리고 실제로 그로 인해 생겨나는) 그런 송영(또는 찬양)도 필요하다. 그렇지 않으면 우리의 찬양은 하나님의 말씀에 바탕을 둔 삼위 하나님에 대한 참된 예배가 아닌 자기표현 의식이 될 것이다. 하나님의 자비를 염두에 두면 우리 마음만 찬양으로 가득해지는 것이 아니라, 우리의 몸도 활기 있게 우리 이웃에 대한 사랑을 실천하게 될 것이다. 그러나 뚜렷하게 성경적인 드라마와 교리와 송영이 없으면 우리가 '제자도'라고 부르는 것은 무엇이건 또 다른 형태의 도덕주의적 행동주의가 되고 말 것이다.

연기하기

하나님은 권위 있는 대본(성경)으로부터 극장(교회)을 창조하시고 그 속에서 우리의 가망 없는 배역을 하나님의 조연 역할로 고쳐 쓰시며 이 성경적으로 규정된 세계를 실체, 즉 "이 악한 세대"를 사라져 가는 그림자에 불과한 것으로 만드는 영속적인 "내세"(갈 1:4)의 침입으로 드러내는 무대 장치와 소도구를 창조하신다. 삼위 하나님은 극작가이자 핵심 등장인물이며 배역 담당 책임자이시다. 말씀과 성례는 하나님의 행동 수단이지만 언약의 종들과 상속자들의 수많은 조연 배역을 수용하기에 충분할 만큼 광대하기 그지없는 무대를 갖춘 수단이다. 말씀과 성례는 또한 대본을 형성하는 유일하고 완결되었으며 단 한 번뿐인 반복할 수 없는 사건들을 그 대본을 통해 우리를 지방 공연을 위해 점점 늘어나는 배역 속에 끌어들이는 지속적인 성령의 사역과 (혼란 없이) 하나로 합친다.

우리는 그리스도의 커뮤니티 극장에 들어갈 때 우리가 둘러보는 모든 것의 관객도 아니고 소유자는 더더욱 아니며 다만 하나님의 약속에 대해 거류민과 나그네로서, 또는 "너희를 어두운 데서 불러 내어 그의 기이한 빛에 들어가게 하신 이의 아름다운 덕을 선포하게" 하려는 "택하신 족속이요 왕 같은 제사장들이요 거룩한 나라요 그의 소유가 된 백성"(벧전 2:9)으로서 등장하는 극중 인물이다. 본질상 우리는 하나님을 위한 조연 역할을 찾고 있는 시나리오 작가이자 중심인물로 우리 자신의 대본을 가지고 이 드라마에 뛰어든다. 우리는 아마도 줄거리를 더 낫게 만들어 줄지도 모르는 이야기에서 유용한 개념이나 교훈을 취할 준비는 되어 있었겠지만, 우리 자신이 하나님의 희곡 속에 기록된 새로운 등장인물이란 사실을 발견하고 깜짝 놀란다. "너희가 전에는 백성이 아니더니 이제는 하나님의 백성이요 전에는 긍휼을 얻지 못하였더니 이제는 긍휼을 얻은 자니라"(10절). 전에는 하나님 앞에서는 불편했고 이 사라져 가는 죄와 사망의 시대 속에서는 편안했지만, 이제 우리의 위치가 아담과 일체감을 느끼던 데서 세례를 받아 그리스도와 하나 되는 자리로 옮겨지면서 우리는 '거류민과 나그네'가 된 자신을 발견한다. 복음은 단지 이 실체에 *대한* 것만이 아니다. 그것은 성령께서 자신이 말씀하시는 실체를 창조하시는 수단이다.

이 드라마에서 외부인은 내부인이 되고 내부인은 외부인이 되며, 악인은 의롭다 함을 받는 반면 의인은 정죄를 받고, 승자는 패자가 되고 패자는 승자가 되며, 주린 자는 배부르게 되는 반면 풍족한 자는 공수로 돌아간다. 이 드라마에서 줄거리는 모든 반전 가운데서도 가장 놀라운 반전 가운데 그 절정에 이른다. 하나님이 가장 약하고 가장 어리석게 보이는 바로 그 대목에서 실제로는 능력과 지혜로 승리하시는 것이다.

물론 세상에도 나름의 드라마가 있다. 북미와 세계 곳곳의 극장에서 현재 공연되고 있는 한 드라마는 내가 주장한 대로 '아무것도 아닌 쇼'다. 이 이야기에 따르면 우리는 어디서 왔는지도 모르고 어디로 가고 있는지도 모르지만 그 사이에 우리 스스로 자기가 선택한 영광의 순간을 창조할 기회는 있다. 이것이 참으로 새로운 이야기인지 아니면 어느 오래된 이야기의 또 다른 장에 불과한지는 아직 분간하기가 매우 어렵다. 그럼에도 그것은 사라져 가는 시대에 속한 이야기다. 세상의 드라마는 그 등장인물의 정체성을 형성하는 나름의 방법은 물론 나름의 신조도 만들어 낸다.

그 소식이 우리에게 이르렀다

복음은 참으로 지금까지 나온 가장 위대한 이야기의 핵심이다. 그러나 그것은 그저 만들어 낸 이야기가 아니라 역사다. 베드로가 우리에게 상기시키는 것처럼 "우리 주 예수 그리스도의 능력과 강림하심을 너희에게 알게 한 것이 교묘히 만든 이야기를 따른 것이 아니요 우리는 그의 크신 위엄을 친히 본 자"(벧후 1:16)다.

사도들은 현자들과 이야기꾼들의 평온한 삶을 살지 않았고 순교자로 죽었다. '증인'을 뜻하는 헬라어는 마르튀스(μαρτυς)인데 여기서 또한 순교자(martyr)라는 말이 생겨났다. 그들은 복음에 목숨을 걸었지만 남들보다 우월한 지성인이라거나 더 나은 신비적 체험을 했다거나 심지어 더 나은 이야기를 소유했다고 주장하지 않았다. 오히려 그들은 역사의 법정에서 예수 그리스도의 인격과 사역 안에서의 사망과 지옥의 세력에 대한 하나님의 승리를 증언했다. 하늘에서 밤낮으로 성도들을 참소하던 사탄이 영원히 하늘에서 쫓겨났다는 소식이 우리에게 이르렀다. "또 우리 형제들이 어린 양의 피와 자기들이 증언하는 말씀으로써 그[용]를 이겼으니 그들은 죽기까지 자기들의 생명을 아끼지 아니하였도다 그러므로 하늘과 그 가운데에 거하는 자들은 즐거워하라 그러나 땅과 바다는 화 있을진저, 이는 마귀가 자기의 때가 얼마 남지 않은 줄을 알므로 크게 분내어 너희에게 내려갔음이라"(계 12:9~12). 이때가 바로 오늘날 우리가 살고 있는 시간이다. 중요한 소식은 이미 우리에게 이르렀다. 이 위대한 법정의 서사시에서 우리는 그리스도를 통해 구속받아 그리스도의 승리와 언약의 하나님의 신실하심을 전하는 증인이 되었다.

05

복음에 대한 반응: 복음 듣기와 복음 전하기

- 이야기 속에서 자기 발견하기

- 마리아라면 어떻게 했을까

- 십자가는 장신구가 아니다

- 애곡과 춤

- 자기 발로 일어서라: 앉아 있다가 낯선 사람들과 길거리에서 어울려 춤추기

- 우리는 뉴스를 만들어 내는 것이 아니라 그저 전할 뿐이다

- 우리를 뒤집어 놓는 뉴스

5

복음에 대한 반응

복음 듣기와 복음 전하기

대부분의 주요 기사들은 나타났다 사라진다. 그런 기사들은 한동안 우리의 이목을 사로잡지만 며칠만 지나면 우리의 기억 저편으로 사라진다. 그렇지만 이따금씩 우리의 삶을 바꾸어 놓는 대단한 소식이 있다. 많은 사람들은 케네디 대통령이 암살되었다는 소식을 들었을 때나 2001년 9월 11일에 자기가 어디에 있었는지 기억한다. 너무 엄청난 뉴스는 정보만 전달하는 것이 아니라 우리의 삶을 바꾸어 놓는다.

얼마 전에 나는 어느 해병이 전에 한 번도 만나본 적 없는 한 여성을 공중으로 번쩍 들어 올리며 기쁨의 포옹을 나누는, "유럽에서의 승리!"를 알리는 유명한 1945년의 「라이프」(Life Magazine)지 표지 사진을 발견했다. 그들 뒤에서도 전혀 모르는 사람들끼리 그와 똑같이 포옹을 하고 있었다. 좋은 소식은-충분히 좋은 소식이라면-사람들에게 기이한 영향을 끼칠 수 있다. 그 순간에 이 낯선 사람들은 어떤 일을 하라고 요구받은 것이 아니었다. 그들은 단지 연합군이 이룩한 일에 대한 소식을 듣고 받아들이고 그 혜택을 누린 사람들일 뿐이었다. 그 소식을 사실로 만든 것은 그들이 그 소식을 믿은 행위가 아니라 그들로 하여금 그것을 믿게 만든 뉴스 발표였다.

복음은 그 내용의 측면에서만 좋은 것이 아니다. 그것은 그 전달 형식에서도 좋은 소식이다. 이것이 바로 바울이 로마서 10장에서 강조하는 요점이다. 바울은 "나의 형제 곧 골육의 친척" - 유대 민족 - 이 하나님께서 오직 믿음으로 말미암는 값없는 선물로 죄인들에게 전가하시는 그리스도의 의를 받아들이는 대신 아직도 자기 의로 자신을 의롭게 하려고 애쓰고 있다는 사실을 한탄하며 말문을 연다.

첫째, 여기에는 십자가의 걸림돌에 대한 유명한 한탄 - 너무나 많은 바울의 혈육이 그 돌에 걸려 넘어진다는 사실로 인한 한탄 - 이 등장한다. 그러나 그 돌은 움직일 수 없다. 그것은 부드럽게 하거나 산산이 부수거나 환경 속에 흡수되게 할 수가 없다. 그것은 그 순간에 우리가 우연히 등장하게 된 다른 이야기들이 만들어 낸 관심사와 상관이 있을 수 없다. 그것은 그냥 거기 - 길 한복판 - 에 있다. 하나님은 완벽한 의를 요구하시는데 유대인들은 오직 그리스도를 믿는 믿음 대신 자기 나름의 율법 준수로 완벽한 의를 추구한다. 바울은 로마서 도처에서 은혜의 논리를 아주 분명하게 전개하지만 특히 로마서 8장 29절부터 시작해서 은혜의 논리는 빈틈없는 논리적 논증이 된다. "하나님이 미리 아신 자들을 또한 그 아들의 형상을 본받게 하기 위하여 미리 정하셨으니 이는 그로 많은 형제 중에서 맏아들이 되게 하려 하심이니라 또 미리 정하신 그들을 또한 부르시고 부르신 그들을 또한 의롭다 하시고 의롭다 하신 그들을 또한 영화롭게 하셨느니라 그런즉 이 일에 대하여 우리가 무슨 말 하리요? 만일 하나님이 우리를 위하시면 누가 우리를 대적하리요?"

그리고 이제 10장에서 바울은 육신에 따른 자신의 형제자매들이 그리스도와 그리스도의 완벽한 의에 대한 믿음을 자신들의 종교적 열정으로 대신하는 것을 한탄한다. "율법으로 말미암는 의"는 "믿음으로 말미암는 의"를 통해 도달한 결론과는 반대되는 결론에 이른다. 그 논리는 마침내 11장에서 가장 간결하게 진술된다. "만일 은혜로 된 것이면 행위로 말미암지 않음이니 그렇지 않으면 은혜가 은혜 되지 못하느니라." 이것이 복음의 논리다.

이러한 요약은 많은 이들에게 충분히 친숙하다. 확실히 거기에는 사망에 이르는 우리의 길과 영원한 생명에 이르는 하나님의 길이라는 두 가지 길이 있다. 그러나 로마서 10장에 나오는 바울의 논증, 즉 각각의 길에는 나름의 운명과 구속 방법뿐만 아니라 나름의 방법도 있다는 논증은 우리에게 친숙하지 않을 수도 있다. 행위로 인한 의는 하나님의 의를 얻으려 애를 쓰는 반면 믿음은 단지 하나님의 의를 받는다. 하나님은 오직 그리스도 안에서 오직 은혜로 구원을 제공하기만 하시는 것이 아니라 심지어 그 선물을 우리에게 전달하신다.

마케팅 기법은 나 같은 사람들을 염두에 두고 만들어졌다. 나는 한참이 지나서야 내게 공짜 여행 티켓에 당첨되었다고 알려 주는 판촉 광고의 상술을 알아차렸다. '공짜' 티켓을 얻으려고 그 회사에 전화하고 나서야 나는 티켓을 얻으려면 그 전에 들어주어야 할 몇 가지 요구 사항이 있다는 사실을 알게 되었다. 많은 기독교인들이 이와 비슷한 불만을 표현한다. 그들은 처음에는 복음에 압도된다. 그리스도 안에 있는 구원은 값없는 선물이다. 그러나 그 뒤에는 불리한 조건을 담은 계약서가 날아온다. 이제 그들은 '더 차원 높은 삶'을 발견하려 애쓰고 충만한 구원을 경험하기를 간절히 바라면서 다람쥐 쳇바퀴 같은 일상에 머문다.

10장에 나타나는 바울의 논증에 주목해 보라.

모세가 기록하되 "율법으로 말미암는 의를 행하는 사람은 그 의로 살리라." 하였거니와 믿음으로 말미암는 의는 이같이 말하되 "네 마음에 '누가 하늘에 올라가겠느냐?' 하지 말라." 하니 '올라가겠느냐?' 함은 그리스도를 모셔 내리려는 것이요 혹은 "'누가 무저갱에 내려가겠느냐?' 하지 말라." 하니 '내려가겠느냐?' 함은 그리스도를 죽은 자 가운데서 모셔 올리려는 것이라 그러면 무엇을 말하느냐? "말씀이 네게 가까워 네 입에 있으며 네 마음에 있다." 하였으니 곧 우리가 전파하는 믿음의 말씀이라……"누구든지 주의 이름을 부르는 자는 구원을 받으리라." 그런즉 그들이 믿지 아니하는 이를 어찌 부르리요? 듣지도 못한 이를 어찌 믿으리요? 전파하는 자가 없이 어찌 들으리요? 보내심을 받지 아니하였으면 어찌 전파하리요?……그러므로 믿음은 들음에서 나며 들음은 그리스도의 말씀으로 말미암았느니라(롬 10:5~17).

바울이 여기서 간략히 제시하는 전달 방법의 논리가 눈에 보이는가? 특정한 전달 방법은 특정한 메시지와 함께 가며 이 경우에 그것은 확실히 참이다. 우리는 종종 복음의 메시지는 결코 변하지 않지만 전달 방법은 변한다는 말을 듣는다. 그러나 바울은 복음에는 나름의 전달 방법이 있다고 말하고 있다. 그 방법은 결코 변하지 않는다. 그것은 언제나 우리를 받는 쪽에 위치시킨다.

행위로 인한 의의 정신은 이렇게 말한다. '어떻게 내가 내 경험 속에서 하나님께로 올라가며 그리스도를 내가 있는 곳으로 모셔 내릴 수 있는가?' 용들을 물리쳐 이기고 마침내는 낙원에 이르기 위해 망망대해를 건너는 율리시스처럼 행위로 인한 의의 논리는 개인적 승리를 통한 구원을 상상한다. 루터는 사람들이 하나님이 계신 곳으로 몰래 들어가기 위해 기어오르는 사다리에 대해 언급했다. 신비주의, 공로, 사색 등이 그가 염두에 둔 사다리였다.[1) 오늘날에도 이와 같은 사다리는 많이 있다. 변신, 자기 개혁, 정체성 바꾸기에 대한 광적인 관심이 바로 그것이다. 우리는 모두 우리의 삶을 이해할 줄거리, 우리로 하여금 우리의 삶은 낭비가 아니라 무언가 중요한 의미가 있다고 느끼게 만들어 줄 대본을 찾고 있다. 우리 모두 새로운 약, 새로운 체험, 새로운 성취를 원한다.

당신은 어디서 하나님을 발견할 수 있을 것이라고 생각하는가? 어떤 사람들은 티베트 불교나 알프스 산맥 암벽 등반에서 궁극적인 마음의 평안을 발견할 수 있다고 말한다. 우리가 영적인 통찰을 '정상' 체험이라고 부르는 것은 놀랄 일이 아니다. 어떤 이들은 대중의 구경거리인 달라이 라마를 보거나 힌두교의 암자 또는 불교의 사찰에서 '초월'을 맛본 경험에 대해 이야기한다. 어떤 이들은 예수님의 옷자락을 만져 보려고 먼 거리를 여행하거나 기적을 체험하기를 희망하며 루르드로 가거나 '복을 잡으려고' 토론토나 펜사콜라 같은 보다 개신교적인 장소에 찾아간다. 우리는 언제나 부흥, 즉 무언가 짜릿하고 경외감을 불러일으키며 장엄한 일을 찾고 있다. 「뉴스위크」(Newsweek)지에서 단순히 말씀이 전파될 것이라는 이유로 다음 주일에 당신의 교회에 취재 기자를 보내지는 않을 것이다. 그곳은 흥미로운 일이 벌어지는 곳이 아니다. 그런데도 바울은 바로 그곳이 성령께서 은혜 가운데 기적적으로 역사하시는 곳이라고 우리에게 말한다. 성령님이 우리를 그리스도께 연합시키시고 우리에게 선물을 주시는 곳이 바로 여기다. 때때로 우리는 '영적 훈련'을 산 정상에 올라 하나님을 경험할 수 있는 하나의 방법으로 삼는다. 그러나 우리가 그리스도를 발견하기 위해 규칙적으로 성경을 찾아보고 기도 가운데 구원을 위해 그리스도께 부

---

1) 다음 책을 보라. Walter von Loewenich, *Luther's Theology of the Cross* (Minneapolis: Augsburg, 1976).

르짖지 않는다면 개인적인 성경 읽기와 기도조차 우상 숭배와 자기 신뢰의 방법이 될 수 있다.

우리는 궁벽한 팔레스타인의 한 마을에 있는 헛간 구유에서 하나님을 발견할 것으로 기대하지 않으며, 로마의 처형 도구에 매달린 하나님은 더더욱 기대하지 않는다. 그러나 하나님은 바로 그곳에서 우리와 만나신다. 우리는 더 높이 오르려 애쓰지만 하나님은 더 낮은 곳으로 내려오신다. 우리의 모든 정신 기능 중에서 우리의 선천적인 종교적, 도덕적, 영적 본능은 사실 하나님이 우리를 찾으신 곳에서 하나님을 발견할 가능성이 가장 희박하다.

하나님을 하늘에서 끌어내리고 하나님을 조종하여 하나님으로 하여금 우리가 원하는 일을 우리가 원하는 때에 하게 하려는 여러 다양한 방법들이 넘쳐난다. 만일 내가 하나님의 지시(또는 가장 최근의 종교 분야 베스트셀러에서 제시된 단계와 공식)를 따른다면, 하나님은 어느 정도 나를 고쳐 주시거나 내 결혼 생활이나 배우자를 지금보다 낫게 해 주시거나 내게 하나님의 영광에 대한 어떤 강렬한 체험을 주시지 않으면 안 된다.

우리는 하나님이 우리를 만나시기 위해 택하신 낮은 곳에서 하나님을 영접하기를 거부하고 하나님을 우리에게로 끌어내리거나 하나님께로 올라가려 한다. 이것이 우리가 출애굽기의 '금송아지' 사건에서 보는 바와 같이 우상 숭배의 본질이다. 이스라엘 백성은 하나님이 시내 산에서 천둥과 번개 가운데 선포하신 말씀에 놀라 하나님께 더 이상 말씀하지 마시도록 간청했다. 그들이 모세에게 하나님의 말씀을 자신들에게 전해 달라고 부탁한 것은 충분히 이해할 만하다. 그러나 하나님은 산꼭대기에서 하나님의 종 모세를 통해 백성들에게 기록되고 선포된 말씀을 주시는 동안 백성들은 자신들이 보고 만지고 통제할 수 있는 금송아지를 만드느라 바빴다. 이스라엘 백성들은 말씀을 듣고 소망 가운데 하나님의 시간표를 끈기 있게 기다리는 일에 지쳤다. 백성들은 그 대신 그 말씀이 자기들을 두려움에 사로잡히게 하지 않는, 조용하고 다루기 쉬운 신을 보고 경험하기를 원했다. 훗날 이스라엘은 다른 민족들과 같아지기를 원하여 그들이 그 말씀을 들은 위대한 왕이신 하나님 대신 자신들이 볼 수 있는 왕을 요구했다. '백문이 불여일견'이었다.

이스라엘 역사 내내 이 언약 백성은 성전에서 장차 오실 구주를 향한 믿음을 가리키는 제사와 더불어 하나님이 규정하신 대로 예배하는 대신 하나님의 법과 약속에서 떠나 '산당'을 지었다. 우리가 늘 금송아지, 표적과 기사, 두려움을 불러일으키는 종교적 창작물, 상당한 발전을 약속하는 성화 계획 등에 속아 넘어가는 이유가 바로 이것이다. 그러나 바울이 우리에게 일깨워 주듯이 "우리가 소망으로 구원을 얻었으매 보이는 소망이 소망이 아니니 보는 것을 누가 바라리요? 만일 우리가 보지 못하는 것을 바라면 참음으로 기다릴지니라"(롬 8:24~25).

우리가 지금 우리의 구원에 있어서 소유하고 있는 모든 것은 눈이 아니라 귀를 통해 우리에게 왔다. 성례조차도 하나님의 약속의 말씀에 덧붙여진 가시적 증거다. 우리는 복음과 우리로 하여금 그리스도의 형상을 닮게 해 주시겠다는 하나님의 약속에서 하나님의 의롭다 하시는 판결을 들었다. 그러나 우리는 아직 육체적으로 부활하여 영광스럽게 되지 않았다. 사실 우리의 몸은 우리가 성화에 있어서 성숙해질 때조차 점점 낡아 가고 있다. 하나님은 우리가 의롭다 함을 받을 뿐만 아니라 내적으로도 새롭게 되고 있다고 말씀하시지만, 종종 우리가 우리 자신과 교회 안에서 실제로 보고 경험하는 것은 그 말씀과 사뭇 다르게 보인다. 우리가 의롭다 함을 받았고(롬 3~5장) 이미 새로운 생명 가운데 그리스도와 함께 장사되고 부활했다(6장)고 말한 바로 그 사도가 이어서 신앙생활 속에서 계속되는 실패에 대한 자신의 경험담을 말한다(7장). 바울 사도는 자신에게서 시선을 떼고 다시 그리스도와 그리스도의 말씀에 귀를 기울이고 난 뒤에야 비로소 또다시 기운을 얻는다(8장).

보는 것은 완전한 소유, 천상의 실체의 완전한 실현과 상응한다. 이와는 대조적으로 듣는 것은 약속에 대한 믿음과 상응한다. 우리가 지금 이곳에서 최고의 삶을 요구한다면 우리는 특별히 우상 숭배에 영향받기 쉬울 것이다. 그러나 하나님은 우리에게 우리가 듣는 약속을 받아들이고 믿기를 요구하신다. 이 약속은 인간 전달자라는 깨어지고 볼품없는 그릇과 물, 빵, 포도주라는 아주 흔한 음식을 통해 전달된다. 왜 이런 것들이 효과적인 은혜의 수단인가? 목회자나 음식 자체 때문이 아니라 하나님의 약속 때문이다. 하나님은 이런 비천한 곳에서 은혜를 베푸시기로 약속하셨다.

그것은 우리가 설교에서 한 가지 은혜를 얻고 세례에서 또 한 가지, 성찬에서 또 한 가지 은혜를 얻기 때문이 아니라 하나님이 제정하신 이런 수단 속에서 하나님이 동일한 은혜, 즉 죄사함과 새 생명을 베푸시고 주시기 때문이다. 길거리의 부흥은 눈에 보이는 것을 약속할지 모르지만 성령님은 우리를 진정시키시고 이렇게 말씀하신다. "내 말에 귀를 기울이라." "너희는 여호와의 선하심을 맛보아 알지어다." "행위로 말미암는 의"의 논리는, 알려진 모든 죄에 대해 승리를 얻을 수 있는 가장 최근의 방법으로 우리를 끌고 가거나 이른바 영적인 활동의 어떤 새로운 복음주의적 '명소'로 데려갈지 모른다. 그러나 "믿음으로 말미암는 의"의 논리는, 하나님을 찾고 하나님의 능력을 '소유'하기 위해 바다를 건널 필요는 없다고 말한다. 오히려 하나님은 은혜의 수단, 구체적으로 이 본문에서는 복음 전파, 즉 "우리가 전파하는 믿음의 말씀"(8절), 전파되는 "좋은 소식"(15절)만큼이나 가까이 계신다. "그러므로 믿음은 들음에서 나며 들음은 그리스도의 말씀으로 말미암았느니라"(17절). 믿음은 그리스도께서 친히 임명하신 전령으로 최전선에서 보내심받은 사자들을 통해 그리스도의 말씀을 듣는 것에서 난다.

이것은 위대한 소식이다! 이는 하나님이 2천 년 전에 그 아들을 보내셔서 은혜로 우리를 구원하셨을 뿐 아니라, 전파된 복음과 집행된 성례를 은혜의 수단으로 삼으셔서 믿음을 일으키시고 그 믿음을 끝까지 굳게 하시기 위해 지금 여기서 우리에게 성령을 보내 주셔서 오직 은혜로 이 은혜를 적용하셨다는 뜻이다. 복음은 우리에게 은혜로운 하나님에 대해서만 말해 주는 것이 아니다. 복음 선포는 이 은혜로운 하나님이 우리를 발견하시고 용서하시는 자리다. 복음의 메시지뿐만 아니라 그 방법도 우리에게는 어리석게 보인다. 겉으로는 손상되기 쉽고 연약하고 어리석어 보이는 전도라는 수단이 믿음을 떠나서는 하나의 걸림돌이지만, 신자들에게는 좋은 소식인 까닭은 하나님이 자신의 계시를 철저하게 우리의 연약한 능력에 맞추셨기 때문이다. 바울이 이 구절에서 말하는 대로, 전도를 통한 하나님의 자신을 낮추시는 자비는 그리스도를 우리와 가까운 곳에 계시게 하며, 하나님을 참으로 우리를 구원하시는 주로 '삼을 수 있게' 만든다. *우리가 선물을 얻기 위해 하늘에 이르는 계단을 올라가려고만 하면 하나님은 단순히 그 선물을 창조하시고 우리에게 그것을 주시기만 하는 것이 아니다. 하나님은 그 선물을 우리에게 내려 주시고 우리의 감사할 줄 모르는 손가락을 곧게 펴시며 그것을 우리 손 안에 쥐어 주신다.*

선천적인 행위의 의 속에서 우리는 언제나 하나님을 하늘에서 끌어내리거나 예수 그리스도를 죽은 자들 가운데서 일으킬 방법을 찾을 것이다. 그리스도를 믿는 신자인 우리에게도 세상에서 가장 어려운 일은 앉아서 무엇인가를 받는 일이다. 그러나 바로 그것이 우리가 해야 할 일이다. 새 언약은 '가만히 앉아 있는' 식의 언약이다. 시내 산에서 백성들은 율법을 듣고 이렇게 대답했다. "여호와의 모든 말씀을 우리가 준행하리이다." 그것은 이스라엘 민족이 순종을 맹세했던 법적 언약이었고, 이 땅에서 그 언약의 현세적 보증은 백성들이 그 맹세를 준행하는 것에 달려 있었다. 그러나 예수님이 십자가에 달리시기 전날 밤에 다락방에서 인준하신 새 언약은 그와는 전혀 다른 유형의 언약이었다. 이스라엘 백성들에게 그들이 맹세한 "언약의 말씀에 따라" 피를 뿌리는 대신 그리스도의 머리 위에 피가 뿌려졌다. 예수님은 제자들이(그리고 우리가) 용서의 잔을 마실 수 있도록 진노의 잔을 마시려 하셨다.

마지막 만찬 자리에서 예수님이 하신 말과 행동의 유형은 이 새 언약이 예수님의 마지막 유언임을 분명히 보여 준다. 그것은 "이를 행하라. 그러면 살리라."라는 식으로 우리의 선행에 달린 것이 아니다. 오히려 그것은 다른 누군가가 모든 것을 행했고 이제 그 유산을 우리에게 선물로 준다는 발표다. "이것은 내 몸이니라……이것은 많은 사람을 위하여 흘리는 나의 피 곧 언약의 피니라." 히브리서 기자는 그리스도의 희생 제사를 직접적으로 마지막 유언과 관련지으면서 유언의 유익은 유언한 자가 죽자마자 상속자에게만 주어진다는 점을 지적한다(히 9:16~17). 성금요일 정오쯤에 하나님이 수천 년에 걸친 인간 역사 속에서 모든 족속과 열방 중에 택하신 모든 사람들은 천국의 법적 수혜자가 되고 그리스도와 공동 상속자가 되었다.

당신은 "이를 행하라."는 언약을 위해서는 일어서지만 당신이 다른 누군가의 수고로부터 물려받은 유산을 말해 주는 유언장을 읽는 소리를 듣기 위해서는 앉아 있다. 바울은 로마서 4장에서 직접적으로 새 언약을 아브라함 언약과 관련지으면서 복음은 일꾼이 날이 저물 때 품삯을 지불받는 고용 계약서가 아니라 값없는 선물임을 지적한다. 사실 복음은 "일을 아니할지라도 경건하지 아니한 자를 의롭다 하시는 이를 믿는 자"(5절)에게만 주어진다.

신자들이 물려받는 이 유산의 부요함은 참으로 막대해서 우리는 매주 그 유언을 선포해야 한다. 그리스도의 변호사는 평생에 걸쳐 그 유언장을 항목별로 읽고 설명해야 한다. 우리는 단 한 번만이 아니라 매일 다른 주님, 다른 구주, 다른 공급자, 다른 약속하는 자가 되려는 것들에 대한 신뢰를 철회해야 한다. 그리고 불안하게 붙들고 있는 우리 자신의 삶, 모든 것을 적절히 통제해야 한다는 의식, 우리 자신의 진실함과 종교적 체험에 대한 확신을 내려놓아야 한다. 우리는 우리의 삶을 의미 있게 만들겠다고 약속하며 맺은 계약을 철회하고, 그 유언장이 우리에게 읽혀질 때, 거기에 "아멘!"이라고 말해야 한다.

기독교인들은 자신들이 율법을 받는 조건으로서가 아니라 왕 같은 상속자로 입양된 데 대한 '온당한 섬김'으로서 여전히 율법을 듣고 거기에 순종하도록 부르심받는다. 기독교인은 믿음을 통해 받은 또 다른 가족 구성원의 성취를 바탕으로 유산의 수혜자가 되고 나서, 그 유산을 얻거나 유지하기 위한 방법으로서가 아니라 새로운 가족 안에서 새로운 환경에 반응하는 적절한 방식으로서 '집안 규칙'을 따른다. 우리는 창세기부터 요한계시록까지 우리에게 선포된 율법과 복음 모두에 귀 기울일 필요가 있다. 그러면 우리는 하나님의 의로운 요구 조건에 보다 친숙해지고 우리의 중보자이시며 맏형이신 분이 우리를 위해 확보하신 유익 속에 매주 더 깊이 잠길 수 있다.

그 「라이프」지의 표지 사진은 사람들을 존재의 핵심에서 변화시키는 좋은 소식의 능력을 잘 포착했다. 누군가가 길모퉁이에 서서 사람들에게 더 많이 사랑하고 인간관계에 투자하고 삶을 개선시키라고 권한다면, 행인들은 다정하게 고개를 끄덕이며 미소를 지어 보일 것이다. 그러나 그것은 뉴스가 되지는 않을 것이다. 그것은 분명 어느 누구의 정체성이나 미래에 대한 기대도 혁명적으로 바꾸어 놓지는 못할 것이다. 그것은 서로 모르는 사람들끼리 길거리에서 함께 춤을 추게 하지는 못할 것이다. 복음은 그 메시지뿐만 아니라 형식에 있어서도 좋은 소식이다. 좋은 소식은 우리 밖에서 우리에게 찾아온다. 그것은 우리 안에서 솟아 나오는 것이 아니다. 기사는 벌어진 사건을 알린다.

우리 마음속 깊은 곳에서 알고 있는 것(또는 안다고 생각하는 것)을 가장 확신하는 것이 우리의 선천적 성향이다. 그러나 우리는 이것이 성령께서 우리를 해방해 주시는 포로 상태의 일부임을 깨달아야 한다. 진리는 밖에서부터 우리에게 찾아와 우리를 뒤집어 놓는다. 그래서 복음의 내용과 전달 형식은 서로 뗴려야 뗄 수 없이 얽혀 있다. 우리는 우리 스스로 승리를 얻는 것은 아니지만 승리를 얻었다는 소식을 듣는다. 구원은 우리가 따라야 할 프로그램이 아니라 받아야 할 선물이다. 이것이 바로 기독교 신앙의 가장 단순하면서도 가장 어려운 진리다.

이야기 속에서 자기 발견하기

요즘은 '변신'이 대유행이다. 가정은 물론이고 개인적 정체성까지도 늘 보수공사 중이다. 사실 우리의 가정은 우리 각자가 우리 자신을 위해 찍고 있는 닐 게이블러가 말한 이른바 "인생 영화"의 "무대 장치"가 된다. 게이블러는 어떻게 오락이 미국에서 현실을 정복했는지(그리고 세계로 수출되었는지)에 대한 매력적인 설명을 제시했다. 미국의 오락 문화는 우리로 하여금 우리 자신을 우리만의 쇼에 출연하는 스타로 생각하게 한다. 그는 『영화 같은 인생』에서 "미국 경제에서 계속해서 성장하는 한 부문은 우리가 살고 일하고 쇼핑하고 노는 무대를 계획하고 짓고 꾸미는 일, 우리의 의상을 만드는 일, 우리의 머릿결을 윤기 나게 하고 우리의 얼굴을 빛나게 하는 일, 우리 몸을 날씬하게 만드는 일, 소도구를 공급하는 일에 할애된다. 그 모든 일들은 우리가 인생 영화를 위해 유명인들의 장신구들을 똑같이는 아니어도 자기 것으로 소화하기 위해 존재한다." 마사 스튜어트 같은 '드라마 코치'들은 우리의 인생 영화에서 우리가 자신에 대해 품는 이런 이미지를 얻도록 돕는다.[2]

심리학자 로버트 제이 리프턴은 "우리 자신을 개선"하기 위한 이런 열정은 우리가 정확히 확인하거나 설명할 수 없는 "끊임없는 죄책감"의 지배를 받는다고 말한다.[3] 아담과 하와가 타락 이후에 수치심을 덮으려고 엮은 무화과 잎사귀처럼 우리는 자신을 보다 부끄럽지 않고 남들의 마음에 들도록 만들기 위한 도덕적, 치료적, 실용적, 미용적, 영적인 방법들을 미친 듯이 찾는다. 그러나 하나님이 우리 자신의 무화과 잎사귀를 벗어 내고 그리스도 안에서 하나님의 의의 옷으로 우리를 덮어 주신 이후에야 비로소 우리는 하나님께 용납되고 그 결과 "만일 하나님이 우리를 위하시면 누가 우리를 대적하리요?"(롬 8:31)라는 확신을 불러일으킬 수 있는 확고한 정체성의 근원을 발견하게 된다. 다른 모든 것은 겉치장일 뿐이다. 그런 것은 진정으로 우리의 근심과 스트레스와 우울과 교만의 근원을 다루지 않는다.

할리우드에서는 흡인력 있는 줄거리가 없는 대본도 "육신의 정욕과 안목의 정욕과 이생의 자랑"(요일 2:16)을 주로 보여 주는 초대작 영화가 될 수 있다. 그것은 우리가 너무 많은 것을 바라서가 아니라 너무 적은 것에 만족하기 때문이다. 우리는 우리 자신의 삶과 우리가 그렇게 되고 싶고 그런 삶을 살고 싶은 다른 등장인물들의 시시한 드라마에 (최소한 당분간은) 너무 쉽게 만족한다. 우리의 정체성은 점점 더 이 사라져 가는 시대의 피상적인 매력을 이상화하는 광고의 콜라주에 따라 형성된다.

현대 문화-사회학, 심리학, 인류학, 경영학, 정치학, 교육, 윤리학 등 어떤 것이든-가 인간의 정체성과 올바른 인간 번영의 이상을 바르게 해석하고 있다는 것이 우리 시대 기독교의 많은 영역에서 효력을

2) Neal Gabler, *Life, the Movie: How Entertainment Conquered Reality* (New York: Alfred A. Knopf, 1998), p. 8.

3) Robert Jay Lifton, "The Protean Style," in *The Truth About Truth: De-confusing and Reconstructing the Postmodern World*, ed. Walter Truett Anderson (New York: Tarcher, 1995), pp. 130~135.

발휘하는 가정인 것으로 보인다. 그러나 그것은 이런 목표를 달성하기 위한 몇 가지 중요한 방법이 결여되어 있다. 여기서 우리는 전형적으로 성경을 '인생의 문제들에 대한 해답'으로 제시한다. 여기서 성경은 사람들의 경험 속에서 '그들의 현주소'와 관련을 갖게 된다. 이에 따라 우리는 성경을 *일상생활*에 적용해야 한다는 말을 자주 듣는다. 그러나 이는 마치 우리가 '삶'이나 '일상생활'이 무엇을 의미하는지 이미 알고 있는 것처럼 너무 늦게 성경에 호소하는 것이다. 문제는 우리에게 바른 해답이 없는 것은 물론이고, 하나님이 우리를 실재에 대한 하나님의 해석으로 안내해 주시기 전까지는 우리가 바른 질문조차 던질 수 없다는 것이다.

사탄의 첫 번째 전략은 하와에게 하나님을 인색하고 편협한 분이라고 믿게 하는 것이었다는 사실을 기억하라. "하나님이 참으로 너희에게 동산 모든 나무의 열매를 먹지 말라 하시더냐?"(창 3:1). 물론 하나님은 하와가 이 질문에 대답하면서 스스로 인정하듯이 그런 말을 하신 적이 없다. 자율(자기 통제)의 나무라고 부를 수도 있는 선악을 알게 하는 나무, 그 나무는 동산 한가운데 있는 한 그루의 나무에 불과했다. 사탄은 계속해서 이렇게 말했다. "너희가 그것을 먹는 날에는 너희 눈이 밝아져 하나님과 같이 되어 선악을 알 줄 하나님이 아심이니라"(창 3:5). 이 말에 깔린 가정은 하나님이 우리 자신의 내적인 잠재력과 신성을 실현시키지 못하도록 우리를 계속 억누르고 방해하신다는 것이다.

우리 모두는 본질적으로 실재에 대한 해석을 바로 이 지점에서 시작한다는 사실을 깨달아야 한다. 우리는 우리 스스로 선과 악, 진리와 오류, 생명과 죽음을 제정하는 우주의 중심이다. 그러나 이런 관점에서 보면 모든 것이 위아래가 뒤집힌다. 우리가 자율적인 개인들로서 어떤 것이든 올바로 해석할 수 있다는 주장을 버려야 하는 까닭은, 하나님이 지배욕이 강한 분이어서가 아니라 하나님은 실제로 하나님이지만 우리는 하나님이 아니기 때문이다. 우리는 죄를 정상으로, 교만을 미덕으로, 이기심을 우리가 인생에서 원하는 것을 얻어 내는 데 불가피한 것으로 해석한다. 하나님이 이런 뻔한 속임수가 계속되도록 내버려 두지 않으시는 것은 하나님의 풍성하신 관대함에서 나온 조치다. 하나님이 우리가 해답은 물론 질문도 결정하지 못하게 하시려는 것은 하나님의 은혜 때문이다. 자신의 유익을 위해서도 우리는 하나님이 우리 삶에 관계가 있기를 원하는 것이 아니라, 하나님 자신의 주권적 관련성을 굳게 세우고 우리가 *실제 세계*와 *일상생활*이라고 생각했던 우리 발밑에 있는 지반은 무엇이든 해체하기를 원해야 한다.

하나님이 말씀을 통해 우리에게 개입하실 때 우리는 일련의 모순에 직면한다. 우리는 하나님이 우리와 우리의 삶 전체와 우리의 역사를 하나님의 행동에 비추어 해석해 주시기 전에는 우리의 일상생활이나 현대 문화나 인간의 정체성과 번영의 의미조차 알지 못한다는 사실을 깨닫는다. 우리는, 하나님과의 대면이 우리를 만사가 안 풀리는 날보다 더 근본적인 문제에 직면하게 하는 위기를 불러일으키기 전까지는, 우리에게 진정으로 무엇이 필요한지 알지 못한다.

마리아라면 어떻게 했을까

가브리엘 천사가 마리아에게 찾아온 것은 어떻게 하면 하나님이 그녀의 삶에서 더 큰 역할을 차지하실 수 있는지를 묻기 위해서가 아니라 하나님의 연극에서 그녀가 중요한 역할을 맡게 되었다는 사실을 알리기 위해서였다. 성경 본문 어디에서도 그녀가 그런 배역에 합당하다고 말하지 않지만 가브리엘 천사는 하나님이 그녀에게 큰 은혜를 베푸셨다는 사실을 알린다(눅 1:28). 마리아는 그 은혜를 받는 대상이다. 마리아가 밴 아기는 *세상의 구주가* 될 뿐만 아니라 마리아는 자신을 구속하실 분의 어머니가 될 것이다. 이런 일에는 '초보자용 장비'도 없었고 마리아가 이 역할에 맞는 자격을 갖추기 위해 충족해야 할 일련의 조건도 없었다. "마리아야, 두려워하지 말아라. 그분은 구주시다. 너는 그분이 구원하실 이들 가운데 속해 있다. 네가 아니라 하나님이 이 일을 하실 것이다. 내 말만 믿어라." 이에 대한 마리아의 대답은 참으로 놀랍다. "주의 여종이오니 말씀대로 내게 이루어지이다"(눅 1:38).

나는—우리가 실제로 마리아가 한 것처럼 응답한다면—마리아를 우리 모두의 모범으로 삼는 데 적극 찬성한다. 마리아는 자신이 이스라엘을 구원할 위치에 있지 않다는 것을 잘 알고 있었다. 그녀는 언약의 주가 아니라 한 사람의 종이었다. 그녀는 "이 모든 일을 내가 하겠나이다."라고 말하지 않고 "말씀대로 내게 이루어지이다."라고 말한다. 그녀는 천사의 소식을 믿는 이 행위에 있어서 자신은 수동적으로 선물을 받는 존재임을 인정한다. 천사의 말—이는 바로 누가복음에 나오는 최초의 복음 선포다—이 모든 것을 책임진다. 대본을 고쳐 쓸 생각은 하지도 말라! 여기 한때는 거룩한 땅이었지만 지금은 로마 제국의 성가신 변방 지역에서도 두메산골 출신의 미천한 어느 유대인 소녀(아마도 십대)가 있다. 이제 그녀는 하나님의 어머니다. 그녀의 태에서 잉태될 분은 바로 성자 하나님이기 때문이다.

엘리사벳의 집으로 달려간 마리아는 평상시 같으면 자기보다 훨씬 나이 든 먼 친척에게 친절한 말로 인사를 건네받았을 것이다. 그러나 오늘은 그렇지 않다. 마리아가 찾아오자 엘리사벳은 큰 소리로 이렇게 외쳤다. "여자 중에 네가 복이 있으며 네 태중의 아이도 복이 있도다 내 주의 어머니가 내게 나아오니 이 어찌 된 일인가?"(눅 1:42~43). 천사가 희한한 소식을 전하더니 이제는 엘리사벳이 희한한 인사를 하고 엘리사벳의 아기인 요한도 태중에서 함께 기뻐 뛰논다(44절). 마리아는 공로가 있는 성인의 자격으로 인사를 받는 것이 아니다. 엘리사벳도 이런 역할을 맡기에 합당한 마리아의 미덕을 찬미하는 것이 아니다. 엘리사벳은 단지 이렇게 말한다. "주께서 하신 말씀이 반드시 이루어지리라고 믿은 그 여자에게 복이 있도다"(45절). 합당한 것이 아니라 복이 있다. 마지막으로 마리아는 마리아 찬가라는 노래 속에서 자신이 아닌 하나님을 자신의 구주이자 이스라엘의 구원자로 지목한다(46~55절). "내 마음이 하나님 내 구주를 기뻐하였음은 그의 여종의 비천함을 돌보셨음이라." 물론 그녀의 지위는 이제 바뀔 것이다. "보라, 이제 후로는 만세에 나를 복이 있다 일컬으리로다." 왜 그런가? 그녀가 행한 일들 때문인가? 아니다. 그녀가 여러 시편들(및 한나의 노래)을 인용하여 우리에게 이렇게 말하고 있기 때문이다. "능하신 이가 큰 일을 내게 행하셨으니 그 이름이 거룩하시며." 그녀는 이 복을 하나님의 자비 덕분으로 돌리고 계속해서 가난하고 비천한 자들을 높이시고 세상의 높고 힘 있는 자들을 아무것도 아닌 존재로 낮추시는 하나님의 역사를 찬미한다. "그 종 이스라엘을 도우사 긍휼히 여기시고 기억하시되 우리 조상에게 말씀하신 것과 같이 아브라함과 그 자손에게 영원히 하시리로다"(54~55절). 마리아는 이것이 이스라엘이 시내 산에서 맹세한 언약의 갱신이 아니라 하나님께서 아브라함에게 맹세하신 언약의 성취임을 알았다. 그리고 그녀는 이 연극에서 자신의 새로운 역할을 안다.

마리아 찬가는 예수님의 탄생 이야기를 둘러싼 다섯 가지 노래 중에 하나다. 좋은 소식은 사람들로 하여금 노래하게 한다. 그 소식은 마리아로 하여금 소망 섞인 슬픔 속에서도 예수님의 죽음과 부활의 결과로 선포될 좋은 소식을 믿을 다른 모든 이들 가운데 동참하기 위해 자기 아들을 내어 주며 십자가에 이르는 길까지 내내 찬송하게 했다.

만일 우리가 성경을 적용하려 할 때 대화 속에 성경 이야기를 꺼낸다면 그것은 농담 없는 촌철살인과 비슷할 것이다. 복음은 우리가 이미 가지고 있다고 생각하는 우리의 모든 절실한 필요에 대한 성경의 해답이 아니다. 복음은 사자만이 전할 수 있는 소식이다. 바르트는 우리에게 다음과 같은 사실을 일깨워 준다. "대중 교육, 도덕성과 애국심의 배양, 정서의 함양-그런 일들은 그 어느 것도 진정으로 우리 신학자들을 필요로 하지 않는다. 이런 일들이나 이와 비슷한 일들은 다른 사람들이 우리보다 훨씬 더 잘할 수 있다. 세상은 이 사실을 알고 그에 따라 행동한다. 우리가 그런 한가한 직종에서 견습생이 되기 전에 세상은 우리를 살펴보고 퇴짜를 놓으며 그렇게 하는 것이 당연하다." "교회가 어떤 기준 아래 설 때"[4] 교회만이 우리의 말과 더불어 유용성을 갖는다.

십자가는 장신구가 아니다

예수님은 제자들을 부르신 뒤 자신이 십자가를 지시고 부활하신 이후 그들이 떠나게 될 여행을 준비시키셨다(마 10장). 그들도 자기 십자가를 지고 죄 때문이 아니라 죄를 짊어지신 분을 증언하기 위해 고난을 받을 것이다. 박해가 닥쳐올 것이다. 부모 형제조차 자기 가족을 관원들에게 넘겨줄 것이다(16~24절). 예수님은 육신을 입고 제자들과 함께 이 여행을 하는 동안 자신의 신분을 제자들에게 은밀히 공개하시겠지만, 이 일을 완수하신 다음에는 그들에게 대적하는 인간들보다 하나님을 더 두려워하며 "너희가 귓속말로 듣는 것을 집 위에서 전파하라."(26~33절)고 가르치신다. "내가 세상에 화평을 주러 온 줄로 생각

---

4) Karl Barth, *The Göttingen Dogmatics: Instruction in the Christian Religion*, ed. Hannelotte Reiffen, trans. Geoffrey Bromiley (Grand Rapids: Eerdmans, 1991), 1: p. 273.

하지 말라 화평이 아니요 검을 주러 왔노라 내가 온 것은 사람이 그 아버지와, 딸이 어머니와, 며느리가 시어머니와 불화하게 하려 함이니 사람의 원수가 자기 집안 식구리라." 자기 십자가를 질 때가 올 것이다. "자기 목숨을 얻는 자는 잃을 것이요 나를 위하여 자기 목숨을 잃는 자는 얻으리라"(34~39절).

그 이후에 예수님은 제자들에게 자신의 십자가 처형을 준비하게 하실 때(마 16:25) 이 수수께끼 같은 말씀을 반복하시면서 이렇게 덧붙여 말씀하신다. "사람이 만일 온 천하를 얻고도 제 목숨을 잃으면 무엇이 유익하리요?" 예수님이 승천하신 직후부터 도미노가 쓰러지기 시작했다. 어떤 이들은 항복하여 그리스도를 버린 반면 어떤 이들은 끝까지 인내했다. 그리스도를 세 번 부인했던 베드로는 결국 자신은 구주와 똑같이 처형되기에 합당하지 않다고 생각한다는 이유로 거꾸로 십자가에 달렸다. 그러면 이 말씀은 무슨 뜻인가? "자기 목숨을 얻는 자는 잃을 것이요 나를 위하여 자기 목숨을 잃는 자는 얻으리라." 물론 이 말씀의 전후 문맥은 제자들과 실제로 광범위한 교회가 겪을 임박한 박해다. 현재의 삶에 집착하는 이들은 결코 영생을 얻지 못할 것이다. 이 덧없는 일생의 보증 수표는 성도가 그리스도 안에서 누리는 유업의 부요함과 비교하면 빛을 잃는다(이것이 바로 사도 바울이 롬 8:17~25에서 말하는 요점이다).

그런 본문들은 중국, 인도, 나이지리아, 사우디아라비아에서 고난받는 형제자매들에게는 직접적으로 말하고 있지만 나머지 우리는 어떤가? 우리는 때때로 우리도 그리스도의 고난에 동참한다고 상상하기를 좋아하지만 순교자들이나 박해받는 이들과 똑같은 방식이나 똑같은 정도로 고난을 받지는 않는다. 예수님이 염두에 두신 고난은 육체적인 어려움이나 재정적인 어려움처럼 신자들이 불신자들과 마찬가지로 겪는 일반적인 어려움이 아니다. 예수님이 염두에 두신 것은 그리스도에 대한 증언으로 인해 겪는 고난이다.

그러나 우리가 복음을 위해 죽음의 위협을 당하지는 않는다는 바로 그 이유 때문에 진보적 민주주의를 신봉하는 이들은 예수님의 권면을 받아들이기가 가장 어려운 사람들일 것이다. 그리스도는 우리가 목에 두르는 십자가처럼 장신구가 될 수도 있다. 우리는 그리스도를 부인하라고 요구받는 대신 마귀에게 이끌려 소비주의의 광야로 나가 정체성을 쇼핑한다. 마귀는 우리를 괴롭히고 들들 볶기는커녕 우리가 골고다에서 돌아서기만 하면 우리 것이 될 수 있는 이 세상의 나라들을 보여준다. 우리는 무신론자가 될 필요가 없다. 심지어 예수 그리스도를 버릴 필요도 없다. 사실 우리는 록 콘서트부터 커피 머그잔까지 예수님을 상표로 만들어 무엇이든 팔 수 있다. 우리에게 필요한 것은 그리스도 안에 있는 하나님의 구원의 사랑과 하나님이 우리를 택하신 이유인 신자의 정체성을 붙드는 대신 우리 자신-우리를 규정하며 우리 스스로 선택한 안도감, 열망, 절실한 필요, 관계 등-에게 집착하는 것뿐이다.

단순하게 표현하자면 목숨을 잃음으로써 목숨을 찾는 것과 목숨을 찾기 위해 목숨을 잃는 것에 대한 예수님의 경고는 우리로 하여금 스스로에게 이런 질문을 던지게 한다. *"내가 예수님의 이야기를 정의하는가, 아니면 그 이야기가 나를 정의하는가? 예수님의 의미는 내가 단순히 인정하고 수용해야 할 객관적이고 보편적인 것인가, 아니면 내가 나 자신의 삶 속에서 예수님의 의미를 결정하는가?"* 바울은 신자들에게 이렇게 말한다. "이는 너희가 죽었고 너희 생명이 그리스도와 함께 하나님 안에 감추어졌음이라"(골 3:4).

이것은 우리가 상상할 수 있는 어떤 것보다도 더 급진적이다. 복음에 따르면 '나'는 실제로 더 이상 존재하지 않는다. 우리의 자기 정체성은 어떤 안정된 '것'이 아니라 우리가 우리 자신에 대해 말하는-또는 듣는-그 이야기에 따라 정의된다. 물론 복음은 나의 정체성을 없애 버리지 않는다. 복음은 본성을 파괴하기 위해서가 아니라 구원하기 위해 찾아온다. 그러나 '아담 안에' 있는 나의 본성은 부패하여 죄와 사망에 매여 있다. 도덕적으로 열심히 노력할 때조차 나는 타락한 인간이다. 영적인 체험을 갈망할 때조차 나는 우상 숭배자다. 또 다른 변신이나 변화도 실제로 내 *정체성*을 바꾸지는 못할 것이다. 나는 그리스도와 함께 십자가에 못 박히고 장사되어야 한다. 그리고 새로운 생명 가운데 그리스도와 함께 부활해야 한다.

우리의 삶에 예수님을 장신구로 덧붙이기만 하면 우리의 자율(자기 통제)을 유지할 수 있다. 로마의 종교는 언제나 황제 숭배의 테두리 안에서 또 다른 신을 섬길 수 있는 여지를 남겨 두었다. 초기 기독교인들을 원형 경기장에 서게 만든 것은 그리스도만이 주님이라는 주장이었다. 실제로 그들은 충분히 많은 신들을 믿지 않는다는 이유로 무신론자로 고발당했다! 더 나아가 신약 성경에서 ('주'와 '구주'를 포함해서) 그리스도를 지칭하는 많은 호칭이 황제를 가리키는 명칭으로 간주되어 왔었다. 기독교인이 된다는 것은 그리스도와 연합하기 위해 사람들이 말하는 주들과 이야기들을 버리는 것을 의미했다(지금도 의미한다).

하나님이 그리스도 안에서 약속하시는 구원은 나의 죽음을 요구한다. 지금 나는 광고와 영화 그리고 내 주위에 내가 존경하는 '둥글둥글한' 사람들에게서 내가 연기하고 싶은 역할을 고르고 선택하며 유쾌하게 분주한 일상을 보내고 있다. 나는 예수님에게 맞는 역할을 발견할 수도 있다. 하지만 내가 무엇이기에 남들이 인생에서 자신들의 목표를 성취하는 데 다른 누군가나 다른 어떤 것이 더 도움이 된다고 생각한다고 해서 그들의 생각이 잘못되었다고 말하겠는가? 그러면 나를 못 박고 내가 실제로 어떤 사람인지 내게 말해 주고 내가 나 자신을 위해 쓴 이 장이 어떤 운명에 처해 있는지를 말해 주는 율법이 찾아온다. 나는 내 영화 각본의 신뢰성을 의심하기 시작한다. 그러면 하나님은 내게 새로운 각본을 건네주신다. 그것은 내가 더 이상 아담의 자손이고 하나님의 약속에 대해 외인이며 나그네가 아니라, 이제 예수 그리스도 안에서 하나님의 자녀이고 세상 풍조에 대해 외인이며 나그네라는 좋은 소식이다. 나는 더 이상 하나님을 나를 행복하게 만들고 내 절실한 필요를 충족시키며 심지어 내게 행복감을 주고 내 삶을 개선해 줄 몇 가지 제안을 덧붙여 주기 위해 존재하는 분으로 볼 수 없다. 하나님은 나를 죽이시고 다시 살리시려고 찾아오신다. 회개란 내 대본을 포기하는 것을 의미한다. 나는 더 이상 내 인생의 이야기를 쓸 수 있는 척하지 않는다. 그리스도께 대한 믿음으로 말미암아 나는 하나님의 이야기에 나오는 한 등장인물, 새 창조의 일부가 된다.

애곡과 춤

죄와 사망과 지옥과 마귀에 대한 그리스도의 승리의 선포는 유럽에서의 승전보보다 우리가 자신의 인생 영화에 따라 어떤 머리기사, 대본, 줄거리, 소도구, 무대 장치, 의상을 추구해 왔든지 거기서부터 우리를 더욱더 멀어지게 한다. 하나님의 이야기는 더 이상 우리 이야기의 부차적인 줄거리가 아니라 우리의 관심을 사로잡는 머리기사다. 전혀 모르는 사람들끼리 좋은 소식을 함께 듣고 흥분하여 어떤 자연적인 공동체, 심지어 자신의 가족보다도 더 깊은 일체감 속에서 서로 껴안는다.

세례 요한의 사역은 복음서의 여러 대목에서 예수님의 사역과 비교, 대조된다. 예수님은 사역하시던 중에 훗날 이렇게 말씀하셨다. "내가 너희에게 말하노니 여자가 낳은 자 중에 요한보다 큰 자가 없도다 그러나 하나님의 나라에서는 극히 작은 자라도 그보다 크니라"(눅 7:28).

예수님이 그렇게 말씀하신 것은 예수님이 시작하신 구속사의 이전보다 우월한 국면 때문이다. 요한에게 세례받기를 거부한 이들은 "그들 자신을 위한 하나님의 뜻을" 저버렸다(눅 7:30). 그 다음에 예수님은 그 세대를 장례식 놀이와 결혼식 놀이를 하며 "서로 불러 이르되 '우리가 너희를 향하여 피리를 불어도 너희가 춤추지 않고 우리가 곡하여도 너희가 울지 아니하였다.'"고 말하는 아이들에 비유하셨다. 한편으로는 요한이 만가를 불렀지만 대다수의 백성들과 종교 지도자들은 자기 죄로 인한 고통을 느끼지 못했다. 그 대신 그들은 요한이 귀신이 들렸다고 주장했다. 다른 한편으로는 예수님이 죄인들에게 좋은 소식을 전하시지만 "먹기를 탐하고 포도주를 즐기는 사람이요 세리와 죄인의 친구"(31~35절)라며 배척당하신다. 옛 언약의 마지막 선지자인 요한과 이스라엘에 임박한 심판과 관련된 그의 사역은 하나님의 어린 양의 도래에 길을 내주어야 했다. "요한이 잡힌 후 예수께서 갈릴리에 오셔서 하나님의 복음을 전파하여 이르시되 '때가 찼고 하나님의 나라가 가까이 왔으니 회개하고 복음을 믿으라.' 하시더라"(막 1:14~15).

이 시대의 자식들도 예수님 시대와 마찬가지로 제대로 애곡하거나 춤을 추는 법을 모른다. 체스터턴은 기독교의 바깥 고리는 원죄와 심판과 지옥에 대한 진지한 인식으로 어둡기 그지없지만 안쪽 고리에서는 "어린아이들처럼 춤을 추고 어른들처럼 포도주를 마시는 오래된 인간적인 삶을 발견하게 될 것이다. 기독교는 이교적인 자유를 위한 유일한 틀이기 때문이다. 그러나 현대 철학에서는 상황이 정반대다. 현대 철학의 바깥 고리는 분명히 예술적이고 자유롭다. 그러나 그 안에는 절망이 있다." 라고 말했다.[5]

하나님을 믿지 않는 세상에서는 오락으로 가득 차 있으나 어떤 사

---

5) G. K. Chesterton, *Orthodoxy: The Romance of Faith* (New York: Doubleday, 1990), p. 157.

실적인 줄거리도 없는 일종의 피상적인 행복과 막연한 안녕이 죽음에 대한 두려움을 숨기고 있다. 그것은 마치 흑사병 희생자들이 수레에 실려 시체 안치소로 끌려가는 와중에 어떤 이들이 성급하게 "내병이 나아가고 있다!"며 항의하는, 몬티 파이톤의 풍자극 〈성배〉에 나오는 한 장면 같다. 은혜를 떠나서는 우리의 치명적인 상처에 충분히 대처할 수도 없고 하나님 나라의 참된 희락과 환희를 맛볼 수도 없다. 죄(단순히 죄들이 아닌 우리의 죄에 물든 상태)를 부정하는 우리는 장례를 치르기에는 지나치게 어리석다. 복음을 어리석게 여기는 우리는 진정한 축제에 참여하기에는 지나치게 겁이 많다. "회개하고 복음을 믿으라." 이 명령은 죄에 대한 회개와 하나님에 대한 믿음이라는 회심의 두 측면을 이룬다. 장례 뒤에는 춤이 있다. 회개 가운데 우리는 우상과 권력자들과 통치자들과 이 악한 시대의 거짓말에 대해 "아니요"라고 말하며, 믿음 가운데 우리는 하나님의 약속이 그 안에서 얼마든지 "예"와 "아멘"(고후 1:20)이 되는 그리스도께 "예"라고 말한다.

회개

회개(메타노이아[μετανοια])란 '마음의 변화'를 의미한다. 회개는 성경에서 무엇보다도 율법으로 인해 생겨나는 죄에 대한 모든 지식으로 다루어진다(롬 3:20). 예수님은 성령님을 내적으로 우리에게 하나님의 의와 우리의 불의에 대해 깨닫게 하기 위해 파송된 변호사로 보내시겠다고 약속하셨다(요 14~16장). 그러나 이 지식은 지적일 뿐만 아니라 정서적이기도 한 지식으로 전인격을 포괄한다.

우리는 회개의 특징들이 다윗의 참회 기도에 잘 나타나 있는 것을 보게 된다.

하나님이여, 주의 인자를 따라 내게 은혜를 베푸시며 주의 많은 긍휼을 따라 내 죄악을 지워 주소서 나의 죄악을 말갛게 씻으시며 나의 죄를 깨끗이 제하소서 무릇 나는 내 죄과를 아오니 내 죄가 항상 내 앞에 있나이다 내가 주께만 범죄하여 주의 목전에 악을 행하였사오니 주께서 말씀하실 때에 의로우시다 하고 주께서 심판하실 때에 순전하시다 하리이다 내가 죄악 중에서 출생하였음이여 어머니가 죄 중에서 나를 잉태하였나이다 보소서 주께서는 중심이 진실함을 원하시오니 내게 지혜를 은밀히 가르치시리이다 우슬초로 나를 정결하게 하소서 내가 정하리이다 나의 죄를 씻어 주소서 내가 눈보다 희리이다 내게 즐겁고 기쁜 소리를 들려주사 주께서 꺾으신 뼈들도 즐거워하게 하소서 주의 얼굴을 내 죄에서 돌이키시고 내 모든 죄악을 지워 주소서(시 51:1~9).

첫째로 우리는 다윗이 자신의 행동을 단지 부끄러워하기만 하는 것이 아니라 죄책감을 느끼는 것을 알 수 있다. 둘째로 그는 밧세바에게 끔찍한 죄를 지었고 그녀의 남편을 죽일 음모를 꾸몄지만 자신의 죄는 우선적으로 하나님께 지은 죄임을 인식했다. 회개는 우리 이웃에게 잘못을 저지른 데 대한 후회일 뿐만 아니라 하나님이 가장 피해를 본 당사자라는 인식이다. 셋째로 다윗은 자신의 후회로 자기 죄를 속죄하려 하거나 하나님의 공의로운 진노를 누그러뜨리려 하지 않는다. 넷째로 다윗은 자신의 죄에 물든 *행동*뿐만 아니라 죄에 물든 *상태*도 잉태된 때부터 비롯되었음을 인정한다. 회개는 단순히 특정한 죄들과만 관련된 것이 아니다. 이방인들도 자신의 부적절한 행동에 대해 후회할 수 있다. 정확히 말해서 회개는 죄와 사망과 연합한 데 대한 온 영혼의 강한 혐오다.

그런 경건한 슬픔은 다윗을 자신의 의에 대한 절망으로 이끌지만 종종 불경건한 이들을 자기 파괴나 양심의 무감각으로 이끄는 최종적인 절망으로 이끌지는 않는다. 바울이 말하듯이 "하나님의 뜻대로 하는 근심은 후회할 것이 없는 구원에 이르게 하는 회개를 이루는 것이요 세상 근심은 사망을 이루는 것"(고후 7:10)이다. 결국 "하나님의 인자하심이 너를 인도하여 회개하게"(롬 2:4) 한다. 율법은 율법적인 회개(심판에 대한 두려움)를 낳지만 복음은 참된 변화의 열매를 낳는 복음적인 회개를 일으킨다. 다윗은 자기 밖에 계신 자비로운 하나님께로 향한다. 여기서 우리는 회개와 믿음의 가능한 가장 가까운 연결을 본다. 회개 그 자체는-예수 그리스도를 믿음으로 바라보기 전까지는-단지 저주의 경험일 뿐이다.

회개는 종종 성품과 행동의 실제적 변화를 포함할 만큼 보다 넓게 정의된다. 그러나 성경은 이것을 "회개에 합당한 열매"(마 3:8)나 "회개에 합당한 일"(행 26:20; 참조. 마 7:16; 눅 3:9, 8:15; 요 12:24; 롬 7:4; 갈 5:22; 골 1:10)로 묘사한다. 물론 이런 의미에서 회개는 이 세상에서는 언제나 부분적이고 약하며 불완전하다. 또한 회개는 단회적인 행동도 아니다. 루터의 95개조 반박문 가운데 제 1조에서 진술하듯이 "우리 주 예수 그리스도께서 '회개하라' 고 하셨을 때 이는 믿는 자의 삶 전체가 회개하는 삶이어야 함을 말씀하신 것이다." [6] 성령은 율법으로 우리에게 죄를 깨닫게 하심으로써 우리를 회개하게 하시고, 복음은 우리를 그리스도를 믿는 믿음으로 인도하며, 이 믿음은 우리 안에 우리의 죄에 대한 증오와 의에 대한 열망을 낳는다. 신자가 된 뒤에도 우리는 여전히 우리 자신에게로 되돌아가고 우리의 회개를 신뢰하는 경향이 있으므로, 우리는 율법을 통해 자신의 죄뿐만 아니라 자신의 의에 대해서도 또다시 절망하고 그리스도를 붙들게 되어야 한다. 그러므로 이것은

---

6) Martin Luther, "Ninety-Five Theses," *Martin Luther's Basic Theological Writings*, ed. Timothy Lull (Minneapolis: Fortress Press, 1989), p. 21.

율법적 회개에서 그리스도를 믿는 믿음과 복음적인 회개로 단번에 변하는 것이 아니라 신앙생활을 규정짓는 끊임없는 순환이다.

로마 가톨릭의 신학과 실천에서는 이런 회개로의 부르심이 고해 제도로 대체된다. 르네상스 학자 에라스무스가 발견한 대로 라틴어 불가타 성경은 "회개하라!"라는 헬라어의 명령법을 "고해하라"는 말로 잘못 번역했다. 가톨릭에서는 그와 같은 고해를 통회, 고백, 보속, 사죄의 네 요소를 포함하는 것으로 정의한다.[7] "그리스도께서는 교회의 모든 죄를 지은 지체들을 위해, 무엇보다 세례 이후 중대한 죄에 빠져서 세례의 은혜를 상실하고 교회의 교제를 손상시킨 이들을 위해 고해 성사를 제정하셨다. 고해 성사는 바로 그들에게 변화되고 칭의의 은혜를 회복할 새로운 가능성을 제공한다. 교부들은 이 성사를 '파선, 곧 은혜의 상실 이후의 [구원의] 두 번째 널빤지'로 제시한다"(363쪽). 참된 통회(죄에 대한 진정한 슬픔)의 수준까지 올라갈 수 있는 사람은 소수이므로 이 첫 번째 단계에서는 하등통회(형벌에 대한 두려움)가 적절하다고 여겨진다. 용서를 위해서는 각각의 죄를 기억하고 사제에게 말로 고백해야 하며, 다음으로 사제는 그 죄를 보속하기 위해 행해야 할 적절한 행동이나 일련의 행동들을 결정한다. 그러고 나서야 비로소 참회자는 사죄를 받을 수 있다.[8]

그런데 개신교에도 복음 안으로 고해를 몰래 가지고 들어오는 방법이 있다. 우리 중에 많은 이들은 특히 젊은 시절에 '재헌신' 의식을 했던 기억이 있다. 나도 친구들과 함께 카드 위에 나의 죄들을 기록한

---

7) 다음 책을 보라. *The Catechism of the Catholic Church* (New York: USCCB, 1995), pp. 364~367. "그리스도께서는 교회의 모든 죄를 지은 지체들을 위해, 무엇보다 세례 이후 중대한 죄에 빠져서 세례의 은혜를 상실하고 교회의 교제를 손상시킨 이들을 위해 고해 성사를 제정하셨다. 고해 성사는 바로 그들에게 변화되고 칭의의 은혜를 회복할 새로운 가능성을 제공한다. 교부들은 이 성사를 '파선, 곧 은혜의 상실 이후의 [구원의] 두 번째 널빤지'로 제시한다"(p. 363).
8) 앞의 글.

뒤에 여름 수련회 마지막 날에 그것을 장작불 속에 던져 넣었던 기억이 난다. 그때 나는 부끄러움과 기쁨이 뒤섞인 카타르시스 속에서 울면서 마침내 하나님께 이번에는 진실로 모든 것을 드렸고 '모든 것을 제단 위에 내려놓고' 싶은 마음을 입증했다고 생각했다.

이런 신학에서는 회개를 단지 마음이나 생각의 변화가 아니라 새로운 순종으로 이해하며 일반적으로 용서의 결과라기보다는 용서의 조건으로 간주한다. 좀 더 넓은 복음주의 진영에서조차 어떤 기독교인들은 마치 회개가 용서의 근거이며 회개를 감정과 결단의 강도에 따라 측정할 수 있다는 듯이 자신의 회개의 질과 정도가 용서받기에 충분한지를 놓고 절망에 빠질 만큼 몸부림친다.

그러나 성경에 따르면 하나님의 심판을 만족시키고 하나님과 화평을 이루는 것은 우리의 눈물이 아니라 그리스도의 피다(롬 5:1, 8~11). 하나님은 꺾으신 뼈들을 고치시고 넘어뜨리신 자들을 일으켜 세우신다. "그러나 더욱 큰 은혜를 주시나니 그러므로 일렀으되 '하나님이 교만한 자를 물리치시고 겸손한 자에게 은혜를 주신다.' 하였느니라"(약 4:6). 율법은 우리에게 죄를 깨닫게 함으로써 회개를 시작하게 하지만 복음만이 우리로 하여금 하나님이 다윗과 하신 약속을 담대히 요구하게 할 수 있다. "내게 즐겁고 기쁜 소리를 들려주시사 주께서 꺾으신 뼈들도 즐거워하게 하소서"(시 51:8).

회심에서 회개가 무시될 때 그것은 보통 하나님의 거룩하심과 하나님의 의로운 법의 정당한 요구에 대한 인식이 불충분하기 때문이다. 그 결과는 회심이 단지 도덕적 향상, 기독교적 경건에 덧붙여진 어떤 특색으로 표현되는 것이다. 그러나 성경적 회개는 우리가 신뢰해 온 모든 경건한 경험이나 행위까지 포함하여 세상과 육신과 마귀에 대한 근본적인 부정을 내포한다. 자아 전체가 무엇을 믿고 누구를 신뢰하며 어떻게 살 것인지에 대한 최종적 결정권을 요구하는 자기 신뢰와 자율에서 돌이켜져야 한다. 이런 마음의 변화가 지닌 효과는 이 땅에서의 나그넷길 내내 미완성의 과업으로 남는다.

믿음

체포되고 소환되어 기소된 우리는 회개 가운데 우리 자신-우리의 비진리, 죄, 스스로 의롭다는 거짓 주장-에게서 돌아서며 믿음 가운데 구원과 모든 영적인 선물을 얻기 위해 그리스도를 바라본다. 달리 표현하자면 회개 가운데 우리는 (다윗처럼) 우리에 대한 하나님의 판결은 정당하다고 고백하며 믿음 가운데 하나님의 칭의를 받는다. 하나님의 의는 우리를 죄책감으로 무릎 꿇게 하는 반면, 하나님에게서 온 의의 선물은 우리의 눈을 들어 우리의 유일한 희망이신 그리스도를 바라보게 한다. 거듭남으로 단번에 죄에 대해서는 죽고 그리스도께 대해서는 살아난(롬 6:1~11) 우리는 옛 자아에 대해서는 매일 죽고 "하나님의 은사", 즉 "그리스도 예수 우리 주 안에 있는 영생"으로 매일 살도록 부르심받았다(12~23절).

히브리어 성경에서 믿는다는 것은 곧 *확실한 것으로 여긴다*는 뜻이다. 문자적으로 이 말은 하나님의 구원 사역에 대해 아만(יﬦאָ, 아멘)이라고 말하는 것이다. 다른 단어들(הסָחָ, '피난하다'; חטַבָּ, '신뢰하다 또는 의지하다')도 지식과 동의뿐만 아니라 신뢰도 포함하는 믿음의 개념을 뜻한다. 신약 성경에서 피스티스(πίστις)라는 명사(그리고 이 명사와 어원이 같은 동사 피스튜에인[πιστεύειν])는 다른 사람의 증언에 대한 확신-가장 흔하게는 예수 그리스도에 대한 의존적 신뢰-으로 이해된다. 이것은 대개 믿음으로 그리스도 안에 들어가는 것, 실제로 구원을 위해 그리스도께로 굴러가는 것이다. 이 단어는 그리스도를 바라보는 것, 그리스도를 먹는 것, 그리스도를 받는 것으로도 묘사된다. 이런 사례들(그리고 그 밖에 다른 많은 경우들)

은 *칭의 가운데서* 구원의 역할을 수동적으로 그리스도를 받고 그 안에서 안식하는 것으로 강조한다. 그러나 의롭다 함을 받은 자의 믿음은 또한 선행에 적극적이다(약 2:26).

믿으라는 명령은 믿음을 행위로 전환시키지 않는다. 오히려 그것은 우리의 수고를 그치고 하나님의 안식에 들어가라는 명령이다(히 4:1~9). 복음 그 자체에 "하나님의 은혜가"(딛 2:11) 나타난 것처럼 바울도 믿음을 우리에게 온 것이라고 말한다. "믿음이 오기 전에 우리는 율법 아래에 매인 바 되고 계시될 믿음의 때까지 갇혔느니라." 그리스도께서 오셨기 때문에 "믿음이 온" 것이다(갈 3:23~25).

신약 성경은 아브라함부터(실제로는 타락 이후 아담과 하와부터) 현재까지 그리스도를 믿는 믿음의 연속성을 지지하면서도 무언가 새로운 것이 나타나기 시작했음을 알린다. 율법 그 자체는 믿음, 소망, 또는 사랑이 생겨나게 할 수 없었고 다만 죄로 인해 세상을 감옥에 가두어 구속자를 기다리게 하거나(갈 3:22~23) 유업을 받기 위해 보호자 아래 장성하기를 기다리게 하는 일만 할 수 있었다(24절). 구약 성경에서도 신약과 마찬가지로 믿음을 살아나게 하는 것은 오직 메시아의 약속이었다.

사도행전에서는 곳곳에서 그리스도가 선포되고 그에 대한 적절한 반응은 회개와 믿음이다. 히브리서에서 이스라엘의 위대한 조상들은 아직 약속의 성취를 보지 못했지만 그 약속에 대한 믿음으로 인해 칭송받는다(히 11:1~12:2). 바울에 따르면 모세와 해방되어 그를 따르는 백성들은 "그들을 따르는 신령한 반석으로부터" 마셨는데 "그 반석은 곧 그리스도"(고전 10:4)시다. 실제로 광야 세대는 하나님께 반역했을 때 "주를 시험"(9절)했다고 한다.

그러므로 믿음은 포괄적인 낙관주의, 인생에 대한 긍정적 전망이 아니다. 믿음은 하나님과 우리를 돌봐 주시겠다는 하나님의 약속에 대한 막연한 신뢰도 아니다. 구원 얻는 믿음은 단지 '대단한 것들을 위해 하나님을 믿는 것'이 아니다. 구원 얻는 믿음은 매우 구체적이다. 그것은 그리스도가 복음 안에서 우리에게 주어진 대로 예수 그리스도 안에서 하나님의 구원의 자비를 붙드는 것이다. 믿음은 사랑과 선행의 열매를 낳지만 칭의의 과정에서는 단지 듣고 받기만 한다. 믿음 자체에는 우리를 의롭게 하는 효력이 전혀 없다. 그러나 가장 약한 믿음도 강하신 구주를 붙잡는다.

이런 구원 얻는 믿음에는 지식, 동의, 신뢰라는 세 가지 측면이 있다는 점이 자주 언급된다. 믿음은 *지식*을 포함한다. 우리의 개인적인 믿음 행위는 "성도에게 단번에 주신 믿음의 도"(유 3), 즉 교리 체계에 관여한다. 이 공통된 믿음은 믿음의 대상, 즉 그리스도의 인격과 사역이 지닌 내용을 명백히 한다. 우리는 이 경우에 우리와 타인과의 관계에서와 마찬가지로 더 이상 지식(교리)을 개인적 관계(경험)와 대립시킬 수 없다. 우리는 어떤 사람에 대한 신뢰와 그 사람의 성품, 의지, 행위에 대한 어떤 사실들을 아는 것을 별개로 여길 수 없다. 내가 해야 할 '일'이 아닌 '사람'이라는 것을 경험하고 싶다는 변명으로 아내에 대한 나의 무지를 변호한다면 아내는 별로 달가워하지 않을 것이다. 하나님께 대한 믿음도 마찬가지다.

믿음은 또한 동의를 포함한다. 우리는 이 지식에 대해 책임이 있다. 우리는 하나님이 죄인들을 위해 자기 아들을 주셨고 죄인들을 의롭다 하시기 위해 그 아들을 제 삼 일에 부활시키셨다고 믿는가? 그러나 진정한 믿음은 진리를 알고 진리에 동의하는 것뿐만 아니라 그리스도를 우리의 유일한 소망으로 신뢰하는 것이다. 믿음은 그리스도가 성육신하시고 십자가에 달리시고 제 삼 일에 부활하셨다는 믿음일 뿐만 아니라 칼빈의 말대로 "그리스도 안에서의 값없는 약속의 진리 위에 세워지고 우리의 지성에 계시되며 성령으로 우리 마음속에서 인 침을 받은, *우리를 향한 하나님의 은총에 대한 확고하고 확실한 지식*"이다. [9]

믿음은 한 마디로 "하나님의 은총과 구원에 대한 확신"이다.[10] 믿음은 단지 그리스도가 죄인들을 위해 고난받으시고 죽으시고 부활하셨다고 믿는 것만이 아니다. 야고보는 이렇게 말한다. "네가 하나님은 한 분이신 줄을 믿느냐? 잘하는도다 귀신들도 믿고 떠느니라"(약 2:19). 그러나 하나님이 복음을 통해 그리스도 안에서 죄인들에게 자신을 내어 주실 때 귀신들은 하나님을 신뢰하지 않는다. 여론 조사에 따르면 많은 미국인들이 구원을 위해서는 하나님에 대한 약간의 믿음이 필요하다고 믿는다. 그러나 대부분의 사람들에 따르면 그 믿음은 복음을 통해 성육신하신 아들 안에서 계시된 대로의 하나님에 대한 지식이나 동의일 필요가 없다. 그리고 그 믿음은 확실히 개인적인 신뢰를 요구하지 않는다. 그러나 믿음은 성경에서 구주에 대한 지식과 동의와 개인적 신뢰로 정의된다.

『하이델베르크 교리문답』의 표현대로 하자면 "참된 믿음이란 내가 확실한 지식으로서 하나님께서 자신의 말씀 안에서 우리에게 계시하신 모든 것을 진리로 받아들이는 것이다. 동시에 참된 믿음이란 *다른 사람에게뿐만 아니라 나에게도* 하나님께서 죄의 용서와 영원한 의로움과 구원을 단순한 은혜, 곧 오직 그리스도의 공로로부터 주신다는 확고한 확신이다."[11]

믿음은 종종 심오한 체험을 수반하지만 하나의 감정은 아니다. 믿음은 우리 안에서 솟아나는 것이 아니다. 오히려 믿음은 복음의 외적인 선포를 통해 우리 안에서 생겨난다 - 우리 안에서 창조된다.- 성령이 복음의 아름다움에 우리 마음을 열게 하실 때 우리는 다만 그 소식

---

9) John Calvin, *Institutes of the Christian Religion*, trans. Henry Beveridge (Grand Rapids: Eerdmans, 1990), III.ii.7, 강조는 저자.

10) 앞의 글, III.ii.15.

11) 『하이델베르크 교리문답』 제 21문, 강조는 저자.

을 믿게 된다.

우리 집 세쌍둥이의 때 이른 분만을 초조하게 기다리고 있을 때, 의사가 나를 보며 "세 아이 다 살아 있네요!"라고 말하던 그 순간을 나는 결코 잊지 못할 것이다. 그 소식은 (최소한 한 아이에 대해서만큼은) 이미 정해진 결론이 아니었고 그 소식을 들을 때까지 나와 아내는 마음을 졸이고 있었다. (심지어 공인된 의사들의 말을 근거로 한) 온갖 희망 섞인 생각도 그 초조함을 덜어 주고 가능성을 현실로 만들어 줄 수 없었다. 나는 내가 원하는 성공적인 분만을 전적으로 믿었지만, 하나님에게서나 의사에게서나 믿을 만한 약속은 전혀 받지 못했고, 나의 믿음의 강도는 실제 상황과 아무런 관계가 없었다. 나의 확신은 전적으로 의사가 하는 말에 달려 있었다. 마찬가지로 복음이 뉴스인 이유는 이미 이루어진 한 사건을 전달하기 때문이다. 믿음은 어떤 일을 실현시키는 것이 아니라 진리를 받아들이는 것이다.

우리가 복음에 대해 더 많이 듣고 이해할수록 우리의 믿음은 더욱 성장하고 튼튼해진다. 그럼에도 가장 약한 믿음도 부족함 없는 구주를 붙든다. 구조 요원에 대한 신뢰의 질이 익사하지 않고 구조되는 것과 아무 관계가 없는 것과 마찬가지로 믿음 자체는 우리를 심판에서 구하지 못한다. 위험에서 건져 주는 것은 구조받는 사람이 아니라 구조하는 사람이다. 사실 위험에 처한 사람은 바로 구조의 과정에서 구조하는 사람을 신뢰하며 붙든다. 나는 아직 '익사 직전의 조난자, 탁월한 매달리기 실력으로 구조되다'와 같은 머리기사를 본 적이 없다. 구조의 임무가 맡겨진 사람은 언제나 구조 요원이다. 우리가 믿음을 통해 의롭다 함을 받는 것은 그리스도 때문이지 우리의 믿음 그 자체 때문이 아니다.

자기 발로 일어서라 : 앉아 있다가 낯선 사람들과 길거리에서 어울려 춤추기

믿는 이들에게 마지막 심판의 판결은 이미 내려졌다. 이 사실에 비추어 보면 복음은 오늘이나 다른 어떤 날이나 중요한 기사가 될 것이라는 생각이 들 것이다. 우리 각자가 믿음에 이르렀던 날이 우리에게 그랬던 것과 같이 다른 모든 이들에게도 뉴스거리가 될 만한 일은 아닐지도 모른다. 내 개인적인 종교적 경험이 신문의 1면을 차지하지 않는 것은 어찌 보면 당연하다. 심지어 언론에서 주요한 '종교' 이야기를 무시한다 하더라도 나는 별로 놀라지 않을 것이다. 그러나 대다수의 미국인들이 최소한 지옥과 마지막 심판의 실재를 믿는다고 말한다는 사실을 감안하면, 우리가 그날의 판결을 지금 알 수 있다는 소식은 분명 가장 중요한 발견일 것이다. 물론 우리는 여러 전쟁의 결과가 어떻게 될지, 사람들이 자연재해를 어떻게 극복할지 등을 알고 싶다. 그러나 인간이 하나님 앞에 소환된 사건은 분명 우리 모두를 기다리고 있는 보편적으로 가장 결정적인 사건이다. 만일 우리가 미래를 엿보아 그날에 무슨 일이 일어나고 하나님의 판결은 어떻게 될지 알 수 있다면 어떻게 될까? 이 판결은 오직 믿음으로 말미암아 그것을 받아들이고 믿은 모든 이들에게 이미 알려졌다. 이 판결의 결과가 언제나 눈에 보이고 헤아려지는 것은 아니지만 우리는 이 판결을 듣고 믿는다.

옛날에는 아이들이 보도에 서서 "호외요, 호외!"라고 소리치면서 신문을 팔곤 했다. 우리가 복음의 사역자로 공적인 예배에서 하든지 아니면 우리 이웃이나 직장 동료에게 사적으로 하든지 반드시 해야 할 일이 바로 이것이다. 우리는 그들에게 삶을 변화시키라거나 자기 개발 프로그램을 써 보라고 말하는 것이 아니다. 우리 자신의 경험을 그들의 마음을 움직여 그리스도를 받아들이게 할 놀라운 뉴스로 제시하는 것도 아니다. 그들은 우리가 전하는 소식을 단지 그 소식이 우리를 미

소 짓게 하거나 우리의 발걸음을 경쾌하게 해 준다는 이유로 믿지는 않을 것이다. 우리는 단지 그 소식을 알리고 있을 뿐이다. "그러므로 이제 그리스도 예수 안에 있는 자에게는 결코 정죄함이 없나니"(롬 8:1). 이 소식은 스스로 알아서 퍼져 나간다!

예수님은 이렇게 선포하셨다. "그를 믿는 자는 심판을 받지 아니하는 것이요 믿지 아니하는 자는 하나님의 독생자의 이름을 믿지 아니하므로 벌써 심판을 받은 것이니라"(요 3:17~18). 우리가 안으로 죽어 가고 있을 때에도, 우리 얼굴에 미소가 사라지고 우리의 발걸음이 무거울 때에도 우리의 믿음을 살아 있게 하는 것은 바로 이 놀라운 뉴스다. 그렇다면 왜 모두가 이 좋은 소식을 찾아 떼지어 몰려오지 않는가? 예수님은 이렇게 설명하신다. "그 정죄는 이것이니 곧 빛이 세상에 왔으되 사람들이 자기 행위가 악하므로 빛보다 어둠을 더 사랑한 것이니라 악을 행하는 자마다 빛을 미워하여 빛으로 오지 아니하나니 이는 그 행위가 드러날까 함이요"(19~20절). 예수님이 니고데모와 나누신 이 대화에서 앞서 말씀하신 것처럼 위로부터 거듭나지 않으면 아무도-심지어 니고데모 같은 종교 지도자도-이 복음을 이해하지 못한다.

그 빛을 받으려면 먼저 우리의 어둠이 드러나야 한다. 그리스도의 의로 옷 입으려면 우리의 의는 더러운 누더기와 같다는 것을 인정해야 한다. 그리스도 안에서 살려면 우리의 옛 자아에 대해 죽어야 한다. 성령만이 "허물과 죄로 죽었던"(엡 2:1) 이들을 되살리실 수 있다. 그러면 우리는 그 뉴스를 (그 뉴스의 좋은 면과 나쁜 면 모두를) 받아들일 수 있다. 우리는 과거에 믿었던 선정적 저널리즘에 대해 회개하고 하나님이 전하시는 이야기를 받아들여야 한다. 지금도 전 세계에서 많은 이들이 아담의 폐허에서 그리스도의 땅으로 옮겨지고 있다. 그러므로 바울은 로마서 10장의 논증을 이렇게 마무리한다. "기록된 바 '아름답도다, 좋은 소식을 전하는 자들의 발이여!' 함과 같으니라……그러므로 믿음은 들음에서 나며 들음은 그리스도의 말씀으로 말미암았느니라"(15, 17절).

우리는 뉴스를 만들어 내는 것이 아니라 그저 전할 뿐이다

우리는 하나님의 말씀이 우리를 우리 밖으로 불러내어 믿음으로 하나님을 바라보고 사랑과 섬김으로 세상을 바라보는 외향적 존재가 되게 하는 것을 보았다. 우리가 뉴스가 아니라 하나님이 뉴스다. 일단 좋은 소식이 우리를 '편견'으로 가득한 우리의 비좁은 내면세계 밖으로 끌고 나오면 우리는 스스로 보도 기자가 된다.

특별히 텔레비전 뉴스에서는 보도 기자 자신이 점점 더 뉴스거리가 되고 있다. 이제는 한 극단에서 다른 극단까지 모든 이데올로기적 관점을 아우르는 유명한 '뉴스 쇼'가 있다. 뉴스는 오락으로 포장되고 각 프로그램의 성공 여부는 특정 이데올로기 옹호자가 얼마나 영리하게 자신과 같은 입장을 가진 시청자들을 설득하고 자신의 논적들의 입장을 지지하는 시청자들을 조롱할 수 있는지에 달려 있게 되었다. 결국 우리는 쟁점보다 진행자에 대해 더 많이 알게 되고 시청자의 규모는 전달되는 내용의 신뢰성보다 전달자의 카리스마에 의존한다. 오늘날의 교회에도 이와 유사한 현상이 점점 분명히 드러난다. 그 결과 특정한 교회들은 목회자의 정치적 견해, 사회경제적 위치, 인종적 특색, 소비 취향 등을 포함해서 목회자의 개성을 드러낸다. 그러나 그리스도의 몸인 교회의 정체성을 형성하는 것은 복음의 전달자가 아니라 복음이다.

이런 일은 교회가 보다 일반적으로 자신을 뉴스거리로 만드는 곳에서 더 광범위한 규모로 벌어질 수 있다. 초대 교회는 자신을 뉴스거리로 만들기엔 힘이 부족했다. 실제로 신자들은 대개 괴롭힘과 박해를

당하고 회당과 그 밖의 공공건물에서 쫓겨나 부득이 개인 가정에서 함께 모이지 않을 수 없었다. 그럼에도 그리스도에 대한 좋은 소식은 그때까지 알려진 세상 전체에 들불처럼 확산되었다. 속담에도 있듯이 '순교자의 피는 교회의 씨앗이다.' 그리스도의 명성은 로마 황제의 제국 전역으로 퍼져 나갔다.

그러나 교회는 성장과 더불어 스스로를 큰 이야깃거리로 만들기 시작했다. 성공은 그에 뒤따르는 문제가 있었다. 교회가 국가로부터 관용을 얻고 나중에는 심지어 콘스탄티누스 치하에서 제국의 공식 종교가 되자 교회의 많은 지도자들이 세속적인 통치자가 되어 세속 왕국의 강력한 군주들을 닮아 갔다. 죄, 사망, 지옥, 사탄 그리고 이 세상의 통치자들과 권세들에 대한 그리스도의 승리는 그 자체로 뉴스가 아니라, 교회가 세속 정치권력과의 결탁을 통해 이 세상 나라들을 정복하기 위한 기초였다. 교회는 하늘의 왕이 말씀과 성례를 통해 신령한 선물을 나눠 주시는 새로운 통치 체제를 알리는 '제사장 나라'라기보다는 하나의 문화, 하나의 문명이 되어 버렸다.

오늘날 미국 교회는 세속 문화에 너무 동화되어 버려서 그 둘을 구분하기가 매우 어렵다. 미국의 교회들과 기독교 운동들은 권력과 인기와 특권의 마지막 흔적을 간직하고 싶은 나머지 종종 신문 1면을 장식하려 애쓴다. 우리는 보도 자료, 만원인 스타디움, 온갖 프로그램, '적실성 있는' 전달을 통해 왕국을 건설하려고 한다. 우리는 화제를 몰고 다니는 유명인들처럼 우리의 대본에 충실하게 열방에 그리스도와 그가 십자가에 못 박히신 것을 전파하는 대신 시장 점유율을 더 많이 차지하기 위해 특정 지지층에 영합한다.

복음이 삶을 변화시키는 까닭은 바로 복음이 우리-또는 심지어 우리의 변화된 삶-에 대한 소식이 아니라 그리스도에 대한 소식이기 때문이다. 기독교 신앙이 우리의 변화된 삶을 바탕으로 한다면, 모든 기독교인의 삶은 매일 기독교 신앙을 반박하기에 충분한 모순들로 가득할 것이다. 교회의 역사는 이단과 분열뿐만 아니라 십자군과 종교 재판과 그리스도의 이름으로 저질러진 잔학 행위에 대한 합리화로 어지러워졌다. 그러나 이 모든 일에 있어서 우리는 개인적으로나 집단적으로나 우리 자신이 아니라 "세상 죄를 지고 가는 하나님의 어린 양"(요 1:29)을 가리켜 보일 수 있다. 사실 우리는 오직 우리의 영적인 교만을 회개하고 늘 새롭게 하나님의 아들 안에서 하나님의 자비에 우리 자신을 의탁해야만 우리 이웃의 주인이 아닌 종이 될 수 있다.

스스로 유명해지는 것은 우리가 아닌 그리스도의 타당성과 영향력이다. 사도들조차 자신을 화제의 인물로 만들지 않았다. "내가 너희 중에서 예수 그리스도와 그가 십자가에 못 박히신 것 외에는 아무것도 알지 아니하기로 작정하였음이라"(고전 2:2). "그러나 내게는 우리 주 예수 그리스도의 십자가 외에 결코 자랑할 것이 없으니……"(갈 6:14). "우리는 수많은 사람들처럼 하나님의 말씀을 혼잡하게 하지 아니하고 곧 순전함으로 하나님께 받은 것같이 하나님 앞에서와 그리스도 안에서 말하노라"(고후 2:17). 사도들은 주가 아니라 사신이다(고후 5:20). 사신은 자기 나름의 직무 내용 설명서, 정책 또는 의제를 만들어 내는 것이 아니라, 자기 나라 국가 원수의 의제를 알리고 설명하고 변호하고 적용한다. 오늘날의 교회도 스스로 보도 자료를 작성하는 일에서 벗어나 복음 안에 있는 하나님의 능력을 재발견해야 한다. 우리는 스스로가 좋은 소식이 아니라 그 소식을 받고 전하는 사람들이다. 화제의 인물이 아니라 보도 기자다.

우리를 뒤집어 놓는 뉴스

말씀 선포는 우리를 뒤집어 놓는다. 웨스트민스터 대교리문답의 표현과 같이, 하나님의 말씀을 읽는 것, "특별히 말씀을 전하는 것"이 하나님의 "은혜의 방편"으로 정해진 까닭은 바로 말씀이 우리를 "자기 자신으로부터 몰아내어" 그리스도를 붙들게 하기 때문이다.[12] 하나님은 우리를 우리 밖으로 불러내어 심판과 칭의를 받게 하심으로써 우리가 스스로 파 놓고 마치 그곳이 진짜 세계인 것처럼 그 속에서 살았던 지하 감옥 위의 탁 트인 세상으로 인도하신다. 우리는 유명인 주위가 아니라 전망대 아래 모인다. 그 전망대 위에서 하나님은 우리에게 하나님의 이름을 부를 것을 요구하신다.

우리는 그것이 하나님의 재판정 앞에 우리를 소환하시고 지금 여기서 마지막 날의 판결을 내리시는 하나님 자신의 행위라고 믿는가? 아니면 반투명한 연단 때문에 말씀이 더 잘 들린다기보다 설교자가 더 잘 보이는가? 설교자들이 자신을 익명의 사자라고 가정할 경우보다 자신의 생각과 경험과 지혜를 나눌 경우에 설교 전달이 더 적실성 있고 효과적이라고 생각한다는 것을 높고 둥근 의자가 보여 주고 있는가? 그들은 자신을 위대한 왕이 파견하시고 사명을 주신 사신으로 보는가, 아니면 자기 교회의 창립자로 보는가?

최근에 나는 2001년 9월 11일의 테러 공격을 해마다 기억하는 추도 예배를 텔레비전 중계로 보았다. 그 행사는 그리스도를 국가적 정체성과 혼동하는 것만 제외하면 매우 인상적이었다. 제복을 입은 군인들과 대통령들과 합참 의장이 마이크 앞으로 걸어 나오고 군중은 침묵하며 시청자들은 다들 일상에서 잠시 손을 놓았다. 각각의 연설은

---

12) 웨스트민스터 대교리문답 제 155문.

우리에게 새로운 소식을 알려 주는 대신 아마도 그 사건의 중요성에 대해 발언하는 수준에 그치겠지만 우리는 주의 깊게 듣는다. 텔레비전 시청자 속에 포함된 우리는 거기 모인 이들과 더불어 은밀하게, 심지어 자기도 모르게, 그들이 자기의 개인적인 의견과 감정과 이데올로기를 표현하는 것이 아니라, 이 사건의 의미를 그 비극적 결과 이상으로 넌지시 알려 주는 말을 해 주기를 바란다. 그들은 자신의 공적인 인상과 카리스마보다 공적인 직무를 더 의식하고 자기 자신보다 자신의 임무의 무게를 더 깊이 인식하는 듯 보였다.

하나님이 자신의 행사를 위해 실제로 새 언약에 기초한 새 백성을 창조하시는 곳에 우리를 모으실 때, 우리는 얼마나 더 높은 기대감을 가지고 나아가는가? 우리는 설교자의 음성 속에서 그 음성을 통해 성령의 능력으로 하나님의 말씀에서 나오는 또 다른 목소리, 또 다른 이야기도 함께 듣기를 소망하며 설교자의 목소리를 듣는다. 우리는 설교자가 단지 더 뛰어난 지혜를 가지고 있거나 문화와 접촉했기 때문에 이런 일들을 잘 알 수는 없다는 것을 안다. 우리는 설교자가 무엇인가 말해 주기를 바란다. 우리가 미처 알지 못한 것, 설교자가 말하기 전에는 알 수 없었을 것을 말해 주기를 바란다. 우리는 뉴스를 기대한다. 우리는 기대감을 가지고 기다린다. 저 목사가 그리스도의 이름으로 광야에서 잔치를 배설할까? 말씀-우리의 소망을 정당하게 만들어 줄, 싸움터에서 들려오는 소식-만이 우리가 요구하는 것이다. 그들은 우리 눈을 쳐다보며 우리에게 하나님이 사탄과 사망과 지옥을 이기셨다고 말해 주는가? 그들은 진정으로 하나님이 이기셨다고 확신하는가? 만일 그렇다면 그들은 그것이 자신들이 그날 가져다줄 수 있는 가장 중요한 소식이라고 믿는가? 그것은 1면 머리기사인가 아니면 보통 뒷면으로 밀려나는 가십성 기사인가?

세상 사람들이 이 말씀을 불쾌하게 여기더라도 그들이 듣는 것은 죽은 자들을 일으키고 그들을 하나님의 아들과 연합시키는 하나님의 음성이다. 이 말씀을 기이하게 만드는 것이 무엇이건 그 말씀은 적어도 들을 만한 가치가 있다. 말씀은 우리에게 익숙한 일과와 경험과 도덕적 노력에 동화될 수 없다. 『고통의 문제』에서 C. S. 루이스는 이렇게 썼다.

　　잃어버린 영혼들의 특징은 '자기 자신이 아닌 모든 것에 대한 배척'이다. 우리의 상상 속의 이기주의자는 자신과 마주치는 모든 것을 자아의 한 영역이나 부속물로 바꾸려 애써 왔다. 상대방에 대한 감각, 즉 선을 향유할 줄 아는 능력은 그의 몸이 아직 그로 하여금 약간의 기본적인 바깥 세계와의 접촉을 유지하게 하는 정도를 제외하고는 그에게서 사라져 버렸다. 죽음은 이 마지막 접촉마저 없애버린다. 그에게는 소원이 있다. 완전히 자아 속에 파묻혀 거기서 발견하는 것을 최대한 이용하는 것이다. 그런데 그가 거기서 발견하는 것은 지옥이다.[13]

　'잃어버린 영혼들'을 발견하고 그들을 그리스도께 연합하게 하고 그래서 성도의 교제에 연합하게 하는 것은 복음을 통한 성령의 역사다.
　그리스도의 몸의 일부가 되는 그런 놀랍지만 종종 고통스러운 과정 속에서 우리는 지금도 스스로 뉴스를 만들어 내고 싶어하지만, 그 대신 그리스도의 행적과 죽으심과 부활하심과 다스리심에 대한 뉴스 속에 흡수된다. 우리가 소중히 여기는 마음속 깊은 곳의 자아-그 작은 마귀-가 죽임을 당할 때 우리는 처음으로 살아난다.

---

13) C. S. Lewis, *The Problem of Pain* (New York: HarperSanFrancisco, 2001), pp. 124~125.
　　(홍성사 역간).

06

미리보기

복음과 약속이 이끄는 삶

6

복음과 약속이 이끄는 삶

어느 토요일에 감기에 걸려 소파 위에 누워서 아주 오랜 시간 동안 텔레비전 채널을 이리저리 돌려보고 있었다. 텔레비전에서는 온종일 운동 기구 선전, 돈 한 푼 안 들이고 부동산 부자 되는 법 따위가 나오더니 수지 오먼드가 안정적 재산을 모으는 법을 가르쳐 주었다. 우리 모두가 그런 것을 자랑하는 한 그런 것이 우리를 사로잡는다. 앞에서 살펴본 대로 여기에는 그럴 만한 이유가 있다. 우리는 율법에 도취되어 있다. 우리가 미국인이라서가 아니라, 우리도 인간이고 '하면 된다'는 정신의 소유자들이기 때문이다. 무엇이 옳고 무엇이 그른지는 모두가 안다. 우리의 삶을 개선하기 위한 규칙, 단계, 공식, 조언, 권고, 제안 따위는 그 자체로는 잘못된 것이 아니다. 우리는 단지 그 차이를 알 필요가 있다. 첫째, 우리는 하나님의 명령과 인간의 지혜의 사이를 알 필요가 있다. 인간의 지혜는 도움이 될 수도 있지만 우리를 심판하는 기준은 아니다. 둘째, 우리는 명령과 약속, 율법과 복음의 보다 기본적인 차이를 알 필요가 있다.

세상의 평범한 지혜도 도움이 될 수가 있다. 우리가 타락한 아담의 자손이며 우리의 가장 근본적인 도덕적 위기를 해결할 수 없다는 사실을 망각할 때 문제가 발생한다. 그 문제에 대해 우리는 좋은 조언이 아니라 좋은 소식이 필요하다. 우리는 더 많은 목적과 프로그램이 아니라 하나님의 변치 않는 약속이 필요하다. 수지 오먼드의 재정적 조언과 제이크의 가정용 운동 기구는 내 인생을 개선하는 데는 도움이 될 수도 있지만, 그들이 하는 말은 그 어느 것도 나를 사망에서 생명으로 옮겨 주지는 못한다. 내게 재정 관리에 대해 상담해 준 사람은 지금까지 아무도 없었지만 수지가 하는 말을 반만 따라하면 지금보다 재산 관리를 훨씬 더 잘할 수 있다는 것쯤은 나도 알 수 있다(나는 그 비디오를 샀다. 텔레비전을 시청하면서 토요일을 보내고 있다면 절대로 신용카드를 손이 닿는 범위 내에 두지 말라. 나는 가정용 운동 기구 세 개와 아내를 위한 몇 가지 물건을 거의 살 뻔했다). 그런 사람들은 굳이 기독교인이 되지 않고도 얼마든지 일상생활에서 타당하고 상식적인 조언을 해 줄 수 있다.

우리 모두에게는 목표가 필요하다. 그런데 더 중요한 사실은 우리가 존재하는 목적을 알 필요가 있다는 점이다. 그런데 불행하게도 우리-우리 모두-는 그 목적에 미치지 못했다. 그래서 우리가 왜 여기 있으며 무엇을 해야 하는지를 안다고 해서 우리가 전반적으로 실패작이라는 사실이 변하는 것은 아니다. 사실 '결승선'은 우리가 거기서 얼마나 멀리 떨어져 있는지를 가늠케 해 줄 뿐이다. 바로 앞의 몇 장에서 우리는 칭의(우리를 의롭다 하시는 하나님의 판결)가 신앙생활의 기원이지 목표가 아니라는 사실을 살펴보았다. 우리는 그리스도 안에서 선택되고 구속받고 부르심받고 의롭다 함을 받았다는 이미 이루어진 사실에서부터 그리스도 안에서 현재의 성화와 미래의 영화까지의 삶 가운데 살고 있다. 하나님 앞에서의 우리의 지위에 있어서는 우리에게 새로운 *원천*이 아니라 하나의 소식이 필요하다.

인생에서 우리의 목적을 아는 것은 일종의 율법이다. 모든 사람은 하나님의 형상을 지닌 존재로 하나님의 영광을 위해 창조되었다는 의식을 가지고 이 세상에 태어난다. 그것은 아무리 발달되지 못하고 억눌려 있더라도 우리 존재의 피할 수 없는 사실이다. 우리의 최고 목적이 "하나님을 영화롭게 하고 하나님을 영원토록 즐거워하는 것"이라는 말을 들을 때 우리의 양심은 찔림을 받는다. 우리는 하나님의 영광에 미치지 못했고, 우리의 최고 목적은 가능하면 하나님의 도우심으로 즐겁게 사는 것으로 정의하는 것이 더 우리의 특징에 부합되는 것처럼 보이기 때문이다.

우리는 인생에서 우리의 목적을 알 필요가 있지만 우리가 그 목적을 달성하고 있다는 환상에 빠져 있으면 안 된다. 이 점에 있어서 좋은 소식에 부합되는 유일한 메시지는 그리스도께서 우리의 대표자로서 그 목적을 성취하셨으며, 우리로 하여금 자신의 칭의와 부활의 생명에 동참하게 하셨다는 것이다. 우리는 우리 인생을 향한 하나님의 목적에서 그 목적을 성취할 방법에 대한 조언으로 옮겨 갈 때마다 자기도 모르게 지금 여기서 우리 자신의 영광을 붙잡기 위해 그리스도의 십자가를 회피하고 있는 것이다. 이것이 복음을 당연하게 여기는 것에 내재한 위험이다. 우리는 목회자와 성도로서 구원을 받으려면 복음이 필요하지만 이제는 어떻게 살지 알 필요가 있다고 결론짓기가 쉽다. 물론 우리는 하나님의 목적과 도덕적 명령에 대한 이해뿐만 아니라 그에 대한 우리의 순종에 있어서도 자라야 할 필요가 있다. 그러나 만일 우리가 복음은 '구원을 얻는' 데만 필요하고 구원을 유지하는 데-심지어 거룩함에 있어서 자라가는 데-는 필요하지 않다고 생각한다면 우리는 길을 잘못 든 것이다. 우리는 언제나 "하나님의 자비로" 우리 자신을 "산 제사"(롬 12:1~2)로 드릴 수 있다. 성화도 칭의 못지않게 그리스도의 사죄에 달려 있다. 그래서 우리는 죄책감보다는 감사로, 자기 신뢰보다는 믿음으로 산다. 우리는 더 이상 하나님을 우리에게 빚진 존재로 만들려 하지 않고 하나님의 선물을 받아 다른 사람들과 나눈다. 복음은 우리를 믿음 안에서 우리 밖에 계신 그리스도를 바라보고 사랑 안에서 이웃을 바라보는 외향적인 사람으로 만든다.

무엇이 당신을 이끌고 있는가? 무엇이 진정으로 당신을 아침에 침대에서 일어나게 하는가? 당신 주위의 모든 것이 산산조각 나는 것처럼 보이고 인생이 잘 안 풀리는 것처럼 보일 때 무엇이 당신을 지탱해 주는가? 당신에게 있어서 모든 것을 결정짓는 것은 눈에 보이는 것(당신에게 보이는 그대로의 상황)인가, 아니면 귀에 들리는 것(하나님의 약속)인가? 그것은 당신 안에 있는 것인가, 아니면 당신 밖에 있는 것, 당신의 경험에 전적으로 도전하는 밖에서 오는 말씀인가? 당신을 움직이는 것은 권력, 부, 야망, 자긍심, 타인의 인정인가? 아니면 세상을 더 좋은 곳으로 만들고 하나님과 이웃을 사랑하는 것과 같은 좀 더 고상한 것, 목적과 의미에 대한 인식인가?

릭 워렌의 경이적인 베스트셀러 『목적이 이끄는 삶』이 잘 보여 주는 것처럼 의미와 목적에 대한 열망은 단조로운 일상사나 소비문화의 끝없는 유행으로 인해 사그라지지 않았다. *나는 인생에서 분명한 목표와 가치 있는 초점을 갖는 것의 중요성은 긍정하지만 목적에 약속의 종이라는 제자리를 찾아 주기를 촉구한다.* 의롭게 된 이들은 더 이상 율법의 저주 아래 있지 않고 이제 자유롭게 되어, 하나님의 성품이 드러나는, 하나님께 대한 감사와 우리 이웃에 대한 사랑으로 하나님의 명령에 반응한다. 복음은 우리를 구원하여 우리에게 광야를 통과하여 약속의 땅까지 걸어갈 이유를 부여하며, 율법은 우리를 인도하여 우리에게 그 여행을 위한 방향을 제시한다. *기독교인들은 하나님의 약속에 이끌리고 하나님의 목적으로 인도받는다.* 두 본문-창세기 15장과 로마서 4장- 은 이 점을 강력하게 각인시킨다.

약속과 씨름하기(창 15장)

군사적인 승리와 멜기세덱에게 복과 더불어 빵과 포도주를 제공받는 놀라운 사건 이후에도 아브람의 가장 큰 문제는 상속자, 즉 하나님이 그에게 주신 소명을 이어 나갈 사람이 아무도 없다는 점이었다. 어쨌든 아브람의 눈에 보이는 세상은 황량하다. "이 후에 여호와의 말씀이 환상 중에 아브람에게 임하여 이르시되 '아브람아, 두려워하지 말라 나는 네 방패요 너의 지극히 큰 상급이니라'"(창 15:1). 아브람과 사래는 약속에 대한 믿음을 불러일으킨 하나님의 강력한 말씀으로 우르 시의 달을 숭배하는 무익한 삶에서 부르심받았다(12:1). 그에게는 가나안 땅이라는 상급이 있지만 그 상급은 궁극적으로 온 땅이며("여러 민족의 아버지") 가나안 땅은 그 온 땅의 모형 역할을 할 것이다. 신약 성경은 심지어 아브라함 자신이 지상의 약속을 통해 천상의 실재를 바라보았다고 말한다(히 11:10, 13~16). 지상에서의 약속의 땅은 하나님이 언젠가 하늘에서부터 온 땅으로 영원히 임하게 하실 나라의 소규모 복사판이 될 것이다.

하나님이 전하시는 이 메시지는 순전히 약속이다. 이 언약은 아담과 맺은 언약이나 이후에 시내 산에서 이스라엘과 맺은, 개인적인 언약의 준행을 조건으로 하는 언약과 다르다. 그것은 떠맡아야 할 사명이 아니라 받아야 할 선물이었다. 하나님은 단순히 이렇게 선언하신다. "나는 네 방패요 너의 지극히 큰 상급이니라." 이것은 고대 근동의 율법 학자라면 '왕의 하사품'이라고 부를 만한 것이다. 왕의 하사품은 귀족 작위와 비슷하게 군주가 신하의 특별한 공헌을 고려하여 신하에게 내리는 직함과 땅의 선물이었다.

그러나 상속자가 없다면 유업이 무슨 소용이 있는가? 아브람은 의아해한다. "주 여호와여, 무엇을 내게 주시려 하나이까? 나는 자식이 없사오니 나의 상속자는 이 다메섹 사람 엘리에셀이니이다……주께서 내게 씨를 주지 아니하셨으니 내 집에서 길린 자가 내 상속자가 될 것이니이다"(창 15:2~3). 이 상황의 경험적인 사실-아브람 눈에 보이는 것-은 약속의 증거와 반대되는 압도적인 증거인 듯 보인다. 그럼에도 하나님은 다시금 약속으로 되받아치시며 헤아릴 수 없는 별들을 그의 허리에서 나올 수많은 자손의 표시로 제시하신다. "아브람이 여호와를 믿으니 여호와께서 이를 그의 의로 여기시고"(5~6절). 아브람의 반응은 맹목적인 낙관주의나 긍정적 사고에서 나온 반응이 아니다. 아브람은 자신이 들은 약속을 믿게 된 것이다.

믿음은 무엇을 만들어 내는 것이 아니라 받는 것이다. 믿음은 눈에 안 보이는 것을 보이게 만들거나 미래를 현재로 만들거나 소망을 현실로 만드는 것이 아니다. 믿음은 *이미* 주어진 것을 *받는* 것이다. 은혜가 믿음에 선행한다. 믿음은 세상의 선함이나 나 자신의 선함을 마침내 받아들이는 것이 아니라, 현재 내가 처한 상황과 세상이 처한 상황에도 불구하고 나를 향한 하나님의 선하심을 받아들이는 것이다.

더 나아가 이 구절은 아브람이 하나님을 믿었고 그때 거기서 의롭다고 *선언되었다고* 우리에게 말해 준다. 아브람은 사실 도덕적 성실함의 완벽한 그림은 아니다. 아브람은 툭하면 하나님과 논쟁하고 하나님의 약속을 의심하며 하나님이 사래를 통해 그 약속이 이루어질 것이라고 선포하셨는데도 스스로 자기 미래를 보장하려는 시도로 여종 하갈을 통해 아이를 갖는다. 어떤 때는 목숨을 부지하려고 한 왕에게 사래는 자기 아내가 아니라 누이라고 거짓말까지 한다! 이것은 별로 우리 자녀들에게 본받으라고 추천할 만한 도덕적인 성품이 아니다. 그러나 하나님은 복음-하나님이 행하셨고 앞으로 행하실 일에 대한 완전히 일방적인 좋은 소식-을 전하시고 아브람은 갑자기 그것을 믿게 된다.

하나님의 약속을 믿은 아브람은 그때 거기서 '의롭게 여겨진다.' 칭의를 뜻하는 히브리어 단어(צדק)는 법정의 법률적 용어에서 나온 말이다. 피고인이 '의로우면'(즉, 법 앞에 올바르면) 그는 무죄 방면된다. 그뿐 아니라 실제로 모든 의의 성취자이며 따라서 하나님 나라의 합당한 상속자라는 판결을 받는다. 아브람이 인격적으로 의로운 것은 아니지만 의롭다고 선언되었다는 점은 이 이야기(이 사건의 *이전과 이후*)에서 충분히 분명하게 드러난다.

이 칭의의 교리는 하나님과 인간의 역설의 핵심에 있다. 어떻게 내가 계속 죄를 짓는데도 하나님 앞에 받아들여졌다는 확신을 가질 수 있는가? 바로 지금도 내 삶은 절망으로 가득한데 어떻게 내가 하나님을 신뢰하여 궁극적인 위안을 얻을 수 있는가? 이 모든 것이 다 그림의 떡처럼 보인다. 내 인생을 바라보면 내가 처한 상황과 나의 미래의 가능성은 뻔하다. 그럼에도 하나님이 아브라함을 의롭다고 선언하심으로써 아브라함은 의롭게 된다. 약속이 그렇게 만든다. 그리고 약속은 믿음으로 받는다. 우리가 칭의-하나님 앞에서의 우리의 지위-를 이해할 때 이 사실을 바르게 깨달을 수 있다면, 그 깨달음은 인생의 다른 모든 측면을 근본적으로 바꾸어 놓을 것이다. 이 족장의 생애에서 이 사건은 말 그대로 그의 이름이 바뀔 만큼 무척 결정적인 사건이다. 그는 이제 더 이상 아브람('아버지')이 아니라 아브라함('많은 사람의 아버지')이며 사래도 이제 사라-비록 사라 자신은 여전히 불임이지만-다. 우리는 이미 약속 그 자체-하나님이 '좋은 소식' 또는 '복음'으로 하신 말씀-가 일을 시작하고 계속 진행하는 모습을 보기 시작한다. 약속은 새로운 세상에 대해 말할 뿐만 아니라 이미 그런 세상을 창조한다.

아브람은 약속을 믿지만 더 큰 확증을 구한다. "이런 일이 일어날 것을 내가 어떻게 알겠습니까?"라고 그는 묻는다. 이 시점에서 왜 하나님이 '약속의 부모'에 어울리는 또 다른 후보를 택하지 않으셨는지 의문이 들 수도 있을 것이다. 우리는 종종 "한 번은 속아도 두 번은 안 속는다."라고 말하면서 우리의 말이나 우리가 약속한 것을 이행할 능력을 의심하는 사람들에게 그렇게 행동하지 않는가? 그러나 하나님은 그러실 수 없었다. 이 언약은 상대방인 인간이 가정하는 어떤 조건도 없이 하나님 자신이 맹세하신 것이기 때문이다. 이 구원은 다른 누군가가 아니라 아브라함과 사라를 통해 임하게 될 것이다. 세상을 구원하실 분은 사라에게서 나오는 씨다. 하나님은 온갖 세세한 항목과 주의 사항이 붙어 있는 막연한 약속을 하시지 않는다. 하나님의 약속은 구체적이며 이 약속은 전적으로 하나님의 뜻과 노력에 의존한다. 신약 성경이 우리에게 상기시키는 대로 "우리는 미쁨이 없을지라도 주는 항상 미쁘시니 자기를 부인하실 수"(딤후 2:13) 없으시다. 이 약속은 아브람이 하나님을 선택한 것이 아니라 하나님이 아브람을 선택하셨다는 사실에 근거한 것이었다. 하나님은 선택의 목적을 바꾸실 수 없으며, 어떤 경우에도 자신이 악인을 택하셨다는 사실을 잘 알고 계셨다. 그렇기 때문에 하나님의 선택을 은혜라고 부르는 것이다.

그래서 하나님은 다시 한 번 아브람에게 이 장(15장)의 후반부에 기록된 환상을 주심으로써 그의 연약함에 대해 은혜를 베푸신다. 이 얼마나 이상한 환상인가! 아브람이 잠이 들었을 때 하나님은 반으로 쪼개진 짐승들 사이를 지나가신다(12~21절). 이 사건은 고대 근동의 조약 체결 의식에 비추어 보아야만 이해할 수 있다. (황제 같은) 큰 왕이 작은 왕과 그의 백성을 자신의 보호 아래 두고 싶을 때는 칙허장 내지 조약문을 작성하곤 했다. 첫째로 조약문에는 이 작은 왕국의 합병을 정당화하는 간략한 역사가 기록되곤 했다. "내가 너를 이집트인들에게서 구해 주었다. 그러므로 너는 나만을 너의 왕으로 인정할 것이다." 여기에는 "이 일은 해라", "저 일은 하지 말라."라는 명확한 계약 조건이

따르곤 했다. 다음으로 처벌 규정이 있었다. "만일 네가 이런 규례와 법령을 지키지 않으면 내가……하겠다." 마지막으로 작은 왕이 큰 왕의 뒤를 따라 반으로 쪼개진 짐승 사이로 지나가면서 만일 이 언약을 지키지 않으면 스스로 그 짐승과 똑같은 운명을 맞이해도 감수하겠다고 다짐하는 의식으로 조약을 비준했다. 다시 말해, 조약 위반의 책임은 전적으로 작은 왕의 편에 있었다.

그런데 이 환상의 놀라운 점은 아브람이 깊이 잠든 사이에 홀로 이 언약 의식을 행하시는 분이 바로 위대한 왕이신 하나님이라는 것이다. 아브람과 사래 그리고 그들의 씨(그리스도)를 통해 복을 받을 모든 이들에 대한 하나님의 구원 약속의 성취는 그들에게 달려 있는 것이 아니라, 이 약속이 역사 속에서 실현되지 못할 경우 자신이 맺으신 언약의 저주를 스스로 담당하시는 *하나님*께 달려 있다. 아브람이 자신과 자신의 상속자들을 위해 이 왕의 하사품을 받은 것은 아브람의 신실함 때문이 아니라, 그리스도 안에서 이루어지고 실현된 영원 전의 선택의 목적에 대한 하나님의 신실하심 때문이다.

훗날 바울이 갈라디아서 3장 19~20절에서 구체적으로 이 아브라함과의 언약을 언급하며 증언하는 대로, 하나님이 스스로 맹세하신 언약보다 인간의 신실함이 아닌 하나님과 하나님의 약속에 더 확고하게 기반을 둔 언약은 존재할 수 없다. 이스라엘이 시내 산에서 하나님과 맺은 언약은 그들의 맹세("모든 것을 우리가 준행하리이다.")에 달려 있었다. 그러나 하나님이 아브라함과 맺은 언약은 그와 다르다.

> 이 약속들은 아브라함과 그 자손에게 말씀하신 것인데 여럿을 가리켜 그 자손들이라 하지 아니하시고 오직 한 사람을 가리켜 네 자손이라 하셨으니 곧 그리스도라 내가 이것을 말하노니 하나님께서 미리 정하신 언약을 사백삼십 년 후에 생긴 율법이 폐기하지 못하

고 그 약속을 헛되게 하지 못하리라 만일 그 유업이 율법에서 난 것이면 약속에서 난 것이 아니리라 그러나 하나님이 약속으로 말미암아 아브라함에게 주신 것이라(갈 3:16~18).

갈라디아서 4장에서 바울은 두 산(시내 산과 시온 산)의 비유를 사용하여 그 두 산을 하갈과 사라와 서로 관련짓는다. 그때까지 이런 비유는 별로 귀에 거슬리지 않았을 것이다. 유대교에서는 구약 성경에 나오는(인간의 신실함에 의존하는) 시내 산과 시온 산(하나님의 영원한 약속)의 차이를 인식하고 있으며 바울의 독자들도 마찬가지였을 것이다. 더 나아가 그들은, 여종 하갈은 이스마엘의 어머니이며 사라는 약속의 어머니임을 알고 있었다. 그런데 그 다음 내용이 이상하다. 바울은 지상의 예루살렘은 사실 시내 산에 속박된 종의 자식인 반면, 하늘의 예루살렘은 오직 그리스도 안에서 오직 은혜로 자유와 기쁨 가운데 하나님의 성소로 들어간 해방된 무리-유대인과 이방인-로 가득하다고 말한다. 다시 말해, 그리스도께서 나타나신 이후의 관점에서 역사를 해석하면 육신적으로 사라의 혈통을 이어받은 이들조차 실제로는 하갈의 영적인 상속자들이며 시내 산 기슭에서 소환된 죄수들이다. 그들은 이 언약이 율법에 담긴 모든 내용을 다 행하지 않는 모든 이들에게 선포한 저주에 대해 나름대로 개인적 책임을 지고 있다.

그래서 창세기 15장에서 하나님은 쪼개진 짐승 사이로 홀로 걸어가셔서 언약이 깨질 경우 그 언약의 저주를 담당하심으로써 아브라함의 생명을 보존하신다. 그리고 창세기 22장에서 아브라함이 하나님의 명령을 따라 이삭을 제물로 바칠 때, 하나님은 아브라함이 약속의 아들을 칼로 찌르기 직전 순간에 이삭을 대신할 제물을 주신다. 할례는 양피를 부분적으로 '잘라 내는' 것인데 이는 자기 백성의 죄를 위해 완전히 '끊어짐'을 당할 그 씨를 가리키는 것이었다. "세상 죄를 지고 가는 하나님의 어린 양이로다"(요 1:29). 물론 아브라함은 그 당시에 벌어지고 있는 모든 일을 다 깨닫지는 못했다. 줄거리는 아직 다 펼쳐지지 않았다. 이야기 전체를 읽고 나면 언제나 앞부분의 장면들과 부차적인 줄거리들을 이해하기가 훨씬 쉽다. 그러나 처음부터-심지어 아브라함 시대에도-그 줄거리는 그리스도와 그리스도의 구원 사역을 중심으로 했다(갈 3:15).

아브라함은 자신의 신앙 고백을 바탕으로 이제는 자신의 육체적인 기력이나 사라의 생식력(다시 말해, 그가 자신의 노력으로 보고 얻을 수 있는 것)을 기초로 해서가 아니라, 오직 그가 들은 약속의 말씀을 기초로 순례 여행을 계속할 수 있었다. 우리는 눈에 보이는 실체에 의지하거나 아니면 우리에게 전해진, 귀로는 들리지만 보이지 않는 실체에 의지하거나 둘 중에 하나일 것이다. 그러나 우리는 둘 다 의지할 수는 없다. 불신은 불가피하다. 우리는 인생의 실상에 직면하여 하나님의 말씀의 진실성을 의심하거나 아니면 하나님의 약속에 직면하여 이 세상의 이른바 '기정사실'의 진실성을 의심할 것이다. 우리가 하나님의 약속을 더 잘 *믿으려*면 우리 자신 안에서 우리가 보고 경험하는 것을 더 잘 안믿어야 한다.

믿음은 통계 수치, '현재 실정', 우리가 참작해야 할 가능성 또는 불가능성 등을 무시한다. 믿음이 이런 것들을 무시하는 까닭은 믿음이 맹목적 낙관주의여서가 아니라 하나님과 하나님의 약속을 알고 믿기 때문이다. 믿음 안에서 우리는 하나님의 선포의 말씀으로 새로운 세상이 창조되었다는 소식을 받아들이기 위해 지금 여기서 우리가 보고 경험하는 것에 대한 의존을 기꺼이 내려놓는다. 하나님의 약속은 어둠과 공허에서 새로운 세상을, 불신과 불경건의 척박한 땅에서 열매 맺는 나무들의 비옥한 들판을 창조하신다. 이 언약은 아브람이 보고 통제할 수 있는 미래를 *얻으라*는 부르심이 아니라 하나님이 말씀으로 창조하신 미래를 *받으라*는 부르심이다. 사래의 잉태하지 못하는 태는 하나님이 그 위에 새 창조의 그림을 그리실 캔버스다.

그리고 아브람과 사래는 둘 다 이름이 바뀐다. 이 약속은 그들에게 새로운 정체성을 부여한다. 물론 이 모든 것은 우리의 직관에 어긋난다. 우리는 뿌린 대로 거두지 않는가? 선량한 사람이 경주에서 이긴다. 하나님은 스스로 돕는 자를 도우신다. 그런데 복음은 그렇지 않다고 말한다. 하나님은 악인들을 의롭다 하시고 황량한 삶에서 새로운 삶을, 절망에서 소망을, 사망에서 생명을 창조하신다. 사도 바울은 로마서 4장에서 이 아브라함의 이야기를 그렇게 설명한다.

약속의 성취(롬 4:13~25)

창세기 15~17장의 이 본문들은 바울의 가르침의 많은 부분에 있어서 그 배경을 형성한다. 이스라엘은 하나님이 아브라함과 맺으신 약속 언약과 이스라엘이 시내 산에서 여호와 하나님과 맺은 율법 언약을 혼동해 왔다. 약속 언약을 바탕으로 하지 않으면 율법 언약을 통해서는 아무도 의롭다 함을 받을 수 없다고 바울은 주장한다. 그래서 바울은 아브라함을 증인석으로 데려온다. 아브라함은 '우리를 위한 본보기'이지만 우리가 주일학교에서 배웠을 법한 이유들 때문에 그런 것은 아니다. 바울 시대의 랍비들은 (회심하기 이전의 바울 자신처럼) 아브라함이 자신의 순종으로 하나님 앞에서 칭의를 획득했다고 생각했다(그들은 그것을 "조상들의 공로"라고 불렀다). 그러나 우리가 살펴본 대로 창세기의 이야기는 그런 생각에 별로 신뢰를 보내지 않는다. 만일 아브라함이 자기 의를 바탕으로 하나님의 판단을 받는다면, 아브라함도 다른 죄인들 앞에서는 자랑할 수 있겠지만 거룩하신 하나님 앞에서는 자랑할 수 없다고 바울은 말한다(1~2절).

그러면 아브라함은 어떻게 우리에게 본이 되는가? 아브라함은 하나님이 본질적으로는 '악한' 자들을 그 행위를 기초로 하지 않고 약속에 대한 믿음을 통해 의롭다 하시는 (의롭다고 선언하시는) 경천동지할 진리의 모범 사례 역할을 한다고 바울은 말한다. 아브라함이 자신의 의로 의롭다 함을 받을 수 없다면, 아브라함을 우리의 조상이라고 주장하는 우리가 어떻게 의롭다 함을 받을 수 있는가? *아브라함은 우리에게 하나님이 악한 자를 의롭다 하신다는 사실의 본보기가 된다.*

바울은 로마서 4장에서 율법의 논리를 약속의 논리와 대조하고 있다. 그는 10장에서 사용하게 될 어구와 똑같은 어구-"믿음의 의로 말미암은"(13절)-를 사용하면서 *우리의 올라감*("가서 차지해라.")이라는 율법의 논리를 *하나님의 내려오심*("하나님이 그것을 당신에게 주셨다.")이라는 약속의 논리와 대조한다. 그래서 우리가 어떻게 의롭다 함을 받는지-즉, 하나님 앞에서 바로 세워지고 하나님이 우리를 위해 준비하신 모든 선물의 상속자가 되는지-에 대해 율법과 약속은 서로 반대되는 상속 방법을 나타낸다. 우리는 계약("당신이 그것을 하면 나는 이것을 하겠다.")과 유증("이를 통해 나는 내 재산을 ~에게 남긴다.")의 차이를 안다. 바로 그것이 여기서 피고용인과 상속자의 차이다 (롬 4:4). 성부의 계시된 뜻에 대한 그리스도의 완벽한 성취가 그 기초이며, 그리스도의 죽음은 왕의 재산을 그 모든 수혜자들에게 나누어 주는 법적인 사건이다.

14절에서도 또다시 양자 사이의 대조가 나온다. "만일 율법에 속한 자들이 상속자이면 믿음은 헛것이 되고 약속은 파기되었느니라." 그것은 믿음도 필요해서가 아니라 믿음과 행위가 이 칭의를 얻는 수단으로서 절대적으로 반대되기 때문이다. 그 문장(15절)의 마지막 부분은 다음과 같다. "율법은 진노를 이루게 하나니 율법이 없는 곳에는 범법도 없느니라." 우리의 죄를 폭로하고 완전히 악한 것으로 만들어 우리의 잘못을 '실수', '자기표현', '괴상한 취미' 또는 심지어 '우리의 모든 가능성을 다 실현하지 못하는 것'이 아니라, 하나님의 명백한 명령에 대한 악하고 고의적인 위반으로 간주하는 것은 다름 아닌 율법이다. 율법이 말을 하면 옛 자아는 죽는다.

율법은 우리에게 무엇을 *해야* 하는가를 말해 주기 때문에 믿음을 만들어 낼 수 없다. 율법은 율법을 어기는 이들에게 그들이 하지 않은 일을 알려 줄 수 있을 뿐이다. 그 결과 율법은 그 뒤에 절망을 가져온다. 이와 대조적으로 약속은 다른 누군가가 무슨 일을 했는지를 우리에게 말해 준다. 바로 그 때문에 약속은 생명을 가져다준다. 일단 율법의 공의로운 심판이 그리스도 안에서 충족되면, 율법은 더 이상 우리의 사형 집행인이 아니라 오히려 복음이 이끄는 삶을 위한 진로를 표시해준다. 그리스도 밖에서는 율법을 들어도 단지 우리가 하나님의 영광에 얼마나 못 미치는지를 끊임없이 깨닫게 되었을 뿐이다. 그러나 이제 율법은, 모든 좌절과 실패에도 불구하고 순례 여정을 따라 그리스도 안에서 의롭게 된 이들을 인도하는 능력 외에는 아무 능력이 없다.

다음으로 16절에서 바울은 이렇게 말한다. "그러므로 상속자가 되는 그것이 은혜에 속하기 위하여 *믿음으로* 되나니 이는 그 약속을 그 모든 후손에게 굳게 하려 하심이라 율법에 속한 자에게뿐만 아니라 아브라함의 믿음에 속한 자에게도 그러하니 아브라함은 우리 모든 사람의 조상이라"(강조는 저자). 약속의 논리가 보이는가? 바울은 나중에 이 목걸이에 진주 하나를 더할 것이지만 지금까지의 요점은 꽤 분명하다. 우리가 믿음으로 상속을 받아야만 그 모든 것이 은혜로 말미암고 그래서 땅끝까지 이를 수 있다는 것이다.

하나님의 약속은 미래의 실재에 대한 보증일 뿐만 아니라 그 실재를 현재 속에서 실현한다는 점을 인식하는 것이 중요하다. 우리는 바울이 율법은 어떤 일들을 하고 약속은 어떤 일들을 한다고 말하는 것에서 이 사실을 분명히 알 수 있다. 본문 14~15절에서 그는 이렇게 말한다. "만일 율법에 속한 자들이 상속자이면 믿음은 헛것이 되고 약속은 파기되었느니라 율법은 *진노를 이루게 하나니* 율법이 없는 곳에는 범법도 없느니라." 율법이 실제로 정죄를 가져온 것과 똑같이 선포된 약속(또는 복음)은 믿음을 창조한다. 율법은 우리에게 하나님의 다가올 진노에 대해 경고만 하는 것이 아니라, 마치 범죄자에 대한 판사의 판결 행위가 실제로 그 범죄자에게 유죄 선고를 가져오는 것처럼 "진노를 이루게" 한다.

성경 전체에 걸쳐 우리는 하나님의 말씀에 효력이 있다는 사실을 배운다. 말씀은 창조에서나 섭리에서나 구속에서나 하나님이 말씀하시는 것이면 무엇이든 이룬다. 하나님은 창조의 능력을 지닌 말씀으로 세상을 창조하셨고 매 순간 그 말씀으로 세상을 붙들고 계신다. 인간이 죄에 빠진 이후 하나님은 생명을 주는 약속을 주셨고, 계속되는 죄와 반역에도 불구하고 그 능력의 말씀으로 불신을 이기셨다. "내 입에서 나가는 말도 이와 같이 헛되이 내게로 되돌아오지 아니하고 나의 기뻐하는 뜻을 이루며 내가 보낸 일에 형통함이니라"(사 55:11). 하나님의 말씀은 "살아 있고 활력이"(히 4:12) 있다고 성경은 말한다. 하나님의 법은 우리 위에 일련의 규범으로 서 있을 뿐만 아니라 마치 국세청 회계 감사처럼 우리 양심 속으로 파고들며 "또 마음의 생각과 뜻을 판단하나니 지으신 것이 하나도 그 앞에 나타나지 않음이 없고 우리의 결산을 받으실 이의 눈 앞에 만물이 벌거벗은 것같이"(13절) 드러난다. 히브리서 기자가 유일한 소망이신 우리의 큰 대제사장께로 피해야 한다고 말하는 이유가 바로 그 때문이다(14~16절). 율법은 우리를 정죄하여 우리 자신에 대해 절망하고 우리 밖에서 구원을 찾도록 몰고 가는 데 성공한다. 복음은 우리에게 그리스도와 그리스도의 모든 은택을 받을 믿음을 주는 데 성공한다.

그러면 다시 로마서 4장으로 돌아가 보자. 복음은 우리 모두가 행동을 통일한다면 어떤 세상이 출현할지에 *대해 말하는 것*이 아니다. 복음은 *말씀*으로 전에는 존재하지 않았던 *새로운 세상*을 만들어 내며 그것이 바로 바울이 17~22절에서 사용하는 표현이다. 하나님은 *말씀 하심*으로 사망과 생명을 창조하신다. 바울이 약속으로 만들어지는 새 창조의 건설 현장인 아브라함과 사라의 예로 다시 돌아가는 것도 바로 그 때문이다. "그러므로 상속자가 되는 그것이 은혜에 속하기 위하여 믿음으로 되나니 이는 그 약속을 그 모든 후손[유대인과 이방인 모두]에게 굳게 하려 하심이라"(16절, 강조는 저자). 바울은 또 이렇게 덧붙인다. "기록된 바 '내가 너를 많은 민족의 조상으로 세웠다.' 하심과 같으니 그가 믿은 바 하나님은 *죽은 자를 살리시며 없는 것을 있는 것으로 부르시는* 이시니라"(17절, 강조는 저자).

우리는 여기서 바울이 구원의 기적을 창조 그 자체와 비교하면서 하나님의 행동에 대해 강조하는 것을 놓쳐선 안 된다. 하나님은 피조 세계의 아무런 도움 없이 세상을 말씀으로 창조하신 것처럼 새로운 구원의 세계도 우리의 결정이나 노력과는 관계없이 말씀으로 창조하신다. 그리고 아브라함은 그때 거기서 이 선포를 통해 의롭다고 선언된 것처럼 그때 거기서 겉으로 보이는 것과는 정반대로 "많은 민족의 조상"으로 선언되었다고 바울은 말한다. "아브라함이 바랄 수 없는 중에 바라고 믿었으니 이는 '네 후손이 이같으리라.' 하신 말씀대로 많은 민족의 조상이 되게 하려 하심이라"(18절). 하나님의 말씀은 그대로 이루어진다. 그러므로 구원은 어떤 일을 행해서 오는 것이 아니라 어떤 것을 듣고 그것을 믿음으로 받아들임으로써 오며 믿음 자체도 약속의 선포를 통해 성령으로 말미암아 창조된다. 바울이 나중에 말하는 것처럼 말씀의 모든 부분이 생명을 주는 것은 아니다(롬 7:10). "생명에 이르게 할 그 계명이 내게 대하여 도리어 사망에 이르게 하는 것이 되었도다." 만일 바울이 범죄자가 아니라면 율법은 그를 의롭다고 선언할 것이다. 그러나 사실 율법은 사망만을 가져다줄 수 있다. 반대로 약속은 무(無)에서 생명을 가져다준다.

이것이 칭의의 치욕이다. 우리가 본질적으로 의롭지 않다면 어떻게 하나님이 우리를 의롭다고 선언하실 수가 있는가? 이것은 법적 허구가 아닌가? 하나님을 거짓말쟁이로 만드는 것이 아닌가? 그러나 그것은 마치 빛을 낼 태양이 이미 존재하지 않으면 하나님이 "빛이 있으라."고 말씀하실 수 없다고 생각하는 것과 같다. 하나님이 친히 자신의 작품이 존재하는 데 필요한 조건을 창조하신다. 하나님이 "빛이 있으라!"고 말씀하시면 태양이 존재한다. 하나님이 "이 불경건한 사람은 의인이 되어라", "이 아이 낳지 못하는 여인은 임신하라", "이 믿음 없는 사람은 내 말을 믿으라."고 말씀하시면 그렇게 된다. 우리가 칭의를 진정으로 이해하면 하나님 앞에서 우리 삶의 모든 측면에 있어서 하나님이 우리에게 어떻게 역사하시는지를 진정으로 이해하게 된다. 그리스도는 우리가 믿음을 통해 그리스도의 의를 상속받고 목적이 이끄는 세상에서 약속이 이끄는 사람들이 되도록 목적이 이끄는 삶을 사셨다. 그리스도는 우리를 위해 율법을 성취하려는 목적에 이끌려 하나님과 이웃에 대한 완벽한 사랑 속에서 하나님이 명하신 모든 것에 대한 순종으로 영원한 기업을 얻으셨고 우리에 대한 율법의 심판을 대신 당하셨다. 그리스도의 부활은 죄와 사망의 율법이 우리에 대해 최종 결정권을 갖지 못하도록 보증한다. 그리스도는 성부 하나님을 최고로 영화롭게 하고 즐거워하시며 인간이 존재하게 된 원래의 목적과 사명을 성취하셨다. 그리고 단순히 도덕적 모범으로서만이 아니라 우리의 언약의 머리, 우리의 대표로서 그 일을 하셨다. 우리는 타락할 때의 '아담 안에' 있었던 것과 마찬가지로 그리스도께서 모든 의를 성취하시고 우리의 죄를 짊어지시며 죽은 자들 가운데서 부활하여 승리하셨을 때 법적으로 '그리스도 안에' 포함되었다.

인간 본성의 평범한 능력에 대한 희망을 단념한 아브라함은 하나님 안에서 처음으로 진정한 소망을 얻었다. 미래는 이제 자신의 미래가 아니라 하나님의 미래였다. 아브라함은 (이전에 그래 왔던 것처럼) 모든 일을 스스로 해내고 구상하고 계획하며 유업을 얻기 위해 머리를 짜낼 필요가 없었다. 이처럼 자신의 목표나 결심이 아닌 약속의 능력으로 인해 아브라함은 "그가 백 세나 되어 자기 몸이 죽은 것 같고 사라의 태가 죽은 것"(19절) 같은 상태에서 눈을 돌릴 수 있었다. 그는 믿음의 어떤 본질적인 미덕 때문이 아니라 "믿음으로 견고하여져서 하나님께 영광을 돌리며 약속하신 그것을 또한 능히 이루실 줄을 확신"했기 때문에 "하나님의 약속을 의심하지"(21절, 강조는 저자) 않았다. 다시 말해, 아브라함이 굳게 설 수 있었던 것은 믿음의 *행위* 때문이 아니라 믿음의 *대상* 때문이었다.

우리는 우리 자신의 행위가 아니라 은혜로 구원받는다는 사실을 받아들이더라도 '율법의 논리'(상승과 획득)를 좋아하는 우리의 성향은 우리로 하여금 믿음 자체를 우리가 하나님의 복을 얻기 위해 하는 '한 가지 일'로 바꾸도록 부추기기 때문에 이는 우리에게 매우 실제적인 요점이다. 우리가 하나님을 충분히 믿을 수 있다면 우리는 하나님을 기쁘시게 하거나 하나님께 치유 혹은 경제적 번영을 요구하거나, 가정의 문제를 해결하거나 진실로 하나님 나라를 위해 위대한 일을 할 수 있을 것이다. 그러나 믿음 자체는 전적으로 하나님에게서 순수한 선물로 오는, 구원의 전체 선물 묶음 가운데 일부다(엡 2:8~9). 게다가 믿음이 약속된 복을 창조하는 것이 아니라 약속이 믿음을 창조한다.

앞에서 예고했듯이, 바울은 여기서 약속의 논리라는 구슬꿰미에 또 다른 빛나는 진주를 더한다. 만일 유업이 율법의 행위가 아니라 약속에 대한 믿음을 통해 온다면 믿음은 "하나님께 영광을"(20절) 돌린다. 믿음은 자신, 곧 믿음의 행위에는 아무런 영광을 돌리지 않는다. 믿음은 전적으로 하나님과 하나님의 약속만을 향한다. 믿음은 약속이 강한 만큼만 강하다. 아브라함은 하나님이 약속하신 일을 행하실 수 있다는 것을 알았다. "그러므로 '그것이 그에게 의로 여겨졌느니라'"(22절). 구원-또는 바울이 여기서 유업이라고 부르는 것-은 오직 믿음으로 말미암아, 오직 그리스도 안에서, 오직 하나님의 말씀을 통해 온다. 그래서 구원은 모든 영광이 하나님께만 돌려지기 위한 목적으로 오직 은혜로 말미암을 것이다.

진퇴양난: 무엇이 진정으로 당신을 이끌어 가는가

가장 정교한 항법 기술을 갖춘 범선처럼 우리의 신앙생활도 승리하는 생활을 위한 최신 원리, 무엇이 인생을 실제로 우리와 우리 가족을 위해 '작동' 하게 만들어 줄지 우리에게 알려 주는 영적인 코치들로 꾸며져 있을지도 모른다. 새로 믿은 기독교인들은 종종 특별히 순풍을 받아 항구에서 나온 뒤 정교한 장치들을 이용하고 조언해 줄 말이 있는 모든 동료 사공들의 말을 열심히 들으며 항법장치를 따라가는데 열심이다. 그러나 오랫동안 믿은 많은 신자들은 알고 있듯이, 결국 바람은 잦아들고 우리는 오도 가도 못 하게 된다. 그러다가 폭풍 구름이 수평선 위로 몰려올 때, 우리는 세상의 온갖 항법 기술과 좋은 충고가 우리로 하여금 항구로 안전하게 되돌아갈 수 있도록 돛을 펼쳐 주지 못한다는 사실을 발견한다. 장비는 우리의 진로를 계획하고 우리에게 폭풍이 다가오고 있다고 알려 주며 우리의 현재 위치를 보여 줄 수는 있지만 우리를 안전한 항구 쪽으로 한 치도 옮겨 놓을 수 없다. 다시 말해, 우리가 신앙생활에서 동기를 찾고 있다면 그것은 동기 부여의 원리에서 나올 수가 없다. 복음만이 우리의 돛을 펼쳐 준다.

사탄은 정교한 장치 따위는 신경 쓰지 않는다. 사실 사탄은 우리로 하여금 우리 삶의 처음과 중간과 끝에서 그리스도를 바라보지 못하게 하는 많은 영적 기술의 전매특허를 얻었다. 우리로 하여금 계속 우리 내면을 들여다보게 하는 것은 무엇이든-사탄이 그것을 뒷받침하기 위해 예수님의 이름과 성경 구절을 사용하더라도-우리의 믿음을 그리스도에게서 우리 자신에게로 옮기려는 사탄의 목적에 기여할 것이다. 많은 기독교인들은 기독교인이 되려면 좋은 소식-복음의 약속-이 필요하다고 생각하지만, 그 이후에는 믿음은 언제나 능동적이어서 하나님의 영광과 이웃의 유익을 위해 무언가 해야 할 일을 찾기 때문에, 이제는 복음에 대한 이런 기본적인 필요에서 탈피했다고 생각하고 싶은 유혹이 찾아온다. 우리는 덩굴보다 열매에 더 감동을 받게 된다. 이로 인해 우리는 분명히 곧 왜 더 많은 열매, 더 나은 열매가 없는지 묻게 된다. 만일 이런 자기 성찰이 우리로 하여금 우리 자신에게서 나와 그리스도께로 피신하게 하지 않는다면, 그것은 결국 (우리가 정직하다면) 절망이나 (우리가 정직하지 않다면) 자만으로 끝날 것이다. 아브라함이 믿고 의롭다 함을 받은 이후에도 그랬던 것처럼, 우리도 우리 자신을 들여다보고 하나님의 약속과 반대되는 것처럼 보이는 환경을 바라보면 여전히 약속을 의심하게 된다. 그리고 유업을 얻기 위한 나름의 방법을 고안해 내려 애쓰며 우리 자신에게 의지한다. 하나님은 복음을 당연한 것으로 생각하신 것이 아니라 아브라함과 사라의 마음속에 계속해서 복음을 선포하셨다.

그러나 우리는 우리에게 항구에서 망망대해로 나갈 힘을 줄 복음이 필요하다고 쉽게 생각한다. 지금 우리에게 진정으로 필요한 것은 방향, 조언, 제안, 생활의 지혜라는 것이다. 그러나 복음이 없으면 율법은 단순히 조언만 제공하는 것이 아니라 '행하거나 아니면 죽어라.'고 말한다. 행위로 말미암은 의의 논리는 죄인인 우리의 선천적인 종교이므로 우리는 언제나 자기 정당화의 오랜 패턴에 빠지거나 아니면 이 짐을 벗어던지고 하나님과 하나님의 법에 대한 책임으로부터 독립을 선포할 것이다. 앞에서 나는 니체의 기독교 이해를 형성한 금욕주의적 경건주의와 니체가 옹호한 허무주의 철학을 춤도 못 추고 애곡도 못하는 예수님 시대의 종교 지도자들과 비교했다. 복음만이 최종적으로 율법주의와 도덕률 폐기론(무법) 사이의 진자 운동에서 우리를 구원한다. 우리는 복음을 통해 율법의 정죄에서 구원받고 나서야 우리 인생에서 처음으로 참으로 자유롭고 참으로 다스림을 받는다.

바다에서 우리의 실수에도 불구하고 하나님이 키를 잡으시고 우리를 안전하게 인도하신다는 항상 있는 약속의 말씀과는 별개로 하나님의 지혜로운 인도는 꼭 필요하지만, 우리는 결국 항해를 완전히 단념하게 될 것이다. 목적, 법, 원리, 제안, 좋은 충고가 우리의 진로를 결정할 수도 있지만 복음의 약속만이 우리의 돛을 부풀게 하고 우리에게 구원의 기쁨을 회복시켜 줄 수 있다.

몇 년 전에 한 여성이 우리 교회를 방문했다. 결혼 생활에 갈등을 느끼던 그녀는, 자신이 출석하는 교회는 이 위기를 극복하는 데 별 도움이 안 된다고 말했다. 그녀는 이렇게 말했다. "그 목사님은 '더 나은 결혼 생활을 하는 법'에 대해 10주 연속 설교를 하고 계세요." 결혼 생활을 나아지게 하는 법에 대한 연속 설교라면 이와 같은 교인들에게 실제적이고 적절하고 유용할 것이라고 생각하는 사람이 혹 있을지 모르겠다. "하지만 내게 정말 필요한 건 용서예요."라고 그녀는 고백했다. 그녀는 남편과의 화해를 추구하기 위해 자신에게 필요한 믿음은 복음을 통해서만 불이 붙을 수 있다는 것을 깨달았다. 그래서 그녀는 계속해서 우리 교회에 왔다. 주님께 많이 용서받은 그녀는 남편을 많이-최소한 자신이 사랑받은 것보다는 많이-사랑했고, 그녀의 남편은 그녀가 자신의 실수에 대해 물고 늘어지는 대신 자기에게 용서와 사랑을 베푸는 것을 보고 놀랐다. 결국 남편은 무릎을 꿇고 자신의 죄를 인정했고 아내의 마음을 부드럽게 만든 똑같은 용서를 받았다. 그렇게 된 것은 그녀가 특별히 개인적인 상담을 통해 권면을 받아서가 아니라 단지 은혜를 받는 자-수혜자-로서의 자기 위치를 다시 회복하여 권면을 따르려는 새로운 소망이 생겼기 때문이었다.

물론, 모든 경우가 그렇게 행복한 결말로 끝나는 것은 아니다. 그런 경우에 약속하시고 약속을 지키시는 하나님의 신실하심은 진실로 시험을 받는다. 그리스도와 그리스도의 구원 사역은 얼마나 충분한가? 좋은 소식은 얼마나 좋은가? 하나님의 약속은 내가 보고 느끼는 모든 것으로 인해 내가 너무 지나쳤다고 믿게 될 때조차 신뢰할 만한가?

우리의 대답은 이 놀라운 본문의 마지막 구절에 나온다.

> "그에게 의로 여겨졌다" 기록된 것은 아브라함만 위한 것이 아니요 의로 여기심을 받을 우리도 위함이니 곧 예수 우리 주를 죽은 자 가운데서 살리신 이를 믿는 자니라 예수는 우리가 범죄한 것 때문에 내줌이 되고 또한 우리를 의롭다 하시기 위하여 살아나셨느니라 그러므로 우리가 믿음으로 의롭다 하심을 받았으니 우리 주 예수 그리스도로 말미암아 하나님과 화평을 누리자 또한 그로 말미암아 우리가 믿음으로 서 있는 이 은혜에 들어감을 얻었으며 하나님의 영광을 바라고 즐거워하느니라(롬 4:23~5:2).

이 약속은 우리가 얻을 수 있는 어떤 것이 아니다. 그것은 계속해서 주는 선물, 우리가 몇 번이고 열어 보는 선물이다. 우리에게는 평생에 걸쳐 복음이 필요하다.

믿음은 도전이다. 율법은 우리에게 게임은 끝났다고 말함으로써 우리 자신의 의, 가능성, 소망과 열망과 두려움과 성취 등에 대한 애착을 끊어 놓는다. 우리는 이전에 생각하던 우리 자신의 모습이 아니며 앞으로 나갈 수 있는 길은 없다. 우리는 그 자리에서 죽었지만 복음은 언제나 거기서 우리를 발견한다.

믿음은 세상에게 이렇게 말한다. "나는 내가 처한 상황이 이렇고 보니 아무런 소망도 없다는 것을 잘 안다. 당신의 권면은 지금까지는 효과가 있었더라도 더 이상은 효과가 없을 것이다. 하지만 나를 위해 해야 할 모든 일을 하신 다른 누군가가 있다." 아브라함의 믿음은 그가 본 모든 가능성에 도전하며 그가 들은 '불가능한' 말씀의 편을 들었다. "믿음은 들음에서" "곧 우리가 전파하는 믿음의 말씀"(롬 10:17, 8)을 들음에서 나는 이유가 바로 이것이다. 하나님을 믿는다는 것은 곧 약속을 하는 다른 모든 존재를 믿지 않는 것이다. 세상은 많은 약속을 한다. "이 제품을 사용해 보세요. 그러면……하게 될 겁니다." 교회 또한 시대에 뒤떨어지지 않으려 애쓰다가 믿음과 성령의 열매가 아닌 절망이나 자기 의를 맺는 거짓된 약속들의 쇼핑몰이 될 수 있다. 신앙 여정의 처음뿐만 아니라 중간과 끝에서도 우리에게 가장 필요한 것은 좋은 소식이다.

예수님 따르기

베스트셀러 작가 리처드 포스터는 다음 30년 동안의 자신의 우선순위를 이야기하면서 최근 「크리스채너티 투데이」지 기사에서 자신의 "영적 성숙을 위한 우선순위"를 공개했다. 포스터는 '사회 복지 프로젝트'에 대한 최근의 많은 관심을 지적한다. "모두가 세상을 바꿀 생각을 합니다. 하지만 자신을 바꿀 생각을 하는 이들은 대체 어디에 있는 겁니까?" 그는 또 일부 진영에서 은혜를 지나치게 강조하는 것은 "영적 성장을 고려하지 않으려는 것"이라며 불만을 털어놓는다.

이런 사람들은 은혜로 구원받은 뒤에는 은혜로 인해 무력해진다. 영적인 생활에서 진보하기 위해 노력하는 것이 그들에겐 '행위로 인한 의' 라는 느낌을 준다. 그들의 예전은 그들이 매일 말과 생각과 행동으로 죄를 짓는다고 말한다. 그래서 그들은 이것이 죽을 때까지 자신들의 운명이라고 결론짓는다. 천국은 그들이 죄와 반역으로 가득한 이 세상에서 벗어날 유일한 탈출구다. 따라서 이 선의를 가진 사람들은 하나님과의 삶 속에서 어떤 발전도 이루지 못한 채 해마다 회중석에 앉아 있을 것이다……사람들은 진정으로 선해지기를 원하겠지만 영혼을 형성할 수 있는 내적인 선한 삶을 만들어 내는 데 필요한 일을 할 준비는 거의 되어 있지 않다.[1]

또한 포스터는 영적 성장을 방해하는 요인의 많은 부분을 "예배로 가장한 기독교 오락 산업"과 "미국의 종교적 상황을 지배하는 전반적인 소비적 사고방식"의 탓으로 돌린다.

형제회(퀘이커) 교인인 포스터는 영적 변화를 위한 자신의 우선순위에 말씀과 성례라는 공적 사역을 포함시키지 않는다. 그는 루터파 경건주의의 경건회(collegia pietatis), 존 웨슬리의 '홀리 클럽', 노르웨이 경건주의자들의 '내국 전도'를 언급하면서 우리에게 "교회 안의 작은 교회(ecclesiola in ecclesia)를 키우기 위해 우리가 할 수 있는 모든 일을 하라."고 촉구한다. 포스터가 말하는 대로 이런 개신교 운동들은 특별히 아시시의 프란체스코, 아빌라의 테레사, 십자가의 요한, 토머스 아 켐피스와 동일시되는 가톨릭 영성의 유산에 그 뿌리를 두고 있다.

1380년에 태어난 토머스 아 켐피스는 공동생활 형제단으로 알려진 운동의 발전에 영향을 주었고, 이 형제단의 문법학교에서 에라스무스

---

1) Richard Foster, "Spiritual Formation Agenda: Three Priorities for the Next Thirty Years," *Christianity Today* 53.1 (January 2009).

와 루터가 교육을 받았다. 토머스 아 켐피스의 고전『그리스도를 본받아』는 성경 외에 다른 어떤 책보다 많이 팔렸다(지금도 계속 팔리고 있다). 그 책은 내 어머니의 애독서 가운데 한 권이었고, 어느 기독교 대학의 기초 성경 강좌에 배정된 책이었다. 이 책에는 소중한 통찰력, 특히 경건한 신앙생활의 실천에 대한 단순하지만 때로는 심오한 지혜가 있다.

그럼에도 나는 최근에 이 책을 열심히 읽다가 이 유명한 고전에 무엇이 빠져 있는지를 깨달았다. 가장 눈에 띄는 것은 그리스도의 구원하시는 직분이 빠져 있다는 점이었다. 그는 책의 첫 문단에서 "사람을 거룩하고 의롭게 만드는 것"은 교리에 대한 이해가 아니며 "덕스러운 삶이 하나님을 기쁘시게 한다."고 적고 있다. "나는 참회를 정의하는 법을 알기보다는 차라리 참회를 느끼겠다." 하나님의 심판대 앞에 서는 법에 대한 장인 24장은 그리스도나 그리스도의 은혜로운 중보에 대한 어떤 언급도 배제한다. 내적 정화를 통해 하나님의 거룩한 산에 오르려면 우리를 이 세상과 육체에 대한 경멸로 인도하는 연옥의 불을 이 세상에서 느껴야 한다.

나의 목표는 이 고전적인 경건 서적을 비판하거나 영적 훈련이라는 문제와 씨름하는 것이 아니다. 오히려 나의 목표는 성화(기독교적인 삶)를 주로 그리스도를 본받는 것으로 보는 사고의 틀과 소통하는 것이다.

나는 현대의 영성에 대해 포스터가 위에서 말한 내용이 상당 부분 설득력 있다고 생각한다. 그리고 하나님의 거룩하심이 예배로 통하는 오락의 일시적인 기쁨과 선교와 제자도로 포장된 소비주의로 인해 빛이 바랬다는 그의 우려는 정확한 지적이라고 생각한다. 도덕률 폐기론(문자적으로는 반율법주의)은 우리가 율법의 행위가 아닌 은혜로 구원받았으므로 새 언약에 담긴 하나님의 도덕법의 교훈을 따를 의무가 전혀 없다고 가르친다.

나는 오늘날의 복음주의 운동이 의식적으로 반율법주의적이 되기 위해 교리에 대해 충분히 생각했다고 생각하지 않는다. 오히려 나는 우리가 하나님의 말씀-하나님의 명령과 약속 모두-에서 관심이 멀어졌다고 생각한다. 보통 도덕률 폐기론과 율법주의는 서로 정반대로 간주되지만 실제로는 복음이 이끄는 삶을 방해하는 공모자다. 예수님은 인간의 계명에 순종하려고 하나님의 법을 도외시했다는 이유로 당대의 종교 지도자들을 꾸짖으셨다. 우리는 하나님의 은혜의 수단과 도덕적 명령을 우리 나름의 영적 성장의 원리로 바꾸어 버리기가 너무 쉽다. 그 과정에서 우리는 그와 동시에 복음을 율법으로 바꾸어 버리며, 우리가 진보의 척도로 사용하는 것은 하나님의 법이 아니라 우리 자신의 법이다.

'하나님은 용서하기를 좋아하시고 나는 죄 짓기를 좋아한다. 이 얼마나 멋진 관계인가!' 라는 식의 삼단 논법으로 자신을 위로하는 도덕률 폐기론자의 허황된 꿈을 이루어 주는 일종의 '값싼 은혜' 도 있다는 포스터의 말은 옳다고 생각한다. 우리가 도덕률 폐기론을 멀리한다 하더라도 그와 똑같이 그리스도 안에서의 새 삶이라는 '이미' 의 측면과 그 완성이라는 '아직' 의 측면에 몰두하지 않는 일종의 나태함이 있다. 성경에는 우리에게 계속해서 성숙해지고 과거의 삶을 뒤로하고 상을 향해 달음질하라고 촉구하는 수많은 구절이 있다. 그런 많은 구절들은 오직 그리스도 안에서, 오직 믿음을 통해, 오직 은혜로 얻는 구원의 좋은 소식에 대한 우리가 좋아하는 구절들과 같은 장에서 발견된다. 예를 들면, 바울은 우리가 오직 은혜로 구원받았으며 믿음조차 하나의 선물이라고 말한 뒤에 이렇게 덧붙인다. "우리는 그가 만드신 바라 그리스도 예수 안에서 선한 일을 위하여 지으심을 받은 자니 이 일은 하나님이 전에 예비하사 우리로 그 가운데서 행하게 하려 하심이니라"(엡 1:8~10).

그러나 나는 사람들을 자신에게 *더 집중하도록* 인도하는 것이 어떻게 우리 시대의 자아도취적인 예속 상태를 극복할 수 있을지 잘 모르겠다. 토머스 핑거가 『현대 재세례파 신학』에서 입증했듯이 재세례파 교인들－그들의 지도자들은 공동생활 형제단을 통해 훈련받았다－은 불경건한 이들의 칭의에 대해 로마 가톨릭 못지않게 관심이 없었다.[2] 그들의 주안점은 온통 그리스도를 본받는 일로 정의되는 제자도에 있었다.

로욜라의 이그나티우스의 『영적 훈련』은 성향이 그와 비슷하다. 이그나티우스는 종교개혁에 대항하려는 노골적인 목적으로 예수회 교단을 세웠다. 루터는 공동생활 형제단을 가끔씩 칭찬하기도 했지만 그곳에서의 경험을 행위와 신비주의를 통해 하나님께로 올라가는 영광의 신학을 부추기는 것으로 보았다. 칼빈은 금욕적인 몽테귀 대학에서의 학창생활을 복음은 없고 가혹한 규정의 짐에 짓눌린 '노예 노동'으로 간주한 반면, 이그나티우스는 그곳에서 보낸 학창생활을 즐겁게 회상했다.

복음주의자들은 언제나 기술 지향적이었다. 우리에게 공식이나 일일 계획을 주면 그대로 따르겠다는 것이다. 그러다가 우리는 복음 안에 나타난 하나님의 은혜로우심에 압도될 때 때때로 일정한 방식에 따른 성화를 너무 단순하게 *받아들이*는 태도에서 개인 기도나 성경 읽기 같은 매일의 경건 훈련을 똑같이 너무 단순하게 *부정하*는 태도로 돌변한다. 개혁주의 영성은 하나님의 백성들의 기도와 찬양이 있는 회중의 모임과 더불어 공적인 은혜의 방편(설교와 성례)이 중심이 된다. 개혁주의 영성은 또한 가정 예배 및 매일 성경 읽기와 교리 문답과 기도를 중시한다. 그렇지만 어떻게 각자 바쁜 한 가족이 개인적인 성경 읽기와 기도를 위해 그렇게 매일 시간을 짜낼 수 있겠는가? 교회에 가

---

2) Thomas Finger, *A Contemporary Anabaptist Theology* (Downers Grove, IL: InterVarsity Press, 2004).

서 온 가족이 주님과 함께 시간을 보내면 그것으로 충분하지 않은가?

　루터, 칼빈 및 그 밖의 종교개혁자들-그들 중에 다수는 (루터처럼) 과 거에 수도승이었다-이 목욕물을 버리다가 아이까지 버리는 잘못을 저지르지 않았다는 사실은 나에게 무척 놀랍게 여겨진다. 그들은 수도 원의 의식을 하나님께로 올라가는 사다리로 사용하는 데 대해서는 비 판의 날을 세웠지만, 그럼에도 공적인 기도뿐만 아니라 개인적인 기도 도 가능한 한 가장 높이 평가했다. 루터는 일정이 바쁜 날일수록 진지 한 기도와 성경 읽기를 통해 하루를 준비할 필요가 있다고 생각했다. 청교도들은 설교문과 교리적 논문만 쓴 것이 아니라 경건 지침서, 묵 상집, 기도서도 썼다. 우리가 하나님께로 올라가고 하늘의 왕께 우리 의 경건을 바치는 것은 아니다. 하나님이 우리에게로 내려오신다. 그 러나 하나님이 우리에게 내려오셔서 용서와 은혜를 베푸실 때 우리는 하나님의 선물을 받을 수 있는 모든 기회를 최대한 선용해야 하지 않 는가? 하나님은 자신의 말씀 속에서 우리와 만나 주시겠다고 약속하셨 다. 특별히 그 말씀이 공적인 예배에서 선포될 때는 말할 것도 없고 우 리가 한 주 내내 말씀의 풍성함을 캐낼 때도 그렇다. 그리고 우리는 주 일뿐만 아니라 매일 아침저녁으로 우리 구주의 이름을 부른다.

　문제는 우리가 개인적인 경건 훈련 혹은 묵상 기도와 성경 읽기의 습관에 열심을 내고 있느냐가 아니라 복음이 이끄는 방식으로 그렇게 하고 있느냐 하는 것이다. 그런 습관은 개인적 변화를 위한 기술인가, 아니면 성육신하신 아들 안에서 우리를 만나 오신 삼위 하나님과의, 우리를 구원하고 거룩케 하는 만남인가? 우리는 우리의 칭의를 위해 애쓰고 있는가, 아니면 칭의로 말미암아 애쓰고 있는가? 우리는 우리 자신의 바깥으로 이끌려 그리스도를 바라보게 되는가, 아니면 우리 자신과 우리의 내면생활에 초점을 맞추려는 우리의 선천적 성향을 만 족시키고 있는가? 예수 그리스도의 의미가 주로 그리스도께서 도덕적 모범을 제시하신 것에 있다면 분명 그리스도에 대한 믿음은 절대적으로 필요한 것이 아니다. 사랑, 타인을 위한 희생, 하나님의 뜻에 대한 복종 등의 중요성에 대한 도덕적 교훈은 종교의 역사 속에 있는 수많은 예들 가운데서도 도출할 수 있다. 만일 구원이 본받기를 통해 이루어진다면, 우리에게 성육신하시고 의를 성취하시고 저주를 담당하시고 부활하신 구주는 필요 없다.

본받기를 넘어

아우구스티누스, 클레르보의 버나드, 그 밖에 다른 중세 저술가들의 글 속에 이미 그리스도와의 연합에 대한 강조가 있었다. 이 결혼 관계 속에서 그리스도는 우리의 빚과 빼앗긴 곳간을 받으시고 우리는 그리스도의 의와 생명을 상속받는다. 버나드는 루터보다 오래 전에 이 '위대한 교환'을 언급했다. 아우구스티누스주의자들은 구원이나 신앙생활을 그리스도를 본받는 일로 정의하는 것은 죄에 대한, 그 결과 그리스도 안에서의 하나님의 구원의 은혜에 대한 심히 부적절한 교리를 전제하는 것임을 인식했다.

그러나 이런 아우구스티누스주의의 전통에서 여전히 부족했던 것은 은혜의 본질에 대한 종교개혁의 명확성이었다. 아우구스티누스주의자들은 자신들을 점진적으로 거룩하게 만드는 것을 주로 신자들에게 주입된 몸에 좋은 물질로 보았지만, 종교개혁자들은 은혜란 무엇보다도 그리스도로 인해 하나님이 죄인들에게 베푸시는 은총임을 인식했다. 우리가 하나님의 임재 속에 받아들여지는 통로인 이 '공의' 혹은 '의'는 주입된 것이 아니라 전가된 것이고, 점진적으로 실현된 것이 아니라 즉시로 선언된 것이다. 이와 동시에 종교개혁자들은, 하나님의 말씀은 그 말하는 바를 행한다고, 마찬가지로 강력하게 단언했다. 하나님이 의롭다고 선언하시는 모든 사람은 또한 점진적으로 성화된다.

신자들은 아직 죄악 중에 있지만 이제 내주하는 죄와 싸우고 있다. 그러나 왜 싸우는가? 만일 완전한 죄사함과 하나님의 은총이 오직 믿음으로 말미암은 신자의 소유이며 하나님의 은혜가 우리의 죄보다 더 크다면 왜 우리는 계속 죄를 짓는가? 바울은 자신의 (앞에서 다룬) 칭의에 대한 가르침이 바로 그런 의문을 불러일으킬 것을 알고 있었다. 로마서 6장에 있는 그의 대답은 우리의 칭의를 알리는 바로 그 좋은 소식이 우리가 그리스도와 함께 죽고 장사되고 부활했다는 사실도 알려 준다는 것이다. 바울은 연옥의 불이나 그보다 더 나쁜 것에 대한 두려움으로 우리를 위협하는 것이 아니라 단지 그리스도를 믿는 이들에게 그리스도는 그들의 칭의의 원천일 뿐만 아니라 그들을 죄의 모든 지배력에서 구원하는 원천이라고 선언할 뿐이다. 그들은 여전히 죄를 짓지만 결코 이전과 똑같은 방식으로 죄를 짓지는 않는다. 이제 그들은 전에는 미워했던 것을 좋아하고 전에는 사랑했던 것을 미워한다. 아직까지 로마서 7장의 초점이 바로 이 역설이라고 믿는 성경 해석학자들의 수는 점점 줄어들고 있지만 나는 그 속에 포함되어 있다. 신자들만이 죄와 싸운다. 죄는 (여러 가지 방해를 동반한) 지속적인 실체인 동시에 아직은 신자의 원수이기 때문이다.

이 신앙생활의 지침이 되는 본문 가운데 그 어느 곳에서도 바울은 그리스도를 닮는 일에 우리의 관심을 집중시키지 않는다. 바울은 이미 마귀와 세상과 우리의 악한 마음이 그리스도의 본을 따르려는 우리의 더 확고한 다짐 속에서 맞서 싸울 만한 상대를 만날 수 있을 것이라고 상상하기 어려울 만큼 인간의 타락을 매우 어둡게 (현실적으로) 묘사해 놓았다. 그러나 그는 그리스도를 따르는 문제를 무시하지 않는다. 더 정확히 말해서 바울은 본받아야 할 모범 이상의 무언가를 가르친다. 그는 우리에게 단지 그리스도를 본받지만 말고 그리스도와 함께 십자가에 못 박히고 장사되고 부활하라고 촉구한다. 우리는 그리스도 안에 있기 때문에 그에 합당하게 행동해야 한다. 불의한 행실을 매일 죽이고 그리스도와의 연합으로 인한 열매를 맺어야 한다. 그러나 바울은 어떤 명령문을 말하기 전에 복음의 직설법을 말한다. 그리스도의 구원 사역은 우리가 상상한 것보다 훨씬 더 많은 일을 성취했다.

우리를 그리스도께 연합시키는 성령의 사역은 우리를 단순한 모방자가 아닌 그리스도의 몸의 살아 있는 지체로 만든다. 우리는 한 몸이 되어-세례를 받아-그리스도의 죽으심과 장사되심과 부활 속에 참여한다. 바울은 "예수님을 닮아라."고 말하지 않는다. 그는 이렇게 말한다. "너는 예수님을 닮았다. 예수님은 머리이시고 너는 예수님의 몸의 지체다. 예수님은 첫 열매이시고 너는 그 수확의 나머지 열매다. 몸의 지체는 머리가 가는 대로 따라간다. 너는 이제 너보다 앞서 가신 예수님으로 인해 새 피조물이 되었다. 그러니 어떻게 네가 이런 일이 전혀 일어나지 않은 것처럼 계속 살아갈 수 있는가?"

우리는 용서받고 의롭게 되기 위해 복음에 의지하다가 다음 순간 갱신과 성화를 위해 다른 곳을 쳐다보기가 쉽다. 그러나 바울은 그 모든 것이 거기에, '그리스도 안에' 있다고 말한다. 바울은 이 말을 하고 난 뒤에야 비로소 이 진리와 조화되는 삶을 살라는 명령을 내린다.

예수님도 요한복음 15장에서 같은 말씀을 하셨다. 우리 자신 안에는 아무런 생명이 없다고 예수님은 제자들에게 말씀하신다. 거기에는 예수님을 따르고, 예수님을 본받고, 예수님의 제자가 될 수 있는 아무런 자질이 없다. 우리는 이 세상에서 아무런 소망이 없는 잘려 나간 죽은 가지다. 그러나 예수님의 제자들은 용서받았을 뿐만 아니라 생명을 주는 포도나무이신 예수님께 접붙임을 받아 변함없는 열매를 맺는 살아 있는 가지가 된다. 그 이후에야 비로소 예수님은 자신이 우리를 사랑하시고 섬기신 것처럼 서로 사랑하고 섬기라는 명령을 내리신다. 우리가 본받기에는 역부족인 역할 모델을 설정하고 자기 자신을 '죽이는' 것과 생명나무의 가지로 재창조되는 것은 천지차이다. 예수님이 하신 일을 하는 것은 그리스도의 의로운 삶의 열매를 맺는 것과는 다르다. 사실 예수님이 하신 가장 중요한 일은 반복될 수 없다. 예수님이 우리 대신 율법을 성취하시고 우리의 저주를 짊어지시고 영광 가운데 부활하셔서 아버지의 우편에 있는 보좌에 앉으셨기 때문에 우리는 사부와 문하생, 선생과 학생 또는 스승과 제자의 관계보다 훨씬 더 친밀한 관계를 예수님과-그리고 성부 하나님과-맺을 수 있다.

그리스도를 따르는 것은 우리와 그리스도와의 연합의 방편이 아니고 그 대안은 더더욱 아니며 오히려 그 결과다. 세례는 그리스도의 죽으심, 장사되심 및 부활과 마찬가지로 반복할 수 있는 일이 아니다. 그러므로 우리의 신앙생활은 과거에 있었던 객관적이고 완벽하게 완성된 사건에 초점이 맞춰져 있으며, 성령은 지금 여기서 복음을 통해 우리를 그 사건의 수혜자로 만드셨다. "그러므로 우리가 믿음으로 의롭다 하심을 받았으니 우리 주 예수 그리스도로 말미암아 하나님과 화평을 누리자"(롬 5:1, 강조는 저자). 우리가 그런 평화롭고 마음 편한 느낌을 받든 못 받든 상관없다. 우리는 매일 그리스도를 닮는 데 실패하지만 이 사실이 우리로 하여금 성령께서 점점 우리를 그리스도의 형상을 닮게 해 주신다는 하나님 말씀의 객관적인 약속을 믿지 못하게 만드는 것은 아니다.

우리는 이 사실로 인해 해이해지기는커녕 이 사실을 경건 추구의 동력으로 삼아야 한다. 그것은 우리를 노예처럼 몰아가는 당근과 채찍이 아니라, 우리를 하나님의 자녀이자 그리스도와 공동 상속자로서 누리는 기쁨으로 충만케 하는 복음이다. 우리는 그것이 우리의 주관적인 경험이나 예측 가능한 발전 때문에 우리 영혼에 유익한지를 알아내려고 애쓰는 대신 하나님이 지금껏 친히 약속하신 일을 해 오셨고, 하고 계시며, 하실 것임을 알고 연약한 믿음과 종종 제 기능을 발휘하지 못하는 회개에도 불구하고 계속 전진한다.

연합군이 노르망디에 상륙해서 결정적인 전투에서 승리한 공격 개시일 이후에도 전쟁은 유럽에서의 승리가 선언된 전승 기념일까지는 끝나지 않았다. 원수는 자신이 패배했다는 진실을 인정하기를 거부하기 때문에 신앙생활은 매일이-그리스도의 결정적인 정복으로 인한-승리인 동시에 새로운 접전과 전투가 벌어지는 싸움이다. 로마서 6~8장의 내용이 바로 이것이다.

성경이 우리에게 그리스도의 본을 따르라고 촉구할 때조차 스승과 제자의 관계는 비대칭적이다. 예수님은 예컨대 마태복음 20장 28절에서 죄인들을 위한 자신의 임박한 희생을 제자들을 위한 본보기로 언급하신다. 그러나 예수님의 자기희생의 행위가 유일무이하고 반복 불가능하다는 점이 문맥으로 보아 분명하다. 우리는 우리 이웃의 죄를 위해 죽거나 그들 대신 하나님의 진노를 감당하라고 부르심받지 않았다. 바울이 빌립보서 2장에서 우리에게 자신을 낮추신 그리스도와 같은 마음을 품으라고 촉구할 때는 분명히 우리에게 삼위 하나님의 제 2위이신 그리스도께 속한 하늘의 영광과 권세를 버리고 인간의 몸을 입고 지옥과 같은 이 땅으로 내려오라고 요구하고 있는 것이 아니다. 우리는 하나님의 화신들이 아니다. 그럼에도 우리는 예수님의 영화롭게 된 육체에 몸과 영혼이 연합된, 예수님의 성육신의 수혜자들이다. 그러므로 우리는 예수님의 겸손을 본받으라는 부르심을 받는다.

조지 린드벡이 지적한 대로 본받기는 그 나름의 자리가 있지만 '복음'의 범주 아래 그 자리가 있는 것은 아니다. 그리스도와 그리스도의 본을 따르라는 부르심은 하나의 명령-불신자들보다는 신자들을 향한 율법의 제3용도-이다.[3) '그리스도를 본받는' 영성의 패러다임은 그리스도의 자기희생과 겸손을 우리의 제자도를 위한 유비로 만들어 버린다. 반면 '그리스도와의 연합' 패러다임은 우리의 사랑과 섬김을 그리스도의 본받을 수 없는 성취의 유비로 만든다. 그리스도 안에 있는 것이 곧 우리가 그리스도를 닮게 되는 무궁한 원천이며 그 역은 성립하지 않는다.

칼빈은 요한복음 17장에 담긴 예수님의 기도에 대한 주석에서 이 점에 대한 유익한 통찰력을 제공한다. 신자들은 하나님의 말씀인 "진리로 거룩하게"(17절) 된다. "여기서 이 말은[즉, 진리는] 복음의 교리를 지칭하기 때문이다." 여기서 칼빈은 외적인 말씀과는 별개로 "내면의 말"에서 오는 성화를 상상하는 "광신자들"에게 도전한다.[4] "또 그들을 위하여 내가 나를 거룩하게 하오니"(19절)라고 예수님은 기도하신다.

> 이 말씀을 통해 예수님은 그런 성화가 어떤 원천에서 흘러나오는지를 더 분명히 설명하시며 이는 복음의 교리를 통해 우리 안에서 완성된다. 예수님의 거룩하심이 우리에게 올 수 있는 것은 예수님이 자신을 아버지께 바쳤기 때문이다. 그 이유는 첫 열매에 임하는 복이 온 수확물에 퍼지듯이 하나님의 영이 그리스도의 거룩하심으로 우리를 씻으시고 우리를 그 거룩하심에 참여하는 자로 만드시기 때문이다. 이 일은 오직 전가로만 이루어지는 것이 아니다. 왜냐하면 그런 측면에서 성경은 그리스도가 우리에게 의가 되셨다고 말하기 때문이다. 그런데 성경에서는 마찬가지로 그리스도가 우리에게 거룩함이 되셨다고 말한다(고전 1:30). 그리스도는 말하자면 우리

---

3) 다음 책을 보라. George A. Lindbeck, *The Church in a Postliberal Age* (Grand Rapids: Eerdmans, 2003).

4) John Calvin, *Commentary on the Gospel According to John*, trans. William Pringle (Grand Rapids: Baker, 1996), pp. 179~180.

가 성령으로 인해 새로워져 참된 거룩함에 이르도록 자신의 인격 안에서 우리를 아버지 하나님께 바치셨기 때문이다. 더구나 이 성화는 그리스도의 온 생애에 속하지만 성화의 가장 숭고한 실례는 그리스도의 죽음의 희생 속에서 주어졌다. 그 순간에 그리스도는 성령의 능력으로 성전과 제단과 모든 기명과 백성들을 성별하심으로써 자신이 참된 대제사장이심을 보여 주셨기 때문이다.[5]

그 목표는 "그들도 다 하나가"(21절) 되게 하는 것이다.[6] 칼빈은 법적인 은유뿐만 아니라 유기체적, 원예적인 은유의 풍성함을 논함에 있어서도 능수능란하다. 유기체적인 것과 법적인 것은 서로 구별되지만 언약이라는 같은 동전의 양면이다.

역설적으로 끊임없는 내적 갈등을 일으키는 것이 바로 이러한 해방이다. 우리는 우리의 첫 열매이신 그리스도와 보증이신 성령과 더불어 결정적으로 새 창조-'내세'-에 속해 있기 때문이다. 그러나 우리는 여전히 '이 악한 세대' 속에 살고 있고 하나님이 그리스도 안에서 뜻하신 바대로 존재하는 사람들이 아니다. 이교도의 윤리는 우리가 고통과 쾌락 사이에서 균형 잡힌 삶을 살도록 이성으로 정욕을 제어하려고 애쓰는 고상한 자아와 저열한 자아와의 싸움에 대해서만 알 뿐이다. 그런 윤리는 하나님의 결정적인 승리에 대해 아무것도 알지 못한다. 그러므로 그것은 죄와 사망이 지배하는 현재의 이 시대에 대한 다가올 시대의 승리-칭의와 새로운 생명-를 뜻하는 성령과 육체와의 싸움에 대해서도 아무것도 알지 못한다. 기독교인들은 자신을 양극단에서 보호할 균형 잡힌 생활 방식을 마침내 발견한 사람들이 아니라, 그리스도와 함께 죽고 부활한 사람들이다. 자연적인 윤리와 일

---

5) 앞의 글, pp. 180~181.
6) 앞의 글, p. 183.

반 은혜 속에 있는 성령의 가능케 하시는 능력은 지나친 습관을 억제할 수 있겠지만 성령은 복음을 통해 새 세상을 창조하신다.

칭의에 대한 바울의 표현 방법이 논리적으로 "은혜를 더하게 하려고 죄에 거하겠느냐?"(롬 6:1)라는 질문으로 이어졌던 것과 똑같이 종교개혁은 종교개혁자들의 관점을 훨씬 넘어선 급진적인 요소들을 폭발시켰다. 루터파 신학자 거하드 포드는 우리에게 다음과 같은 사실을 일깨워 준다. "루터는 기독교인의 자유를 선포하기 시작하자마자 이 단어의 남용과 맞서 싸워야 했다. 루터는 믿음에 더해져야 하는 선행에 대해 말하는 식으로 이 일을 하지 않았다. 그 대신 그는 '성령께서 그리스도 안에서 사람들에게 믿음을 주시고 그래서 그들을 거룩케 하시는 곳'에서 발생하는 그 믿음으로 사람들을 되돌아오게 함으로써 그 일을 했다."[7] 이 중대한 고비에서 루터의 응답은 정확히 바울의 응답과 같았다. 협화신조(Formula of Concord)에 따르면, 오직 믿음으로만 의롭게 되지만 이 믿음은 "결코 혼자가 아니라 언제나 사랑과 소망이 동반된다."[8]

의의 전가가 없으면 성화는 단지 다가올 시대의 능력(성령)이 아닌 이 시대의 능력(육체)으로 결정되는 또 다른 종교적 자기향상 프로그램일 뿐이다.

이 복음은 우리의 칭의뿐만 아니라 우리가 그리스도의 십자가 죽음과 부활의 능력에 참여함을 알린다. 그러므로 처음에는 칭의를 위해 그리스도를 의지하다가 나중에는 그리스도를 외면하고 우리 자신의 진보나 신앙생활(성화)에 대한 영적, 도덕적 향상을 위한 공식을 제시하는 수많은 지침서들에 의존할 수는 없다. 이 점에 있어서도 다음과

---

7) Gerhard Forde, *On Being a Theologian of the Cross: Reflections on Luther's Heidelberg Disputation, 1518* (Grand Rapids: Eerdmans, 1997), pp. 56~57.
8) *Epitome* III.11; 참조. *Solid Declaration* III.23, 26, 36, 41.

같은 포드의 말은 통찰력이 있다.

경건주의와 계몽주의의 영향을 받은 현시대에 우리의 사고는 주
관적인 것, 믿음 생활, 우리의 내적 기질과 동기, 우리의 내적 충동
과 그 충동이 형성되는 방식을 통해 형성된다. 우리가 이런 방향에
따라 생각하고 살면 성화는 개인적이고 개별적인 발전과 방향 설정
의 문제가 된다. 우리는 루터에게서도 이런 접근 방법을 발견하는
것이 사실이다. 우리의 개인적 책임을 루터보다 더 예리하게 강조
한 사람은 없었다……그러나 이런 접근 방법은 부차적이다. "하나
님의 말씀이 언제나 먼저 온다. 그 다음에 믿음이 뒤따른다. 믿음 다
음에는 사랑이 뒤따르며 사랑은 모든 선한 일을 한다. 왜냐하
면……사랑은 율법의 성취이기 때문이다." [9]

심지어 성화에 있어서도 "초점은 성도에게 있는 것이 아니라 성화
에 있고 그 모든 성례적인 형식의 하나님 말씀에 있으며 또한 율법의
두 번째 돌판에 상응하는 세속적 제도에 있다……하나님만이 거룩하
시고 하나님이 말씀하시고 선포하시며 행하시는 일은 거룩하다. 하나
님의 거룩하심은 바로 이렇게 역사하며 하나님은 그 거룩하심을 자신
만 간직하시는 것이 아니라 공유하심으로써 전달하신다." [10]
이것이 의미하는 바는, 한때는 세상을 바라보되 진실로 바르게 바라
보지 않고 자신에게로 기울어져 있었던 우리가 자기 밖으로 소환되어
불경건한 자로 판결받은 뒤에 그리스도의 의로 옷 입어야 한다는 것
이다. 이는 우리의 칭의를 위해서만이 아니라 우리의 성화를 위해서
도 필요한 일이다. 가장 훌륭한 모범조차도 우리를 구원해 주지 못할

9) 앞의 글, p. 58; Luther's Works 36:39.
10) 앞의 글, p. 59.

것이다. 우리는 우리를 위한 그리스도의 사역에 기초하여 의롭다 함을 받고 거룩해져야 한다. 성화에 있어서-보통 우리보다는 다른 사람들에게 잘 보이는-우리가 개인적으로 더 거룩해지는 것은 우리가 그리스도를 닮게 된 결과가 아니라 그리스도와 연합된 결과다.

우리의 정체성은 더 이상 우리가 자유로 착각하는 속박 가운데서 만들어 내는 어떤 것이 아니다. 루이스는 이렇게 지적한다. "새 사람이 된다는 것은 우리가 현재 '우리 자신'이라고 부르는 것을 상실한다는 뜻이다. 우리는 우리의 자아 밖으로 나와 그리스도 안으로 들어가야 한다."[11] 그는 또 이렇게 덧붙인다. "(그리스도의 것이면서 당신의 것이며 바로 그리스도의 것이기 때문에 당신의 것인) 당신의 진정한 새 자아는 당신이 그것을 찾고 있는 한 찾아오지 않을 것이다. 그것은 당신이 그리스도를 찾고 있을 때 찾아올 것이다." 그리스도 안에 있다는 것은 "이전보다 훨씬 더 진정한 자신의 모습을 찾는 것"이다.[12] "그리스도는 어떤 작가가 소설 속에서 등장인물들을 지어내듯이 자신이 의도하신 바대로 당신과 나를 비롯한 온갖 다양한 사람들을 지어내셨다. 그런 의미에서 우리의 진정한 자아는 모두 그리스도 안에서 우리를 기다리고 있다. 그리스도 없이 '자기 자신을 찾으려' 애써 봐야 아무 소용없다."[13] 그는 또 이렇게 말한다. "천국에 들어간다는 것은 곧 당신이 이 땅에서 가능했던 것보다 더욱더 인간답게 되는 것이다."[14]

이러한 관점은 종종 비판받는 것처럼 병적인 주관성과 개인주의를 창조하기는커녕 우리를 자신에게로 기울어지고 자신의 영혼에 대해 안달복달하는 데서 해방시킨다. 성화란 그 순간에 계속해서 우리에게

---

11) C. S. Lewis, *Mere Christianity* (New York: HarperSanFrancisco, 2001), p. 224. (『순전한 기독교』, 홍성사 역간).
12) 앞의 글, p. 161.
13) 앞의 글, p. 225.
14) Lewis, *The Problem of Pain*, pp. 127~128.

서 우리의 이웃에게로 그리고 우리의 이웃에게서 우리에게로 넘치도
록 흘러나오는 넘치는 신적인 기쁨을 손에 넣는 삶이 아니라 받는 삶
이다.

'우리를 위한 그리스도'와 '우리 안에 있는 그리스도'

위대한 로마 가톨릭 철학사가 에티엔 질송의 주장에 따르면 "종교개
혁과 더불어 처음으로 이와 같이 인간을 변화시키지 않고 구원하는 은
혜의 개념, 타락한 본성을 회복시키지 않고 구속하는 의의 개념, 죄인
이 자초한 상처에 대해 죄인을 용서하시지만 고쳐 주시지는 않는 그리
스도의 개념이 나타났다." [15] 놀랍도록 많은 수의 개신교인들이-복음
주의자들까지 포함하여- 질송의 오해에 공감하는 것 같아 보인다.

로마 가톨릭은 간단히 칭의와 성화를 동일화한 반면 종교개혁의 입
장은 그 둘을 서로 다르지만 따로 떼어 낼 수 없는 선물이라고 단언했
다. G. C. 벌카우어는 하나님이 은혜롭게 신자들을 새롭게 하시는 일
에 대한 루터의 관심을 부정하는 이들에게 이렇게 대답한다. "루터의
저작을 조금이라도 읽어본 사람이면 누구에게나 이런 개념은 믿을 수
없는 것이다. 루터의 글을 별로 많이 읽어 보지 않아도 루터에게는 칭
의가 인간 내면에 대해서는 아무런 중요성이 없는 외적인 사건에 불
과한 것이 아니라 그보다 훨씬 많은 의미를 내포한다고 확신하기에
충분하다." [16] 법정적 칭의는 속죄의 다른 측면과 대속의 교리와의 관
계와 마찬가지로 그리스도의 다른 유익들을 위한 여지만을 허락하는

---

15) Etienne Gilson, *The Spirit of Medieval Philosophy* (London: Sheed and Ward, 1936),
p. 421.
16) G. C. Berkouwer, *Faith and Sanctification* (Grand Rapids: Eerdmans, 1952), p. 29.

것이 아니다. 그것은 그 유익들의 원천이자 보증이다.

종교개혁자들은 '우리를 위한 그리스도' 와 '우리 안에 있는 그리스도' - 이질적인 전가된 의와 거룩케 하는 분여된 의- 를 양립 가능할 뿐만 아니라 필연적이고 불가분적으로 연관된 것으로 보았다. 믿음을 통해 의롭게 된 이들은 새 피조물이며, 그때 거기서 하나님과 이웃을 사랑하기 시작하며 선행의 열매를 맺는다. 개혁주의 교회들은 죄가 한 사람의 삶을 마음대로 지배하면 "성령과 믿음은 존재하지 않는다."[17]는 루터파의 신앙 고백에 동의한다. 그러나 이는 단순히 구속의 적용에 있어서 칭의와 성화가 마치 평행을 달리는 열차 선로처럼 언제나 함께 간다는 뜻이 아니다. 칭의는 죄에 물든 신자들의 성화가 가능할 수 있는 유일한 이유다. 그리고 둘 다 우리와 그리스도와의 연합 속에서 허락된다. 그러므로 실제적인 질문은 칭의가 새로운 순종의 원천인가 아니면 그 결과인가 하는 것이다. 사실 바울에 따르면 우리의 몸을 산 제사로 드리는 것은 바울이 그때까지 살펴본 "하나님의 모든 자비하심"에 비추어 "합당한(로기켄[λογικην]) 예배"(롬 12:1)다. 그것은 선한 행실을 낳는 좋은 소식이다. 구원은 우리의 순종에 대한 상이 아니라 순종의 원천이다. 그리스도 안에서 하나님의 자비하심에 비추어 우리 자신을 산 제사로 드리는 것은 실제적으로 합당하다.

나는 앞에서 성경은 드라마와 교리와 송영과 제자도를 우리가 쉽게 간과하도록 통합하고 있다고 언급했다. 기독교의 신앙과 실천은 무엇보다 한 극적인 이야기, 창세기부터 요한계시록까지 펼쳐지는 구속의 줄거리에서부터 나온다. 이 이야기는 교리, 즉 하나님이 친히 이 신적인 드라마의 의미와 함의에 대해 계시하시는 특정한 결론을 낳는다. 이 교리는 우리에게 믿음과 경이감과 찬양을 불러일으킨다.

---

17) *Smalcald Articles* III.iii.44, Edmund Schlink, *The Theology of the Lutheran Confessions* (St. Louis: Concordia Publishing House, 2003), p. 160에서 재인용.

우리의 돛은 은혜의 순풍으로 가득 부풀고 우리는 항구를 떠나 감사와 기쁨으로 우리 이웃을 사랑하고 섬기며 세상의 탁 트인 공간으로 항해한다. 성경의 드라마가 없으면 교리는 추상적인 것에 불과하다. 교리가 없으면 송영은 아무것도 아닌 일로 호들갑을 떠는 것에 불과하다. (드라마와 교리를 통해 형성된) 송영이 없으면 제자도는 그저 또 다른 겉모양 바꾸기, 우리의 벌거벗은 몸을 숨기려고 무화과 잎사귀 몇 개를 더 엮어 놓은 것에 불과하다.

결론

나는 우리의 매일의 일상에서 잠시 떠나 하나님 앞에서 잠잠히 하나님의 명령과 약속을 받고 성자 안에서 성령으로 말미암아 성부께 우리의 부르짖음과 찬양과 중보 기도를 쏟아 내는 일에 대한 리처드 포스터의 관심에 동의한다. 경건주의적인 복음주의에서 성장한 많은 이들은 과민 반응을 보여 우리의 영혼을 살찌우는 매일의 성경 읽기와 기도의 습관을 무시하기가-심지어 조롱하기가-쉽다. 나는 오늘날 복음주의의 문제는 복음주의가 너무 금욕적이라는 점이 아니라 너무 세속적이라는 포스터의 말이 옳다고 생각한다. 그러나 그리스도는 우리를 고아로 남겨 두셔서 영적인 조언자들과 우리 나름의 은혜의 수단을 찾아서 스스로 자활하도록 내버려 두시지 않았다. 그리스도는 설교와 성례를 통해 성령으로 말미암아 우리 안에서 일하시겠다고 약속하신다. 그리스도는 죽은 분이 아니다. 그리스도가 우리의 삶속에 임재하시도록 그리스도를 보좌에서 끌어내려야 하는 것도 아니다. 바울은 그리스도가 말씀과 성령을 통해 객관적으로 임재하신다고 말한다.

방법면에서 포스터의 조언은 자신의 메시지와 일치한다. 성경이 우리 밖의 공적인 역사 속에서 일어난 그리스도의 객관적 사역이 곧 복음 - '구원을 주시는 하나님의 능력' - 이라고 가르치는 대목에서 포스터는 이렇게 말한다.

> 가장 중요하고 가장 실제적이며 가장 지속적인 사역은 우리 마음의 심연에서 성취된다. 이 사역은 고독하고 내적이다. 그것은 다른 누구도 심지어 우리 자신도 볼 수 없다. 그것은 하나님만이 아시는 일이다. 그것은 마음의 정결, 영혼의 회심, 내적인 변화, 삶의 성숙을 이루는 사역이다……우리가 하늘의 불을 견딜 수 있으려면 그 전에 많은 집중적인 성숙의 사역이 필요하다. 우리가 안전하고 쉽게 하나님과 더불어 다스릴 수 있는 사람들이 되려면 그 전에 많은 훈련이 필요하다.[18]

이러한 영적 훈련의 방향은 우리를 말씀과 성례 이외의 수많은 은혜의 수단으로 인도하며, 이 다른 수단들은 사실 하나님이 은혜로 우리에게 내려오시는 방법이라기보다는 우리가 하나님께로 올라가는 방법이다. 이런 방향은 우리를 자기 자신 밖으로 끌어내기는커녕 자기 자신 안으로 더 깊이 끌고 가 2천 년 전에 우리 밖에서 우리를 위해 일어난 일이 아닌 우리 안에서 일어나고 있는 일에 집착하게 한다. 가장 중요하고 가장 실제적이며 가장 지속적인 사역은 우리 마음의 심연에서 성취되는 것이 아니라 역사의 심연에서, 본디오 빌라도 아래서 성취되었다. 우리에게 매일 우리의 기업의 풍성함에 대해 묵상해야 할 충분한 이유가 있는 것은 바로 그 성취 때문이다. 그리고 우리 밖에서,

---

18) Richard Foster, "Spiritual Formation Agenda."

역사 속에서 이루어진 그리스도의 사역 때문에 우리는 의롭게 되었을 뿐만 아니라 안에서부터 밖으로 변화되고 있다.

우리에게는 영적인 조언자가 더 많이 필요한 것이 아니라 우리를 먹이는 목사, 우리를 인도하는 장로, 양들의 육체적 필요를 돌보는 집사가 더 많이 필요하다. 우리는 살아 있는 가지가 된다는 것이 무엇을 의미하는지를 더욱더 깨달을수록 실제적인 불의한 행실을 더 많이 죽이고 더욱더 성부를 위해, 성자 안에서, 성령으로 말미암아 살 필요가 있다.

세례를 받아 그리스도와 연합하고 그리스도의 상에서 그리스도의 말씀으로 풍성한 양식을 먹은 우리는 하나님이 우리를 섬기신 일을 잊어버린 채 주일을 보내지 말고, 일하고 놀고 자녀를 양육하고 이 땅의 재물을 관리하고 친구와의 저녁 식사와 직장 동료와의 휴식 시간을 즐기면서 매일 그리스도의 말씀으로 돌아가고 그리스도의 형상을 닮기 위해 기쁜 마음으로 세상으로 돌아가야 한다. 그리스도가 당신을 위해 하신 일로부터 당신 안에서 하시는 일과 더불어 당신을 지금의 이 악한 세대에서 구하시기 위한 그리스도의 재림을 향해 살아가야 한다. 당신의 새해 결심을 양식으로 삼지 말라. 그보다 그리스도와의 연합을 양식으로 삼으라. 당신은 영화롭게 되신 그리스도께서 이미 그 첫 열매가 되신 수확의 일부다! 그러므로 그리스도께로 돌아가고, 당신이 받은 세례를 기억하며, 당신을 짓누르고 당신이 그리스도께 시선을 고정시키며 달려가고 있는 그 경주에서 당신의 주의를 방해하는 모든 것을 회개하겠다고 날마다 다시 결심하라.

THE GOSPEL DRIVEN LIFE

2

교회를 아름답게
- 주위 둘러보기, 앞을 바라보기 -

07

교회와 그리스도의 승리

7

교회와 그리스도의 승리

1095년 11월의 어느 추운 날 교황 우르바누스 2세는 이슬람에 대한 거룩한 전쟁의 대의명분을 취하기 위해 앞에 모인 큰 무리를 선동했다. 사람들은 서로 싸우는 대신 공동의 적에 맞서 연합하고 거룩한 땅을 되찾으라는 말을 들었다. 교황은 "당신들에게 피가 흐르고 있다면 이교도들의 피로 몸을 적셔라."[1]고 설득했다. 교회는 승천하신 주님을 자기 자신으로 대체하고 하나의 문명을 교회와 동화시켰다. 교부 유세비우스는 "하나님의 은총을 받은 우리의 황제[콘스탄티누스]가 말하자면 신적인 주권의 사본을 받고 하나님 자신을 본받아 이 세상의 일들을 다스리는 것"은 그리스도에게서 비롯되고 그리스도를 통해 이루어진 일이라고 선언했다. 여기에는 황제가 "전쟁의 관례에 따라 공공연한 진리의 대적들을 굴복시키고 징벌하는" 것도 포함된다.[2]

---

1) Robert Payne, *The Dream and the Tomb: A History of the Crusades* (New York: Stein & Day, 1985), p. 34.

콘스탄티누스 시대부터 그리스도의 십자가 상징은 이교도들을 칼로 찌르면서 "그리스도는 주님이다."라고 외쳤던 로마 제국 병사들의 방패에 새겨졌다. 미국의 많은 기독교인들은 그보다는 덜 폭력적이지만 여전히 문화 속에서 기독교의 가시적 상징을 요구한다. 우리는 대통령 연설에 하나님에 대한 언급이 자주 나오고 우리의 지도자들이 그리스도와 개인적 관계를 맺고 있다는 어떤 증거를 제시하기를 기대한다. 우리는 시립 공원에 설사 다른 종교적 상징 옆에 나란히 있더라도 예수님의 탄생 장면을 묘사한 그림이 있기를 원한다. 때때로 우리는 심지어 ('공화국 찬가'에서와 같이) 그리스도의 마지막 심판의 언어나 '아름다운 땅 미국'에 대한 요한계시록에 나오는 새 하늘과 새 땅의 이미지를 환기시킴으로써 남북 전쟁에서 북부 연합의 승리에 대해 노래한다.

예수님은 우리의 구속을 성취하신 뒤에 어디로 가셨는가? 그리고 소위 기독교 제국이라고 하는 교회는 어떻게 그리스도께서 이 땅을 다스리시기 위해 능력과 영광 가운데 돌아오실 때까지 그리스도의 자리를 차지할 수 있다고 생각하게 되었는가? 우리는 제자들이 어떻게 갈릴리에서 예루살렘까지 이르는 예수님의 여정의 핵심을 놓쳤는지를 살펴보았다. 예수님은 다락방에서 자신이 아버지께로 올라가는 것이 어떻게 성령님이 자신의 승리의 선물을 나눠 주시기 위해 내려오시는 것을 뜻하는지 설명하시면서 이 땅을 떠나시기 전에 제자들에게 마음의 준비를 하게 하셨다. 그런데 심지어 부활 이후에 예수님이 어떻게 모든 성경이 자신의 구원 사역을 가리키는지를 설명하신 뒤에도 제자들은 예수님의 승천을 맞이할 준비가 되어 있지 않았다. 이 중대

---

2) Orat. 1.6-2.5. Douglas Farrow, *Ascension and Ecclesia: On the Significance of the Doctrine of the Ascension for Ecclesiology and Christian Cosmology* (Grand Rapids: Eerdmans, 1999), p. 115에서 재인용.

한 사건 직전에도 제자들은 여전히 이렇게 질문했다. "주께서 이스라엘 나라를 회복하심이 *이때니이까?*"(행 1:6, 강조는 저자). 그들은 여전히 은혜의 왕국이 아니라 지금 여기서 이 땅의 권세를 가진 왕국을 생각하고 있었다. 그들은 도끼가 나무를 내려찍고 양이 염소와 분리되며 불이 하나님의 원수를 사르는 상황에 준비가 되어 있지 않았다. 그 대신 그들은 예수님이 말세에 다시 오실 때까지 예수 그리스도 안에서 얻는 죄 용서를 전파하며 온 세상으로 가라는 말씀을 듣는다. 제자들이 승천하시는 주님을 바라보며 서 있을 때 두 천사가 제자들에게 이렇게 말했다. "갈릴리 사람들아 어찌하여 서서 하늘을 쳐다보느냐? 너희 가운데서 하늘로 올려지신 이 예수는 하늘로 가심을 본 그대로 오시리라"(11절).

교회는 이 두 시대 사이의 시간 속에 위치해 있기를 거부하고 종종 스스로 이 땅에 안 계신 주님을 대신하여 이 세상의 나라들이 우리 하나님과 그리스도의 나라가 되었다고 성급하게 공포한다. 복음주의자들과 로마 가톨릭 신자들은 세속주의와 이슬람의 도전에 초점을 맞추어 점점 더 '유대-기독교' 문화의 구출을 구심점으로 삼아 한데 뭉친다. 베네딕트 교황과 이슬람의 관계에 대한 「타임」(Time)지의 한 기사에서 보수적인 가톨릭 학자 마이클 노박은 교황에 대해 이렇게 설명했다. "그의 역할은 서구 문명을 대표하는 것이다." 3)

미국 개신교는 복음을 미국적인 방식과 혼동하는 데 있어서 뛰어났다. 나는 최근에 어떤 목사에게 교회 정면에서 미국 국기를 없애려고 했다는 이야기를 듣고 그 사실이 새삼 떠올랐다. 찬양 팀 무대를 위한 공간을 만들기 위해 설교단, 성찬상, 세례반을 치우는 일은 비교적 가벼운 일이었지만 국기는 분명 움직일 수 없었다. 미국 전역의 교회들

---

3) David Van Biema and Jeff Israely, "The Passion of the Pope," *Time*, November 27, 2006, p. 46.

이 현충일과 독립 기념일을 기념할 때의 그 화려한 분위기를 승천일의 상대적인 조용함과 비교해 보라. 「뉴욕 타임스」(New York Times)가 매주 죄와 사망에 대한 그리스도의 승리를 기념하기를 기대하는 사람은 아무도 없다. 그러나 왜 교회까지 이 소식보다 더 중요하고 더 인상적인 무언가가 있다는 인상을 주어야 하는가?

에이즈 치료법 개발을 알리는 보도 자료가 나온다면 틀림없이 몇 주 동안 계속해서 1면 머리기사를 장식할 것이다. 우리는 전부 길거리에 나와 춤이라도 출 것이다. 지금도 그런 성공을 거두기 위해 연구실과 현장에서 비기독교인들과 함께 일하는 기독교인들이 있다. 그러나 오직 교회만이 매주 사탄의 왕국 전체가 영원히 무너졌고, 우리는 지금 아직도 자신들이 패배했다는 진실을 인정하지 않는 게릴라들의 본거지를 수색하며 마지막 전투를 위해 왕의 귀환을 기다리는 육박전 국면에 진입해 있다는 보도 자료를 낸다. 모든 질병, 빈곤, 압제, 폭력, 재난, 우상 숭배 및 죄악의 종말이 다가왔다. 어느 것이 더 강력한가? 하나님의 사역에 대한 소식인가, 아니면 우리에게 하나님 나라의 도래를 알리라는 부르심인가? 복음은 구원을 주시는 하나님의 능력이라는 사실을 깨닫고 나면 우리의 행동은 '합당한 예배'가 된다. 그러나 우리의 섬김이 전면에 나선다면 교회는 (의식적으로든 무의식적으로든) 손쉽게 자신을 메시아로 선포할 것이다.

사탄은 드디어 자기가 하나님을 속였다고 생각했다. 하나님은 자비로우실 뿐만 아니라 공의로우시다는 사실을 알고 있는 사탄은, 하나님은 지나간 일이라고 해서 더 이상 문제삼지 않는 분이 아니며 하나님의 형상을 지닌 인간은 사슬에 묶여 있고 죄의 삯은 사망이라는 것을 알았다. 그러나 사탄은 십자가에서 하나님의 지혜에 당했다. 사탄과 이 시대의 권력자들이 하나님의 약함만을 볼 수 있었던 바로 그곳에서 하나님은 거룩한 전쟁의 전 역사에서 가장 폭발적인 능력을 드러내셨다. 하나님은 승리를 선포하신 바로 그 자리에서 사실 모든 것을 잃으셨다.

우리는 여전히 지금이 어느 시점인지, 그리스도가 창설하신 나라가 어떤 나라인지 잘 알지 못한다. 만일 우리가 여전히 완전히 이루어진 영광과 능력의 나라가 지금 이 세상에 교회나 기독교 운동으로 존재한다는 관점에서 생각한다면, 복음은 어리석은 것으로 여겨질 것이고 하나님이 규정하신 구원의 방법(설교와 성례)은 실제로 세상의 이목을 사로잡기에는 너무 약하다고 평가될 것이다. 최초의 제자들에게도 그랬듯이 우리에게 주어진 과제는 들리기는 하지만 보이지는 않는 한 나라를 믿는 것이다. 복음을 전파하고 세례를 주고 가르치고 성만찬을 집전하고 병자를 찾아가고 고아와 과부를 돌보는 일. 물론 우리도 그런 일들은 한다. 그러나 그 '물론'이라는 말은 우리가 종종 하나님이 규정하신 이런 지상 명령의 방법을 입으로는 떠들지만 우리의 실제 관심사는 다른 곳에, 즉 *진짜*로 무언가 중요한 일을 성취할 방법과 프로그램에 있다는 사실을 은연중에 드러낸다.

희생자들을 찾아 여기저기 배회하는 선동자들을 궁극적인 적이라고 생각하는 것은 자연스럽지만 성경의 드라마는 이들은 천상의 거처에 있는 어둠의 정사와 권세의 꼭두각시임을 보여 준다. 테러행위, 지구 온난화, 에이즈는 우리와 함께 생활하고 있는 비기독교인들과 함께 책임 있는 인간으로서 대처할 필요가 있는 문제들이다. 비기독교인들도 하나님의 형상으로 창조되었고 여전히 정의와 시민적 친절과 아름다움에 대한 의식을 양심 속에 지니고 있다. 하나님은 우상 숭배자요 살인자인 가인을 보존하시고 보호하셨다. 세속 도시도 유지되기를 원하셨기 때문이다.

그러나 지상 명령은 지상 문화 명령이 아니며, 그리스도의 왕국은 이 시대의 어떤 나라와도 동일시될 수 없다. 교회도 공유하고 있고 때때로 가중시키기도 하는 세속 도시의 문제는 신자와 불신자가 같이 대처해야 할 중요한 문제다. 그러나 그것은 사망과 지옥의 지배라는 더 심각한 위기의 징후다. 우리가 오늘날 세계의 가장 큰 열 가지 위기를 해결할 수 있다 해도 우리의 등 뒤에는 여전히 마귀가 도사리고 있고 죄가 우리의 마음을 지배하며 우리의 반란에 대한 형벌로 영원한 사망이 기다리고 있을 것이다.

나는 한 사람의 목사로서 하나님께 하나의 정치적인 연설을 하도록 정기적으로 요구받는다. 그것은 매우 정파적인 정치적 연설이다. 그러나 그것은 다양한 부류의 불신자들에 맞서 기독교 세계를 보호할 군대를 모집하기 위한 연설이 아니다. 그것은 공화당원과 민주당원, 진보파와 보수파를 나누는 것이 아니라 그리스도와 적그리스도를 나눈다. 우리는 다가올 시대의 전령이자 사신으로서 예수 그리스도가 주님이자 왕이며 열면 닫을 자가 없고 닫으면 열 자가 없는 사망과 지옥의 열쇠를 쥐고 계신 유일한 주권자라는 소식을 가지고 온 세상으로 가야 할 사명을 받았다. 지혜와 능력으로 세상의 악을 제거하시고 혼돈을 정복하시며 자기 백성을 지금도 그들을 위해 준비하고 계신 처소로 데려가실 분은 오직 그리스도뿐이다.

이 언약적인 회합에서 십자가는 문화적 상징이 아니라 죄인들을 위해 십자가에 달리신 그리스도에 대한 선포로서 높이 들린다. 우리의 역할은 서구 문명이나 민주주의나 자유세계가 아니라 남편을 위해 단장한 신부처럼 하늘에서부터 내려오고 있는 하나님의 도성 새 예루살렘을 대표하는 것이다. 그 자녀에게 사망과 지옥의 궁극적 승리를 능가하는 참된 자유를 약속하는-그리고 주는-것은 오로지 이 도성뿐이다. 우리는 다시 돌아오셔서 산 자와 죽은 자를 심판하시고 영원히 다스리실 승천하신 왕을 증언한다.

복음은 소망을 위해 더 이상 내면을 들여다보지 않고 우리 밖에 있는 하나님의 은혜로운 행동으로 우리의 주의를 환기시킨다. 지상 사역 기간에 예수님은 곁에 제자들이 함께 있어도 어떤 의미에서는 늘 외로우셨다. 예수님은 이 땅에 무엇을 하려고 오셨는지를 아셨고, 그 일은 예수님만이 성취하실 수 있는 일이었다. 그리고 승천하시는 지금 이 순간에 예수님은 제자들을 버리시는 것이 아니라 우리를 대표하여 다스리시고 통치하실 우리의 살아 계신 머리로서 낙원에 들어가신다. 우리는 *밖*으로 그리스도를 바라보고, *위*로 우리가 지금 하늘의 처소에서 그리스도와 함께 좌정한 곳에서 그리스도를 쳐다본다. 그리고 우리 *주위*로 그리스도의 하늘의 통치가 우리에게 새 식구로 준 공동 상속자들과 그리스도가 우리를 그리스도의 증인이자 종으로 불러 보내신 세상을 둘러본다.

왕의 행진에서부터 즉위까지(시 68편)

천지 만물을 감사의 행렬 가운데서 그 정해진 길에서 이탈하도록 이끈 첫 아담과는 달리 이 여호와의 종은 마침내 우리 인간의 운명을 성취했다. 시편 68편은 이스라엘의 왕의 행진을 기록하면서 신실한 종 예수 그리스도를 예고한다. 이 시편은 "하나님이 일어나시니 원수들은 흩어지며"(1~3절)라는 전쟁터의 함성으로 시작한다.

하나님은 아브라함을 우르에서 불러내시고 지금은 우상을 숭배하는 여러 민족이 점유한 땅을 그의 후손에게 주시겠다고 일방적으로 맹세하셨다. 그러나 이는 시작일 뿐이었다. 궁극적으로 아브라함의 후손을 통해 온 땅의 열방이 복을 받게 될 것이다(창 15장). 사라의 임신하지 못하는 태에서 하나님은 말씀과 성령으로 새로운 민족을 창조하시면서 이번에는 그들에게 생육하고 번성하며 땅을 정복하라고 명령하지 않으시고 그들을 결실이 많게 하시고 그들의 자손들을 번성케 하시며 그들의 원수를 그들 앞에서 정복하시겠다고 약속하셨다.

하나님은 그 약속을 처음에는 모형론적인 차원에서-이스라엘을 이집트의 속박에서 구원하심으로써-성취하셨다. 이 해방은 세상을 변화시킬 여정의 시작일 뿐이었다. 그것은 이집트의 속박에서부터 시내 산에서의 율법 수여를 거쳐 시온 산 도착에 이르는 여호와의 행진이었다. 그 모든 일은 창조와 타락에서부터 구속과 완성까지의 역사를 관통하는 하나님의 행진을 예표하는 것이었다. 그러나 시내 산은 시온 산에 이르는 여정의 한 통과 지점일 뿐이었다. 이스라엘과 하나님과의 언약은 위에 있는 예루살렘과 하늘에서부터 다스리시는 왕을 가리키는 구속사의 한 모형이자 삽화일 뿐이다. 유대인 학자 존 레벤슨의 말을 빌리자면, 시편 68편은 "시내 산에서부터의 야훼의 행진, 이스라엘의 하나님과 그 수행원들이……광야를 가로지르는 일종의 군사 행동을 기록하고 있다." [4]

시내 산은 이 행진에서 중요하기는 하지만 이집트와 지상의 시온 산, 즉 가나안 땅의 중간 지점에 있다. 예컨대, 시편 97편에서는 초점이 시내 산에서 시온 산으로 옮겨진다(참조. 시 68:8~9; 신 33:2; 시 50:2~3). "시내 산에서 시온 산으로의 중심 주제 이동은 완벽하고 뒤집을 수가 없어서 야훼는 더 이상 '시내 산의 하나님'이 아니라 '시온 산에 계신' 분(사 8:18)으로 불리게 되었다……시내 산에서 시온 산으로 하나님의 거처가 옮겨진 것은 하나님이 더 이상 영토적으로 누구의 땅도 아닌 곳에 거하는 분이 아니라 이스라엘 공동체의 경계선 안에 거하는 분으로 여겨졌다는 뜻이다." [5] 그리고 레벤슨은 시온 산 전통에서 "시

4) Jon D. Levenson, *Sinai and Zion: An Entry into the Jewish Bible* (New York: HarperCollins, 1985), p. 19.
5) 앞의 글, p. 91.

내 산의 경우에서는 거의 생각할 수 없는 어떤 일이 일어날 것이다." 라고 논평한다. 곧 하나님 자신이 인간의 온갖 불순종에도 불구하고 일어나셔서 원수들을 흩으시고 자기 백성을 구원하실 것이라는 무조건적인 신적 맹세가 있을 것이다. 그래서 시온 산은 시내 산이 결코 차지하지 못한 우주적, 보편적인 역할을 차지한다. 이사야서 51장 16절과 스가랴서 2장 11절에서와 같이 "예루살렘과 이스라엘 땅뿐만 아니라 이스라엘 백성들도 시온 산이라고 지칭할 수 있다." [6]

높은 곳으로 오르시며 사로잡은 자들을 취하시고 선물들을 사람들에게서 받으시며 반역자들로부터도 받으시고 뱀의 머리를 짓밟으시며 시온 산에 영원히 거하시는(시 68:19~23) 예수님은 "날마다 우리 짐을 지시는 주 곧 우리의 구원이신 하나님"이며 우리는 오직 예수님에게서만 "사망에서 벗어남"을 얻는다. 레벤슨은 시편 68편을 위임에서 성취까지 아담의 시험을 반복하는 시내 산에서 시온 산으로의 행진으로 해석하지만-그리고 심지어 그 둘에 공통된 실패를 지적하기까지 하지만- 시온 산은 결국 유대교 안의 시내 산으로 흡수된다고 결론짓는다. 시온 산으로 올라가는 것은 "인간의 윤리적 진보"에 대한 풍유라고 그는 주장한다. [7] 레벤슨은 심지어 여기가 기독교와 유대교가 갈라지는 분기점이라고 인식한다. 주후 70년의 성전 파괴가 유대교의 속죄를 지상의 시온 산에서 신실한 자들의 내적인 심령으로 옮겨 놓은 반면, 신약 성경은 그리스도가 참된 성전이며 그리스도를 믿는 이들은 그리스도의 살아 있는 돌들이라고 선언한다. [8]

시편 24편도 시편 68편과 비슷하게 이스라엘 백성들이 매년 시온 산에 올라 성전에 이르는 순례 여행을 할 때 번갈아 가며 부른 또 하나의

---

6) 앞의 글, p. 137.
7) 앞의 글, p. 172.
8) 앞의 글.

'성전에 올라가는 노래' 다. "여호와의 산에 오를 자가 누구며 그의 거룩한 곳에 설 자가 누구인가?" 답은 "손이 깨끗하며 마음이 청결"(3~6절)한 자만 그런 자격이 있다는 것이다. 7~10절은 그런 자격을 갖춘 유일한 자가 다름 아닌 "영광의 왕"임을 보여 준다. 그 왕은 전쟁터에서 승리를 거둔 뒤 승리한 자신을 맞이하도록 옛 성소의 문들에게 열리라고 명령한다.

야훼는 골고다 언덕에서 승리할 때부터 참된 하늘의 시온 산에 올라가 만왕의 왕이자 만주의 주로 즉위할 때까지 사로잡힌 자들을 취하신다. 이 일은 예수님의 사역의 여러 곳에서 이미 예견되었다. 누가복음 10장에 나오는 70인의 귀환은 승리의 행진을 예고한다. 예수님은 이스라엘의 종교 지도자들을 포함한 자신의 나라의 원수들에게 "화"-언약적 저주-를 선포하시는 반면, 70인은 기뻐하며 돌아와 가쁜 숨을 몰아쉬며 주님께 "주의 이름이면 귀신들도 우리에게 항복하더이다."라고 보고한다. 그러자 예수님은 그들에게 이렇게 말씀하셨다. "사탄이 하늘로부터 번개같이 떨어지는 것을 내가 보았노라 내가 너희에게 뱀과 전갈을 밟으며 원수의 모든 능력을 제어할 권능을 주었으니 너희를 해칠 자가 결코 없으리라 그러나 귀신들이 너희에게 항복하는 것으로 기뻐하지 말고 너희 이름이 하늘에 기록된 것으로 기뻐하라"(눅 10:18~20).

구원의 대장이신 예수 그리스도는 지상 사역 기간에 사로잡힌 자들을 취하시고 시내 산에서 시온 산까지 행진하셨다. 예수님은 사탄이 예수님을 유혹할 때 거짓으로 약속한 영광의 길을 거부하시고 십자가의 길을 가시며 뱀의 머리를 밟고 감옥 문을 활짝 여시기 위해 지옥의 문까지 행진하셨다. 시편 68편은 의기양양하게 승천하신 위대한 왕의 성소에 군대의 행렬이 도착하는 것으로 끝을 맺는다.

다락방 강화(요 14~16장)에서 예수님은 제자들에게 자신이 떠난 이후를 준비시키셨다. 예수님은 십자가에 달리고 장사된 뒤 셋째 날에 부활하실 것이다. 그리고 그 후에는 보좌에서 성령을 보내시는 동시에 우리를 위한 처소를 준비하시기 위해 하늘로 올라가실 것이다. 그 사이에 예수님은 자신의 승리를 바탕으로("하늘과 땅의 모든 권세를 내게 주셨으니") 제자들에게 온 세상에 나가 선포하고 가르치고 세례를 주라고 명령하신다. 하나님은 아브라함과의 언약에서 아브라함과 아브라함의 후손(예수 그리스도) 안에서 땅의 모든 민족이 복을 받을 것이라고 약속하셨다. 이 소망은 선지자들을 통해 계속 보존되었다. 시내 산 언약을 어긴 이스라엘에 대해 하나님의 책망을 강력하게 전달하는 과정에서조차 선지자들은 하나님이 친히 내려오셔서 예루살렘에서부터 이집트와 앗수르와 온 열방에 이르는 대로를 건설하실 날을 예언했다(사 9장). 온 열방에서 나온 남은 자들이 위대한 왕의 행진 속으로, 지상의 산과 성전이 아니라 지상의 예루살렘이 미리 나타내기만 했을 뿐인 하늘의 실체로 모아질 것이다.

거룩한 전쟁

지금까지 우리는 성경에서 복음이 어떻게 뉴스 속보로, 법정 드라마인 동시에 전쟁 서사시로 전개되는지를 살펴보았다. 사실 '복음'을 뜻하는 헬라어 단어는 전령이 전쟁터에서 수도로 가져오는 군사적 승리의 메시지를 가리키는 데 사용되었다. 복음이 성경의 가장 큰 이야기라면 성경의 여러 이야기들의 배후에 있는 그 이야기는 하나님이 사탄에게 전쟁을 선포하고 그 결과를 예언하시는 창세기 3장 15절에서 시작된다. "내가 너로 여자와 원수가 되게 하고 네 후손도 여자의 후손과 원수가 되게 하리니 여자의 후손은 네 머리를 상하게 할 것이요 너는 그의 발꿈치를 상하게 할 것이니라." 호된 심판을 받은 사탄은 가인이 아벨을 죽인 뒤 언약 공동체에서 추방되었을 때 이미 그 일에 앞장을 선 것으로 보인다. 그럼에도 하나님은 하와에게 또 다른 상속자인 셋을 주시는데 그의 이름은 '약속된'이라는 뜻이다. 가인 계보의 후손들은 가인의 크고 폭력적인 도시에서 문화의 건설자들로 두각을 드러내지만 셋의 계보에 대해 유일하게 언급된 것은 "그때에 사람들이 비로소 여호와의 이름을 불렀더라."(창 4:26)는 사실이다.

두 계보 모두 여러 세대에 걸쳐 성장해 가자 사탄은 명백한 살인보다 더 교활한 전략, 즉 경건한 계보의 종교적 타락을 시도했다. 셋의 후손들은 가인의 후손들과 통혼하며 자신들의 언약적 정체성을 잃어버리기 시작했다.

> 여호와께서 사람의 죄악이 세상에 가득함과 그의 마음으로 생각하는 모든 계획이 항상 악할 뿐임을 보시고 땅 위에 사람 지으셨음을 한탄하사 마음에 근심하시고 이르시되 "내가 창조한 사람을 내가 지면에서 쓸어버리되 사람으로부터 가축과 기는 것과 공중의 새까지 그리하리니 이는 내가 그것들을 지었음을 한탄함이니라." 하시니라 그러나 노아는 여호와께 은혜를 입었더라(창 6:5~8).

노아와 그의 가족을 통해 새로운 언약 공동체-은혜로 택함받은 남은 자-가 탄생했다. 노아는 제단 위에 번제를 드렸고 하나님은 그 제사의 향기에 흡족하셔서 "사람의 마음이 계획하는 바가 어려서부터 악함"에도 불구하고 그런 대규모의 홍수를 내리지 않겠다고 약속하셨다. "땅이 있을 동안에는 심음과 거둠과 추위와 더위와 여름과 겨울과 낮과 밤이 쉬지 아니하리라"(창 8:20~22). 그리고 처음 창조 때를 연상시키는 다음과 같은 말씀이 나온다. "하나님이 노아와 그 아들들에게 복을 주시며 그들에게 이르시되 '생육하고 번성하여 땅에 충만하라' "(창 9:1).

언약의 계보는 셈과 그의 후손을 통해 지속된 반면, 이방 민족들은 훗날 하나님께 도전하고 자신들만의 주제넘은 통치권을 기념하고자 악명 높은 바벨탑을 세우기 위해 함께 모였다. 셈의 후손들에게서 마침내 아브람이 출현했지만 그때는 이미 그들도 타락해 있었다. 아브람은 그의 아내 사래와 함께 달을 숭배하는 가문에서 하나님의 부르심을 받아 그보다 더 위대한 후손인 메시아를 통해 많은 민족의 조상이 되었다. 하나님은 일방적으로 아브람에게서 믿음의 왕국을 세우시기 위해 자신의 신실함을 맹세하셨고 아브람은 그 약속을 믿어 의롭게 되었다(창 15:6).

그 결과 아브람과 사래는 이제 아브라함('많은 사람의 아버지')과 사라('많은 사람의 어머니')가 되었다. 그 두 사람은 약속에 대한 자신들의 믿음과 씨름하며 한때는 하나님의 약속에 대한 믿음 대신 자신들의 계획으로 미래의 소망을 이루려 했지만 하나님은 신실함을 버리지 않으셨다. 하나님은 아브라함의 믿음을 시험하시며 그에게 독자 이삭을 제단 위에 제물로 바칠 것을 요구하셨지만 그가 자기 아들을 칼로 찌르지 못하도록 막으셨다. 그리고 그 대신 숫양 한 마리가 잡목 숲에 걸려 이삭 대신 제물로 드려졌는데, 이는 십자가에서 조상의 자리를 대신 떠맡은 아브라함의 더 위대한 자손인 예수 그리스도를 미리 보여 준다.

하나님이 아브라함에게 말씀하신 것처럼 이스라엘은 이집트에서 노예가 되었고 남아를 살육할 정도까지 하나님의 백성을 가혹하게 압제한 잔혹한 바로가 일어났지만(출 1장), 아기 모세는 바로의 한 딸의 호의로 살육을 피했다(출 2장). 모세는 결국 하나님의 백성을 이집트 밖으로 인도해 내도록 하나님께 부르심을 받아 강력한 이적을 행했다. 각 이적은 이스라엘의 하나님이 이집트의 우상들보다 더 높으신 분임을 상징했다. 그러나 바로의 마음은 완악해졌다. 마침내 하나님은 이집트의 장자들을 재앙으로 죽이시고, 이스라엘 백성에게 유월절 식사와 더불어 그들의 장자를 여호와께 바치라고 명령하신 뒤, 자기 자녀들을 홍해를 통과하여 마른 땅 위로 인도하시고, 바로의 군대를 수장시키셨다(출 14장).

하나님은 자기 백성을 시내 산까지, 그 뒤로는 시온 산까지 행진하게 하실 때 먼저 이스라엘 백성의 불성실함과 싸우시지 않을 수 없었다. 모세조차 약속의 땅에 들어갈 수 없었다. 그러나 그 땅에서 하나님은 뱀과의 전쟁을 다시 시작하셔서 여호수아의 영도 아래 하나님의 원수들을 하나님의 땅에서 몰아내셨다. 이 거룩한 전쟁은 단순히 주된 이야기, 즉 하와와 사라의 후손이 주와 그 기름 부음받은 자를 대적하여 모인 정사와 권세의 연합에 대해 거둔 승리 뒤에 숨겨진 그 이야기의 일부가 아니다. 이제 이스라엘은 하나님의 "장자"로서 장차 있을 일들의 모형인 같은 사명을 받는다.

다윗은 여호와께 헌신했지만 메시아적인 인물은 아니었다. 사실 그가 밧세바와 간음을 저지르고 그녀의 남편을 죽인 일과 그 밖의 여러 폭력 행위는 그 자신의 집안에 파멸의 씨앗을 뿌렸다. 그럼에도 하나님은 다윗의 자손들의 무모한 불성실함에도 불구하고 다윗의 왕위를 영원히 견고하게 지키실 것이라는 무조건적인 맹세를 하셨다(삼하 7장). 다윗은 하나님께 한 집을 지어 드리겠다고 약속드렸지만 하나님은 오히려 바로 하나님 자신이 다윗을 위해 한 집을 지을 것이라고 대답하셨다(11절). "네 수한이 차서 네 조상들과 함께 누울 때에 내가 네 몸에서 날 네 씨를 네 뒤에 세워 그의 나라를 견고하게 하리라 그는 내 이름을 위하여 집을 건축할 것이요 나는 그의 나라 왕위를 영원히 견고하게 하리라"(12~13절). 다윗의 아들 솔로몬은 이 예언을 부분적으로만 성취했다.

더 위대한 다윗의 자손으로 이어지는 이 왕조는 나라 안팎으로 계속 위협을 당했다. 다윗의 악한 후계자들이 나라를 우상 숭배와 통혼에 빠뜨리고 선지자들을 박해하고 왕가의 혈통을 멸절시키려고 시도하면서 '자손'의 전쟁은 계속된다. 뱀이 다윗의 자손들을 가로막을 수만 있다면 하나님의 메시아적인 왕국에 대한 전망도 끝장낼 수 있다. 이사야서 7~8장에서 아하스 왕은 앗수르 왕을 이스라엘의 새로운 종주(언약적 영주)로 인정하는 것과 다름없는 방식으로 앗수르 왕 디글랏 빌레셀에게 호소했다. "나는 왕의 신복이요 왕의 아들이라……올라와 그 손에서 나를 구원하소서"(왕하 16:7). 여기서 아하스는 시온의 왕이신 하나님 대신 국제정치적 역학관계를 선택한다. 이사야는 적절하게도 자기 아들을 "스알야숩"('남은 자는 돌아올 것이다.')이라고 이름 지었다. 다시 한 번 하나님은 바알에게 무릎 꿇지 않은 선택된 남은 자를 보존하셨다. 이스라엘과 유다의 역사에서 악한 왕들까지 그 땅을 다스리는 것은 단지 마침내 더 위대한 다윗의 자손이 세상의 영원한 왕으로 세워질 때까지 다윗의 왕위를 이을 후계자가 끊이지 않게 하시겠다는 하나님의 약속 때문이다.

가인이 아벨을 죽였을 때 파멸을 가져올 메시아의 도래를 저지했다는 잘못된 결론을 내렸던 사탄은 반복적으로 다윗 계보를 멸절시키려고 애썼다. 예를 들면, 사악한 왕비 아달랴는 왕가의 자손들을 살육했지만 아기 요아스는 그녀 모르게 그 유모와 함께 성전에 숨겨져 아달랴의 학정을 피했다(왕하 11:1~3). 제사장 여호야다는 그 아기를 발견하자 백부장들에게 여호와의 성전에 있는 다윗 왕의 창과 방패를 잡고 "왕[요아스]을 호위"하라고 명령했다. "여호야다가 왕자를 인도하여 내어 왕관을 씌우며 율법책을 주고 기름을 부어 왕으로 삼으매 무리가 박수하며 왕의 만세를 부르니라"(9~12절). 이 소동이 어디서 났는지 알아보려고 성전으로 들어가는 아달랴 왕비의 모습(13~14절)은 요한계시록 12장에 나오는 속은 용의 분노와 닮았다. 언약이 회복되자 유다 백성들은 모든 신당과 바울의 제단을 깨뜨리는 철저한 성전 청소를 떠맡았다(17~20절). 7세에 통치를 시작한 요아스는 성전을 수리하고 모든 우상의 신당들을 허무는 작업을 시작했지만 그조차 결국 여호와에게서 떠나 죽임을 당했다(대하 24:17~25).

이 이야기의 요점은 분명 도덕적 모범을 제시하는 것이 아니다. 이 거룩한 전쟁의 본문들이 우리가 우상 숭배자들에 대한 하나님의 심판을 실행하고 신정 체제를 세우기 위한 전형으로 의도된 것도 아니다. 시내 산 언약은 영광 중에 다스릴 그리스도의 영원한 통치를 가리키는 순전히 모형론적인 왕국을 수립했다. 메시아는 겸손하게 이 땅에 오셨다. 메시아는 시내 산에서 세워진 모형론적인 신정 체제가 아니라 아버지의 영원한 나라를 회복하시기 위해 오셨다. 메시아는 아버지의 우편으로 올라가신 뒤에 지금은 복음을 통해 다스리신다. 그러나 메시아가 영광 중에 다시 오실 때는 이스라엘의 모형론적인 거룩한 전쟁은 그에 비하면 빛이 바랠 것이다. 요한계시록에 있는 '어린 양의 진노'의 생생한 이미지는 온 땅에 도래할 극적인 심판의 날을 미리 엿보게 해 준다. 그날에 하나님은 마침내 영원히 자신의 동산에서 뱀과 그 하수인들을 깨끗이 청소하실 것이다. 지금 철저한 용서를 받지 못하면 그때 철저한 심판을 받게 된다. 바로 이것이 우리가 오늘날 세상에 전해야 할 메시지다.

기독교인들은 시편의 '전쟁 노래'를 다윗보다 더 위대한 메시아적인 왕의 관점에서 해석한다. 따라서 예수님은 하나님이 자신의 거룩한 산에 세우시고 모든 통치자들에게 예수님께 경의를 표할 것을 요구하시며 심지어 그들에게 '그의 아들에게' 입을 맞출 것을 요구하시는 왕이시다. "그렇지 아니하면 진노하심으로 너희가 길에서 망하리니 그의 진노가 급하심이라 여호와께 피하는 모든 사람은 다 복이 있도다"(시 2:11). 다윗이 지었다고 전해지는 시편 144편에서는 이런 말씀이 기록되어 있다. "나의 반석이신 여호와를 찬송하리로다 그가 내 손을 가르쳐 싸우게 하시며 손가락을 가르쳐 전쟁하게 하시는도다 여호와는 나의 사랑이시요 나의 요새이시요 나의 산성이시요 나를 건지시는 이시요 나의 방패이시니 내가 그에게 피하였고 그가 내 백성을 내게 복종하게 하셨나이다"(1~2절). 구약에서 '구원'은 군사적 승리의 측면에서 이해된다. 그러나 앞으로 살펴보게 되겠지만 우리가 이런 메시아에 대한 언급을 어떻게 해석하느냐가 온갖 차이를 가져온다.

메시아의 도래

마침내 그날이 이르렀다. 마태복음은 의미심장하게도 다음과 같이 시작된다. "아브라함과 다윗의 자손 예수 그리스도의 계보라"(마 1:1). 이 계보의 핵심 인물들은 우리에게 구약 성경에 기록된 그들의 이야기를 상기시킨다. 그들 중 다수는 부도덕한 사람들이었다. 어떤 이는 이스라엘의 정탐꾼들을 도와준 기생 라합(수 6:25)처럼 이 족보에 오르는 명예를 얻었다(5절). (짧게 축약되었지만) 이 긴 계보는 다음과 같이 끝난다. "야곱은 마리아의 남편 요셉을 낳았으니 마리아에게서 그리스도라 칭하는 예수가 나시니라"(16절). 천사들은 이 단계에 이른 그리스도의 왕국의 겸손과 온유를 강조하면서 평범한 목자들에게 이렇게 선포한다. "무서워하지 말라 보라, 내가 온 백성에게 미칠 큰 기쁨의 좋은 소식을 너희에게 전하노라 오늘 다윗의 동네에 너희를 위하여 구주가 나셨으니 곧 그리스도 주시니라"(눅 2:10~11).

헤롯 왕―로마가 꼭두각시로 삼아 예루살렘을 다스리게 한 분봉왕―은 동방에서 온 외국의 고관들에게서 유대인의 왕이 나셔서 그들이 "그에게 경배"(마 2:2)하러 왔다는 소식을 들었다. "헤롯 왕과 온 예루살렘이 듣고 소동한지라 왕이 모든 대제사장과 백성의 서기관들을 모아 그리스도가 어디서 나겠느냐 물으니." 대제사장과 서기관들은 미가서 5장 2절과 그 밖의 예언들을 인용하면서 "유대 베들레헴이오니……."(5절)라고 대답했다. 그러자 옛 뱀과 그 하수인은 가인에서부터 바로와 아달랴 왕비에 이르기까지의 살육 전략을 그대로 본떠 베들레헴과 그 주변 지역에서 장자들을 살육했지만, 하나님은 이미 요셉과 마리아에게 헤롯이 죽을 때까지 이집트로 피신하라고 명하셨다. "이는 주께서 선지자를 통하여 말씀하신 바 '애굽으로부터 내 아들을 불렀다.' 함을 이루려 하심이라"(15절). 그래서 예수님은 (요셉처럼) 형제들을 구원하기 위해 이집트로 보내졌다가 마침내 뱀의 머리를 부술 사명을 띠고 약속의 땅으로 돌아오는 새 이스라엘이다.

모든 전쟁을 종식시킬 전쟁

거룩한 전쟁이라는 주제는 신약 성경에서도 거의 사라지지 않는다. 오히려 거룩한 전쟁은 그 성취에 도달한다. 구약의 예들은 단지 그 성취의 예고편에 불과하다. 시내 산에서 시온 산까지의 예수님의 행진-위임에서 완성까지의 아담의 시험-은 광야에서 받은 유혹과 더불어 시작되었다. 옛 뱀은 아담에게 써먹은 낡은 전술을 사용해서 마치 자기가 온 세상을 줄 수 있기라도 한 것처럼 예수님께 세상을 주겠다고 제안한다. 예수님이 사탄의 제안을 일축하자 사탄은 더 교활하게 되돌아와 예수님께 돌을 떡덩이로 바꿈으로써 고난받기를 멈추도록 유혹하려 한다. 그러나 이번에 뱀은 먹음직도 하고 보암직도 하고 지혜롭게 할 만큼 탐스럽기도 한 열매를 따 먹는 대신 성경 말씀을 인용하는 마지막 아담을 만났다. "사람이 떡으로만 살 것이 아니요 하나님의 입으로부터 나오는 모든 말씀으로 살 것이라 하였느니라"(마 4:4; 신 8:3에서 인용). 사탄이 예수님께 성전 꼭대기에서 뛰어내리라고 도전하자 예수님은 아담이나 이스라엘과는 달리 이렇게 대답하신다. "또 기록되었으되 '주 너의 하나님을 시험하지 말라.' 하였느니라"(7절).

그러나 초림 때에 예수님의 행진은 원수를 무찌르고 그들을 어떤 지정학적인 땅에서 몰아내기 위한 군사 행동이 아니다. 예수님은 이스라엘의 거룩한 전쟁들이 희미하게 예고할 수밖에 없었던 우주적 심판을 하러 돌아오실 때 그 일을 하실 것이다. 그러나 지금으로서는 예수님의 나라는 은혜와 약함의 나라이지 영광과 권능의 나라가 아니다. 그 나라는 언젠가 온 땅에 영원히 자리 잡을 의와 평화와 공의의 가시적인 통치가 아닌 귀에 들리는 좋은 소식을 바탕으로 출현하고 확장된다.

(시내 산에서의 모세의 율법 수여에 비견되는) 산상 설교에서 예수님은 유명한 명령을 공포하신다. "'……라' 하였다는 것을 너희가 들었으나 나는 너희에게 이르노니." 예수님은 여기서 모세의 율법을 비판하고 계신 것이 아니라 일종의 체제 변화를 선포하시는 것이다. 거룩한 땅과 거룩한 전쟁이 있고 이방 민족들을 그 땅에서 쫓아내야 했던 시절이 있었다. 그러나 지금은 용서와 좋은 소식과 은혜의 시대다. 예수님의 제자인 야고보와 요한이 예수님을 배척한 사마리아의 한 마을에 불을 내려 구약 시대의 대본으로 되돌아가기를-또는 성급하게 마지막 심판을 발동하기를-원했을 때, 주님은 그들을 "꾸짖으시고 함께 다른 마을로"(눅 9:51~56) 복음을 전파하러 가셨다. 그러나 거기에는 전쟁이 있다. 사탄은 밤낮으로 성도들을 참소하던 하늘에서 쫓겨났고(눅 10:15~18; 계 12장) 지금은 결박되어 더 이상 열방을 속이고 택함받은 이들이 복음을 믿지 못하게 할 수 없다(막 3:27). 전쟁의 현재 단계에서는 (하

나님과 사탄의) 초점이 그리스도에 대한 증언과 성도들의 믿음에 있다. 사탄의 모든 화포는 복음의 진보를 겨냥하고 있다.

예수님이 70명의 제자들에게 병을 고치고 자신의 이름을 선포하라는 사명을 주어 보내신 뒤에 그들은 기뻐하며 되돌아와 이렇게 말했다. "주여, 주의 이름이면 귀신들도 우리에게 항복하더이다." "예수께서 이르시되 사탄이 하늘로부터 번개같이 떨어지는 것을 내가 보았노라"(눅 10:15~18). 그러나 바로 이 예수님이 구름을 타고 심판하러 오셔서 양과 염소를 분리하시고 양들에게는 영생을 주시며 염소들에게는 옛 뱀과 함께 영원한 멸망을 주실 그날에 대해 경고하신다(마 24장).

신약 성경에서는 거룩한 전쟁이라는 주제를 끌어들이되 독특한 관점에서 끌어들인다. "우리가 주를 의지하여 우리 대적을 누르고"(시 44:5)라는 명백히 군사적인 야훼에 대한 인식은 이제 율법과 복음을 통해 천국을 열고 닫을 열쇠를 그리스도께 받은 교회를 "음부의 권세가 이기지 못하리라."(마 16:18~19)는 예수님의 선언에 비추어 볼 수 있다.

언젠가는 이 싸움의 무대가 지정학적인 무대가 될 것이다. 하늘의 왕과 지상의 반역한 권력자들 사이에 격렬한 충돌이 있을 것이다. 감람산 강화에서 예수님은 인자가 말세에 영광과 권능 가운데 다시 올 것이라고 설명하신다. "이 후에 인자가 권능의 우편에 앉아 있는 것과 하늘 구름을 타고 오는 것을 너희가 보리라"(마 26:64; 막 14:62; 눅 22:69). 스데반이 순교할 때 보았던 환상 속에서도 이 일이 부분적으로 실현되었고(행 7:56), 회심 이전의 바울은 그의 순교를 마땅히 여겼지만(8:1) 자신도 다메섹에 있는 신자들과 또 다른 싸움을 벌이러 가는 길에 환상 속에서 그와 같은 경험을 했다(9:1~6). 그러나 우리는 아직 그러한 현현의 후반부, 은혜의 왕국에서 영광의 왕국으로의 이행을 나타내는 예수님의 '하늘 구름을 타고 오심'을 기다리고 있다.

이 모든 에피소드에 있어서 왕국의 문제는 "원하는 자로 말미암음도 아니요 달음박질하는 자로 말미암음도 아니"라는 사실이 더욱더 분명해진다. 이 모든 이야기들의 배후에 있는 이야기는 에덴에서 시작되어 헤롯에 의한 남아들의 대량 학살(마 1:13~23)에서 그 절정에 이르는 우주적 전투다. 이집트에서의 '피신'과 나사렛으로의 귀환은 바로 이 아이가 이스라엘의 역사를 재현하고 있으며 그 과정에서 옛 뱀과 그의 인간 앞잡이들에 대한 '여자의 후손'의 승리를 재현하고 있음을 알려 준다. 사실 예수님의 관점에서 보면 자기 백성들이 자신들에게 속한 나라를 대적하는 것도 사실 이 우주적 전투에서 나온 연기였다.

> 뱀들아, 독사의 새끼들아! 너희가 어떻게 지옥의 판결을 피하겠느냐? 그러므로 내가 너희에게 선지자들과 지혜 있는 자들과 서기관들을 보내매 너희가 그 중에서 더러는 죽이거나 십자가에 못 박고 그 중에서 더러는 너희 회당에서 채찍질하고 이 동네에서 저 동네로 따라다니며 박해하리라 그러므로 의인 아벨의 피로부터 성전과 제단 사이에서 너희가 죽인 바라갸의 아들 사가랴의 피까지 땅 위에서 흘린 의로운 피가 다 너희에게 돌아가리라(마 23:33~35).

아벨은 믿음으로 하나님이 명하신 제물을 가져온 반면, 가인은 그렇지 않았다(창 4:4~8; 히 11:4). 예수님을 설득하여 십자가를 피하게 하려 했던 베드로의 시도조차 예수님은 사탄의 음성으로 취급하셨다(마 16:23).

따라서 예수님이 보시기에 이 이야기들의 배후에 있는 이야기는 인종 청소나 심지어 지상에서의 신정 체제의 회복이 아니다. 선과 악은 인종적, 민족적, 또는 정치적 충성이라는 정적인 범주로 쉽게 분류될 수 없다. '외부인'과 '내부인'은 예수님께 대한 배타적 관계로 재정의된다. 신약 성경의 축귀와 치유는 올바른 심리학적, 의학적 분석 도구가 없는 고대인들의 이상한 관습이 아니라 구속사적 이정표이자 새 창조의 예고편, 즉 예수님과 이 시대의 세력들과의 싸움이다. 그러므로 승리하신 그리스도는 하나님의 어린 양과 만나며 정복하는 왕과 대속의 어린 양은 이 유일무이하신 분과 그의 나라 안에서 동일하다. 예수님은 귀신들까지 굴복시킬 수 있는 권세에 득의양양한 70명의 제자들에게 (창 3:15을 생각나게 하는, 뱀을 밟는다는 표현으로) 그들의 이름이 하늘에 기록되었다는 훨씬 더 큰 소식으로 응답하신다(눅 10:15~18).

강한 자는 결박되었고, 그 결과 예수님과 제자들의 비상한 사역이 말씀과 성례라는 일상적인 사역으로 계승되었을지는 모르지만 우리의 전쟁은 "통치자들과 권세들과 이 어둠의 세상 주관자들과 하늘에 있는 악의 영들을 상대"(엡 6:12)하여 계속되고 있다. 특별히 복음의 진보가 사탄의 왕국을 가장 위협하는 곳마다 발견되는 그런 파괴적인 세력들은 열방의 교만과 반역에서뿐만 아니라 교회의 이단과 분열에서도 가시적으로 나타난다.

창세기 3장부터 요한계시록까지의 이야기를 지배하는 우주적인 싸움은 뱀과 뱀의 후손 및 여자와 여자의 후손 사이의 전쟁이다. 사실 요한계시록 12장은 "그 발 아래에는 달이 있고 그 머리에는 열두 별의 관을" 쓴 "해를 옷 입은 한 여자"(1절)가 등장하는, 구속사적 전투의 스냅 사진으로 볼 수 있다. 출산의 고통 속에 울부짖고 있는 그 여자는 "하늘에 또 다른 이적" 곧 "머리가 일곱이요 뿔이 열"이며 "그 여러 머리에 일곱 왕관이" 있는 "한 큰 붉은 용"이 나타나는 순간 생명의 위협을 받는다.

그 꼬리가 하늘의 별 삼분의 일을 끌어다가 땅에 던지더라 용이 해산하려는 여자 앞에서 그가 해산하면 그 아이를 삼키고자 하더니 여자가 아들을 낳으니 이는 장차 철장으로 만국을 다스릴 남자라 그 아이를 하나님 앞과 그 보좌 앞으로 올려가더라 그 여자가 광야로 도망하매 거기서 천이백육십 일 동안 그를 양육하기 위하여 하나님께서 예비하신 곳이 있더라(4~6절).

이 시점에서 우리는 "하늘에 전쟁이" 나서 마귀와 그의 사자들이 패배한다는 말씀을 읽게 된다. "내가 또 들으니 하늘에 큰 음성이 있어 이르되 '이제 우리 하나님의 구원과 능력과 나라와 또 그의 그리스도의 권세가 나타났으니 우리 형제들을 참소하던 자 곧 우리 하나님 앞에서 밤낮 참소하던 자가 쫓겨났고'"(7~10절). 순교자들은 어린 양에 대한 자신들의 증언으로 마귀를 이긴다. "그러므로 하늘과 그 가운데에 거하는 자들은 즐거워하라 그러나 땅과 바다는 화 있을진저! 이는 마귀가 자기의 때가 얼마 남지 않은 줄을 알므로 크게 분내어 너희에게 내려갔음이라"(11~12절). 그 다음으로 13~17절은 분노하여 돌아가서 "그 여자의 남은 자손 곧 하나님의 계명을 지키며 예수의 증거를 가진 자들과 더불어 싸우려고" 하는 원수가 여자를 핍박하는 장면을 묘사하고 있다. 복음 안에 있는 그리스도에 대한 증언을 통해서만이 사탄의 집은 황폐하게 되고 그 감옥은 텅 비게 된다. 바울은 우리에게 이 사실을 상기시킨다. "평강의 하나님께서 속히 사탄을 너희 발 아래에서 상하게 하시리라"(롬 16:20).

오늘날의 영적 전쟁

구속사 가운데 우리 시대를 특징짓는 '영적 전쟁'은 왜곡되기가 쉽다. 이원론적 신비주의는 영적 전쟁을 이른바 보다 고상한 자아와 보다 저급한 자아(영혼과 몸) 사이의 전쟁으로 바꾸어 놓는다. 마르틴 루터는 수도사가 되겠다고 서약했을 때 느꼈던 안도감과 오로지 '영적인 일'에만 집중하기 위해 '세상'을 떠났는데도, 실제로는 자신의 죄에 물든 자아를 버리지 못했음을 깨달았을 때 느꼈던 환멸감에 대해 언급했다. 그는 이전과 달라진 것이 전혀 없었다. 일상생활의 일을 피할 수는 있었겠지만 죄와 근심의 근원을 정복할 수는 없었다.

오늘날 일부 신비주의자들은 자기 내면으로 돌아서서 강렬한 영적 체험을 고조시키기만 하면 마침내 하나님과의 합일에 이를 것이라고 생각한다. 어떤 영적 전쟁 계획은 특정한 지역과 죄악을 관장하는 특정한 귀신들을 확인하려 하고, 시대의 저주를 깨뜨리고, 바위 밑마다 숨어 있는 악령을 발견하는 등 구속 역사라기보다는 공상 과학 소설에 더 가까워 보인다. 그러나 이는 영적 전쟁의 본질을 오해한 것이다. 영적 전쟁은 자연과 은혜와의 싸움이 아니라 죄와 은혜의 싸움이며 이 전쟁에서 승리하는 것은 우리의 능력에 달린 일이 아니다.

에베소서 6장-영적 전쟁에 대한 핵심 본문-이 분명히 밝히고 있듯이 사탄은 그리스도에 대한 우리의 믿음을 소멸시키거나 부패시키는 데 힘을 집중한다. 바울이 신자들의 영적 전쟁을 위해 열거하는 모든 무기들이 미신적이지만 우리 자신의 지혜로 개발한 기술보다는 객관적인 복음의 말씀과 관계가 있는 것도 바로 그 때문이다. 사탄이 좋아하는 명절은 할로윈이 아니라 성탄절과 부활절-사실은 그리스도가 자기 백성을 자기에게 모으시는 모든 주일-이다. 사탄은 외적인 박해와 하나님의 말씀 및 신자들의 믿음의 내적 부패를 조장한다. 적그리스도는 세속적 권력의 심장부가 아니라 하나님의 성소에 자기 보좌를 마련할 것이다(살후 2:4). 창세기부터 복음서까지, 사탄이 즐겨 출몰하는 곳은 난잡한 파티나 강신술 집회가 아니라 하나님의 법정이며 거기서 사탄은 신자들을 밤낮 참소할 수 있다. 그리스도께서 자신의 승리하신 삶을 통해 사탄을 하늘에서 쫓아내시고 승리의 승천으로 하늘의 궁정에 들어가신 일이 그토록 중요한 이유가 바로 그 때문이다. 그것은 하늘-우리의 구원이 결정되는 곳-에는 검사가 없고 오직 하나님의 백성들을 위한 변호사만 있다는 뜻이다.

어떤 이들은 지정학적 관점에서 영적 전쟁에 대해 생각한다. 특히 여러 형태의 자유주의 신학에서 영적 전쟁은 고상한 자아와 저급한 자아 사이의 전쟁이 아니라 가난한 자와 부한 자, 여자와 남자, 식민주의자와 예속된 민족 사이의 전쟁이다. '우파' 자유주의 신학도 있다. 죄의 책임을 우리 자신에게서 다른 사람이나 다른 무엇으로 돌리는 자기들 나름의 선과 악에 대한 지나치게 단순한 관점을 만들어 내는 보수적 이데올로기가 그것이다.

신비주의적인 형태의 영적 전쟁이 빛과 어둠, 하늘의 의로운 자녀와 땅의 마귀 자식을 분명하게 분리하는 마니교 이단을 닮았다면, 이런 형태의 영적 전쟁은 펠라기우스주의에 가깝다. 앞에서 살펴본 대로 이 이단은 모든 사람이 기본적으로 적절한 법, 권유, 전략, 방법 등으로 자신과 세상을 구원할 수 있다고 생각한다. 그러나 에베소서 6장은 이런 관점도 반박한다. "끝으로 너희가 주 안에서와 그 힘의 능력으로 강건하여지고 마귀의 간계를 능히 대적하기 위하여 하나님의 전신 갑주를 입으라 우리의 씨름은 혈과 육을 상대하는 것이 아니요 통치자들과 권세들과 이 어둠의 세상 주관자들과 하늘에 있는 악의 영들을 상대함이라"(10~12절).

이는 정치, 경제 체제 속에서 명백히 드러난 폭력과 억압과 불의라는 악한 구조의 실체를 부정하는 것이 아니다. 그러나 이런 것들은 세상이 죄와 사망에 속박된 징후일 뿐이다. 신자들은 인류의 공통된 속박의 징후를 완화시키는 일에 불신자들과 함께 고군분투하도록 부르심받았다. 그러나 지상 명령의 사자로서의 교회는 공식적인 자격으로 이 문제의 핵심을 다룰 수 있는 세상에서 유일한 기관이다. 교회는 단지 더 나은 세상이 아닌 새로운 창조에 대해 말한다. 교회만이 자신이 들은 메시지, 즉 그리스도와 그리스도의 승리에 대한 믿음으로 인해 사망은 최종적 결정권을 가질 수 없을 것이고, 폭력과 억압과 불의는 끝없는 싸움이 되지 않을 것이며, 질병과 기아도 영원히 수많은 사람들의 몸을 지배하지 못할 것이라는 메시지를 선포할 수 있다. 그리스도께서 성취하신 것은 뱀의 후손에 대한 여자의 후손의 승리이며 그러한 승리의 가시적인 효과는 그리스도께서 영광 중에 다시 오실 때 완전히 실현될 것이다. 지금 그리스도는 열방에 대해서는 일반 은혜로, 복음 선포를 통해서는 구원의 은혜로 하늘에서 다스리고 계신다(골 1:15~23).

인간이 유혹을 받아 더 깊은 자기 확신에 빠지고 그리스도와 그리스도의 나라에 대한 선포에서 멀어질 때마다 전선이 그어진다. "하나님의 약속은 얼마든지 그리스도 안에서 예가 되니 그런즉 그로 말미암아 우리가 아멘 하여 하나님께 영광을 돌리게 되느니라"(고후 1:20). 이 전쟁에서 성령이 우리 손에 맡기신, 에베소서 6장에서 언급된 모든 무기는 땅끝까지, 믿지 않는 우리 이웃에게 그리고 자신의 신앙 고백을 굳게 붙들려고 끊임없이 몸부림치는 신자들에게 복음을 전하는 일에 초점이 맞춰져 있다. 전신 갑주와 무기-즉, 세상에 말씀과 성례로 다가가는 복음-를 버리는 교회야말로 그리스도의 초림과 재림 사이의 이 기간에 사탄의 목표다.

승리하신 왕의 승천

그리스도의 승천은 역사에 균열을 내며 교회를 두 시대, 즉 이 죄와 사망의 시대와 다가올 시대의 위태로운 충돌 속에 두었다. 이 땅에서 몸을 입은 그리스도의 가시적인 통치가 없는 상황에서는 우리 자신이

나 교회로 그 통치를 대신하기가 쉽다. 우리가 지금 이 땅에서 하고 있는 일이 1면 머리기사가 된다. 그러나 만일 우리가 빅뉴스는 여전히 예수님이 하고 계신 일이라는 것을 깨닫지 못한다면 우리는 핵심 전체를 놓치고 있는 것이다. 예수님은 역사를 다스리며 자신의 은혜롭고 거룩한 계획에 굴복시키시고, 성령을 보내셔서 죄인들을 자신의 승리의 행렬에 동참케 하시며, 자신의 평화의 나라를 땅끝까지 확장하시기 위해 하늘로 올라가셨다.

에베소서 4장에서 우리-새 언약의 신자들-는 이 승리의 행진에 휩쓸려 들어간다. 요한계시록 12장에서 용이 하늘에서 떨어질 때 용의 꼬리가 천사 3분의 1을 하늘에서 떨어뜨렸던 것처럼 구주의 승천은 지상의 모든 족속과 방언에서 남은 자를 주님의 뒤에 끌고 간다. 그러나 이 승리의 행진은 구약 성경의 거룩한 전쟁들과는 다르다. 그리스도는 오늘날 자기 백성에게 뱀의 사절을 칼로 거룩한 땅에서 몰아내라고 요구하지 않으신다. 예수님이 몸소 뱀의 머리를 박살 내러 오셨다. 이 싸움에서는 예수님 홀로 싸우셔야 한다. 예수님 외에는 아무도 그 십자가에 매달려 세상 죄의 무게를 짊어지지 않았다. 그럼에도 예수님의 부활은 수많은 사로잡은 자들을 이끌고 간다. 예수님은 하늘에서 우리를 위한 승리자로서 다스리시는 반면, 우리는 예수님의 승리의 소식을 온 땅에 가져간다. 세상은 예수님이 부활하신 이후에도 예수님이 처음 오셨을 때만큼이나 이 소식을 달가워하지 않는다. 복음 선포는 용의 분노를 불러일으키며 용은 여자의 후손과의 전쟁에서 졌다는 것을 알고 있지만 주님의 공동 상속자를 뒤쫓으며 마지막 때를 지낸다.

에베소서 4장 1~6절은 신자들이 하나가 되어 걷는 행진을 기록하고 있다. 바울이 이 편지를 쓸 때는 자신도 로마에서 "주 안에서 갇힌" 자로서 가택 연금을 당한 상태였다. 감옥에서도 그는 사탄이나 로마 황제의 포로가 아니다. 그는 주님의 지배 아래 있는 주님의 포로다. 마귀와 그의 사신들은 자신들의 의도에도 불구하고 실제로는 바울의 사역을 통한 주님의 통치를 돕고 있다. 바울은 에베소 교인들에게 "부르심을 받은 일에 합당하게 행하여 모든 겸손과 온유로 하고 오래 참음으로 사랑 가운데서 서로 용납하고 평안의 매는 줄로 성령이 하나 되게 하신 것을 힘써 지키라."(1~2절)고 촉구한다. 이러한 권면은 뱀과 그 후손을 칼로 하나님의 거룩한 땅에서 제하라는 구약의 명령과 극명하게 대조된다. 그러나 이 권면은 이스라엘 민족이 광야를 통과하는 여정 중에 보여 준 모세의 지도력에 대한 비난, 중상, 반란 시도와도 대조된다.

영적인 사망에서 되살아나 그리스도와 함께 앉고(엡 2:1~5) 오직 믿음을 통해 오직 은혜로 구원을 받은(6~9절) 신자들은 목적지를 향해 함께 선행 가운데 행하도록 예정되었다(10절).

우리는 우리 자신의 경험 속에서 우리 몸의 한 지체가 활동하지 않으면 몸의 나머지 부분이 이를 보충하기 위해 개입한다는 것을 알게 된다. 뇌졸중 환자에게서도 뇌의 손상된 부분이 더 이상 제 기능을 발휘하지 못하면 뇌의 또 다른 부분이 손상된 부분을 골라 그 뉴런을 자기 영역 아래 재배치한다. 바울은 "모두가 자기를 위하는" 세상의 적자생존의 사고방식과는 대조적으로 신자들은 서로 용서하고 오래 참으며 남의 잘못을 늘어놓는 대신 덮어 줄 준비가 되어야 한다고 말하고 있다. 그의 주된 관심은 몸의 건강이지 어떤 지체의 자긍심이 아니다. 그러나 이런 대항 공동체는 오직 부활하시고 승천하신 그리스도가 이 몸의 머리가 되셔서 자신의 선물을 나눠 주시기 때문에 가능하다.

이 연합은 이미 주어진 선물이지 우리가 달성해야 할 목표가 아니다. 왕이신 주님은 말씀과 성령의 두 손으로 자신이 머리가 되는 한 몸을 창조하신다. 이 연합은 이미 에베소서 1장에 설명된 하나님의 선택, 구속, 부르심, 인 치심 속에 자리 잡고 있다. 그러나 우리는 "평안의 매는 줄로 성령이 하나 되게 하신 것을 힘써"(엡 4:3) 지켜야 한다. 여기서 사용된 분사는 이 연합이 모든 신자와 교회 전체의 우선순위가 되어야 한다는 사실을 강조한다. 그것은 일종의 싸움이며 언제나 긴급한 과제다. 이 일은 결코 끝나지 않는다. 그에 대한 위협은 언제나 있기 때문이다.

그러나 이 연합의 보존은 궁극적으로 그 원천에 달려 있다. 다시 말해, 우리는 우리 자신의 능력으로 이 연합을 더욱 공고하게 할 수가 없다. 이 연합을 보존하라는 명령은 언제나 우리가 그리스도와 그리스도의 복음으로 인해 연합되었다는 직설법적인 사실에 의존한다. "몸이 하나요 성령도 한 분이시니 이와 같이 너희가 부르심의 한 소망 안에서 부르심을 받았느니라 주도 한 분이시요 믿음도 하나요 세례도 하나요 하나님도 한 분이시니 곧 만유의 아버지시라 만유 위에 계시고 만유를 통일하시고 만유 가운데 계시도다"(엡 4:4~5).

여기에 무엇이 포함되지 않았는지 주목해 보라. 하나의 보편적인 목자나 한 형태의 교회 정치, 하나의 운동, 하나의 프로그램 또는 하나의 경험 따위는 포함되지 않았다. 우리는 우리가 듣는 선포된 복음보다 더 가시적인 안전 보장을 열망하며, 만일 우리가 교황이나 은사주의 지도자나 부흥을 배경으로 연합할 수만 있다면, 실제로 누가 안에 있고 누가 밖에 있는지 알 수 있을 것이라는 착각에 쉽게 빠진다. 그러면 마침내 참된 연합이 있을 것이다. 교리는 방해만 될 뿐이다. 단순히 예수님을 사랑하고 세상을 변화시키자.

그러나 성경은 여기서 우리에게 바로 교리 안에서 연합을 찾으라고 권면한다. "주도 한 분이시요, 믿음도 하나요, 세례도 하나요." "몸이 하나요 성령도 한 분"이라는 사실을 발견하고 싶으면 말씀과 성례 속에 그리스도가 선포되는 곳을 찾아야 한다. 복음 선포가 가장 먼저 해방된 죄수들의 이 하나 된 몸을 창조한다면 교회 안에서의 신실한 복음 선포는 그리스도의 구속 사역을 통해 이미 확보된 연합의 끈을 보존하는 데 필수적이다. 따라서 여기 은사에 대한 바울의 묘사에서 말씀 사역이 그토록 중요한 것은 당연하다. 왕이신 주님은 구원만 하시는 것이 아니다. 주님은 은사를 나눠 주시는 현재의 통치를 통해 자신이 구원하신 그 몸을 *보존*하신다.

우리는 그리스도 안에서 하나다(1~3장). 그러므로 이 높은 부르심에 따라 함께 걷자. 우리의 승리하신 왕은 전리품을 전부 독차지하지 않으실 것이다. 예수님은 우리를 위해 사시고, 우리를 위해 죽으시고, 우리를 위해 부활하신 것처럼, 자신과 우리의 원수들이 모두 패배할 때까지 하늘에서 우리를 위해 다스리신다.

주님의 보좌를 차지하고 전리품 나눠 주기

예수님은 다락방 강화와 누가복음 24장에서 자신이 승천하시고 하늘의 보좌에 앉으실 때 전리품을 나눠 주시겠다고 설명하신다. 예수님은 성령을 보내시고 자기 제자들을 증인들로 삼으실 것이다. 이제 에베소서 4장 7절은 그리스도의 전리품 분배를 언급하며 8절은 명백히 시내 산에서 시온 산까지의 왕의 행진에 대한 노래인 시편 68편을 인용한다. 성육신 가운데서 하나님의 아들은 "땅 아래 낮은 곳으로" 내려가셨고 이제는 "모든 하늘 위에"-모든 권세와 통치와 권위보다 훨씬 위에-오르신다. 예수님께는 지금 "모든 이름 위에 뛰어난 이름"과 "하늘과 땅의 모든 권세"가 있다. 승리하신 정복자이신 예수님은 이제 전리품을 나누어 주시고 자기 백성-곧 원수들-에게 선물을 쏟아 부으신다. 낮아지셨을 때(탄생) 예수님은 이방의 통치자들에게서 선물을 받으셨고 이제 올라가시면서 해방된 포로들에게 전리품을 잔뜩 지워 주신다.

바울이 이 시편을 해석하는 대로 모든 신자는 "성도의 기업", 즉 은 혜의 선물과 "너희가 부르심을 받은 일"(엡 4:1)을 나눠 갖는다. 모든 신 자는 그리스도의 선물(단수)을 똑같이 나눠 갖는다. 그러나 여기서 그리 스도께서 승천하시면서 나눠 주시는 *선물들*(복수)은 구체적으로 교회 안에서의 직분을 가리킨다. 어떤 선물도(우리가 종종 오늘날의 개인주의적인 영성 속에서 생각하는 대로) 개인적인 용도를 위한 것이 아니다. 우리 각자는 몸 전체가 필요로 하는 선물을 가지고 있다. 7, 8, 11절은 "그리스도의 선 물", "주셨나니", "그가……선물을 주셨다", "그가……삼으셨으니" 등 그리스도께서 선물을 주시는 행위를 반복해서 강조한다. 교회는 그리 스도와의 관계에서 언제나 받는 쪽에 있고 결코 구속주가 아니라 언제 나 구속된 자이며 결코 머리가 아니라 언제나 몸이고 결코 통치자가 아니라 언제나 통치를 받는 자다. 우리가 '예수님은 어디 계시고, 무엇 을 하시며, 왜 돌아오시지 않는가?' 라고 물으면 그에 대한 대답이 바 로 여기 있다.

그리스도께서는 승천하실 때 "사로잡혔던 자들을"(8절 상) 사로잡으 셨다. 이는 또다시 모든 신자에게 공통된다. "사람들에게 선물을 주셨 다"(8절 하). 여기서 바울은 구약의 인용구를 약간 바꾼다. 하나님은 선 물을 *받으시는* 대신 주고 계신다. 흥미롭게도 유대 타르굼 역본은 시 편 68편을 지금 율법을 세상에 선물로 주는 모세의 승천을 가리키는 것으로 해석했다.[9] 그러나 바울은 시편 68편을 실제로 일어난 그리스 도의 승천에 비추어 해석한다. 바울이 선포하는 것은 모세의 승천이 아니라 그리스도의 승천이다. (후대의 유대 전승에서 믿는 대로) 모세가 하늘로

---

9) Andrew Lincoln, *Ephesians*, Word Biblical Commentary (Dallas: Word, 1990), p. 243.

7장 교회와 그리스도의 승리 275

올라갔더라도 그리스도는 "모든 하늘 위에"(10절) 오르셨고 여기서 그리스도의 선물은 율법이 아니라 은혜다(7절).

바울 시대에는 오순절이 점점 시내 산에서의 율법 수여와 관련되었고 시편 68편은 이를 기념하기 위한 핵심적인 찬가였다.[10] 바울은 분명 이 시편을 승천일과 오순절 주일을 위한 이상으로 보되 유대교가 인식하던 것과는 다른 승천과 다른 오순절을 위한 이상으로 본다. 그리스도가 "땅 아래 낮은 곳으로"(엡 4:9~10) 내려가신 것은 아마도 승리하셔서 음부에 방문하신 일이 아닌 성육신을 가리키겠지만, 어느 쪽이든 가장 낮은 비하에서 가장 높은 승귀까지의 대조가 분명히 나타난다. 예수님은 분명 우리를 위해 저주를 짊어지심으로써 지옥으로 내려가셨다. 예수님은 그 이전이나 이후의 어떤 사람보다도 낮은 곳에 내려가셨고 높은 곳에 올라가셨다. 예수님은 만왕의 왕이자 만주의 주로 세움받으시기 위해 포로들을 이끌고 시온 산에 올라가신다. 예수님의 만물을 충만하게 하심(10절 하)은 예수님의 육체적 현존이 아니라 통치의 범위를 가리킨다.

모든 성도는 그리스도가 우리를 위해 획득하신 이 해방과 유업을 똑같이 나눠 갖는다. 그런데 예수님은 자신의 구속 받은 무리에게 전리품을 나누어 주기 위해 임명하시는 사역자들의 은사를 아낌없이 부어 주신다. "그가 어떤 사람은 사도로, 어떤 사람은 선지자로, 어떤 사람은 복음 전하는 자로, 어떤 사람은 목사와 교사로 삼으셨으니"(11절). 이들이 바로 바울이 여기서 예수님의 백성에게 쏟아지고 있다고 말하는 선물들이다. 그들은 그리스도의 성대한 잔치에서 그리스도의 손님들을 시중드는 종들이다. 이런 직분들은 인간의 권위로 세워진 것이 아니라 그리스도께서 친히 자신의 기업을 분배하시기 위해 주신 선물들

---

10) 앞의 글.

이다. 예수님은 선지자들과 사도들을 주셨고 이런 특별한 직분들이 교회의 기초를 놓고 그 수명을 다한 지금까지도 계속해서 섬김을 통해 성도들을 온전하게 하는 목사와 교사와 복음 전도자를 주신다.

현대의 일부 역본들은 11절의 원문을 목사와 교사가 "성도를 온전하게 하여 봉사의 일을 하게" 하려고 주어졌다고 해석하지만 "[그들의] 봉사의 일을 통해 성도를 온전하게 하기 위해"라고 되어 있는 더 오래된 흠정역의 번역을 선호할 만한 타당한 이유가 있다.[11] 다시 말해, 그리스도의 몸을 완성하는 것은 바로 현재 목사와 교사와 복음 전도자에게 맡겨진 '봉사의 일'이다.

이 책에서 지금까지 우리는 복음의 내용이란 예수 그리스도 안에 있는 하나님의 값없는 구원의 선물이고 구원의 방법은 이러한 복음의 전파라는 점을 살펴보았다. 이처럼 메시지와 방법 모두 하나님의 사역이며 하나님의 선물이다. 이제 우리는 성자 안에서 성령으로 말미암은 성부의 사역에서 비롯되는 *공동체* 또한 어떻게 복음으로 정의되는지를 더 분명히 알게 되었다. *교회는 하나님 나라를 건설하는 것이 아니라 그 나라를 받으며 따라서 감사와 경외심으로 하나님을 예배한다*(히 12:28). 바울이 에베소서 4장에서 강조하는 말씀과 성례의 사역은 평신도를 그리스도의 선물에서 배제하는 성직자 중심주의를 확립하기는커녕 도리어 그리스도께서 복음 안에서 몸 전체의 완성과 성숙을 위해 선물을 나눠 주시는 수단이다.

이 봉사의 일이 공식적이고 구별된 의미에서 목사와 교사에게 주어졌다는 것은 바울이 그 효과(즉, 성숙)를 '온갖 교훈의 풍조에 밀려 요동' 하는 것과 대조한다는 사실에 의해 더욱더 입증되며 그래서 '온몸'이 섬김을 받을 수 있다. 다른 선물들은 몸의 유익을 위해 주

---

11) 앞의 글.

어졌고 바울은 다른 곳(롬 12장과 고전 12장)에서 그런 선물들을 강조한다. 그러나 여기서 그의 초점은 우리를 "어린아이가 되지 아니하여 사람의 속임수와 간사한 유혹에 빠져 온갖 교훈의 풍조에 밀려 요동하지 않게"(엡 4:14) 하는 복음 사역의 선물이다.[12] 사역자들은 성도들이 봉사의 일을 하도록 준비시키는 것이 아니다. 사역자들은 성도들이 그리스도 안에서 성숙해지고 온전해지도록 돕기 위한 그리스도의 선물이다. 성도들은 목사와 교사의 사역을 통해 그리스도의 섬김을 받는다. 모든 지체와 모든 은사가 충분히 제 기능을 발휘할 필요가 있지만 그리스도의 몸의 핵심적인 관심은 말씀과 성례의 사역을 충실히 보존하는 것이다. 이 사역을 통해 우리는 모두 믿음의 연합, 하나님의 아들을 아는 지식, 그리스도 안에서의 성숙의 수혜자가 된다. 그래서 우리 모두가 함께 그리스도 안에서 이미 소유한 것(한 하나님 아버지, 한 성령님, 한 믿음, 한 세례)이 그리스도로 인해 한 세대에서 다음 세대로 보존된다.

복음은 그리스도 안에서 주어진 하나님의 값없는 선물에 대한 메시지라고 믿으면서도 그 선물과 조화되지 않는 방법을 고안하는 것은 충분히 가능한 일이다. 선물은 공짜지만 그것을 받기 위해 해야 하는 온갖 종류의 일이 있다. 우리는 그리스도께서 은혜의 복음과 조화되는 것으로 지정하신 은혜의 수단에 머물러 있더라도 공동체를 수혜자들의 나라가 아닌 활동가들의 나라로 바꾸어 버릴 수 있다. 성도들의 교제 속에서나 세상 속에서 신자들이 해야 할 일은 참으로 많다. 그러나 신자들은 그 이전에 그리스도의 사역을 통해 풍성한 섬김을 받아야만 이웃을 사랑하고 섬길 수 있다.

목회 서신은 교회 안에서 목사, 장로, 집사 직분의 본질, 자격, 기능을 분명히 밝히고 있다. 우리는 이웃을 사랑하고 섬기기 위해 정치적

---

12) 앞의 글, p. 226.

인 직책을 떠맡을 필요가 없다. 논쟁과 의무 위반은 경찰만이 아니라 부모와 고용주와 아파트 부녀회도 해결해 준다. 우리는 누군가가 이 웃집이 불에 타고 있는 것을 보면서 불길이 걷잡을 수 없이 커지기 전에 먼저 호스로 불을 끌 수도 있는데 소방차가 오기만을 마냥 기다린다면 그런 행위를 의무 불이행으로 간주할 것이다. 마찬가지로 그리스도의 온몸은 가르치고 충고하고 권면하고 섬기고 나눠 주며 함께 일한다. 그러나 그로 인해 교회 안에서 여러 직분의 필요성이 없어지지 않는 것은 우리의 공통된 시민적 의무 때문에 공무원, 경찰관, 소방관의 필요성이 없어지지 않는 것과 마찬가지다.

에베소서 4장의 처음 몇 구절은 모든 신자의 제사장 직분을 지지하지만 나머지 본문은 그리스도께서 공적인 사역을 위해 교회 안에 특별한 직분을 세우셨다고 가르친다. 모든 신자는 제사장이지만 모두가 사역자는 아니다. 로마서 12장과 고린도전서 12장에서 바울은 성령이 교회 전체에 부어 주신 다양한 은사들을 열거하지만 그 모든 부분을 먹여 살리는 것은 말씀 사역이다. 양들은 '스스로를 먹이는 자들'이 아니며 교회는 단순히 기독교적 활동을 위한 자원을 공급하기만 하는 것이 아니다. 오히려 말씀과 성례의 사역 및 장로들과 집사들의 영적, 물질적인 돌봄을 통해 몸의 각 지체가 섬김을 받고 세상에서 이웃과 교회를 섬길 수 있게 된다. 예수님은 사역자들에게 '우리 모두'가 그리스도 안에서 성숙해질 수 있도록 봉사의 일을 할 수 있는 재능을 주셨다.

바로 이 말씀 사역이 교회 안에 보존되어 있기 때문에 교회 전체가 자기 이웃에게 나누어 줄 특권을 받은 복음에 바탕을 두고 그리스도의 승리를 증언하는 구름같이 허다한 증인들이 된다. 우리는 종종 '교리는 분열시키고 섬김은 연합시킨다.'는 말이나 우리에게 지금 필요한 것은 '신조가 아니라 행동'이라는 말을 듣는다. 그러나 바울은 우리에게 믿음 안에서 세워지는 교회는 온갖 교훈의 풍조에 밀려 요동하는 대신 성숙해질 뿐만 아니라 이 시대의 권세와 맞서 싸울 준비가 되어 우리 모두가 그리스도 안에서 함께 누릴 공동의 유산을 증언할 것임을 확신시켜 준다.

감사의 행렬에 동참하기

이 기초 위에서 바울은 우리에게 "이방인이 그 마음의 허망한 것으로 행함같이 행하지"(엡 4:17) 말라고 권면한다. 이방인들은 그리스도의 승리에 대해 무지하여 모든 악한 행동에 자신을 넘겨주지만(18~21절) 신자들은 "옛 사람을 벗어 버리고" "하나님을 따라 의와 진리의 거룩함으로 지으심을 받은 새 사람을" 입었다(24절). "그런즉 너희가 어떻게 행할지를 자세히 주의하여 지혜 없는 자같이 하지 말고 오직 지혜 있는 자같이 하여 세월을 아끼라 때가 악하니라." 신자들은 방종에 빠지는 대신 함께 모여 예배하며 "시와 찬송과 신령한 노래들로 서로 화답하며 너희의 마음으로 주께 노래하며 찬송하며 범사에 우리 주 예수 그리스도의 이름으로 항상 아버지 하나님께 감사하며 그리스도를 경외함으로 피차 복종"(엡 5:15~21)하도록 부르심받았다. 여기서도 우리는 다시 한 번 로마서에서 바울이 극적인 이야기에서 교리와 송영과 제자도로 주제를 전환할 때 보았던 것과 똑같은 패턴을 보게 된다. 말씀 사역을 통해, 특별히 설교와 성례를 통해, 성령은 모든 신자들을 그리스도의 승리의 행렬에 동참시키시며 세상 속에서의 증언과 섬김으로 이끄는 교회 안에서의 폭넓은 선물 교환을 일으키신다.

구약 시대의 제사에는 *속죄제*와 *감사제*라는 두 가지 유형이 있었다. 히브리서 기자가 시편 40편을 인용하며 지적하듯이, 하나님의 궁극적인 기쁨은 하나님과 예배자 모두에게 예배자의 죄를 기억나게 하는 속죄제에 있지 않다.

> 그러므로 주께서 세상에 임하실 때에 이르시되 "하나님이 제사와 예물을 원하지 아니하시고 오직 나를 위하여 한 몸을 예비하셨도다 번제와 속죄제는 기뻐하지 아니하시나니 이에 내가 말하기를 '하나님이여, 보시옵소서 두루마리 책에 나를 가리켜 기록된 것과 같이 하나님의 뜻을 행하러 왔나이다.' 하셨느니라(히 10:5~7).

히브리서 기자는 이렇게 말하면서 그리스도께서 "그 첫째 것(즉, 율법의 그림자 아래 있는 속죄제)을 폐하심"은 "둘째 것(즉, 감사에서 우러난 순종의 향기로운 삶)을 세우려 하심"이라는 점을 지적한다. "이 뜻을 따라 예수 그리스도의 몸을 단번에 드리심으로 말미암아 우리가 거룩함을 얻었노라"(8~10절).

우리는 인간이 타락과 더불어 더 이상 하나님께 감사하지 않았다는, 로마서 1장 22절에 나오는 바울의 진술을 기억한다. 인류는 더 이상 "하나님을 영화롭게 하고 하나님을 영원토록 즐거워하는" 존재의 목적을 이루지 않았다. 그러나 그리스도는 아담을 대신하여 감사의 행렬의 인도자가 되셨다. 그리스도는 억지로 하나님의 뜻을 성취하시지 않았다. 히브리서 10장에서 예수님의 입술에 둔 시편 40편 6~7절에는 8절의 진술이 뒤따른다. "나의 하나님이여, 내가 주의 뜻 행하기를 즐기오니 주의 법이 나의 심중에 있나이다"(강조는 저자). 실제로 예수님은 제자들에게 이렇게 말씀하셨다. "나의 양식은 나를 보내신 이의 뜻을 행하며 그의 일을 온전히 이루는 이것이니라"(요 4:34). 예수님은 아침마다 아버지가 주신 사명을 성취하기를 간절히 고대하며 깨어나셨다.

드디어 단 한 번의 속죄제만이 아니라 온 삶을 감사에서 우러난 순종으로, "향기로운 제물과 희생 제물"(엡 5:2)로 하나님께 바치신 분이 나타나셨다. 이는 그리스도 안에 있는 이들에게는 더 이상 아무런 빚이 없다는 뜻이다. "복의 근원 강림하사"라는 찬송가는 다른 부분은 다 괜찮지만 "주의 귀한 은혜 받고 일생 빚진 자 되네!"라는 가사가 잘못되었다. 우리는 한때 율법에 대해 빚진 자였지만 더 이상은 빚진 자가 아니다. 더 이상의 속죄제는 없으므로 우리에게 유일하게 남은 일은 우리 몸을 찬양과 감사의 죽은 제사가 아닌 산 제사로 드리는 것이다(롬 12:1).

우리를 대표하는 머리이신 주님이 이미 만족스러운 감사제와 속죄제를 모두 드리시고 완전한 영광 속에 보좌에 앉으셨기 때문에 주님의 수혜자인 우리는 주님의 감사의 행렬을 뒤따른다. 바울은 이렇게 말한다. "항상 우리를 그리스도 안에서 이기게 하시고 우리로 말미암아 각처에서 그리스도를 아는 냄새를 나타내시는 하나님께 감사하노라"(고후 2:14). 우리가 우리 죄를 위한 제물로 하나님께 드릴 수 있는 것은 아무것도 없다. 그래서 이제 우리는 "거룩한 제사장"으로서 우리의 삶을 "예수 그리스도로 말미암아 하나님이 기쁘게 받으실 신령한 제사"(벧전 2:5)로 드린다.

따라서 현재의 이 악한 시대에 새로운 정치적 질서가 역사하고 있다. 이 새 질서는 아직 기존 질서를 대체하지는 않았지만 이 새 질서가 맹아 상태로 존재하는 것은 곧 언젠가 완전히 드러날 우주적 통치의 표징이다. 시편 68편의 왕의 행진은 여전히 바울이 신자들에게 그리스도의 뒤를 따라 하나님의 도성으로 여행을 떠날 때 "하나님의 전신갑주"를 입으라고 호소하는 에베소서 6장에서 메아리치고 있다. 바울은 거룩한 전쟁의 이 국면에서 우리의 무기는 이 세상의 칼이 아니라 복음임을 분명히 밝힌다.

그런즉 서서 진리로 너희 허리 띠를 띠고 *의의 호심경*을 붙이고 평안의 복음이 준비한 것으로 신을 신고 모든 것 위에 *믿음의 방패*를 가지고 이로써 능히 악한 자의 모든 불화살을 소멸하고 *구원의 투구*와 *성령의 검* 곧 하나님의 말씀을 가지라 (엡 6:12~17, 강조는 저자).

그러므로 이제 우리는 예수님이 승천하실 때 제자들이 "주께서 이스라엘 나라를 회복하심이 이때니이까?" 라고 여쭙자 예수님이 제자들에게 주신 답변을 이해한다. 제자들이 이 질문을 했던 바로 그 순간에 예수님은 이 땅을 떠나신다. 그러면 예수님은 어디로 가시는가? 예수님은 승리의 상을 받으시기 위해-자신을 위해서만이 아니라 우리를 위해-하늘로 가신다. 그리고 은혜의 지상전을 이끄실 성령님을 보내신다.

현재의 이 국면에서 우리는 단지 그리스도께서 그리스도의 나라를 세우시기만을 기다리지도 않고 우리 자신의 인상적인 싸움을 통해 권세와 영광의 나라를 세우지도 않는다. 오히려 우리는 주님의 승리와 성부의 우편에 계신 주님의 신령한 통치의 수혜자이자 전령이다. 그리스도의 지상 사역은 세상 사람들이 보기에 연약해 보였다. 그리스도는 한 선량한 사람, 제국이 휘두르는 폭력의 희생자였지만 우리가 서로 어떻게 사랑해야 하는가에 대한 몇 가지 좋은 본보기와 생각을 지닌 인물이었다. 그러나 그리스도가 과연 창조자, 구속자, 이 땅의 왕인가? 인생의 전성기에 꺾여 버린 이 예수는 분명 아니다. 마찬가지로 모든 지상의 왕국은 천상의 왕국의 일시적인 권력과 화려함과 영광을 능가한다. 그럼에도 다니엘이 예언한 것처럼 다윗의 더 위대한 자손의 이 왕국은 대대로 지속되며 하늘의 시온 산의 영원한 보물들을 포로 상태에 있는 세상에 가져다준다. 로마 제국은 흔들리고 무너졌다. 기독교 세계도 마찬가지였다. 흔들리지 않는 나라는 단 하나뿐이다. "그러므로 우리가 흔들리지 않는 나라를 받았은즉 은혜를 받자 이로 말미암아 경건함과 두려움으로 하나님을 기쁘시게 섬길지니"(히 12:28).

스포츠 면

신약 성경은 신앙생활을 달리기, 그 중에서도 단거리 경주가 아닌 마라톤에 비유한다. 사실 그것은 계주여서 우리는 우리가 갈 길을 달린 뒤에 바통을 다음 주자에게 넘겨준다. 실제로 히브리서 기자는 우리가 자신을 짓누르는 모든 죄를 내려놓을 때 관중석에서 '구름같이 둘러싼 허다한 증인들' 이 우리를 응원하는 경주에 대해 언급한다. 이 경주는 우리가 이기는 것이 아니다. 우리보다 먼저 달리신 그리스도께서 이미 이 경주에서 이기셨다. 이 사실 때문에 "모든 무거운 것과 얽매이기 쉬운 죄를 벗어 버리고 인내로써 우리 앞에 당한 경주를 하며 믿음의 주요 또 온전하게 하시는 이인 예수를 바라보자." "그는 그 앞에 있는 기쁨을 위하여 십자가를 참으사 부끄러움을 개의치 아니하시더니 하나님 보좌 우편에"(히 12:1~2) 앉으셨다.

인내의 경주는 단거리 경주가 아니며 개인 마라톤이 아니라 계주다. 우리의 인도자가 이미 우리를 위해 그 경주에서 이기셨다는 바로 그 이유 때문에 우리는 인내할 수 있다. 바울은 박해로 난타당했지만 "나의 떠날 시각이 가까웠도다." 라고 말하며 그 바통을 젊은 디모데에게 넘겨주었다. 그리고 이렇게 말한다. "나는 선한 싸움을 싸우고 나의 달려갈 길을 마치고 믿음을 지켰으니." 여기 이방인의 사도, 교회 역사에서 가장 위대한 선교사가 있다. 그런데 그는 자신의 유일무이한 업적에 대해 말하지 않는다. 그는 잘 싸웠다고도 말하지 않고 선한 싸움을 싸웠다고 말하며 신기록을 세웠다고 말하지 않고 단지 달려갈 길을 마쳤다고만 말한다. 원래의 올림픽에서는 금메달 대신 승자가 관으로 쓰는 화관을 수여했다. 이 유비를 염두에 두고 바울은 이렇게 결론지을 수 있었다. "이제 후로는 나를 위하여 의의 면류관이 예비되었으므로 주 곧 의로우신 재판장이 그날에 내게 주실 것이며 *내게만 아니라 주의 나타나심을 사모하는 모든 자에게도니라*"(딤후 4:6~8, 강조는 저자). 의의 면류관은 그리스도께서 이미 받으셨고 바울은 그 면류관이 세계 역사의 무대 위에서 공개적으로 자신에게 수여될 것임을 이미 알고 있다. 바울은 믿음 안에서 마지막 날의 선고를 이미 받았기 때문이다. 교회 역사에서 바울의 탁월한 위치에도 불구하고 바울은 이 경주를 단체 경기로 인식한다. 바울은 이 경주에 참여한 모든 성도들과 더불어 면류관을 받을 것이다.

거기 앉아 있지만 말고 가라!

앉을 때가 있고 설 때가 있으며 갈 때가 있다. 수동적으로 은혜를 받아야 할 때가 있고 능동적으로 증인이자 종이 되어야 할 때가 있다. 우리는 그리스도의 승리의 소식을 듣고 길거리에서 낯선 사람들과 춤을 추며 공동체가 된다. 그리고 그 공동체로부터 우리는 우리의 마음과 입술에 좋은 소식을 담고 이웃을 사랑하고 섬기기 위해 손에 힘을 북돋우며 세상으로 보내진다. 제자들은 부활하신 그리스도의 증인들이었지만 부활에서 승천까지의 사십 일 동안에 예수님은 그들에게 모든 성경을 근거로 자신에 대해 가르치셨다. 제자들이 우리를 위해 신약 성경에 자신들의 메시지를 집어넣은 사도들이 된 것은 바로 이런 집중적인 가르침의 기간에서 비롯된 것이다.

그리스도의 승천과 성부 우편에서의 다스림은 교회에 그리스도의 사신으로서 "내가 보낸 자를 영접하는 자는 나를 영접하는 것이요 나를 영접하는 자는 나를 보내신 이를 영접하는 것"(요 13:20)임을 확신하고 세상에 나갈 권한을 위임해 준다. 요새를 무너뜨리고 복음을 통해 그리스도의 영토를 확장하는 것은 바로 뱀들을 밟을 권한 부여-이교도의 두개골을 쪼개며 "그리스도는 주님이다." 라고 외치는 중세 십자군의 외침이 아니라 "지상의 모든 권세보다 높은 그 말씀"의 선포-다.

그리스도께서 현재 아버지의 우편에서 다스리시는 것은 우리를 위한 그리스도의 사역에 있어서 비생산적인 중단이 아니다. 오히려 그것은 성령이 이 땅에서 개인적으로나 공동체적으로 우리 안에서 우리에게 가져다주시는 실재를 하늘에서 확보하시는 일이다. 하나님의 은혜는 어떤 주입된 실재나 창조된 것이 아니라 (그리스도 안에서) 우리를 향해 호의적으로 돌아서서서 구원을 가져다주시는 하나님 자신이다. 바울은 "하나님의 은혜가 나타나"(딛 2:11) 라고 말한다. "우리 구주 하나님의 자비와 사람 사랑하심이 나타날 때에 우리를 구원하시되 우리가 행한 바 의로운 행위로 말미암지 아니하고 오직 그의 긍휼하심을 따라 중생의 씻음과 성령의 새롭게 하심으로 하셨나니 우리 구주 예수 그리스도로 말미암아 우리에게 그 성령을 풍성히 부어 주사 우리로 그의 은혜를 힘입어 의롭다 하심을 얻어 영생의 소망을 따라 상속자가 되게 하려 하심이라"(딛 3:4~7). 마찬가지로 히브리서 기자도 예수 그리스도가 "자기를 단번에 제물로 드려 죄를 없이 하시려고 세상 끝에"(히 9:26) 나타나셨다고 말한다. 그렇지만 우리는 지금도 마지막 날에 "주의 나타나심을 사모"(딤전 6:14~15; 딛 2:13; 요일 2:28, 3:2) 한다.

그런데 그리스도의 통치가 하늘에서의 생산적인 기간이듯이 그리스도의 재림의 지연도 혼인 잔치에 손님들을 모으기 위한 생산적인 기간이다. 그것은 문이 닫히기 전 구원의 '오늘'이다. 예수님은 지상 사역 기간에 매일 우리를 위해 모든 의를 성취하셨지만 현시대에 우리는 예수님이 심판하러 다시 오실 때 우리로 하여금 예수님의 면전에 설 수 있게 하는 예수님의 의의 선물이 이르렀음을 알리기 위해 산다. 바울은 아테네의 철학자들에게 행한 연설에서 이렇게 선포했다. "알지 못하던 시대에는 하나님이 간과하셨거니와 이제는 어디든지 사람에게 다 명하사 회개하라 하셨으니 이는 정하신 사람으로 하여금 천하를 공의로 심판할 날을 작정하시고 이에 그를 죽은 자 가운데서 다시 살리신 것으로 모든 사람에게 믿을 만한 증거를 주셨음이니라"(행 17:30~31). 이는 복음과 회개 촉구가 이전의 계시에서는 없었다는 것이 아니라 이제는 '세상 끝'이 왔으므로 절박감이 있다는 것이다. 그리스도의 나타나심은 인간 역사에 마지막 심판을 가져오고 성령 강림은 우리를 하나님의 법정에 세워 죄인들을 판단하시고 의롭다 하셔서 죄인들이 현재 최후의 판결을 받는다. 심판의 날의 판결은 이미 선포되고 있다. 곧 예수 그리스도를 믿지 않는 모든 이에게는 정죄이고, 그리스도를 받아들이는 모든 이에게는 칭의다(요 3:15~17).

이것은 이 주나 심지어 올해가 아니라 마지막 날까지 이 시대 전체의 정치면 주요 기사다. 하나님은 과거에 어떤 무지와 우상 숭배도 다 용인해 주셨지만 그리스도의 등장은 결정적으로 새로운 심판과 구원의 시대를 가져왔다. 썩어짐의 종노릇하던 피조물들이 해방을 위해 부르짖을 때는 부패와 사망의 악취가 난다. 그러나 지금도 모든 잎사귀마다 약간의 광채를 회복시키고 모든 풍경마다 짙고 풍부한 색채를 회복시키는 연회장의 음악이 있다. 우리는 모두 결정의 골짜기에 놓여 사라져 가고 있는 시대에 우리의 삶을 계속 내맡길지 아니면 꿰뚫는 에너지로 우리를 다가올 시대의 시민으로 만드시는 성령에 사로잡힐지를 선택한다.

지옥에 대한 두려움은 이 계시에 대한 죄인들의 합리적인 반응이며 지옥의 실재는 교회의 사명과 메시지에 담긴 긴급성의 일부분이다.

교회는 승리하신 왕에게서 이 시대의 왕국에 대한 전쟁의 결과를 보고하도록 보냄받아 공식적인 자격으로 비상한 효과를 지닌 제한된 일을 갖는다. "그러므로 우리가 그리스도를 대신하여 사신이 되어 하나님이 우리를 통하여 너희를 권면하시는 것같이 그리스도를 대신하여 간청하노니 너희는 하나님과 화목하라 하나님이 죄를 알지도 못하신 이를 우리를 대신하여 죄로 삼으신 것은 우리로 하여금 그 안에서 하나님의 의가 되게 하려 하심이라"(고후 5:20~21).

교회는 사탄의 폭압적인 지배의 희생자들이 지금의 이 악한 시대를 탈출하기 위해 피신하는 대사관-하늘의 속령-이다. 내려오셨고 올라가셨으며 몸소 다시 오실 이 분 외에는 우리의 가장 위험한 대적에게서 우리를 구원해 달라고 요청할 수 있는 다른 어떤 왕의 이름은 없다.

하나님은 교회에 무언가를 *하라*고 요구하시기 이전에 무언가를-즉, 교회의 연약함과 고난과 미지근함과 불성실함으로 얼룩진 믿음의 유산 속에서도 그리스도는 왕이라는 선포를, 그것도 한 번이 아니라 반복해서-받을 것을 요구하신다. 오직 모든 권세는 예수님께 맡겨졌다는 이유 때문에 교회는 예수 그리스도는 주님이라는 좋은 소식과 지옥의 문이 교회를 이기지 못할 것이라는 확신을 가지고 온 세상에 나아갈 권세를 부여받는다. 앉아서 이 소식을 들은 뒤에야 비로소 우리는 일어나 기쁨으로 찬양하게 된다.

그런즉 이 일에 대하여 우리가 무슨 말 하리요? 만일 하나님이 우리를 위하시면 누가 우리를 대적하리요? 자기 아들을 아끼지 아니하시고 우리 모든 사람을 위하여 내주신 이가 어찌 그 아들과 함께 모든 것을 우리에게 주시지 아니하겠느냐? 누가 능히 하나님께서 택하신 자들을 고발하리요? 의롭다 하신 이는 하나님이시니 누가 정죄하리요? 죽으실 뿐 아니라 다시 살아나신 이는 그리스도 예수

시니 그는 하나님 우편에 계신 자요 우리를 위하여 간구하시는 자
시니라. 누가 우리를 그리스도의 사랑에서 끊으리요? 환난이나 곤
고나 박해나 기근이나 적신이나 위험이나 칼이랴?……그러나 이 모
든 일에 우리를 사랑하시는 이로 말미암아 우리가 넉넉히 이기느니
라 내가 확신하노니 사망이나 생명이나 천사들이나 권세자들이나
현재 일이나 장래 일이나 능력이나 높음이나 깊음이나 다른 어떤
피조물이라도 우리를 우리 주 그리스도 예수 안에 있는 하나님의
사랑에서 끊을 수 없으리라(롬 8:31~39).

8

교회와 다문화 공동체

나는 앞에서 유럽에서의 승전보에 모르는 사람들끼리 길거리에서 서로 기뻐 포옹하며 춤을 추는 모습을 담은 1945년의 「라이프」지 표지 사진을 언급했다. 바다 건너편에서 다른 사람들—그들의 동료 시민들—이 이룬 승리의 소식을 들은 그들은 이제 이전과는 달라졌을 것이다. 너무나 놀라운 소식은 인생을 영원히 바꾸어 놓을 수 있다. 그런데 하늘에서 내려온 복음은 낯선 사람들을 한 가족으로 바꾸어 놓을 만한 훨씬 더 큰 힘을 가졌다. 요한계시록 5장 9절은 "각 족속과 방언과 백성과 나라 가운데에서 사람들을 피로 사서" "그들로 우리 하나님 앞에서 나라와 제사장들을" 삼으신 그리스도를 선포하며 이 장면을 천상의 관점에서 기록하고 있다. "그들이 땅에서 왕 노릇 하리로다." 당신이 참여할 수 있는 어떤 이야기도, 어떤 운동도, 어떤 인구통계학적 틈새시장도 이것과 비교가 되지 않는다.

성경에서 복음에 대해 말할 때마다 복음은 개인적 구원의 문제만이 아니라 아브라함의 자손을 통해 온 세상을 구원하시겠다는 하나님의 맹세의 문제다(창 15장). 복음은 우리나 우리가 한 일에 *대한* 것이 아니다. 오히려 복음은 우리를 *위한* 좋은 소식이다. 교회는 단순히 복음의 결과가 아니라 교회 자체가 약속된 좋은 소식의 일부다. 바울의 서신서에서 볼 때 유대인과 이방인의 구분을 유지하는 것이 복음을 부인하는 것이나 다름없는 것도 바로 그 때문이다. 옛 언약의 율법에 독특한 가르침은 유대인과 이방인을 갈라놓았지만 그 이전 아브라함과의 언약은 모든 민족이 아브라함과 사라의 미래 상속자를 통해 복을 받는다는 것이었다. 이스라엘 백성을 통해-더 구체적으로는 참되고 신실한 이스라엘 사람인 예수 그리스도를 통해-하나님은 오직 믿음으로 말미암아 오직 그리스도 안에서 오직 은혜로 의롭다 함을 받는 전세계적인 가족을 창조하셨다.

하나님이 복음을 통해 우리로 하여금 자신에게서 눈을 들어 하나님의 아들을 보게 하실 때, 우리는 더 이상 단순히 이웃이 아니라 형제요 자매인 사람들의 공동체에 둘러싸인 우리 자신을 보게 된다. 나와 가장 가까운 친구들은 나를 많이 닮았다-내가 그들을 선택했고 그들도 나를 선택했으니 당연하다. 우리는 비슷한 배경, 경험, 취향을 공유하기 때문에 서로를 선택했다. 설령 우리가 서로 다른 인종적 배경과 가족사를 지녔더라도 일반적으로 우리는 음악, 자주 가는 곳, 정치적 견해 및 기타 문화적 기호면에서 비슷한 취향을 공유한다. 우리 부모님이 좋아하시는 음악이나 식당이 나에게도 좋은 것은 아니다. 나는 우리 세대의 사람들이 선호하는 장소에 드나들고 내가 좋아하는 그룹의 음악을 듣고 나와 세대적으로나 문화적으로 같은 특성을 지닌 사람들과 교제하는 것이 더 좋다. 이 모든 것에는 나름대로 어울리는 곳이 따로 있다.

그러나 교회는 다르다. 그리스도와 그리스도의 복음이 서로를 묶어 주는 끈이다. 나는 이 사람들이 내 형제자매가 되도록 선택하지 않았다. 하나님이 선택하신 것이다. 그들도 나처럼 선택받고 구속되어 부르심을 받고 그리스도 안에서 하나님을 통해 의롭다 함을 받았다. 바울은 분열되고 교만하며 미성숙한 한 교회에 그들이 그리스도께로 부르심을 받았을 때 어떤 사람들이었는지를 생각해 보라고 말한다.

> 육체를 따라 지혜로운 자가 많지 아니하며 능한 자가 많지 아니하며 문벌 좋은 자가 많지 아니하도다 그러나 하나님께서 세상의 미련한 것들을 택하사 지혜 있는 자들을 부끄럽게 하려 하시고 세상의 약한 것들을 택하사 강한 것들을 부끄럽게 하려 하시며 하나님께서 세상의 천한 것들과 멸시받는 것들과 없는 것들을 택하사 있는 것들을 폐하려 하시나니 이는 아무 육체도 하나님 앞에서 자랑하지 못하게 하려 하심이라 너희는 하나님으로부터 나서 그리스도 예수 안에 있고 예수는 하나님으로부터 나와서 우리에게 지혜와 의로움과 거룩함과 구원함이 되셨으니 기록된 바 '자랑하는 자는 주 안에서 자랑하라.' 함과 같게 하려 함이라(고전 1:26~31).

교회는 나 자신의 문화적 기호나 인종적 배경이나 정치적 견해나 사회경제적 위치에 따라 나의 이미지를 만들어 가는 내 교회가 아니다. 교회는 그리스도의 공동체다. 그리고 그리스도는 우리 모두가 공유하는 장소다. 그리스도는 인구통계학적 틈새시장이며 이 왕국의 정치적 집결 장소다. 나는 지금도 나의 문화적 친화성에 바탕을 둔 다른 집단들에 속해 있지만 내 *가족*은 내가 선택한 것이 아니다. 가족은 내가 그들을 위해 선택된 어떤 것이다.

이것은 내가 세우려는 공동체나 왕국이 아니다(내 능력으로 세울 수 있는 것은 더더욱 아니다). 그것은 하나님이 내게 참석하라고 부르시는 잔치다.

그것은 우리의 영리한 생각이나 의사소통이 아닌 하나님이 선포하시는 말씀으로 생겨난 것이다. "주 여호와 앞에서 잠잠할지어다 이는 여호와의 날이 가까웠으므로 여호와께서 희생을 준비하고 그가 청할 자들을 구별하셨음이니라"(습 1:7). 세상의 말씀과 성례는 세대적, 사회경제적, 정치적, 인종적, 소비자적 인구 통계학에 바탕을 둔 비슷한 취향을 가진 사람들을 위한 동질 집단을 만들어 낸다. 그러나 성령이 말씀과 성례를 통해 임하실 때는 "내세의 능력"이 현재의 이 악한 시대 속으로 침투한다(히 6:4~6). 교회는 가장 참된 의미에서 우리 자신의 공로가 아닌 그리스도의 공로로 정의되는 다문화적 공동체가 된다.

다문화

당신의 교회는 어떤가? 더 중요한 질문을 하자면, 당신이 이 질문을 읽었을 때 맨 처음 드는 생각이 무엇이었는가? 여기 한 가지 가능한 대답이 있다. "우리 교회에는 멋진 음악, 모든 연령 집단 및 관심사를 위한 프로그램들, 많은 사역 기회, 깨끗한 영유아실, 훌륭한 중고등부가 있다. 나는 우리 교회에서 편안함을 느낀다. 우리 교회는 친구를 사귀고 공동체를 형성하기에 좋은 곳이다(즉, 그곳에는 나와 비슷한 사람들이 많다)." 반면 아마 앞의 대답보다는 별로 인기가 없겠지만 여기 또 다른 가능한 대답이 있다. "말씀이 신실하게 선포되고 성례가 그리스도께서 제정하신 대로 신실하게 집행되며 장로들과 집사들이 성도들의 영적이고 일시적인 안녕을 돌본다."

가면 갈수록 우리의 세속적인 인간관계와 정체성이 우리 교회의 구성 비율을 결정하게 된다. 얼마 전까지만 해도 복음주의 선교학자들은 사람들이 자신과 비슷한 사람들과 함께 있는 것을 좋아한다는 원리에 바탕을 두고 인종 분리를 옹호했다. 남아프리카 공화국의 신학자들은 선교에서 이런 원리에 대한 호소가 아파르트헤이트(남아공의 인종차별 정책-역주)의 토대를 마련했다고 지적했다. 이런 원리를 가리키는 새로운 말이 '상황화'였다. 기묘하게도 '성육신적 사역'이란 말이 세상의 서로 경쟁하는 이해관계를 그대로 반영하는 방식으로 그리스도의 몸을 분열시키는 것을 뜻하게 되었다.

이제 인종 차별이 명시적으로 교회 성장 전략으로 사용되는 경우는 드물어졌기 때문에 우리는 그리스도의 몸을 사회경제적, 세대적 마디로 나눈다. 중고등부는 상대적으로 최근에 생겨난 부서로 1960년대와 1970년대에 고안된 것이다. 그런데 이제 중고등부는 나름대로 독립적으로 움직이게 되었다. 젊은 사람들은 종종 교회 안에서 성장하면서도 실제로 교회에 소속되어 오랫동안 주님과 동행해 온 성도들과 함께 예배드리지 않는다. 그러면 우리는 젊은이들이 대학 진학을 위해 고향을 떠난 뒤, 대학 선교단체에 가입하는 것은 좋아하지만 지역 교회에 소속되는 것은 좋아하지 않을 때, 왜 그들이 교회 안에 융화되지 않는지 의아해한다. 한 젊은 신자는 최근에 내게 나이가 들면 신실함이란 것이 어떻게 보이느냐고 질문했다. 믿는 부모 밑에서 자라지 못했고 곧 가정을 이루게 될 그 청년은 사도행전에 나오는 공동체를 특징짓는 그런 성숙한 교제를 찾고 있었지만, 자기 교회에서는 그런 것을 발견하지 못했다.

어떤 교회들은 컨트리 음악, 록 음악, 재즈 음악 예배 등으로 인구통계학적 마케팅을 색다른 음악적 스타일에 호소하는 데 사용한다. 나는 최근에 점점 성장하는 '카우보이 교회' 운동에 대한 글을 읽었다. '카우보이 교회'에서는 설교자들이 말안장에 앉아 자기들의 말부터 다른 기수들에 이르기까지 짤막한 이야기를 하고 나서 "행복한 오솔길"이라는 노래에 맞추어 말을 몰고 떠난다. 민주당 지지자들이 편안함을 느끼는 교회도 있고 공화당 조찬 기도회처럼 보이는 교회도 있다. 이머징 교회 운동조차 부모 세대의 구도자 교회 철학에 만연해 있는 소비자 중심주의에 대한 그 모든 비판에도 불구하고 자기 나름의 세대적 자아도취에 의해 규정되는 것처럼 보이는 것은 마찬가지다. 우리의 교회들은 이 다양한 스펙트럼에 걸쳐 우리가 다가올 시대의 능력보다 이 시대의 능력을 더 믿는다는 인상을 준다. 문화는 이런 자아도취에 호소하면서(이를 부추기면서) 우리 세대의 독특성, 그 때문에 세상에 닥칠 혁명적 변화 그리고 우리의 갖가지 변덕에 영합해야 할 의사 결정자들의 의무를 끊임없이 우리에게 주입시킨다. 그리고 교회는 그런 문화를 따라간다.

그러나 우리는 복음과 복음의 정해진 전달 수단은 모두 기묘하고 놀랍고 우리를 어리둥절하게 하며 우리의 통제 범위 밖에 있다는 점을 살펴보았다. 복음은 나름의 기묘한 공동체를 창조한다. 우리는 은혜를 제조할 수 없다. 그리스도를 포장할 수도 없다. 우리의 금송아지와는 달리 그것은 우리가 우리 자신에게 줄 수 없는 선물이다. 하나님은 이 왕국을 위해 우리를 선택하시고 그 왕국을 값을 주고 사시며 그 나라를 건설하는 데 사용할 방법들을 주권적으로 선택하시는 분으로 남아 있다. 그 복음이 우리의 길들이기에서 해방되고 은혜의 수단이 더 이상 '참된 섬김의 일'을 방해하지 않을 때만이 비로소 교회들은 우리를 해방시킬 수 없는 주인들에 사로잡힌 상태에서 해방될 것이다. 바울은 우리가 율법의 정죄로 인해서만이 아니라 "세상의 초등 학문"으로 인해서도 감옥에 갇혀 있다고 말했다. 그러나 바울은 갈라디아 교인들에게 이렇게 말한다. "누구든지 그리스도와 합하기 위하여 세례를 받은 자는 그리스도로 옷 입었느니라." 우리는 믿음으로 의롭다 함을 받았으므로 "유대인이나 헬라인이나 종이나 자유인이나 남자나 여자나 다 그리스도 예수 안에서 하나"며 "너희가 그리스도의 것이면

곧 아브라함의 자손이요 약속대로 유업을 이을 자"다(갈 3:27~29). 그리
스도는 기껏 이 몸이 다른 세속적인 인구통계학적 집단으로 나뉘게
하시려고 유대인과 이방인 사이의 적대감의 벽을 무너뜨리고 자신의
몸을 통해 그들을 한 백성으로 연합시키러 오신 것이 아니다.

우리의 교회들이 진정으로 십자가로 정의된다면 교회는 교회 마케
팅이라는 산업 전체를 올가미로 여겨 던져 버리지 않을까? "주도 한 분
이시요 믿음도 하나요 세례도 하나"라는 사실이 청년층을 장년층과,
장년층을 청년층과, 백인과 흑인을, 아시아인과 히스패닉을, 오페라
애호가와 랩 가수를 하나 되게 하는 공약수라면, 사역은 어떻게 모든
세대를 위해 혁명적으로 변화될 수 있는가? 모든 것을 금방 사라질 것
으로 환원시키고 시장 자체가 만들어 내는 새로운 시장을 사로잡기 위
해 끊임없이 취향과 스타일을 다시 고치는 것이 마케팅이 작동하는
방식이다. 식상함은 마케팅 문화의 결과가 아니다. 그것이야말로 마
케팅 문화의 핵심이다. 그런데도 교회 지도자들은 거기에 줄을 선다.
한 커다란 고백주의적인 교단의 회장은 최근에 지금은 사라진 어느
자동차 광고를 연상시키며 이렇게 말했다. "우리 교단은 당신의 아버
지가 속한 교단이 아닙니다." 아버지들의 하나님이 되시고 그들의 자
녀들의 하나님도 되시겠다는 하나님의 약속과는 거리가 먼 이야기다.
'세대에서 세대로' 전해지는 믿음에 있어서 마케팅 문화에 항복하는
것은 은혜의 수단-옛 창조 속으로 침투하는 새 창조-이 아니라 이 사
라져 가는 시대에 항복하는 수단이다.

이러한 포로 상태를 탈출하려면 그리스도를 중심으로 한 드라마, 교
리, 송영, 제자도에 대한 초점을 회복해야 한다. 드라마의 경우 우리는
우리의 드라마에서 하나님의 이야기를 발견하기보다는 하나님의 드
라마에서 우리 이야기를 발견할 필요가 있다. 다음으로 교리는 세상
안에서의 하나님의 통치에 걸림돌이 된다는 생각을 멈추고 그 말씀으

로 우리 마음을 새롭게 해야만 비로소 우리가 당연하게 여긴 부패한 생각을 부끄러워할 수 있음을 깨달을 필요가 있다. 한동안 우리는 자신을 쇼의 주인공으로 만드는 인간 중심적인 태도를 부추겨 왔다. 만일 구원이 궁극적으로 우리 손에 달려 있고, 우리가 내린 결정 때문에 우리가 거듭난다면, 교회는 그저 우리가 선택한 또 다른 자발적인 단체에 불과하다는 결론이 나온다. 우리가 투자하면 이익이 생길 것으로 계산했기 때문에 그리스도를 선택한 것처럼 교회도 그와 똑같이 선택한다. 종교개혁 이후로 선택, 구속, 소명, 칭의, 성화, 영화 속에 담긴 하나님의 주권적 은혜에 대한 더 분명한 설교와 가르침은 우리에게 전혀 필요하지 않았다.

그러나 교리만으로는 충분치 않다. 우리는 자신이 실제로 이 드라마와 교리 속에서 드러난 선물을 받는 자가 되는 곳으로 인도받을 필요가 있다. 복음은 시사 주간지와 마찬가지로 매주, 그것도 설교로만이 아니라 예전과 기도회와 찬양과 성만찬으로 배달되어야 한다.

우리 교회의 목사님은 매우 붙임성이 있는 분이지만 그 목사님이 곧 이 드라마는 아니다. 그의 설교에서 당신은 결코 그에 대해 많은 것(예컨대 그의 취미, 스포츠, 관심사, 지난 선거에 어디에 투표했는지 또는 그가 U2와 매치박스 트웬티, 톨킨과 〈툼스톤〉이라는 영화를 좋아한다는 사실 따위)을 알지는 못할 것이다. 어떤 설교는 훌륭하고, 어떤 설교는 탁월하며, 모든 설교가 그리스도 중심적이어서 우리를 장엄하게 펼쳐지는 구속의 드라마 속으로 이끌어간다. 그는 우리에게 선택, 구속, 칭의, 성화가 무엇을 의미하는지만 가르치는 것이 아니다. 그는 선택하시고 구원하시는 하나님의 은혜를 우리에게 선포한다. 그는 매일 말씀 연구와 기도에 깊이 잠긴다. 우리에게는 가르침만 필요한 것이 아니라 선포도 필요하다. 선포뿐만 아니라 이 선물이 우리에게 속한다는 것을 확인시키고 보증하기 위해 하나님이 정하신 수단, 즉 세례와 성찬도 필요하다. 성찬은 매주 하나님의 선포된 복음에 대한 하나님의 승인으로 거행된다. 이런 수단들을 통해 성령님은 우리의 믿음을 창조하시고 강건케 하시며, 믿음은 찬양을 낳고 거기서부터 진정한 제자도가 생겨난다. 그러나 이 제자도는 개인주의적인 자기 개발 프로그램이 아니다. 그 또한 끊임없이 은혜의 수단에 의존하고 우리 자신을 장로들의 보호와 징계에 내맡기는 공동체적 기획이다.

우리 교회는 몇 년 전에 대부분이 네덜란드 출신인 이민자들이 주로 네덜란드 이민자들이 우세한 교파 안에서 개척한 교회다. 나는 이 교회에서 안수를 받았지만 풍부한 유산을 지닌 이 성도들의 모임에 받아들여진 점점 늘어 가는 '외부인들' 가운데 한 사람이다. 우리의 교회들–특히 새로운 개척 교회들–은 점점 더 폭넓은 인종적, 세대적, 사회경제적 특성을 반영하고 있다. 네덜란드 사람이 아닌 신자들이 교회에 가입하면서 교회의 기존 교인들이 듣게 되는 많은 고무적인 이야기들 중에는 특히 목사와 장로들의 심방을 받은 젊은이들이 매우 놀란다는 이야기가 있다. 심방은 여러 세대에 걸쳐–사실 여러 세기에 걸쳐–계속되어 온 일이고 그런 문화 속에서 자란 이들은 심방을 당연하게 여긴다. 새로 온 신자들은 흥분해서 이렇게 말한다. "그분들이 그냥 내게 전화를 걸어 왔습니다. 그러더니 내 아파트로 찾아왔어요. 함께 커피 몇 잔을 마시면서 그분들이 내게 어떻게 지내느냐고 묻고 성경을 같이 읽고 나와 함께 기도했습니다." 어떤 이들은 새 신자여서 놀란다. 어떤 이들은 이런 일이 한 번도 없었던 교회에서 자라나서 놀란다. 많은 이들이 한 번도 교회 목사님을 만난 적이 없었고 장로 이름도 몰랐다.

현실을 직시하자. 우리 중에 많은 이들이 스스로 큰 세대에 속한다. 우리는 인생의 많은 부분을 다른 아이들과 함께 지냈다. 심지어 중고등부에서도 그랬다. 우리의 조부모들은 양로원에 계셨고 친척들은 먼

곳에 떨어져 살았다. 우리에게 가장 필요 없는 것은 인생에서 우리와 비슷한 경험을 한 다른 사람들과 끼리끼리 교제하게 하는 그런 교회다. 우리는 그리스도의 몸 안에 하나가 될 필요가 있다. 젊은 신자들은 교회에 와서 자신들에게 데이트, 자기 존중, 관계 따위에 대해 말해 줄 또 다른 강연자를 필요로 하지 않는다. 그들은 자신보다 더 오래 신앙생활을 해 왔고 젊은 신자들이 아직 겪어 보지 않은 신앙과 실천의 도전을 겪어 본 성도들과 교제를 가질 필요가 있다. 이런 교제에서 배운 교훈들은 미리 계획되지 않고 연출되지 않은 자연스러운 대화 속에서 나머지 사람들에게 전해질 필요가 있다.

최근에 차사고로 아들을 잃은 한 부부가 눈물을 뚝뚝 흘리며 성찬을 받는 모습을 볼 때 은혜의 수단을 통해 역사하는 성령의 능력이 우리의 가슴을 때린다. 교회에 가면 나는 히스패닉, 흑인, 아시아인, 백인인 형제자매들과 함께 어린 양의 혼인 만찬을 미리 엿본다. 우는 아기들과 새 신자 옆에는 평생토록 주님과 교제해 온 90대 노부부가 있다. 그리스도의 백성들의 이 평범한 모임만큼 특별한 것은 없다. 그것은 말할 수 없는-사실, 신비로운-기쁨이다.

사회면

우리는 앞에서 말한 「라이프」지의 사진이 찍히기 몇 분 전만 해도 타임스 광장에 모인 많은 이들은 각자 나름의 일상에 사로잡혀 있었을 것이라고 상상할 수 있다. 어떤 사람은 저녁에 먹을 야채를 고르려고 그곳에 잠시 들를 생각을 했을지도 모르고, 어떤 사람은 일을 끝마치려면 사무실로 되돌아가야 한다는 부담감을 느꼈을지도 모르며, 또 어떤 사람은 다음 주 화요일에 있을 결혼식 준비로 분주했을지도 모른다. 그러나 유럽에서 승전보가 들려오는 순간 그 모든 것이 멈춰 버렸다. 사람들의 생각은 모든 이들과 관련된 그 뉴스에 쏠렸고 각자 나름대로 비교적 사사로운 계획과 소망과 꿈과 절실한 필요를 가진 사람들은 하나의 미국인 공동체가 되었다.

예수님도 한 왕이 준비한 큰 잔치에 대해 말씀하실 때(눅 14:15~24) 이와 비슷한 상황을 염두에 두셨을 것이다. 초대받은 손님들은 유감을 표하면서 각자 자신들이 생각하기에 좋은 핑곗거리를 댔다. 그들은 그 잔치를 축하하기에는 세상적인 일로 너무 바빴다. 그래서 왕은 이 큰 행사에 참여할 손님을 찾기 위해 종들을 빈민가와 골목으로 보냈다. 마태도 이와 비슷한 비유를 이야기하는데 거기서 예수님은 천국을 자기 아들을 위해 혼인 잔치를 배설한 한 왕에 비유하셨다. 특별 손님들은 이 초대를 가볍게 취급했다. 예수님의 비유에서 주요 적대자들이 종교 지도자들이라는 점은 의미심장하다. 그들은 표면적으로 더 긴급하고 적절한 관심사 때문에 초대를 거절할 뿐만 아니라 종교적 열심에서 종들(선지자들)을 죽이기까지 한다. 그러나 종들은 뒷골목으로 다시 보내져 임무를 완수하고 돌아왔다. "혼인 잔치에 손님들이 가득한지라." 그러나 한 사람은 혼인 예복을 입지 않고 그 자리에 갔다가 손발이 묶여 "바깥 어두운 데" 던져졌고 "거기서 슬피 울며 이를 갈게" 되었다(마 22:1~13). 그리스도의 의로 옷 입은 이들만이-그들이 종교 지도자들이 보기에 아무리 경멸스럽더라도-그리스도의 왕국에서 벌어지는 혼인 잔치에 참석할 것이다. "청함을 받은 자는 많되 택함을 입은 자는 적으니라"(14절).

하나님께는 하나님 자신의 왕국과 그 왕국을 건설하고 확장시키기 위한 나름의 전략이 있다. 그 나라는 우리의 왕국이 아니라 하나님의 왕국이며 우리는 그 잔치에 손님으로뿐만 아니라 하나님의 아들의 신부로 초대받았다. 사탄은 교회들이 사람으로 가득 차더라도 사람들이 그리스도로 옷 입지 않는 이상 신경 쓰지 않는다. 우리 자신의 생각과 목표와 노력이 특별한 이익 집단을 만들어 낼 수 있을지는 모르지만 오직 복음만이 매일의 소명을 통해 증언과 섬김으로 세상에 나아가는 세례받은 이들의 국제적이고 다문화적인 공동체를 창조할 수 있다.

HBO 방송의 〈전우들〉이라는 연속극에 보면 아주 다양한 배경을 가진 일단의 병사들이 지금까지도 해마다 전우회에서 모이는 떼려야 뗄 수 없는 한 가족이 되었다. 그들을 하나로 묶어 놓은 것은 그들의 고향이나 인종이나 사회경제적 지위나 음악적 기호가 아니라, 무시무시한 전쟁 기간 동안의 그들의 공통된 이야기와 경험과 상호 의존이었다. 2차 세계대전은 그들의 삶을 하나로 엮은 거대한 이야기였다. 하물며 그리스도의 승리는 민족과 세대와 성별과 사회적 지위를 막론하고 모든 이들을 영원한 안식의 잔치로 한데 묶기에 얼마나 더 합당한가? 다른 단체나 정당이나 나라는 우리의 행동주의를 통해 형성될 수 있지만, 교회는 오직 하나님만이 창조하시는 공동체이며 하나님의 전략은 말씀과 성례로 이루어져 있다. 누가는 이렇게 기록한다. "그들이 사도의 가르침을 받아 서로 교제하고 떡을 떼며 오로지 기도하기를 힘쓰니라"(행 2:42). 새로운 공동체가 하나님에 의해 창조되고 땅끝까지 급속도로 퍼져 나간 것은 바로 이런 구체적인 실천에서 비롯된 일이었다.

말씀 사역

사도행전 전체를 통해 교회 성장은 *말씀 전파*와 동의어다. 마찬가지로 마르틴 루터도 한 설교에서 자신이 정치적 혁명을 조장하고 무력을 통해 그리스도의 나라를 실현하려고 시도한 일부 급진적 재세례파 집단의 노선을 거부한 이유를 이렇게 설명했다.

요컨대, 나는 그것[하나님의 말씀]을 설교하고 가르치고 글로 쓸 것이다. 그러나 나는 어떤 사람도 힘으로 속박하지는 않을 것이다. 믿음은 강요 없이 자유롭게 생겨나야 하기 때문이다. 나 자신을 예로 들어 보겠다. 나는 면죄부와 모든 교황주의자들을 반대했지만 결코 힘으로 반대하지는 않았다. 나는 단지 하나님의 말씀을 가르쳤고 설교했고 글로 썼다. 그리고 내가 잠을 자거나 내 친구 필립과 암스도르프와 함께 비텐베르크 맥주를 마실 때도 말씀은 어떤 군왕이나 황제도 그런 손실을 끼칠 수 없을 만큼 교황 제도를 크게 약화시켰다. 만일 내가 혼란을 조장하기를 바랐다면 독일에 큰 유혈사태를 가져올 수도 있었을 것이다. 실제로 나는 황제조차 무사하지 못할 만큼 큰 소요를 벌일 수도 있었다. 그러나 그랬다면 어떻게 되었을까? 그건 바보짓에 불과하다. 나는 아무 일도 하지 않았다. 말씀이 스스로 역사하게 했을 뿐이다.[1]

선지자들과 사도들은 자신들의 말을 지면 위의 죽은 글자로 생각하지 않았다. "하나님의 말씀은 살아 있고 활력이 있어……"(히 4:12). 성부 하나님은 성자의 중재와 성령의 완성하시는 힘을 통해 말씀으로 세상을 무에서부터 창조하셨다. 더 나아가 하나님은 매 순간 말씀으로 만물을 붙드신다. 그런데 이런 사역보다 더 위대한 것이 죄인들을 구원하시는 하나님의 말씀이다. 하나님은 말씀하시는 가운데 여러 가지 상황을 묘사만 하시는 것이 아니라 그 상황을 창조하시고 바꾸신다. 이 말씀은 우리에게 오래 전의 한 사건에 대해 말해 주기만 하는 것이 아니다. 말씀 선포는 하나님이 지금 여기서 우리의 대본을 새로

---

1) Martin Luther, "Second Sermon on Monday after Invocavit, March 10, 1522," in *Luther's Works*, ed. John W. Doberstein and Helmut T. Lehmann (Philadelphia: Fortress Press, 1958), 51: pp. 75~76.

쓰시는 사건이다.

로마서 10장에 나오는 바울이 논증하는 논리를 기억해 보라. 열심 있는 행위로 말미암는 의는 마치 그리스도를 죽은 자들 가운데서 일 으키려는 듯이 하나님을 아래로 끌어내리거나 음부로 몰아가서 이곳 에 임재하시도록 만들려 한다. 그러나 그리스도는 아버지 우편에 살 아 계시며 복음 전파만큼이나 우리 가까이에 계신다. 우리는 심지어 이 메시지를 가져올 필요도 없다. 이 메시지를 적실성 있거나 흥미롭 거나 살아 있거나 활력 있게 만들 필요도 없다. 이 말씀은 단지 그 실 체(그리스도의 전파)와 그것을 가져오시는 분(성령) 덕분에 효력이 있다. 더 나아가 하나님은 우리가 회중석에 앉아 있는 동안 한 사자를 통해 그 것을 우리에게 주신다. 하나님은 이 소식을 선포할 사신들을 임명하 시고 보내신다. 그들은 스스로 온 것이 아니라 보냄을 받았다. 예레미 야서 23장에 나오는 거짓 선지자들과는 달리 그들은 하나님의 공회에 서 왔다.

성례 사역

어떤 독자들은 '성례'라는 말 자체를 중세적 의식주의의 잔재로 여 겨 말만 들어도 움찔할지도 모른다. 그러나 세례와 성찬은 그리스도 께서 말씀과 더불어 은혜의 수단으로 제정하신 것이다. 복음을 들고 땅끝까지 가서 '세례를 주고 가르치는' 것이 곧 *지상 명령*이라는 사 실을 감안하면, 오늘날 많은 이들이 말씀과 성례의 사역을 죽은 정통 과 연결시키거나 최소한 '선교적'인 것과 구별하는 것은 기이한 일이 다. 새 언약의 *약속*은 예수님이 정하신 *표와 인*으로 확증된다. 그것은 그리스도의 사신들이 사용하는 그리스도의 나라의 무기다. 이 경우에도 또다시 우리의 자연적인 반응은 이렇다. "분명히 그럴 리가 없다. 봐라. 사람들은 수동적으로 저기 앉아 있다. 이래서는 세상이 바뀌지 않을 것이다." 그러나 우리가 하나님을 끌어내리기 위해 하늘로 날아 올라가든지 아니면 마치 그리스도를 죽은 자들 가운데서 끌어올릴 듯이 깊은 곳으로 내려가든지, 부활하신 그리스도는-그 모든 능력과 그 모든 은사와 더불어-이미 "우리가 전파하는 믿음의 말씀"(롬 10:8)만큼이나 우리 가까이에 계신다는 점을 바울은 우리에게 일깨워 준다.

나는 이미 율법 언약과 은혜 언약의 차이를 계약과 마지막 유언 혹은 유서의 관점에서 지적했다. 우리가 일어서서 "여호와의 모든 말씀을 우리가 준행하리이다."라고 맹세하는 대신 말씀이 읽혀지는 것을 듣기 위해 앉아 있는 것은 바로 이 때문이다. 세례와 성찬은 이 은혜로운 언약을 인증한다. (시내 산에서 모세가 이스라엘 백성에게 뿌린 피가 아니라) 이집트에서 이스라엘 백성들의 문설주에 뿌려진 피처럼 성례는 하나님의 구원하시는 왕적인 인을 그 수혜자들에게 친다. 생명나무, 무지개, 할례, 유월절 등은 그리스도를 향한 믿음을 가리킨 옛 언약의 표와 인이다. 이제 그리스도께서 오셨으므로 그리스도의 새 언약은 그리스도께서 지상 사역 기간에 제정하신 두 성례를 통해 승인된다. 새 언약은 예수 그리스도 안에서 우리를 향하신 하나님의 은혜로운 선의의 맹세이며 세례와 성찬은 하나님의 맹세를 보증한다.

그러므로 세례는 하나님이 노아와 맺으신 언약을 확증한 무지개와 같이 주로 하나님의 약속에 대한 승인으로 간주되어야 한다. 세례는 주로 우리의 헌신이나 기억의 행위가 아니라 하나님이 자신의 맹세를 기억하시는 것이다(창 9:15). 나는 물로 세례가 베풀어지는 것을 보는 것만큼이나 확실하게 하나님이 온 천국을 하나님의 상속자인 나와 내 자녀에게 약속하신다는 것을 안다. 하나님의 약속이 나의 순종보다 먼저 온다. 사실 나의 믿음과 사랑의 반응을 창조하는 것은 언제나 하

나님의 서약이다. 아브라함은 믿고 의롭다 함을 받았으며 그 이후에
야 "무할례시에 믿음으로 된 의"의 "표"와 "인"(롬 4:11)으로 할례를 받
았다. 그러나 아브라함은 이와 똑같은 은혜 언약의 표와 인으로 자기
자식들에게 할례를 행하라는 명령을 받았다. 할례는 개인적인 믿음과
회개의 반응을 요구했지만, 무엇보다 할례는 신자들과 그들의 자녀들
에 대한 하나님의 청구권, 바로 그 믿음과 회개를 포함한 은혜의 서약
이었다.

　오늘날 시장에 나와 있는 수많은 개인 및 교회 성장 프로그램과는
대조적으로 세례와 성찬은 (말씀 선포와 마찬가지로) 우리를 우리 자신 밖으
로 끌고 나와 그리스도 안에서 성령께 의존하는 가운데 하나님의 약
속을 붙들게 한다. 우리는 단지 세례를 받는 존재일 뿐이다. 하나님이
능동적 주체다. 오직 먼저 받는 자가 되어야만 우리는 믿음의 행동에
있어서 능동적이 된다. 그러므로 세례는 우선적으로 우리의 헌신 행
위가 아니라 우리가 하나님의 헌신의 수혜자가 되는 것이다. 그러므
로 세례는 단순히 그리스도 안에서 행해진 하나의 행위가 아니라 우
리가 매일 하나님의 은총에 대한 확신과 그리스도의 승리로 인해 그
폭정이 객관적으로 무너진 세상과 육체와 마귀에 맞서 싸울 힘을 얻
기 위해 되돌아가는 신적 약속의 사실이다. 세례는 그리스도의 승리
이며 그 속에서 그리스도는 우리로 하여금 세례는 우리의 양심에 영
향을 끼치고 인을 친다는 점을 알리게 하셨다.

　세례를 우리의 반응을 이끌어 내는 우리를 위한 하나님의 사역으
로(그 반대가 아니라) 이해하는 것은 큰 변화를 가져온다. 모든 기독교인들
은 세례가 신앙생활의 시작을 나타낸다고 믿는다. 만일 이 처음의 행
위가 주로 "이 모든 것을 우리가 준행하겠나이다."라는 율법 언약의
공적인 승인으로 생각된다면, 그것은 하나님이 "이 모든 일을 내가 행
했고 이제 너에게 약속한다."라고 말씀하시는 은혜 언약의 승인이 아

니다. 주로 헌신의 수단인 세례는 그리스도를 본받는 제자도의 모델과 들어맞는다. 주로 은혜의 수단인 세례는 그리스도와의 연합 모델과 들어맞는다. 만일 우리가 끊임없이 우리의 결단, 우리의 회심 체험 그리고 날마다 더욱 거룩해지겠다는 우리의 다짐으로 되돌아간다면, 우리는 언제나 가던 길을 계속 가게 할 새로운 말씀과 성례를 찾게 될 것이다. 물론 세례는 매일 자아에 대해서는 죽고 그리스도 안에서 하나님께 대해서는 살겠다는 우리의 다짐을 요구한다. 그러나 세례는 오직 은혜로 말미암아 오직 그리스도 안에서 오직 하나님께로부터 우리에게 오기 때문에 우리의 다짐을 요구할 수 있다. 하나님의 주권적 서약인 세례는 우리가 우리의 삶을 그리스도의 삶과 비교하기 위해서가 아니라 그리스도 안에서 우리의 삶을 발견하기 위해 매일 되돌아가는 고갈되지 않는 샘이다.

세례가 신앙 여정을 출발할 때 하는 목욕이라면 성찬은 이 만만찮은 순례 여정에서 하늘의 양식으로 끊임없이 우리의 기운을 북돋아 주는 식사다. 말씀과 세례와 성찬, 이 세 가지는 그리스도가 세우고 계신 왕국에서 성령의 무기다. 우리가 이 세상에서 싸우는 동안 성령께서는 우리의 세례와 우리가 함께 참여한 식사에서 나타나고 봉인된 '그리스도 안'이라는 위치로 우리를 되돌아오게 하신다. 이 은혜의 수단들을 통해 성령은 우리를 그리스도 안에서 함께 모으실 뿐만 아니라 우리를 계속해서 세워 주셔서 우리의 살아 있는 머리이신 그리스도 안에 하나가 되게 하신다. 이처럼 교회는 더 이상 단순히 다른 단체와 비슷한 하나의 자발적인 단체가 아니라 이 세상에서 오직 참되게 다문화적인 성도들의 교제다.

새로운 세계 질서를 향한 하나님의 계획 : 서로 다른 왕국을 위한 서로 다른 계획

세상에는 나름의 계획이 있다. 그리고 우리는 두 왕국의 시민으로서 공동의 이익을 조절하기 위한 가장 좋은 방법을 인식하는 일에 불신자들과 함께 참여한다. 우리는 세상에서 이웃과의 공동생활 속에서 투표하고 일하며 생일을 축하하고 섬기고 자원 봉사한다. 우리는-심지어 잠재의식적으로-세속 문화의 온갖 신조와 의식의 영향을 받는다. 그러나 그리스도의 왕국에서 우리는 하나님의 선택을 받은 이들이자 하나님의 은혜를 받은 이들이며, 그로 인해 공동 상속자일 뿐만 아니라 동등한 손님이 되며 성도들의 교제 속에서 서로 하나님의 좋은 선물을 교환한다.

하나님의 계획은 우리에게 이 지나가는 시대의 계획을 멸시할 것을 요구하는 것이 아니라 하나님의 행동만이 광장에서 자신의 권리를 결정하는 일반 시민들의 나라뿐만 아니라 그리스도를 가장 귀한 유업으로 공유하는 제사장들의 나라를 창조할 수 있음을 우리로 하여금 인식하게 한다. 이 시대의 계획이 (인구통계학적 틈새시장을 포함하여) 타당성을 추구하며 교회의 정체성을 결정할 때 그리스도의 계획은 좌절되고 성령은 소멸되며 그리스도의 나라는 이 시대의 왕국에 동화된다.

성찬은 비록 기억하는 일만큼이나 간단하지만 단지 우리가 어떤 일을 하기 위한 또 다른 기회가 아니다. 성찬은 분명 공동체가 자기 나름의 정체성을 세우는 하나의 행위가 아니다. 오히려 우리가 믿음으로 성찬대에 모일 때마다 그리스도께서 우리에게 자신을 우리의 양식과 음료로 주신다. 그리스도는 우리의 정체성이 되시며 우리 가운데 자신의 계획을 성취하신다. 성찬은 위대한 왕이 조약을 비준하는 공식 만찬이며 우리를 주님 나라의 상속자로 만드는 유언이자 유서다.

왜 성찬을 그토록 뜸하게 거행해야 하며 대개의 경우 성도들의 가족 식사 자리에서 성도들을 보는 불신자들을 불쾌하게 만들거나 당황하게 하거나 정죄하거나 또는 호기심을 자극할까 두려워 저녁 예배 때 거행해야 하는가? 바울은 이렇게 가르쳤다. "너희가 이 떡을 먹으며 이 잔을 마실 때마다 주의 죽으심을 그가 오실 때까지 전하는 것이니라"(고전 11:26). 우리는 율법과 복음을 선포하고 세례와 성찬을 거행하는 일을 옆으로 제쳐 놓으면 더 '선교적'으로 될 수 있다는 생각을 대체 어디서 얻었는가?

칼빈과 그 밖의 종교개혁자들은 성찬이 매주 설교와 더불어 중심적인 위치를 차지해야 한다고 주장했다. 그런데 오늘날 많은 교회의 정기적인 모임에서 기묘하게도 성찬이 빠지면서 성도들은 허약해지고 양식이 부실해져 우리를 살아 있는 머리인 주님과 주님의 몸의 지체인 각 성도에게 연결해 주는 힘줄이 약해지고 우리의 선교에 대한 열정을 북돋아 주는 감사가 줄어들게 된다. 설교와 세례와 더불어 우선한 교회를 탄생시킬 뿐만 아니라 교회로 하여금 역사하는 그리스도의 임재와 더불어 그리스도의 재림에 대한 갈망을 불러일으키는 그리스도의 육체적 부재에 계속 초점을 맞추게 하는 것이 바로 성찬이다.

수십 년 전 스코틀랜드의 윌리엄 캔트 목사는 이렇게 주장했다. "물론 우리 주님이 하실 말씀은 단순히 또 다른 주를 위한 명령이 아니다. 비록 예배에는 그런 것들이 포함되겠지만……그러나 명령법 이전에……직설법이 와야 한다. 부활하신 주님이신 예수님은 자신이 우리를 위해 행하신 일에 대해 말씀하신다." [2] 예배 가운데 어디서 이런 용서와 화해가-평생 믿은 신자에게까지-주어지는가? 우선은 설교 속에서 주어진다. 그러나 오늘날 많은 목회자들은 보다 '회화적인' 방법

---

2) William M. Cant, "The Most Urgent Call to the Kirk: The Celebration of Christ in the Liturgy of Word and Sacrament," *Scottish Journal of Theology* 40.1 (1987): p. 110.

같은 더 의미 있는 복음 전달 방법이 있다고 주장하고 있다. 하지만 그런 방법은 부활하신 주님께 귀 기울이는 것인가 아니면 설교자와 서로서로에게 귀 기울이는 것인가? "우리는 그리스도가 죽은 자들과 약하고 연약한 자들을 일으키실 것을 기대하며 교회에 오는가?" 라고 캔트는 질문한다.

> 따라서 예배자들은 개인을 위한 복음의 메시지뿐만 아니라 다시 하나의 거룩한 보편적, 사도적 교회의 지체가 되었다는 강렬한 의식, 교제하는 가운데 주기도문 속에서 기쁘게 연합하는 하늘과 땅에 있는 온 교회의 믿고 헌신하는 무리에 한 번 더 동참했다는 새로운 자각을 가지고 이 예배의 자리를 떠나가야 마땅하다. 만일 삶의 변화가 부활하신 주님의 임재를 통한 말씀의 섬김 속에 있는 실재라면 말씀과 성례의 섬김 속에서는 얼마나 더 그러하겠는가?[3]

그리스도의 죽으심을 기억하는 것은 성례의 핵심적인 부분이다. "그러나 이 회고록 작가의 길을 따라가다 보면 펠라기우스주의자가 되기가 아주 쉽다는 점을 말하지 않을 수 없다. 우리는 그리스도께서 과거에 우리를 위해 행하신 일을 기억하고 우리의 죄를 위해 죽으신 그리스도의 사랑의 놀라움을 상기하고 나서도 인간적인 진보를 이루려 애쓴다. 우리는 죽었다가 살아나는 반응을 보일 수 있는 능력도 성령을 통해 승천하신 그리스도에게서 나온다는 사실을 너무 쉽게 잊어버린다."[4] 캔트는 우리에게 다음과 같은 점을 상기시킨다. "이 유월절의 신비에는 양면이 있다. 즉 내려가는 움직임과 올라가는 움직임, *카타바시스*(καταβασις, "위로")와 *아나바시스*(αναβασις, "아래로")가 함께 있

---

3) 앞의 글, p. 115.
4) 앞의 글, p. 117.

다……성찬에 참여할 때 우리는 높이 들려 그리스도의 영화롭게 된 인성, 하늘의 생명에 참여한다." [5]

말씀을 세례와 성찬과 더불어 전파하고 가르치고 노래로 부르고 기도에 담는 것은 우리에게 선교를 준비시키기 위해서만이 아니다. 말씀과 세례와 성찬은 교회 방문자들이 그로 인해 전달되는 복음과 그로 인해 생겨나는 교제를 듣고 볼 수 있기 때문에 그 자체로 매우 훌륭한 선교 행사다. 표지가 선교를 정의하고 선교가 표지를 정당화하는 만큼 교회는 그 사도적인 정체성을 성취한다. 인종적 분열과 틈새시장 공략과 세대 분열 및 다른 형태의 집단적 자아도취의 옛 노래로 가득 찬 세상에서 우리는 천상의 합창단의 노랫가락을 듣는다.

> 그들이 새 노래를 불러 이르되
> "두루마리를 가지시고 그 인봉을 떼기에 합당하시도다 일찍이 죽임을 당하사 각 족속과 방언과 백성과 나라 가운데에서 사람들을 피로 사서 하나님께 드리시고 그들로 우리 하나님 앞에서 나라와 제사장들을 삼으셨으니 그들이 땅에서 왕 노릇 하리로다." 하더라(계 5:9~10).

약속이 이끄는 교회

우리는 대본 없이는 살 수 없다. 판사가 피고인에게 만일 피고인이 변호사를 고용할 형편이 못 되면 법원에서 변호인 한 사람을 지명할 것이라고 말하는 것과 똑같이 우리도 하나님의 말씀으로 마음이 새롭

---

5) 앞의 글, pp. 120~121.

게 되어 변화되지 않으면 이 세상의 사고방식에 순응하게 될 것이라는 사실을 받아들여야 한다. 세상은 대본도 빈약하고 등장인물도 피상적이고 줄거리도 내용이 없지만 유명 인사들과 서라운드 음향을 갖춘, 우리를 세뇌시키는 강력한 방법들을 이점으로 가지고 있다. 최소한 민주 국가에서 이러한 길들이기는 군대가 아니라 세분화된 학교, 오락, 광고 등을 갖춘 시장을 통해 이루어진다. 세상은 총부리를 들이대며 우리를 세뇌시키지는 않겠지만 세상의 가차 없는 융단 폭격은 우리의 요새를 서서히 무너뜨린다.

우리가 스스로를 어떤 사람이라고 생각하거나 어떤 사람이 되고 싶다고 생각하든, 우리의 정체성과 절실한 필요는 종종 우리의 소비자 프로필에 의해 결정되는데도 우리는 우리 스스로 모든 것을 결정했다고 착각한다. 세상에는 우리 모두가 보편적 진리로 받아들이기를 기대하는, 나름의 심판과 구원의 말이 있다. 세상에는 국가적 경축 행사의 볼거리, 월 가의 임원들이 발코니에서 아래를 내려다보는 가운데 열리는 주식시장 개장식, 사람들로 붐비는 쇼핑몰, 휘황찬란한 스포츠 행사 등 나름대로의 성례도 있다. 세상은 틀림없이 그리스도와 마찬가지로 우리의 삶 전체를 요구한다. 주일마다 우리는 사람들이 어디서-그리고 무엇을-예배하는지 아주 잘 알고 있다. 우리의 교회들이 다가올 시대의 사라지지 않는 능력 속에 우리를 푹 잠기게 하지 못한다면, 사람들이 사라져가는 시대에 더 큰 현실성과 의미를 부여한다 해도 놀랄 일이 무엇이겠는가? 만일 우리가 상황을 보다 사용자 친화적으로 만들려고 애쓰기만 하면, 우리 자신과 우리의 교회들을 지탱할 수 있다고 생각한다면, 우리는 아직 이 시대의 엄청난 능력을 제대로 인식하지 못한 것이다. 설교와 성례라는 규정된 사역을 통해 다가올 시대의 능력이 우리 안에 들어오게 될 때만이 우상의 산당들이 위협을 받고 포로들이 해방될 것이다.

오순절 설교에서 베드로는 이렇게 선포했다. "이 약속은 너희와 너희 자녀와 모든 먼 데 사람 곧 주 우리 하나님이 얼마든지 부르시는 자들에게 하신 것이라"(행 2:39). '선교적'이라는 말은 바로 이런 뜻이다!

첫째, 이 약속은 교회가 하나님 대신 그리스도의 이름으로 전하도록 부름받은 약속이다. 사신들은 스스로 자신을 파견하고 자기 나름의 직무 내용 설명서를 작성한 다음 자신만의 정책을 만들어 내지 않는다. 하나님은 이미 자신의 계획을 생각해 놓으셨다. 하나님은 이미 자기 왕국의 시민이 될 사람들을 선택하셨고 그들을 구속하기 위해 자기 아들을 보내셨으며 그들 위에, 그들 안에 성령을 부으셨다. 그래서 그들은 하나님의 잔치에 기쁜 마음으로 온다. 우리는 우리의 말, 우리의 약속, 우리의 경고와 권면을 전달하는 것이 아니라 베드로가 방금 선포한 하나님의 약속, 곧 이스라엘의 소망의 성취인 그리스도를 전달한다.

둘째, 이 약속은 "너희……에게 하신" 약속이다. 믿음 안에서 나는 그리스도가 죽으시고 다시 살아나셨을 뿐만 아니라 내 죄를 위해 십자가에 달리시고 나의 의롭다 함을 위해 부활하셨다는 놀라운 소식을 받아들인다. "내가 어떻게 하여야 구원을 받으리이까?"라는 질문은 개인적 위험에 대한 인식으로 촉발되며 약속이 이 질문에 대답한다.

셋째, 이 약속은 또한 "너희와 너희 자녀……에게 하신" 약속이다. 하나님은 언제나 가족들을 구원하는 일을 해 오셨다. 물론 부모들이 스스로 먼저 복음을 믿어야 한다. 이는 마치 비행기 승무원들이 하는 안전교육과 비슷하다. 객실 내의 압력이 저하되는 경우 부모는 먼저 산소마스크를 쓴 다음 자녀들에게도 산소마스크를 씌워 주어야 한다. 자기도 숨을 잘 못 쉬는 부모는 자녀에게 별 도움이 안 된다. 베드로가 언급한 약속은 우리의 첫 조상이 죄를 지었을 때 그들에게 선포되었고 셋의 계보를 통해 노아에게, 그 다음은 아브라함에게, 그 다음은 다윗에게, 마지막으로는 예수 그리스도에게까지 쭉 이어졌다. 그 과정 내내 하나님은 '너희와 너희 자녀'에게 하나님이 되시겠다고 약속하셨다. 각 세대의 각 사람이 할례를 받고 믿음 안에서 가르침을 받으며 잔치에 참여하고 혼인날에 맞춰 신랑이 오기를 간절히 기대하는 가운데 그 약속을 받아들이면서 약속의 언약은 대대로 전해져야 했다.

신자들의 자녀는 종종 교회에서 '구원받을' 필요가 있는 비기독교인으로 취급받는다. 나는 진심으로 내 모든 것을 바치기도 전에 예수님이 다시 오실까 두려워 거의 매일같이 예수님이 내 마음속에 들어오시기를 간구하며 성장했던 기억이 있다. 그러나 새 언약은 옛 언약 못지않게 우리의 자녀까지 포함하며 베드로도 여기서 바로 그렇게 생각하고 약속한다. 우리 각자는 스스로 그 약속을 받아들여야 하지만 하나님의 은혜 언약 안에서 가시적으로 하나님께 속하는 것은 보통 믿음에 이르고 믿음 안에서 성장하기 위한 전제 조건이라기보다는 그 수단이다.

그것이 하나님께서 우리의 자녀를 자신의 언약적 복 아래 포함시키실 때 하시는 놀라운 약속이다. 내가 『그리스도 없는 기독교』에서 입증했듯이, 우리는 잃어버린 자들에게 다가가기는커녕 다가간 사람들을 잃어버리고 있다. 선교와 전도라는 이름으로 우리는 신자들과 그들의 자녀들을 복음의 약속에 뿌리박게 하는 데 실패하고 있다. 오늘날 눈에 띄는 고무적인 징조 중에 하나는 교리문답 교육을 포함한 가정 예배의 점차적인 회복이다. 마르틴 루터는 자신이 돌보는 이들의 성경적, 교리적 무지에 놀라 『소교리문답』을 쓰고 그것을 매일 자기 교구 내의 아이들에게 가르치는 일에 일차적인 책임을 떠맡았다. 칼빈과 그 밖의 개혁적인 목사들도 루터의 본을 따랐다. 루터의 교리문답의 목표는 십계명, 사도신경, 주기도문의 개요를 따라 기독교 신앙의 기본을 가르치는 것이었다. 다른 문답서들, 그 중에서도 특히 『하이델베르크 교리문답』과 『웨스트민스터 소교리문답』은 오늘날까지 세대마다 성경적인 신앙과 실천을 가르쳐 왔다. 그리고 그 일은 단지 교회의 목회자들만이 아니라 가정의 부모들도 매일 해 온 일이었다. 부모들은 자기 자녀를 단지 나중에 여름 수련회나 중고등부에서 회심할 기회를 얻게 될 불신자로 보지 않고, 이미 눈에 보이는 교회에 속해 있고 약속을 받을 자격이 있으며 따라서 스스로 받아들이게 되는 믿음의 기초를 배울 필요가 있는 존재로 보았다.

사도행전에 보면 회심자들은 자신들이 믿고 세례를 받지만 식구들도 데려와 세례를 받게 한다. 만일 우리가 진정으로 선교적인 마음을 품으려 한다면, 하나님이 이미 우리의 보호 아래 두신 이들부터 소중히 여겨야 한다. 지난 몇 세대에 걸쳐 많은 젊은이들이 교회의 일반적인 신앙과 실천에서 멀어져 갔다.

사도행전 2장 42절에 나오는 사도적인 교회의 생활과 성장의 모습을 상기해 보라. 거기 보면 신자들은 "사도의 가르침을 받아 서로 교제하고 떡을 떼며 오로지 기도하기를" 힘썼다. 오늘날에는 사도들의 가르침에 헌신하는 일이 사람을 지치게 하는 오락 요법에 종속되는 경우가 자주 있다. 성인들이 교리는 중요하지 않으며 신앙생활에 있어서 어떤 일도 흥미의 관점에서 헤아릴 수 없으면 투자할 가치가 없다고 믿게 되었다면, 그들은 아마도 중고등부 시절에 그런 생각을 배웠을 것이다.

마찬가지로 교제도 내가 이미 묘사한 틈새시장 공략의 형태를 띠는 경우가 많다. 우리는 그것을 여전히 교제라고 부르겠지만 그것은 사교에 더 가까울 것이다. 사교가 잘못된 것은 아니다. 클럽도 괜찮다. 비슷한 취향과 관심사와 취미를 가진 사람들과 어울리기 위한 시간과 장소도 존재한다. 그러나 기독교인의 가정과 교회는 우리 자녀들이 하나님의 이야기 속에서 자신을 발견하는 법을 배울 수 있는 유일한 기관이다. 청소년들이 시대와 장소를 막론한 교회 전체의 믿음과 실천보다 대중문화의 조류를 통해 더 일체감을 느낀다면 그들은 우리의 게으름의 희생자가 되고 만다. 우리는 오늘날 복음적인 가정과 교회에서 자라난 아이들의 과반수가 대학에 진학하면 교회에 가입하지 않거나 심지어 정기적으로 교회에 출석하지도 않는다는 사실에 놀라선 안 된다. 우리 자녀들이 교회를 버리는 대신 그리스도를 본받아 자라나는 모습을 보고 싶다면, 가정과 교회에서 우리의 신앙생활이 자녀들을 사도적인 믿음의 가르침과 교제 속에 통합되게 해야 한다. 자녀들은 유나이티드웨이(United Way, 미국의 자선 단체–역주), 평화 봉사단 또는 사랑의 집짓기 운동을 통해 '섬김의 기회'를 발견할 수도 있다. 남학생 사교 클럽이나 여학생 사교 클럽에서 친구를 발견할 수도 있다. 각종 강좌에서 지적인 자극을 발견할 수도 있다. 취미 활동에서 의미와 목적에 대한 인식을 발견할 수도 있다. 아이들의 가정 교회들이 사도들의 교리에 대한 설교와 가르침의 사역을 그들이 세상에서 발견할 수 있는 다른 형태의 다양한 사역 및 활동과 맞바꾸어 버리면, 아이들이 "나한테 교회가 왜 필요하죠?"라고 물을 때 합리적인 대답을 생각해 내기가 어렵다.

우리 자녀들이 믿음을 고백하며 하나님이 세례 때 그들에게 하신 약속을 받아들일 때 그들은 떡을 떼는 일, 즉 성찬에 참여하게 된다. 이 식사를 통해 약속의 말씀은 인증되고 우리는 그리스도의 지체만이 아니라 한 몸으로서 서로의 지체가 된다. 우리 자녀들이 기도회(the prayers) 속에서 그 몸에 동참하는 법을 배울 때 공예배는 의미 있게 된다.

나는 같은 문제를 놓고 몇 번이고 거듭해서 기도하는 경향이 있는데 이런 식의 기도는 나와 같은 연령 집단 및 인구통계학적 특성에 속하는 다른 기독교인들의 기도와 상당히 유사하다. 나보다 나이가 많거나 적은 성도들, 나보다 더 잘 살거나 못 사는 사람들, 흑인, 히스패닉, 아시아인, 유럽인들의 기도가 함께 뒤섞이면 나의 기도는 교회의 기도의 일부가 된다. 다시 한 번 나의 자아로 둘러싸인 실존의 좁은 지평은 십자가 중심적이고 다문화적인 교제에 개방된다. 정관사의 사용("*the prayers*")은 이 점을 부각시킨다. 예수님은 시편을 암기하여 인용하셨는데, 그 까닭은 단지 예수님이 시편을 문답식으로 배웠기 때문만이 아니라 시편을 노래로 부르고 예배 때 시편으로 기도하셨기 때문이다. 최초의 기독교인들은 회당 예배 속에서 기도서와 더불어 자라났다. 바울이 같은 교리를 고백하기 위한 공식적인 신조-"바른 말"의 "본"(딤후 1:13)-에 대해 말할 수 있었던 것처럼 바른 기도와 찬양의 본도 있었다. 그것은 단지 개인적인 자기표현만을 위한 기회가 아니라 우리가 하나님께 반응하는 방식에 있어서까지 하나님의 말씀으로 형성되고 빚어져 가는 과정의 중요한 부분이었다. 교회는 개인들이 자기 경험을 나누고 자신의 경건을 표현하기 위해 함께 모일 뿐만 아니라 구원 역사의 줄거리에서 어떤 배역의 일부가 되는 장소가 된다. 교회는 더 이상 단순히 '나 그리고 예수님과 나와의 개인적 관계'만이 아니라 우리가 속해 있는 성도들의 교제다. 교회 안에서 우리의 기도는 글로 기록되든 그렇지 않든 간에 공적인 것이다. 이는 그 기도가 온 세상을 위한 온 교회의 기도라는 뜻이다. 우리는 한 백성으로 함께 구원받고 기도와 찬양으로 함께 하나님의 은혜의 보좌로 나아간다.

그 약속은 '너희와 너희 자녀'를 위한 약속일 뿐만 아니라 '모든 먼 데 사람 곧 주 우리 하나님이 얼마든지 부르시는 자들'을 위한 약속이기도 하다. 어떤 독자들은 기독교인 가정에서 자란 경험은 없지만 어찌어찌해서 복음은 들어 보았을지도 모른다. 그러나 그들은 산 포도나무에 접붙임을 받았다. 이제 그들도 믿음의 가문에서 아버지, 어머니가 될 수 있다. 심지어 믿는 부모 한 사람도 자녀를 거룩하게 만든다(고전 7:14). 독신자들에게도 언약의 가족 안에서 자신의 재능을 나눠 줄 중요한 자리가 교회 안에 있다. 복음에는 '내부인' 과 '외부인' 을 다시 정의하는 나름의 방식이 있다. 이 약속은 '너희와 너희 자녀' 를 위한 약속이지만 단순히 가족으로만 정의될 수는 없다. 언약의 가족들도 자녀나 배우자가 없는 이들까지 한 식구가 되는 언약의 한 가족에 속한다.

마케팅 전략에는 특정한 인구통계학적 집단을 겨냥할 만한 완벽하게 타당한 이유가 있다. 그 모든 것은 사람이 하려 하는 일에 의존한다. 투자에 대한 빠른 수익은 그 상품이 유행이 지나서 장기적인 이윤이 사라질 것이라는 인식과 더불어 사업을 하는 한 가지 방식이다. 그럴 경우에 당신은 그 상품을 일부 계층의 소비자들뿐만 아니라 다른 유행으로 곧 이동할 일부 계층의 소비자들에게도 가능한 한 매력적인 상품이 되도록 만들기를 원할 것이다. 반면 은혜 언약은 '대대로' 전해진다. 어떤 상품을 잠재적 소비자에게 파는 일과 어떤 유산을 이전 세대에서 물려받아 다음 세대에 전해 주는 일은 서로 다르다. 흔들릴 수 있는 모든 것은 흔들릴 것이지만 하나님이 세우고 계신 나라만이 끝까지 남을 것임을 성경은 우리에게 상기시킨다(히 12:27~28). 시장의 노예가 되는 교회들은 나무나 풀이나 짚으로 만들어진 반면 금, 은, 보석 같은 사도적 기초 위에 지어진 교회들은 끝까지 남을 것이다(고전 3:5~17).

사역과 선교

선교의 이런 여러 분야 사이에서 우리는 잘못된 선택에 빠지기 쉽다. 어떤 교회들은 약속이 개인의 내적 주관성에 초점이 맞춰질 정도로 예수님과의 개인적 관계에 초점을 맞춘다. 그런 관계는 공적이고 외적으로 그리스도와 성도의 교제와 세상에 초점을 맞추었다기보다는 사적이고 신비적이다. 어떤 교회들은 자녀의 언약적인 양육에 초점을 맞추지만 종종 도가 지나쳐서 '모든 먼 데 사람'을 무시한다. 이런 교회들은 영적으로나 물질적으로나 그리스도의 몸의 필요를 위해서는 풍성하게 베풀지도 모르지만 복음을 다른 사람들에게 전하고 지역 교회나 교파를 초월하여 이웃들을 돌보려는 관심이 부족하다.

또 어떤 교회들은 '모든 먼 데 사람'에게 너무 집중한 나머지 하나님의 상에서 스스로 충분히 먹고 마시며 동료 성도들의 영적, 물질적 복리를 돌보는 데는 실패한다. 우리가 할 일은 우리 자신의 열성적인-그리고 종종 광적인-활동을 통해 그리스도의 왕국을 실현하는 것이라고 생각하기 시작할 때, 우리는 하나님이 궁극적인 복음 전도자임을 망각한다. 하나님은 우리의 증언을 사용하시지만 선택하시고 구속하실 뿐만 아니라 '모든 먼 데 사람 곧 주 우리 하나님이 얼마든지 부르시는 자들'을 모으시는 분이다. 우리의 열심과 감정과 전략과 노력은 "허물과 죄로 죽었던"(엡 2:1) 이들을 되살릴 수 없지만, 하나님이 우리를 통해 자신의 약속을 말씀하시고 그 복음을 통해 성령으로 우리 마음을 여실 때 마른 뼈들의 골짜기는 살아 있는 회중이 된다(겔 37장). 사도들은 복음을 이방인들-'모든 먼 데 사람'-에게 선포했다. "이방인들이 듣고 기뻐하여 하나님의 말씀을 찬송하며 영생을 주시기로 작정된 자는 다 믿더라 주의 말씀이 그 지방에 두루 퍼지니라"(행 13:48~49). 바로 이것이 선교다!

오늘날에는 특정한 일들이 이루어지는 장소라기보다는 특정한 일들을 하는 사람들로서의 교회에 초점을 맞추는, 장소가 아닌 사람들로서의 교회가 많이 강조되고 있다. 그러나 이는 율법과 복음, 우리의 일과 하나님의 일을 혼동하는 것이다. 말씀 선포와 성례 집행이 교회 안에서 그토록 탁월한 지위를 갖는(또는 최소한 가져야 하는) 까닭은 평신도에 대한 성직자의 지배욕 때문이 아니다. 오히려 이는 이 사역이 교회 전체의 건강과 세상에서의 교회의 사명을 위해 제공하는 독특하고 본질적인 봉사 때문이다. 그래서 우리는 공식적인 사역과 교회의 표지를 한 가지로 다루고 교회의 선교를 또 다른 것으로 다루는 대신 전자를 후자의 원천일 뿐만 아니라 실제로 후자와 같은 것으로 간주해야 한다. "사도의 가르침을 받아 서로 교제하고 떡을 떼며 오로지 기도하기를" 힘쓰기 위한 성도들의 정기적인 모임을 사도행전에서는 단순히 영적인 하나 됨의 훈련으로서만이 아니라 그 자체가 그 나라가 성령 안에서 이미 이르렀다는 공적인 표지로 다루고 있다. 사도행전에서 선교는 말씀의 확산과 그것이 형성한 공동체를 통해 측정된다.

더 나아가 이웃 민족들에게 놀라움과 두려움을 가져온 한 공동체 안에서 이 모임이 출현했다. 그들은 이 시대가 확립한 경계선들을 넘어선 서로 간의 교제를 실현했다. 그들은 그리스도와 그 선물로 풍족하게 먹고 자신들의 선물-영적인 선물과 현세적인 선물-을 서로에게 그리고 외부인들에게 나누어 주었다. 그래서 그리스도의 말씀이 계속 강단과 세례반과 성찬대에서 회중석으로, 그 다음에는 신자들이 세상 속에서 자신의 존재를 삶으로 드러내면서 사무실 건물, 가정, 식당으로 계속해서 끊임없이 확대되어 울려 퍼졌다. 마치 모든 사람이 관대한 주인이 준비한 풍성한 양식과 음료를 받아 다른 사람에게 건네주는 거대한 만찬처럼, 그리스도 안에서 성령으로 말미암아 복음을 통해 제정된 성찬은 우리의 개인주의적이고 패스트푸드와 셀프 서비스가 지배하는 문화에 진정으로 대안적인 사회를 제시한다.

교회의 사명은 교회의 표지를 실행하는 것이며 이는 그리스도께서 사도들에게 주신 나라의 열쇠와 같은 것이다(마 16:19; 참조. 18:18). 오직 교회는 특정한 일들-즉, 대본을 다시 써 우리를 하나님의 대본 속에 넣는 하나님의 행동-이 발생하는 곳이라는 이유 때문에 특정한 일을 하는 사람들이 존재할 수 있다. 설교와 성례와 훈련은 지상 명령과 사도행전 2장 42절과 그 밖에 다른 곳에서 선교의 방법으로 지목되어 있다. 만일 이런 일들이 빠지거나 무시되거나 희미해지면 그리스도의 나라를 세우고 확장할 수 있는 어떤 직분도, 어떤 은사적인 사역이나 공동체 의식이나 사회봉사나 혁신적 프로그램도 존재하지 않는다. 하나님은 많은 수단을 사용하실 수 있지만 이런 수단들을 정하셨고 이런 수단들을 통해 가장 큰 표적과 기사를 일으키시겠다고 약속하셨다.

섬김을 받기에는 섬기느라 너무 바쁜가?

성도들의 모임-에클레시아-이 존재하는 이유는, 복음이라고 불리며 우리가 모이기 전에 스스로 역사하는, 설교와 성례를 통한 하나님의 역사가 있기 때문이다. 오늘날 전통적인 형식의 예배와 현대적인 형식의 예배 모두에 있어서 하나님의 활동보다는 우리의 활동이 강조되는 듯하다. 그러나 이런 현상은 기독교인들을 위해서나 예배에 참석할 수도 있는 다른 이들을 위해서나 진정으로 복음주의적이지 못하다.

누가복음 10장에서 자매인 마르다와 마리아의 차이를 눈여겨 보라. "그에게 마리아라 하는 동생이 있어 주의 발치에 앉아 그의 말씀을 듣더니 마르다는 준비하는 일이 많아 마음이 분주한지라 예수께 나아가 이르되 '주여, 내 동생이 나 혼자 일하게 두는 것을 생각하지 아니하시나이까? 그를 명하사 나를 도와주라 하소서.' 주께서 대답하여 이르시되 '마르다야, 마르다야, 네가 많은 일로 염려하고 근심하나 몇 가지만 하든지 혹은 한 가지만이라도 족하니라 마리아는 이 좋은 편을 택하였으니 빼앗기지 아니하리라.' 하시니라"(39~42절). 우리는 남을 먹이기 전에 먼저 자신부터 먹어야 한다. 우리는 자신이 받지 않은 선물을 교환하고 유통시킬 수는 없다.

예수님이 한사코 제자들의 발을 씻어 주시겠다고 고집하셨을 때 베드로는 분개했다.

> "주여, 주께서 내 발을 씻으시나이까?" 예수께서 대답하여 이르시되 "내가 하는 것을 네가 지금은 알지 못하나 이 후에는 알리라." 베드로가 이르되 "내 발을 절대로 씻지 못하시리이다." 예수께서 대답하시되 "내가 너를 씻어 주지 아니하면 네가 나와 상관이 없느니라." 시몬 베드로가 이르되 "주여, 내 발뿐 아니라 손과 머리도 씻어 주옵소서." 예수께서 이르시되 "이미 목욕한 자는 발밖에 씻을 필요가 없느니라 온몸이 깨끗하니라 너희가 깨끗하나⋯⋯"(요 13:6~10, 강조는 저자).

십자가 사건이 있은 이후에야 비로소 베드로는 그리스도의 겸손한 섬김의 의미를 이해하게 된다. 우리는 깨끗하지만-그리스도 안에서 의롭게 되고 거룩하지만-여전히 그리스도의 공적인 사역을 통해 정기적으로 그리스도의 섬김을 받을 필요가 있다. 섬길 수 있으려면 그전에 먼저 섬김을 받아야 한다.

그러므로 우리는 교회의 표지(말씀 선포, 성례 시행, 징계)와 교회의 사명 사이의 잘못된 선택에 저항해야 한다. 신실한 말씀 선포는 교리적으로 만반의 준비를 갖추는 일 이상의 의미가 있다. 거기에는 복음을 아직 들어 보지 못한 이들에게 가져가는 일도 포함된다. 동시에 신약적인 의미에서 사람들에게 세례를 주고 그리스도께서 전하신 모든 말씀을 가르치는데도 사람들이 교회에 더해지지 않는 합당한 전도란 존재하지 않는다. 지상 명령은 우리로 하여금 우리가 책임진 아흔아홉 마리 양과 잃어버린 한 마리 양 사이에서 선택하도록 내버려 두지 않는다.

우리가 말씀을 처음 듣자마자 가책과 회심을 가져오는 바로 그 말씀이 계속해서 평생에 걸쳐 우리를 뉘우치게 하고 돌이키게 한다. 그러므로 신자들이 끊임없이 그리스도께 인도되는 것만으로도 충분하다면 불신자들을 처음으로 안으로 인도하는 것만으로도 충분할 것이다. 복음은 가까이 있는 이들과 먼 데 있는 이들, 오랜 세월 동안 수많은 본문을 통해 여러 가지 방법으로 복음을 들은 이들과 복음을 처음으로 들은 이들 모두를 위한 것이다. 교회는 제자를 만들기만 하는 것이 아니다. 교회는 제자들이 만들어지는 곳이며 그것도 단 한 번만이 아니라 신앙생활 내내 만들어지는 곳이다. "그는 우리의 하나님이시요 우리는 그가 기르시는 백성이며 그의 손이 돌보시는 양이기 때문이라"(시 95:7). 하나님이 초점이다. 그리고 교회는 하나님의 백성인 동시에 하나님의 초장이다. 설교와 가르침과 증언을 위해 매주 성회로 모이는 성도들의 정돈된 예배는 선교적인 것이다 (고전 14:23~25).

우리는 간과하기 쉽지만 지난 2천 년 동안 교회 구성원들의 대다수가 대중 전도나 부흥회를 통해서가 아니라 교회의 공적인 사역 속에서 평범한 은혜의 수단을 통해 회심했다는 것은 경험적 사실이다. 이 성도들의 대다수는 복음을 믿게 되었을 때 그 사실을 우리에게 말해 줄 수 없었을 것이다. 성령님은 교회에서 매주 하는 사역과 가정에서 매일 있는 하나님의 말씀과의 만남을 통해 역사하셨다. 우리는 그런 것에 싫증을 낼지도 모른다. 그것이 인상적인 마케팅과 정치 운동이 난무하는 이 시대에도 과연 강력하고 지혜롭고 적절한지 의문스러울지도 모른다. 그러나 세례를 주고, 문답 교육을 하고, 설교하고, 성찬을 받고, 기도하고, 찬양하고, 돌보고 위로하며, 교제 가운데 권면하고 격려하며, 마지막으로 부활의 소망 가운데 죽은 자를 장사지내는 이 일상적인 사역은, 그 사명에 얼마나 충실했느냐에 대한 무척이나 다양한 기록에도 불구하고 순전히 경험적인 근거에서 고찰했을 때조차 가장 효율적인 결과를 산출해 왔다. 복음의 신비 속에 깊이 뿌리박힌 이들은 일상생활의 평범한 일과 속에서 더욱 담대할 뿐만 아니라 더욱 열정적으로 자신들의 소망을 나눌 것이다. 또한 그들은 더 열심히 다른 사람들에게 공적인 은혜의 수단에 참여하도록 권할 것이며 그 속에서 서로 모르는 사람들끼리 조화를 이룬다.

거기에는 말씀을 들을 뿐만 아니라 실천하고 섬김을 받을 뿐만 아니라 섬기기에 알맞은 장소가 있다. 그러나 우리는 복음의 직설법을 풍성하게 먹고 마셔서 무엇을 믿으며 그것을 왜 믿는지를 알 때 하나님을 향한 믿음과 이웃을 향한 사랑으로 가득 차게 된다. 진리의 허리띠, 의의 호심경, 믿음의 방패, "성령의 검 곧 하나님의 말씀"을 바르게 갖춘 이들은 또한 "평안의 복음"을 선포하도록 준비시켜 주는 "신"을 신게 될 것이다(엡 6:13~17). 교회는 바로 그리스도의 이름으로 모인 사람들을 위해 위임받은 일을 함으로써 실제로 참된 교제와 회심을 위한 무대를 마련한다. 우리는 분명 한 몸인 교회 안에서 우리의 은사를 통해 서로를 섬기지만 우리가 말씀을 실천하는 주된 장소는 교회가 아니라 세상이다.

낯선 이들과 함께 춤추기

세례 요한의 사역은 복음서의 여러 곳에서 예수님의 사역과 비교, 대조된다. 주의 길을 예비하며 이스라엘에 대한 야훼의 소송을 실행하도록 보냄받은 마지막 선지자인 요한의 메시지는 회개에 집중되었고, 그의 세례는 제2성전 시기에 있었던 유대교적인 회개의 세례를 대표했다. 그러나 요한 자신은 죄를 가져가실 뿐만 아니라 성령의 세례를 베푸실-예레미야서 31장에 나오는 새 언약의 약속의 두 측면을 모두 성취하는-하나님의 어린 양을 가리켰다(요 1:26~34).

나는 앞에서 예수님이 자신의 세대를 슬픈 (장례식) 놀이와 즐거운 (결혼식 피로연) 놀이를 하는 아이들에 비유하신 사실을 언급했다. "비유하건대 아이들이 장터에 앉아 서로 불러 이르되 '우리가 너희를 향하여 피리를 불어도 너희가 춤추지 않고 우리가 곡하여도 너희가 울지 아니하였다.' 함과 같도다 세례 요한이 와서 떡도 먹지 아니하며 포도주도 마시지 아니하매 너희 말이 '귀신이 들렸다.' 하더니 인자는 와서 먹고 마시매 너희 말이 '보라, 먹기를 탐하고 포도주를 즐기는 사람이요 세리와 죄인의 친구로다.' 하니 지혜는 자기의 모든 자녀로 인하여 옳다 함을 얻느니라"(눅 7:31~35). 요한은 장송곡을 불렀지만 대다수의 백성들과 종교 지도자들은 죄책감을 느끼지 않았다. 예수님은 죄인들에게 복음의 좋은 소식을 전해 주시지만 배척을 받는다. "요한이 잡힌 후 예수께서 갈릴리에 오셔서 하나님의 복음을 전파하여 이르시되 '때가 찼고 하나님의 나라가 가까이 왔으니 회개하고 복음을 믿으라.' 하시더라"(막 1:14).

예수님 시대와 마찬가지로 이 시대의 자녀들도 곡하는 법도 모르고 춤추는 법도 모른다. 하나님의 은혜가 없으면 우리의 죄의 무게는 결코 수치의 수준을 넘지 못하며, 우리의 행복은 결코 순간적인 쾌락의 문지방을 넘지 못한다. 그러나 그리스도의 나라는 용서의 기쁨 때문에 환희로 가득하다. 장례식은 끝없는 결혼식 피로연의 전주곡이다. "회개하고 복음을 믿으라." 이 명령은 죄에 대한 회개와 하나님께 대한 믿음이라는 회심의 두 측면을 구성한다. 장례식 뒤에는 결혼식이 있다. 애통함 뒤에는 춤이 있다. 이제 잔치에 참여할 때다. 이제 신랑이 오셔서 지금도 연회장을 초대 손님으로 가득 채우고 계신다. 우리를 낯선 사람들과 함께 춤추게 만드는 것은 바로 복음이다. 교회는 세상에서 가장 큰 통신사다. 복음은 지상의 모든 제국의 방방곡곡과 그

너머로 확장되면서 교회를 만들고 보존해 왔으며 지금도 계속 만들어 가고 있다.

그런데 우리는 자신이 누구인지 참으로 알지 못하며 하나님이 어떤 분이신지는 더더욱 모른다. 우리는 우리에게 무엇이 필요한지 안다고 확신하는 때조차 혼란에 빠져 있다. 하나님은 우리에게서 마이크를 거둬 가시기만 하면 된다. 원맨쇼는 통하지 않는다. 이 혼인 잔치에 참여해야만 비로소 우리는 우리 자신의 삶의 이야기, 곧 우리 삶의 목적과 그 목적을 깨닫지 못한 우리의 실패와 우리로 하여금 그런 실패를 잊고 잔치에 참여하게 하는 구속을 참으로 이해하게 된다. 우리에게 필요한 것은 더 나은 생각과 제안이 아니다. 우리는 회개할 필요가 있다. 우리는 정말 중요한 모든 것에 대한 생각을 바꿀 필요가 있다. 우리는 우리의 대본을 불태우고 새 대본을 받을 필요가 있다. 그냥 앉아서 곰곰이 생각만 하고 있으면 이런 일이 일어나는 것이 아니다. 그것은 성찰의 결과가 아니다. 그런 일은 우리가 또 다른 세상, 하나님이 우리가 벌이는 오류의 희극 가운데서 세우신 은혜의 극장에 들어가 참으로 놀랍도록 당황스러울 만큼 새로운 어떤 이야기를 들을 때에만 일어난다.

시편 73편에서 아삽은 세상 돌아가는 이치를 보고서 "나는 거의 넘어질 뻔하였고 나의 걸음이 미끄러질 뻔하였으니"라고 고백한다. 의인은 종종 고난을 당하는 반면 악인은 매우 형통하는 것처럼 보인다. 상황은 종종 합리적인 섭리에 따라 정돈되는 것처럼 보이지 않으며 고난받는 이들이 자신의 삶 속에서 하나님이 미리 정하신 패턴을 보기를 기대하기란 잔인하다. 아삽은 성소에 들어가고 나서야 비로소 모든 것이 앞뒤가 맞는다고 말한다. 아삽은 틀림없이 진설병이 놓인 상과 아론의 싹 난 지팡이와 자신이 어긴 바로 그 율법이 새겨진 돌판이 담긴 언약궤 위의 피에 젖은 제단을 보았을 것이다. 거기서 아삽은 복음이 없는 악인의 궁극적 종말을 인식했고 하나님의 약속에 대한 그의 믿음은 새롭게 되었다. 아삽은 여전히 자신이 왜 고난을 당하는지 알지 못했을지도 모르지만 이제는 더 거시적인 안목을 갖게 되었다.

우리가 매주 하나님의 임재 속에 들어갈 때도 이와 비슷한 일이 우리에게 일어난다. 하나님은 말씀 속에서 우리에게 말씀하신다. 우리는 세례에서 하나님의 약속이 확증되는 모습을 보며 성찬에서 그리스도의 희생 제물을 새롭게 받는다. 바울은 성찬이 우리를 *과거*에 있었던 그리스도의 희생 제사와 연결시켜 준다는 점을 우리에게 상기시킨다(고전 11:24~25). 성찬은 또한 우리를 *미래*로 인도한다. "너희가 이 떡을 먹으며 이 잔을 마실 때마다 주의 죽으심을 그가 오실 때까지 전하는 것이니라"(고전 11:26). 현재에도 우리는 믿음으로 그리스도의 몸과 피를 먹고 마신다. "우리가 축복하는 바 축복의 잔은 그리스도의 피에 참여함이 아니며 우리가 떼는 떡은 그리스도의 몸에 참여함이 아니냐?"(고전 10:16). 우리는 하늘에 계신 우리의 살아 있는 머리이신 주님께 함께 연결되어 지상에서 한 몸으로 서로 연합된다. "떡이 하나요 많은 우리가 한 몸이니 이는 우리가 다 한 떡에 참여함이라"(17절).

바울은 또 하나님의 선하심, 자비, 공의, 지혜가 만세의 비밀 속에서 더할 나위 없이 드러났다고 말했었다. 아브라함의 씨가 이스라엘뿐만 아니라 열방을 위한 복을 가져올 것이라는 하나님의 약속이 성취되었기 때문이다. 선지자들은 연극에서 등장인물들의 배역이 근본적으로 바뀌는 한 세계적 잔치에 대한 환상을 받았다. 이스라엘을 압제한 나라들-애굽, 앗수르, 바벨론-은 이 새 시대에 이스라엘과 함께 공동 상속자로 묘사된다. 고대의 여러 수도들을 연결하는 고속도로가 생겨나고 열방이 자기들의 보화를 새 예루살렘으로 가져와 아브라함, 이삭, 야곱과 함께 상에 앉는다.

예수님은 누가복음 14장과 그 평행 본문에서 우리는 보통 답례로 같은 초대를 받을 것을 기대하며 친구들과 친척들과 부유한 이웃들만 잔치에 초대한다고 지적하신다. 그리고 제자들에게 이렇게 말씀하신다. "잔치를 베풀거든 차라리 가난한 자들과 몸 불편한 자들과 저는 자들과 맹인들을 청하라 그리하면 그들이 갚을 것이 없으므로 네게 복이 되리니 이는 의인들의 부활 시에 네가 갚음을 받겠음이라." 이는 결국 복음의 논리다. 우리가 바로 가난하고 힘없는 자들, 소외된 자들, 과거에는 하나님의 백성이 아니라 오히려 "진노의 자녀"였던 자들이지만 하나님은 되갚을 능력이 없는 그런 자들을 택하시고 구속하시고 부르셨다. "함께 먹는 사람 중의 하나가 이 말을 듣고 이르되 '무릇 하나님의 나라에서 떡을 먹는 자는 복되도다!' 하니." 그러자 즉시 예수님은 유명한 혼인 잔치의 비유를 말씀하시는데 그 비유에서 초대받은 손님들은 전부 핑계를 댄다. 예수님의 비유에서 잔치에 참여하지 않는 이들은 모두 자신에게 제공된 보화를 보지 못할 정도로 일상생활의 관심사에 사로잡혀 있다. 루이스가 말하듯이 "그것은 우리의 열정이 너무 강하기 때문이 아니라 너무 약하기 때문이다······우리는 바닷가에서 보내는 휴일 같은 것은 상상조차 할 수 없기 때문에 빈민가에서 진흙으로 소꿉놀이를 하는 아이들과 비슷하다."[6] 예수님은 이렇게 덧붙여 말씀하신다. "이에 집 주인이 노하여 그 종에게 이르되 '빨리 시내의 거리와 골목으로 나가서 가난한 자들과 몸 불편한 자들과 맹인들과 저는 자들을 데려오라.' 하니라. 종이 이르되 '주인이여, 명하신 대로 하였으되 아직도 자리가 있나이다.'" 여기서 예수님은 그 주인의 지나칠 정도의 관대함을 강조하신다. 그 주인의 상에는 언제나 자리가 있다. 그 자리는 절대로 꽉 차는 법이 없다. 언제나 또 다른 자리가 마련되고 있다. 그래서 예수님은 계속해서 그 주인이 종에

---

6) C. S. Lewis, *The Weight of Glory* (New York: HarperCollins, 2001), p. 26. (『영광의 무게』, 홍성사 역간).

게 이렇게 일렀다고 말씀하신다. "길과 산울타리 가로 나가서 사람을 강권하여 데려다가 내 집을 채우라 내가 너희에게 말하노니 전에 청하였던 그 사람들은 하나도 내 잔치를 맛보지 못하리라." 그날에는 내부인이 외부인이 되는 반면 외부인이 내부인이 된다.

시편 34편과 예수님의 비유에서 우리는 받기 위해 주는 논리인 세상의 지혜와 주기 위해 주는 논리인 하나님의 지혜 사이에서 선택에 직면한다. 전자는 자신만만한 자랑-우리 자신의 행복을 위해 타인을(심지어 하나님까지) 이용하는 행위-을 가져오고, 후자는 하나님께 대한 감사와 우리 이웃에 대한 사랑을 가져온다.

진정한 추수감사절 잔치는 1년에 한 번 있는 국가 공휴일이 아니라 말씀이 선포될 때마다 하나님의 말씀을 확증하기 위해 모이는 국제적인 잔치다. 이 잔칫상에서 우리는 우리 나름대로 손님 명단을 짜는 사람들이 아니라 그 명단을 들고 우리에게 우리 자신과 같은 다른 천한 자들을 데려오라고 명하시는 주인의 종들이다. 사실 영어의 '성찬'(Eucharist)이라는 단어는 '감사'라는 말에서 유래했다. 성찬은 우리가 우리 죄에 대해서 드리는 속죄제가 아니라 우리를 세상 밖으로 이끌어 내는 하나님의 선물과 이 잔치에 참여하라는 우리가 함께 받은 부르심을 기념하는 감사의 식사다. 성찬의 메시지와 방법은 전부 세상의 지혜와 모순되며 선물의 논리가 아니라 보상과 대체인 세상의 논리와도 모순된다. 그것은 우리가 함께 받은 선물이며 우리는 교제와 물질과 사랑과 섬김의 선물을 교환함으로써 이를 함께 기뻐한다. 하나님의 선물은 끝없는 선물 교환을 일으키며 아무것도 못 받는 사람은 아무도 없다. 그리고 이 행사를 통해 우리 자신이 하나님께는 감사의 제사가 되고 세상에는 향기가 된다.

이 상에서는 가난하고 미천한 자도 배가 부르지만 자신이 부요하고 건강하며 잘 산다고 생각하는 자들은 빈털터리가 된다. 여기서 우리는 이 시대에 다가올 시대의 혼인 잔치를 미리 맛본다. 이토록 성대하게 차려진 이 두 잔칫상을 보며 우리의 마음을 하나님의 선하심과 공의와 자비와 지혜에 대한 놀라움과 감사로 가득 채우자. "내 영혼이 여호와를 자랑하리니 곤고한 자들이 이를 듣고 기뻐하리로다⋯⋯너희는 여호와의 선하심을 맛보아 알지어다!"(시 34:2, 8).

주일 회복하기

복음은 자기 길로 가던 우리를 멈춰 세운다. 우리는 일상의 늘 되풀이되는 평범한 소식들에서 벗어나 안식하면서 하나님의 관대한 섬김의 수혜자가 된다. 그리스도가 죽은 자들 가운데서 부활하심으로써 우리는 주당 노동 시간의 끝에서 그리스도의 영원한 안식의 첫째 날로, 토요일에서 일요일로 옮겨졌다. 신자들은 "그 주간의 첫날"에 정기적으로 모였다(행 20:7; 고전 16:2). 요한이 "주의 날"에 천상의 예배에 대한 환상을 받은 것은 무의미한 일이 아니다(계 1:10). 기독교 신앙은 단지 하나의 이야기만이 아니다. 단지 하나의 교리 체계만도 아니다. 기독교 신앙은 우리의 삶을 새 창조의 실재를 통해 형성하는 구체적인 실천을 내포한다. 그러나 우리는 이 사라져 가는 시대의 능력에서 벗어나 다가올 시대의 능력으로 새롭게 되어야 한다.

제자도의 중요성에 대해 이야기하면서 공적인 예배를 무시할 수는 없다(히 10:25). 눈에 보이는 교회에서의 회원 자격과 교회의 은혜의 수단들, 교제, 제자도에 동참하는 일을 가볍게 대하면서 눈에 안 보이는 교회-"하늘에 기록된 장자들의 모임"(히 12:23)-에 속해 있다고 자랑할 수는 없다. 교회는 한 무리의 사람들일 뿐만 아니라 하나의 구체적인 장소다. "하나님의 말씀을 너희에게 일러 주고 너희를 인도하던 자들을 생각하며……너희를 인도하는 자들에게 순종하고 복종하라 그들은 너희 영혼을 위하여 경성하기를 자신들이 청산할 자인 것같이 하느니라 그들로 하여금 즐거움으로 이것을 하게 하고 근심으로 하게 하지 말라 그렇지 않으면 너희에게 유익이 없느니라"(히 13:7, 17). 그리스도의 나라는 진실로 하늘에 속해 있지만 십자가와 부활의 전략 속에서 가시적이고 지상적이며 구체적인 형태를 취한다. 그 나라의 무기는 영적이지만-즉, 성령으로부터 나오지만-귀에 들리고 눈에 보인다. 그 나라의 머리는 모든 권능의 보좌로 올라가셨지만 그리스도의 통치는 대리자로 임명된 사자들을 통해 이 땅 위에 이루어진다. 우리는 영원한 안식으로 옮겨졌지만 주중의 어느 특정한 요일에 그 안식을 미리 맛본다.

우리가 그리스도를 영접하고 감사와 예배로 반응하는 것은 우리 마음 안에서만 일어나는 일이 아니다. 그리스도는 성령을 통해 우리를 공적인 예배라는 구체적인 정황 속에서 그리스도의 몸의 지체로서 감사의 행렬 안으로 인도하신다.

우리가 주일을 어떻게 보내느냐는 일용할 양식과 영원한 생명 모두에 대한 하나님의 예비하심에 우리가 만족하고 있는지를 보여 주는 기록이다. 이날에 우리는 소비자나 생산자가 아니라 하나님의 전 재산의 공동 상속자다. 이날에는 사거나 팔 것이 아무것도 없다. 하나님이 친히 잔치를 위해 모든 것을 사 놓으셨다. 이날에 우리의 목자께서는 "너희 모든 목마른 자들아 물로 나아오라 돈 없는 자도 오라 너희는 와서 사 먹되 돈 없이, 값없이 와서 포도주와 젖을 사라."(사 55:1)고 손짓하며 부르신다. 안식일의 주인이신 주님은 자신의 영광스러운 즉위로 우리에게 안식을 주신다.

우리는 일상생활의 스트레스와 심란함과 소비자주의와 직장에서의 사다리 오르기를 비난할 수도 있지만, 그럼에도 하나님이 우리에게 하나님과 하나님의 백성들과 더불어 즐거워하라고 주신 날까지 이런 경쟁하는 권리 주장자들의 지배에 복종한다. 만일 우리가 '주님과 함께 있기 위해 시간을 들이는 일'을 무척 좋아한다면, 왜 그토록 많은 교회들이 주일에 저녁 예배를 포기했는가? 왜 주일이 스포츠와 오락과 쇼핑을 하기에 가장 좋은 날이 되어 버렸는가? 하나님은 지금까지 아침 식사뿐만 아니라 저녁 식사도 차려 주시고 손님들을 부르셨다. 만일 신자들이 진정으로 대안적인 공동체를 형성하고 영원한 안식의 전조, 세상에 하나님의 평화를 알리는 증인이 되려 한다면, 우리에게는 스트레스 해소와 부채 청산에 대한 더 많은 메시지가 필요한 것이 아니라 주일을 그 적절한 용도에 맞도록 더 신실하게 보내는 일이 필요하다. 하나님의 전략이 이 시대의 전략보다 우선권을 차지해야 한다. 하나님이 매주 하나님의 선물을 받도록 우리를 모으셔서 우리를 자신의 백성으로 만드실 때 우리는 변화된다. 일할 때가 있고 쉴 때가 있으며 줄 때가 있고 받을 때가 있다. 우리가 하나님의 날에 하나님의 말씀에 흠뻑 젖을 때 비로소 매일이 새로워진다. 그때 비로소 우리는 궁핍한 자에게 줄 것이 있게 된다.

THE GOSPEL DRIVEN LIFE

09

교회와 예배: 패스트푸드가 만연한 세상에서 진수성찬 먹고 마시기

9

교회와 예배

패스트푸드가 만연한 세상에서
진수성찬 먹고 마시기

　　에릭 슐로서의 책 『패스트푸드의 나라』에 따르면 미국에서는 한 세대 전만 해도 식비의 4분의 3이 집에서 요리한 음식에 지출되었지만 오늘날은 절반이 음식점에 지출되며 그 중에 대부분은 패스트푸드 체인점에 지출된다.[1] 이러한 변화는 '미국의 맥도날드화'라고 일컬어졌다. 아이러니컬하게도 주로 사진 속에서나 기근 피해자들을 접할 수 있는 지구상에서 가장 잘 사는 나라에서 '패스트푸드 비만'의 시대가 선택에 의한 영양실조라는 역병을 가져왔다.

　　그러나 우리의 일상적인 소비 습관에도 불구하고 우리는 여전히 가족이나 친구와 함께 멋진 저녁 식사를 하려고 앉아 있을 때와 패스트푸드를 먹을 때의 차이를 알고 있다. 나는 오래 전에 니카라과에서 어느 목사님과 사모님이 저녁 식사를 준비해 주셨던 어느 날 밤을 결코

---

1) Eric Schlosser, *Fast-Food Nation: The Dark Side of the All-American Meal* (New York: Penguin, 2001), pp. 4~5.

잊지 못할 것이다. 바다가재를 잡는 어부로 가족을 부양하는 그 목사님은 그날 잡은 바다가재로 굉장한 요리를 만들어 집에 가져오셨다. 불에 얹은 석쇠 위에 요리된 그 바다가재가 익는 동안 돼지 한 마리가 진흙 바닥에서 우리 발밑으로 달려갔다. 우리는 식사를 하면서 기도하고 웃으며 우리의 삶을 서로 나누었고 거의 자정이 다 되어서야 내일을 위해 잠자리에 들어야겠다는 생각이 들었다. 훗날 나는 그 목사님과 사모님이 식사 대접에 사용할 의자를 빌리기 위해 이웃 마을까지 갔다는 사실을 알게 되었다. 편의가 아닌 환대가 그분들의 우선순위였다. 그때가 내가 그 부부를 처음 만난 때였고, 우리는 서로 언어가 안 통해서 애를 먹었지만, 나는 그분들에게 내 옆집 이웃에게 느꼈던 것보다 더한 친밀감을 느꼈다. 아이러니컬하게도 그곳의 낯선 지역적 배경은 모스크바나 나이로비나 우리 동네에 있는 맥도날드 햄버거 가게의 진부한 친숙함과 극명하게 대비되었지만, 그 둘은 서로 비교 대상이 못 되었다. 그때의 식사는 멋진 사람들과의 훌륭한 식사 이상이었다. 그리스도 안에서 우리는 한 가족이었다. 차를 탄 채로 주문해서 먹는 맥도날드의 '행복한 식사'와 잘 차려진 음식을 놓고 저녁 시간을 함께 보내며 영혼으로 교감하는 처음 만난 사람들과의 극명한 대조는 우리가 가야 할 곳보다 훨씬 못 미치는 곳에 안주하기 위해 앞으로 가게 될 거리를 가늠케 한다.

데이비드 브룩스는 교외 지역의 집주인들인 미국의 베이비붐 세대가 일부는 부르주아 계층이고 일부는 보헤미안이라고 지적했다.[2] 부르주아 계층은 막연한 전통적 뿌리를 그리워하며 단란한 가정을 묘사한 노먼 록웰(미국의 20세기 화가이자 일러스트레이터-역주)의 그림에 향수를 느낀다. 그러나 1970년대에 생겨난 보헤미안들은 일체의 속박, 우리의 선

2) David Brooks, *Bobos in Paradise: The New Upper Class and How They God There* (New York: Simon & Schuster, 2000).

택의 자유가 무한하지는 않다는 점을 일깨워 줄 만한 모든 것으로부터 자유를 갈망한다. 경계선이 있다면 우리는 그 선을 넘어야 한다는 것이다. 그들에 따르면 일탈은 우리를 '증명하며' 그 과정에서 우리가 속한 인구통계학적 집단을 추종한다 하더라도 소위 유일무이한 우리의 정체성을 입증한다고 한다.

그러나 베이비붐 세대의 자녀들은 향수 어린 콜라주를 재창조할 수 있을 만큼 노먼 록웰의 시대를 잘 기억하지도 못한다. 신세대들은 모든 경계를 넘는 끝없는 방랑자가 되기를 반드시 원하는 것도 아니다. 그들은 경계선이 어딘지도-또는 그런 것이 존재하는지도-잘 모른다. 신세대들의 부모들은 가정을 *떠날* 때까지 기다릴 만한 참을성이 없었지만(즉, 가출을 많이 했지만-역주) 신세대 중에 많은 이들은 가정을 갖기를 열망한다(즉, 결손 가정에서 자랐다-역주). 세대마다 나름의 기벽이 있지만 경제에서부터 교회에 이르기까지 우리의 자아도취가 우리 자신을 위해 연 이 잔치를 참으로 엉망으로 만들었다는 점만은 분명하다. 그리고 우리는 그 뒤처리를 우리의 자녀와 손자 세대의 몫으로 남겨 놓았다.

예배 체험

우리 세대를 결속시키는 것처럼 보이는 한 가지 특징은 우리가 세상을 일종의 쇼핑몰로 경험한다는 점이다. 우리가 갖고 싶은 정체성, 우리가 가졌다고 상상하는 신체, 우리가 살 수 있다고 상상하는 상품을 엿보기를 좋아하는 익명의 관음증 환자인 우리는-잠시 동안이라도-우리의 진부하지만 현실적인 실존에서 제조된 가상 현실로 옮겨지기를 갈망한다. 그런데 놀라운 것은 실제와 가상의 경계가 모호하다는 점이다. 우리는 라스베이거스에 있는 뉴욕 주의 뉴욕에서 '뉴욕 체험'을 할 수 있다. 그 체험은 실제 뉴욕보다 더 우리 뜻대로 다루기 쉽다. 라스베이거스에서는 모든 것이 완벽하게 통제 가능하고 익명성이 보장된다-누구에게나 그 어떤 것에도 책임이 없다. "당신의 비밀은 여기 그대로 있다."

우리 지역의 교향악단은 '강렬한 음악적 체험'을 광고한다. 요점은 분명 그와 같은 음악이 아니라 그 음악회의 결과로 변화된 나의 실존이다. 디즈니월드의 에프코트 센터(일종의 테마 공원-역주)에서는 실제 중국에 가지 않고도 '중국 체험'을 할 수 있다. 유명한 브리티시 대학교에 방문하면 '옥스퍼드 체험'을 통해 그럴 듯한 승마 체험까지 할 수 있다. 최근에 나는 '군대 체험 센터'에 대해 들어서 알게 되었다. 미국 전역의 쇼핑몰에 지점들이 우후죽순처럼 생겨나고 있는 '군대 체험 센터'에서는 비디오 게임과 모의 장치를 통해 방문객들에게 '비길 데 없는 쌍방향 체험'을 약속한다. 나는 지금 이런 것들이 꼭 잘못되었다고 말하고 있는 것이 아니다. 그러나 오락으로서의 교육은 심각한 표정을 한 엉클 샘(만화에서 묘사되는 전형적인 미국인-역주)이 손가락으로 당신을 가리키며 '난 널 원해.'라고 말하는 포스터를 보면서 미군과 미군에서의 기회와 요구 조건을 설명하는 장교와 마주보고 앉아 있는 것과는 전혀 다르다. 우리의 결정과 책임이 유혹적인 이미지와 미리 포장된 체험을 통해 결정될수록 성찰할 수 있는 능력은 더욱 약화된다. 필요한 것이라고는 좋은 '체험'이 전부일 때는 누구든 우리를 원하는 곳으로 아무 데나 끌고 갈 수 있다. 시장에서의 '체험 경제'에서 무엇을 만들어 내든 교회는 그와는 다르다.[3]

---

3) James Pine and James Gilmore, *The Experience Economy: Work Is Theater and Every Business a Stage* (Cambridge, MA: Harvard Business School Press, 1999). *Modern Reformation* 18.4 (July/August 2009): pp. 12~13에 실린 제임스 길모어와의 인터뷰도 함께 보라.

나는 앞 장에서 우리의 온갖 수사에도 불구하고 우리의 실제 행동은 우리가 교회의 선택자요 구속자요 주인이며 우리의 결정과 노력으로 그리스도의 나라를 존재하게 한다고 스스로 믿고 있음을 입증한다고 주장했다. 우리가 사용하는 일부 표현은 이 사실을 드러낸다. 예를 들어, 사회봉사를 '예배 체험'이라고 말하면 하나님이 아닌 우리가 예배 대상이 되어 버린다. 더 나아가 모든 것을 '체험'으로 바꾸어 버리는 것은 오늘날 우리 문화의 일반적 경향을 반영하는데, 이는 보통 일종의 오락을 의미한다. 지난 총선거 기간에 양당의 전당대회에서 하원의원들은 '예배 체험'을 마치고 주차장으로 향하는 사람들에게서나 들을 법한 행복감에 휩싸인 어조로 기자들에게 자신들의 체험을 묘사했다. 이런 '체험들'은 유람선 관광이나 여행 상품처럼 만들어지고 포장되어 팔린다.

하나님이 시내 산 꼭대기에 나타나셔서 말씀으로 자신의 명령을 전달하실 때 이스라엘 백성들은 두려움에 휩싸였다. "뭇 백성이 우레와 번개와 나팔 소리와 산의 연기를 본지라 그들이 볼 때에 떨며 멀리 서서 모세에게 이르되 '당신이 우리에게 말씀하소서 우리가 들으리이다 하나님이 우리에게 말씀하시지 말게 하소서 우리가 죽을까 하나이다……백성은 멀리 서 있고 모세는 하나님이 계신 흑암으로 가까이 가니라"(출 20:18~19, 21). 이 일은 이스라엘 백성이 연출하거나 제조하거나 생산하거나 포장한 일이 아니었다. 하나님이 그 자리에 나타나셔서 말씀하기 시작하신 것일 뿐이다. 이스라엘 백성은 분명 이 상황을 통제한 것이 아니었고 이 체험을 전혀 좋아하지도 않았다. 그러나 이 체험은 이스라엘 백성에게 전에는 느끼지 못했던 하나의 긴급한 필요를 낳았다. 그것은 곧 중보자에 대한 필요였다.

이 체험을 이스라엘 백성이 실제로 만들어 냈고 통제했던 '예배 체험'과 비교해 보라. 모세가 산 위로 올라가 율법을 받으며 하나님과 백성들 사이를 중재하고 있는 동안 산 아래의 백성들은 왜 그렇게 시간이 오래 걸리는지 의아해했다. 모세가 없는 동안 백성들은 금송아지를 만들기로 결정했다. 백성들은 더 이상 실제적인 하나님의 임재로 인해 혼란에 빠지지 않고 이 체험을 스스로 통제했다. "백성이 앉아서 먹고 마시며 일어나서 뛰놀더라"(출 32:6). 백성들은 야훼가 아닌 다른 신에게 예배한 것이 아니었다. 백성들은 단지 주변의 이방 민족들처럼 자신들의 하나님에 대한 가시적인 표상을 원했을 뿐이다.

나중에 밝혀진 대로 하나님이 모세에게 백성들이 이미 하나님께서 모세에게 주신 율법을 어기고 있음을 알려 주셨을 때, 모세의 중보는 이미 효력을 발휘하고 있었다. 하나님은 중보자 모세에게 이렇게 말씀하셨다. "그런즉 내가 하는 대로 두라 내가 그들에게 진노하여 그들을 진멸하고 너를 큰 나라가 되게 하리라"(출 32:10). 그러나 모세는 하나님께 그들이 하나님께서 이집트에서 인도해 내신 하나님의 백성임을 상기시키며 하나님이 아브라함에게 맹세하신 그 무조건적인 약속을 위해서라도 뜻을 돌이켜 달라고 하나님께 간청했다(11~13절). "여호와께서 뜻을 돌이키사 말씀하신 화를 그 백성에게 내리지 아니하시니라"(14절). 모세가 산 아래로 내려가는 길에 여호수아와 마주쳤을 때 여호수아는 진중에서 싸우는 소리가 난다고 생각했다. 그러나 모세는 상황을 더 잘 알고 있었다. "이는 승전가도 아니요 패하여 부르짖는 소리도 아니라 내가 듣기에는 노래하는 소리로다"(17~18절).

노래하는 소리! 그것은 일종의 '예배 체험'이었음에 분명하다. 실제로 그랬다. "진에 가까이 이르러 그 송아지와 그 춤 추는 것들을 보고 크게 노하여 손에서 그 판들을 산 아래로 던져 깨뜨리니라 모세가 그들이 만든 송아지를 가져다가 불살라 부수어 가루를 만들어 물에 뿌려 이스라엘 자손에게 마시게 하니라"(출 32:19~20). 직무를 유기한 모세의 대리인 아론이 자신을 위해 할 수 있는 변명이라고는 고작 "이 백성의 악함을 당신이 아나이다." 라는 말뿐이었다 (22절). 아론의 묵인은 분명 모세가 부재한 상황에서 백성의 더 광범위한 반란을 막기 위해 계산된 행동이었다. 점점 불온한 기운이 감돌고 있었다.

모세는 종이었고 예수님은 하나님의 아들이다. "그는 보이지 아니하는 하나님의 형상(에이콘[εἰκών])이시오……" (골 1:15). 하나님은 성육신-백성들이 만들어 낼 수 있는 예배 체험보다 훨씬 더 위대하고 훨씬 더 '의미심장'한 일-을 위해 자기 백성을 구원하고 계셨다. 그러나 백성들은 기다리려 하지 않았다. 중보자 모세가 없을 때 백성들은 진짜 하나님과 하나님의 두려운 임재에서 스스로 담을 쌓았다.

우리도 이와 다소 비슷한 상황에 처해 있다. 우리의 중보자는 다름 아닌 성육신하신 하나님의 아들이지만 그 중보자는 지금 당장은 육체적으로 우리 곁에 계시지 않고 하나님 우편에 앉아 계신다. 모세가 자리를 비운 것과 마찬가지로 우리 주님이 성부께로 승천하시는 것은 바로 지금 우리에게 필요한 일이다. 바로 그곳에서 주님은 지금도 자신의 중보 사역을 수행하고 계신다. 우리는 그리스도와 그리스도의 선물을 은혜의 수단을 통해 그리스도의 교회에 전달하는 성령의 사역에 의존하는-"영과 진리"(요 4:23)로 예배하는-대신 우리가 연출하고 통제할 수 있는 보다 직접적인 체험을 요구한다. 그렇게 하면 우리는 결코 놀랄 일도 없고 무방비 상태에 노출될 일도 없고 시험을 당하지도 않는다. 우리는 하나님이 자신의 방식대로 우리를 위해 준비하신 잔치 대신 지금 바로 주문할 수 있는 '행복한 식사'에 만족하며 앉아서 먹고 마시며 일어나서 뛰논다. 그러나 이런 식으로 우리는 우리를 심판하실 뿐만 아니라 죄 없으신 중보자를 통해 우리를 구원하시는 실재하시는 하나님의 실제 임재를 회피한다.

이 구체적인 순간에 우리에게 영감을 준 것이 무엇인지 또는 누구인지와 관계없이 우리가 변혁적이고 적실하다고 생각하는 것은 바로 우리의 경험이다. 그러나 이는 소위 쾌락주의의 역설과 비슷하다. 즉, 행복을 그 자체를 목적으로 삼아 더 열심히 추구할수록 실제로는 덜 행복해진다는 것이다. 아마도 우리 기독교인들은 마치 우리의 배우자나 자녀가 총체적 만족을 향한 우리의 갈망을 충족시킬 수 있을 것처럼 다른 사람들보다 훨씬 더 결혼과 가정을 낭만적으로 생각하는 경향이 있다. 물론 배우자나 자녀는 그렇게 할 수 없다. 그리고 배우자나 자녀가 우리의 기대에 부응하지 못할 때 우상은 곧 마귀가 된다.

2008년 영화 〈월-E〉에 보면 대량 소비는 지구를 거대한 쓰레기 더미로 만들어 버렸고 한 거대한 대형 백화점이 지구인들을 '액시엄'이라는 우주선에 태워 다른 곳으로 보낸다. 어느 대형 쇼핑몰과 타임스 광장과 라스베이거스가 모두 하나로 합쳐졌다. 승객들은 다수가 그 우주선에서 자라났는데 모두 뚱뚱하고 텔레비전 모니터가 갖춰진 떠다니는 라운지 의자에 붙어 있다. 빨대로 '빅 걸프'라는 음료수를 연신 빨아 마시는 그들의 온갖 변덕스러운 취향은 제어판에 있는 버튼 하나만 누르면 로봇 승무원들이 알아서 맞춰 준다. 마치 액시엄 우주선 자체는 대안적 현실로 충분치 않다는 듯이 승객들은 미끄러지듯 움직이는 라운지마다 갖춰진 텔레비전과 휴대 전화 사이를 번갈아 오간다. 그들은 결국 지구상에 살아 있는 식물이 하나밖에 안 남아 있다는 사실을 발견할 때까지 자신들이 원하는 것을 전부 가지고 있다. 그러나 승객들 각자의 마음속 어딘가에는 아직 진정한 어떤 것과의 접촉에 대한 갈망이 있었다.

아이러니컬하게도 이 만들어지고 미리 포장된 '체험'은 믿을 수 없을 만큼 수명이 짧다. 나는 지금까지 봤던 영화들을 대부분 기억하지 못한다. 디즈니랜드에 가서 우주 여행선에 잠시 탔든 몇 시간을 탔든 그런 체험은 내게 다가오자마자 사라져 버린다. 그러나 가장 기억에 오래 남는 체험은 그 체험의 목표가 체험을 하는 것 자체가 아닌 다른 것이었던 일들과 동일하다. 나는 "이제 두 사람을 남편과 아내로 선언합니다."라는 주례 목사님의 말씀을 들었던 기억을 결코 잊지 못할 것이다. 말 그대로다. 그렇지 않은가? 그런 말은 우리의 삶을 바꾸어 놓는 말이다. "암에 걸리셨습니다", "암 덩어리를 전부 제거했습니다. 이제 깨끗이 다 나았습니다", "임신하셨군요", "취직되셨습니다." 객관적 사실-우리 밖에 있는 체험-에 근거를 둔 소식은 우리의 삶에서 가장 의미심장한 체험을 만들어 내는 것이다.

매주 내가 형제자매들과 함께 공적으로 죄를 고백하고 구체적인 죄들을 하나님께 조용히 고백할 때마다 그리스도의 사신은 그리스도의 이름으로 그리스도의 말씀의 권위에 힘입어 내 죄가 용서되었다고 선언한다. 내가 마음속으로 어떻게 느끼느냐와 상관없이 하나님의 외적인 말씀은 내가 하나님의 아들 안에서 하나님과 화평을 누린다는 사실을 내게 확신시켜 준다. 이것은 주관적인 체험-평화롭고 편안한 감정-이 아니라 객관적인 공표다. 그리고 바로 말씀의 객관성-그 말씀이 내가 그로 인해 감정적으로 압도되지 않았을 때조차 내게 공표되었다는 사실-때문에 나는 또한 내적으로 용서를 체험한다. 체험을 위해 산다는 것은 마치 수증기를 쫓는 것과 같다. 결국 가장 중요하고 오래 지속되는 체험을 전달하는 것은 바로 '일몰 체험'이 아니라 일몰 자체이고, '사랑 체험'이 아니라 실제적인 사랑의 표현이며, '예배 체험'이 아니라 삼위 하나님이다.

머리기사: '세계적인 영혼들이 집으로 돌아오다'

나는 『그리스도 없는 기독교』에서 이제는 과학 기술로 인해 우리의 유한성과 육체적 존재의 모든 구속을 초월하는 영지주의적인 체험에

도달하는 것이 가능해졌다고 말했다. 온라인 고해 성사 심지어 인터넷 교회의 인기가 날로 커져 가고 있다. 안 그럴 이유도 없다. 교회가 우리의 영적인 변신을 위해 필요한 것들을 구비한 쇼핑몰이나 공급처라면 우리는 분명 온라인으로 종교적인 쇼핑도 다른 어떤 것 못지않게 할 수 있다. 그러나 우리는 육체에서 분리된 영혼으로 창조된 것이 아니며 우리를 영적인 고독 속에서 우리 자신에게 몰두하는 개인으로 만들어 버린 것은 창조가 아니라 타락이다. 기독교인들은 불멸의 영광 속에서 자신들의 죽을 몸을 일으키실 그리스도에 대한 믿음을 고백하며, 복음 안에서 그리스도는 우리에게 자아도취적인 개인적 체험의 동굴에서 나와 시온의 잔치로 향하는 왕의 행렬에 동료 순례자들과 동참할 것을 요구하신다.

피코 아이어는 『세계적인 영혼: 시차 부적응, 쇼핑몰, 집을 향한 탐험』이라는 책에서 오늘날의 많은 사람들을 대변한다. 영국에서 태어난 이 인도인은 어린 시절에 캘리포니아로 이주했다가 다시 일본으로 이주했다. "세계적인 영혼은 어떤 문제든 너무나 많은 측면을 보게 되어 한 가지 확고한 신념에 결코 안주하지 않을지도 모른다. 그는 자신이 처한 환경에 따라 서로 다른 자아로 대처하는 데 너무 익숙해져서 주위에 아무도 없어도 자신의 정체성을 시야에서 놓쳐 버릴지도 모른다." [4] "모든 곳은 다른 모든 곳으로 이루어지며 우리의 영혼 자체가 순환되어 왔다. 그러나 세계적 존재들에게도 집은 필요하다." 우리는 "삶에 대해 뮤잭(사무실·공공장소·여객기 따위의 전화 또는 FM 라디오에 의해 전달되는 배경 음악-역주)이 음악과 맺고 있는 관계와 똑같은 관계를 맺고 있는 일반적인 공간들-쇼핑몰, 식당가, 호텔 로비-의 모음집" 속에 살고 있다. [5] 세계적인 영혼은 복화술사, 남의 흉내를 내는 사람 또는 첩보원

4) Pico Iyer, The Global Soul: Jet Lag, Shopping Malls, and the Search for Home (New York: Alfred A. Knopf, 2000), p. 25.

이다. 그를 가장 괴롭히는 질문은 "오늘 너는 누구냐?"라는 질문이다.[6] 아이어는 더글러스 커플런드의 다음과 같은 말을 인용한다. "호텔방에는 역사가 없고 오직 본질만 있기 때문에 나는 호텔을 좋아한다."[7] 아이어 본인의 경우에는 "일부는 쇼핑몰이고 일부는 출입국 절차"인 공항의 익명의 공간을 더 좋아한다.[8]

그러나 이 가짜 현실의 영묘한 영역이 모든 공간 감각을 지워 버린다는 바로 그 이유 때문에 거기에는 더 이상 '출입국 절차'가 존재할 수 없다. 교회에서도 마찬가지다. 당신은 가령 장로교회나 침례교회와 대비되는 로마 가톨릭교회에 있으면 과거에는 그 사실을 알았다. 오늘날에는 당신이 쇼핑몰이나 극장이나 기업 본사가 아닌 교회에 있을 때도 그곳이 교회인 것을 알기가 때로는 어렵다. 물론 하나님이 규정하신 교회 건축 같은 것은 없지만 강대상과 성찬대와 세례반이 밴드건 오르간 파이프건 성가대건 스크린이건 새로운 은혜의 수단보다 시각적으로 덜 눈에 띄면 그것은 무언가 기묘한 일이 일어난 것이다. 이전 세대가 설교단이라고 불렀던 것을 우리가 무대라고 부른다는 것은 매우 의미심장한 일이다.

우리는 운전하면서 주문해 먹는 식사에 만족하기가 쉽다. 그럴 경우에는 메뉴판에 없는 메뉴를 주문할 수는 있지만 다른 사람들과 함께 식사를 하면서 하나님이 우리 앞에 펼쳐 놓으신 것을 즐기는 의식을 치를 필요는 없다. 〈빅 나이트〉라는 영화에 보면 이태리 출신의 두 형제가 식당 하나를 연다. 길을 따라 내려가면 주인이 손님들에게 원하는 것을 주는, 늘 손님으로 붐비는 경쟁 관계의 식당이 나온다. 스파

---

5) 앞의 글, p. 43.
6) 앞의 글, p. 140.
7) 앞의 글, p. 145.
8) 앞의 글.

게티와 저렴한 적포도주와 값싼 구세계 체험의 기회를 제공하는 '이태리 식당'이다. 형은 새 식당에 손님이 없어 고전하는 상황에서도 음식의 질과 정성을 고집하는 반면, 동생은 자기에게 성공의 방법을 가르쳐주는 것이 마냥 행복하기만 한 길 맞은편의 식당 주인에게 점점 매력을 느낀다. 그러나 절정을 이루는 장면에서 합의라기보다는 형제애로 서로 화해한 두 형제는 식당 문을 닫기로 결정한 뒤 식사를 제공한다. 형제는 친구들과 이웃들을 무료로 초대한 뒤 라이벌 식당의 인기 메뉴에는 없는 맛있는 음식들을 상다리가 휘어지도록 내놓는다. 음식 준비에 이틀이나 걸렸지만 모든 야채가 신선하다. 얼리거나 미리 포장한 음식은 없다. 대화의 즐거움에 사로잡혀 식사를 하던 사람들은 자신들이 지금까지 경험해 보았거나 주문할 수 있는 어떤 음식도 능가하는 음식을 맛보면서 할 말을 잃는다.

영화 〈바베트의 만찬〉에서도 이와 비슷한 이야기를 들려준다. 이 영화에서는 덴마크의 어느 섬에 사는 엄격한 경건주의자들의 작은 공동체가 손님이 예측할 수 있는 수준을 능가하는 큰 기쁨을 주는 화려한 식사에 초대된다. 과거의 삶과 단절하고 싶어서 이 섬에 온 유명한 파리 출신의 주방장인 바베트는 아버지가 제자들을 지도하는 것을 돕기 위해 전도유망한 직업을 버린 두 언니를 위해 요리사가 된 아가씨다. 그런데 바베트에게 낡은 복권표가 당첨되는 깜짝 놀랄 일이 벌어졌다. 바베트는 이 섬의 얼마 안 되는 주민들을 위해 맛있는 프랑스의 음식 재료들을 배편으로 운반하는 데 가진 돈 전부를 쓰기로 결심했다. 경건한 이웃들은 그런 세속적인 사치를 즐기는 것을 두려워하여 각자 예의 바르게 바베트의 만찬을 즐기는 척하기로-하지만 즐기는 척만 하기로-약속했다. 말로 표현할 수 없는 의심과 욕망의 좁은 세계 속에 갇혀 지냈던 이웃들은 예배와 기도회로 정기적으로 모이면서도 서로 사이가 소원했다. 그러나 음식이 체면치레를 하며 사양하기에는 너무 훌륭했고 바베트가 준비한 상품 포도주를 마시고 훌륭한 음식을 하나씩 맛보면서 손님들의 얼굴은 심각한 표정을 짓다가 망설이는 표정으로 그리고 다시 미소와 웃음이 가득한 얼굴로 바뀌었다. 지금껏 한 번도 나오지 않은 이야기들이 새로운 우정의 소용돌이 속에서 나누어졌다. 한 번의 식사가 한 공동체를 그처럼 혁명적으로 바꿀 수 있으리라고 그 누가 상상할 수 있었겠는가?

간단한 식사는 여행자를 위한 것이다

나는 1장에서 이 세상은 주인, 여행자, 순례자라는 세 가지 유형의 사람들로 가득 차 있다고 주장했다. 현대의 위대한 인물들은 자신들이 어디로 가고 있는지 알았다. 그리고 나머지 세상을 자신들과 함께 데려가려고 결심했다. 사실 그들 중 많은 이들은 자신이 이미 목적지에 도달했다고 믿었다. 계몽주의는 과거의 모든 것이 유아기의 미신과 권위에 대한 의존을 표현한다고 생각하고 레싱의 『인류의 교육』과 같은 제목을 지닌 책들을 양산했다. 이제 우리는 성년에 이르렀고 스스로 생각할 수 있다고 레싱은 주장했다. 칸트도 그와 같은 말을 했고 새로운 세계 질서의 수행자들이 그 뒤를 이었다. 마침내 마르크스주의자와 자본주의자, 파시즘 신봉자와 민주주의자는 세상에 지배력을 행사하며 과거의 모든 것으로부터의 구원을 제시했다. 우리는 이번에는 절대적 이성과 관찰과 도덕의 보편적 원리를 기초로 완전히 처음부터 새로운 세상-하늘까지 닿는 탑-을 건설할 것이다. 더이상 우리는 성경이든 교회든 어떤 외적인 권위에도 의존할 필요가 없을 것이다.

세상을 다시 창조하기 위한 연속적인 프로그램 이후 근대적 프로젝트는 광범위한 환멸을 남겨 놓았다. 수백만 명의 학살은 더 말할 것도 없다. 우리는 이전 어느 때보다 우리 자신에 대해 확신하지 못한다. 자아, 국가, 민족적 혈통, 과학 기술, 좌파와 우파의 이데올로기라는 현대의 우상 숭배는 병리적 현상으로 진단받았다. 한때는 이런 프로메테우스적인 프로젝트들에 대해 하나님의 이름이 함부로 들먹여졌지만 지금은 최소한 많은 사람들이 보기에 '하나님' 께 대한 기도가 또 하나의 권력 장악처럼 보인다. 우리는 우리의 삶을 이해시켜 주겠다고 약속하는 거대 담론에 지쳐 버렸지만, 아직은 자신보다 더 큰 어떤 것의 일부가 되기를 갈망한다.

우리가 (근대성이 가정하는 대로) 미신에서 계몽으로 행진하며 이른바 신적인 운명을 성취하는 실체의 주인이 아니라면 지금 우리에게 남아 있는 것은 끝없는 무작위의 선택에서 벗어나 실체를 창조하며 정처 없이 방황하는 여행자가 되는 일뿐이다. 이런 병리 현상의 핵심에 있는 것은 여전히 주권적 의지다. 그 차이는 주인의 권력 의지가 청사진과 구체적인 목적지를 염두에 둔 보편적 진리에 대한 '명석 판명한 개념' 의 인도를 받는 반면, 여행자의 권력 의지는 구체적인 지향점이 없는 길을 따라 무엇이든 흥미롭게 보이는 것의 지배를 받는다는 점이다. 이런 측면에서 최소한 '포스트모더니즘' 은 '근대성' 으로부터의 근본적 이탈이라기보다는 근대성의 완성이다. 우리는 더 이상 세상을 다스리기를 원하지 않는다. 우리는 그저 아이팟상의 더 많은 공간과 인생의 슈퍼마켓에서 임의로 목적 없이 덧없는 선택을 할 수 있는 더 많은 기회를 원할 뿐이다.

잔치는 순례자를 위한 것이다

이와는 대조적으로 우리는 부름받은 이들로 하나님의 성소에 들어 간다. 우리는 주인도 아니고 여행객도 아니다. 우리의 소위 자율적인 의지의 확증이 아니라 하나님의 선택하시는 은혜가 우리를 이곳으로 데려오며 하나님의 복음이 우리로 하여금 우리가 확신해 마지않지만 아직은 멀리 떨어져서 들어 보고 맛보고 엿보기만 한 하나의 목적지 를 향해 계속 움직이게 한다. 하나님은 우리를 이름으로 아신다. 그리 스도는 사역자의 입술을 통해 명령을 발하시며 그 명령을 우리는 지 키지 못했음을 알고 있다. 우리는 함께 우리 모두가 양과 같이 잘못된 길로 갔다고 고백하며 함께 하나님의 좋은 소식에 대한 우리의 믿음 을 고백한다. 그러면 하나님은 성찬 가운데 우리에게 자신의 약속을 승인하신다.

시편 78편은 하나님과 이스라엘과의 관계의 역사 전체를 회상하며 사람들의 불성실함과 자신의 언약에 대한 하나님의 신실하심이라는 익숙한 사이클을 열거한다. 여기에는 광야에서 백성들이 저지른 반역 이 포함된다. "그들이 그들의 탐욕대로 음식을 구하여 그들의 심중에 하나님을 시험하였으며 그뿐 아니라 하나님을 대적하여 말하기를 '하 나님이 광야에서 식탁을 베푸실 수 있으랴?'" 실제로 하나님은 배은 망덕한 이스라엘 백성에게까지도 그렇게 하실 수 있으시다—그리고 그렇게 하셨다. "'보라 그가 반석을 쳐서 물을 내시니 시내가 넘쳤으 나 그가 능히 떡도 주시며 자기 백성을 위하여 고기도 예비하시랴?' 하였도다." 하나님은 심지어 그들을 부양하시기 위해 이 선물들을 주 셨다. 그러나 "여호와께서 듣고 노하셨으며 야곱에게 불같이 노하셨 고 또한 이스라엘에게 진노가 불타올랐으니 이는 하나님을 믿지 아니 하며 그의 구원을 의지하지 아니한 때문이로다." "그러나 그가 위의 궁창을 명령하시며 하늘 문을 여시고 그들에게 만나를 비같이 내려 먹이시며 하늘 양식을 그들에게 주셨나니"(시 78:18~24). 요한복음 6장에서 예수님은 자신을 그 살과 피로 자기 백성을 영원한 생명으로 먹여 살리는 하늘의 떡으로 해석하셨다. 바울은 광야에서 이스라엘 백성이 "다 같은 신령한 음료를 마셨으니 이는 그들을 따르는 신령한 반석으로부터 마셨으매 그 반석은 곧 그리스도시라 그러나 그들의 다수를 하나님이 기뻐하지 아니하셨으므로 그들이 광야에서 멸망을 받았느니라."고 말했다(고전 10:4). 하나님은 말씀과 성례를 통해 우리에게 구원의 은혜를 약속하신다. 하나님은 거듭거듭 은혜로 우리의 죄를 압도하신다. 그럼에도 우리는 새로운 경험과 직접적인 절실한 필요의 충족을 요구하는 대신 하나님이 선포하시고 인증하시는 약속을 받아들여야 한다.

예수님이 가르치신 대로 금식할 때가 있고 잔치할 때가 있다. 금식과 세례 요한과 그의 제자들은 길을 예비했다. 임박한 심판의 우울한 소식은 언약에 대한 개인적, 집단적인 불성실함으로 인해 금식하고 애통해하며 하나님과 하나님의 거룩한 보좌 앞에 엎드리는 것으로 특징지어졌다. 그러나 이제 예수 그리스도께서 무대 위에 나타나셨다. 요한의 제자들이 예수님께 왜 예수님과 예수님의 제자들은 금식하지 않느냐고 질문했을 때, 구주께서는 이렇게 대답하셨다. "혼인집 손님들이 신랑과 함께 있을 동안에 슬퍼할 수 있느냐?"(마 9:15). 이제 구주께서 오셨고 구주의 나라는 기쁨과 용서로 가득하다. 세례 요한이 예수님이 과연 약속된 메시아인지 알아보려고 제자들을 보냈을 때 예수님은 그들에게 이렇게 전하라고 말씀하셨다. "너희가 가서 듣고 보는 것을 요한에게 알리되 맹인이 보며 못 걷는 사람이 걸으며 나병환자가 깨끗함을 받으며 못 듣는 자가 들으며 죽은 자가 살아나며 가난한 자에게 복음이 전파된다 하라"(마 11:5). 저는 자가 춤을 추고 소외된 이들이 어두운 뒷골목에서 모여들며 잔치가 준비되고 있다.

그리스도께서는 선물(성령)을 쏟아 부으시고 우리를 위한 혼인 잔치를 준비하시기 위해 하늘 보좌로 돌아가셨다. 그동안 우리는 복음을 듣고 받기 위해 모이면서 하늘의 만찬을 맛보고 있다. 그리스도는 계속해서 주는 선물이며 우리 교회들이 그리스도께서 선물을 주시기 위해 정하신 메시지와 방법에 보다 더 집중하게 될 때 우리는 틀림없이 광야에 차려진 식탁을 발견하게 될 것이다. 그것은 패스트푸드가 난무하는 세상에 차려진 잔칫상이다.

그것은 마치 곡식이 자라는 모습을 보는 것과 같다

서구 문화는 무언가를 기다리는 능력을 잃어가고 있다. 우리는 단순히 패스트푸드의 나라만이 아니다. 우리는 모든 것이 빨리빨리 처리되고 지금 당장 결과가 나오기를 원한다. 편의성이 질보다 우선순위를 차지한다. 집에서 함께 저녁을 먹는 일은 과거에는 하나의 가정 의례였다. 얼마나 많은 성격적 특성과 기억과 유대감이 그런 공동체적 습관에서 생겨났는지는 아무도 모른다. 좋은 포도주 한 병을 만드는 데는 시간이 걸리며 더 좋은 적포도주는 오랫동안 숙성에 이르지 못할 것이다.

유명한 스트라디바리우스 바이올린을 예로 들어 보자. 1644년에 태어난 안토니오 스트라디바리는 역사상 가장 위대한 바이올린 제작자가 되었다. 거의 문맹에 가까운 이 이탈리아 출신의 장인은 그 풍부한 공명의 질이 특히 뛰어난 악기 하나를 개발했다. 그러나 이 악기는 수제여서 바이올린마다 독특한 소리가 났다. 음악학자들과 바이올린 연주자들은 오늘날까지도 스트라디바리우스의 독특성에 기여하는 것이 정확히 무엇인지 추측하고 있는데, 나무의 질, 악기의 몸통 안에 전략적으로 배치된 나무 조각, 악기의 모양 등이 주된 역할을 하는 것으로 여겨진다. 스트라디바리는 바이올린을 천 개가 약간 넘게 제작했는데 그 중에 절반이 오늘날 남아 있다. 스트라디바리 자신은 거물이 아니었지만 스트라디바리우스는 오늘날 가장 부유한 소유자들만이 국가적인 보물로 탐을 낸다. 스트라디바리우스는 공장의 조립 라인에서 대량 생산할 수가 없는 물건이다.

그러나 우리에게 중요한 것은 우리의 경험과 관계의 깊이와 풍성함이 아니라 그 속에서 우리가 얻는 양과 끊임없는 '활력'이다. 우리는 지루해지는 것을 무서워한다. 교육용 비디오와 아동을 위한 수업은 '재미있다'고 광고되고 재미가 교회 안의 예배 계획부터 전도까지 모든 것의 핵심적인 기준이다.

다음 사실을 직시하자. 공적인 기도, 성경 봉독, 기도, 설교, 성례 등의 전통적인 기독교 예배는 보통 재미있지 않다. 사람들이 말하는 대로 '그것은 마치 곡식이 자라는 모습을 보는 것과 같다.' 목사가 너무 초연하거나 게으르거나 회중에게서 마음이 멀어져 회중과 아무런 교제가 없는 것은 변명의 여지가 없다. 그럼에도 평균적인 주일에는 모든 신자가 교회를 약간은 지루하다고 생각해야 한다. 나는 결혼 생활을 약간은 지루하다고 생각한다. 네 아이들을 키우는 일, 매일 직장에 나가는 일도 마찬가지다. 어렸을 때는 "조종사가 되고 싶어."라고 말하던 시절도 거쳤지만 나는 심지어 여행에도 지루함을 느낀다. 그런 생각은 지금은 케케묵은 생각이다.

만일 우리가 오늘날 어떤 것이 얼마나 재미가 있는지를 점수로 매겨 그것을 기준으로 모든 결정을 내린다면, 우리는 어떤 결과를 보려면 시간이 오래 걸리는 관계나 과정에 결코 헌신하지 못할 것이다. 서구 문화는 이 점에 있어서 실패하고 있다. 그 결과 우리는 매일 의미 있고 삶을 바꾸며 혁신적이고 폭발력 있고 독특한 체험으로 가득한 화물선을 요구하며 전체적인 구도 속에서 한 아이의 미소가 차지하는 역할에 대한 인식을 상실하고 있다. 모든 데이트가 다 사랑의 유람선이 되어야 하고, 모든 가족 휴가가 다 기억할 만한 앨범들로 가득 채워져야 하며, 교회도 교회가 되면 안 되고 매 시간 사람의 세포 구조를 바꾸어 놓는 '예배 체험'이 되어야 한다.

「뉴욕 타임스」와 『GQ』의 필자인 조 퀴넌은 스스로 "짧지만 자존심 강한 베이비붐 세대의 역사"라는 제목을 붙인 글에서 (다른 무엇보다도) 자기 세대의 "절대적으로 평범한 것을 받아들이지 못하는 기질"을 조롱한다.[9] 과거에는 야구 경기는 야구 경기였는데 이제는 야구 경기가 종말론적 중요성을 지닌 순간으로서 유대인 성인식과 첫 영성체, 결혼식과 장례식을 대체한다. 퀴넌은 이렇게 덧붙인다.

베이비붐 세대는 순간에 충실하게 사는 데 온통 사로잡혀 있어서 모든 체험이 분수령이고 모든 식사가 특별하며 모든 우정이 획기적이고 모든 음악회가 아주 훌륭하며 모든 일몰이 황홀해야 한다고 주장한다. 그러나 인생은 그렇지 않다. 대부분의 식사는 그냥 그렇다. 대부분의 우정은 쓸모없을 때까지는 쓸모 있다. 대부분의 음악회는 적당하다. 일몰은 일몰일 뿐이다. 베이비붐 세대는 눈부시게 진부한 사건들을 공식적인 의식으로 바꾸어 버림으로써 가장 진부한 활동까지도 숙고, 계획, 조사, 보험, 어마어마한 자료 뭉치를 요구하는 '사건'으로 변형시켰다. 이는 본질적으로 다른 모든 사람을 위한 모든 것을 망쳐 놓았다. 아무것도 다시는 정확히 처음에 존재했던 모습, 다시 말해 다가갈 수 있고 가까이 있고 *평범하다*는 점의

9) Joe Queenan, *Balsamic Dreams: A Short but Self-Important History of the Baby Boomer Generation* (New York: Henry Holt and Company, 2001), p. 23.

직접적인 결과가 그 매력인 어떤 것이 될 수 없기 때문이다.[10]

그 순간의 즉각적인 체험이라는 이 생기 넘치는 의식 뒤에는 마음을 번뇌케 하는 허무주의가 도사리고 있다. 우리는 어디서 왔는지도 모르고 어디로 가는지도 모른다. 그러나 그 가운데 어딘가에서 우리는 세상을 깜짝 놀라게 해야 한다. 매 순간이 절정에 이르러야 한다. 바울은 그리스의 희극 한 편에 나오는 대사 한 소절을 인용하면서 다음과 같은 유명한 결론을 맺었다. "죽은 자가 다시 살아나지 못한다면 '내일 죽을 터이니 먹고 마시자.' 하리라"(고전 15:32).

이를 가리키는 기술적 용어가 바로 *자아도취*다. 그런데 문제는 아무도 우리를 그렇게 행복하게 만들어 줄 수 없으며, 우리 스스로 우리에게 그럴 자격이 있다고 생각하는 만큼 우리를 행복하게 만들어 주지도 못한다는 것이다. 더 나아가 나를 행복하게 만들어 줄 것이라 생각하는 것들은 실제로는 하나님이 주시는 선물에서 관심을 흐트러지게 하는 사소한 것들이다. 사실 내가 어느 주어진 날에 리히터 진도규모로 측정할 수 있는 진도와는 상관없이 내 결혼 생활은-나와 내 아내와 우리 자녀들에게-중대한 문제이며 그 영향은 다른 많은 관계망 속에서 느껴진다. 긴 안목으로 보면 얼마나 많은 사람들이 결혼 생활의 영향을 받는지는 결코 알 수 없지만 결혼 생활은 우리가 생각하는 것보다 훨씬 중요하다. 솔직히 말해서 내 아이들은 때때로 귀찮고 불편하며 나의 이기심에 끊임없는 위협이 되지만, 바로 그런 식으로 아이들은 선택에 아무런 방해를 받지 않는 일상 속에서는 결코 알지 못했을 경험을 내게 가능케 해 준다. 우리가 보화로 가득한 숨겨진 방들을 발견하는 때는 바로 그렇게 우리의 즉각적인 욕구 충족에서 멀어질 때다.

---

10) 앞의 글, p. 24.

윌리엄 제임스가 '경험적 측면에서의 현금 가치'라고 불렀던 것에 기초해서 우리가 무엇을 배우거나 가르치거나 인내할지를 결정한다면 무슨 일이 벌어질지 상상해 보라. 아이들은 알파벳이나 구구단이나 원색이나 기독교 신앙의 기초 문법을 배우려 하지 않을 것이다. 학교는 매일 게임과 자유 활동으로 가득한 놀이터가 될 것이다. 어떤 훌륭한 음식이나 우정이나 결혼이나 가족이나 건물이나 농장이나 선수나 음악회도 없을 것이다. 아이러니컬하게도 즉각적인 만족과 끊임없는 쾌락의 추구는 그 나름의 자기폐쇄적인 지루한 세계를 만들어 낸다. 버릇없는 아이는 (나이가 어떻게 되든) 결코 만족을 모른다.

오늘날 젊은 세대들은 그 모든 것을 보았다. 그들은 놀이 공원도 안 가 본 데가 없고 온갖 신기한 기계를 다 가지고 있으며 모든 밴드를 다 알고 있다. 그들의 얼굴에 나타나는 표정이 그 모든 것을 말해 준다. "거기 가 봤어요, 그거 해 봤고요, 그 셔츠도 입어 봤어요." 그들은 극도로 지루해한다. 이제 점점 더 많은 젊은 세대가 '현대 예배 체험'은 너무 지겹다고 말한다. 하나님에 대한 경외가 지루함에 대한 두려움보다 훨씬 더 커져야 한다. 제자삼는 일은 비행기나 위대한 예술 작품이나 좋은 포도주나 기억에 남는 저녁 식사를 만드는 일, 자녀 양육하는 일처럼 오랜 시간이 걸린다. 그것은 마치 곡식이 자라는 모습을 지켜보는 것과 같다. 우리 자신이 바로 그렇다. 우리는 그 첫 열매가 이미 부활하시고 높아지신 추수의 결과물이다.

좋은 소식이 당연하게 여겨진다는 바로 그 이유 때문에 오늘날 많은 교회들이 가장 훌륭한 드라마가 지금 펼쳐지고 있다는 것을 깨닫지 못하는 듯하다. 우리는 무언가 특별하고 새롭고 짜릿한 것을 요구하며 하나님이 평범한 설교와 물과 포도주와 빵을 통해 행하시는 일을 외면하고 머리기사를 잡기 위해 우리가 지금 하고 있는 일에 초점을 맞춘다. 하나님은 좋은 부모처럼 우리가 원하는 대로 솜사탕을 마음껏 먹으면 나중에는 배가 아플 뿐만 아니라 하나님이 준비하신 저녁 식사를 하지 못하리라는 것을 알고 계신다.

대다수의 사람들은 오랜 세월에 걸쳐 세례를 받고 교리 문답을 하고 성찬을 받고 설교를 듣고 부모와 조부모와 믿음 안에 있는 다른 어른들과 대화를 나눈 뒤 임종의 자리에서 목사님과 다른 신자들의 위로를 받을 때까지 자신들의 증언을 통해 다른 이들을 이 평생에 걸친 제자도로 인도함으로써 기독교인이 되어 왔다. 그러나 이것은 너무 평범하다. 우리는 우리의 열정적인 활동으로 하나님을 하늘에서 끌어내리거나 그리스도를 죽은 자들 가운데서 끌어올리려 애쓰며 하나님의 이야기를 즉각적인 만족에 대한 숭배와 동화시킨다. 이 질병은 모든 형태의 허무주의와 마찬가지로 의미심장한 시작, 미래의 운명과 우리와의 관계를 재정립하고 자신을 생명으로 가장하는 죽음의 사육제에서 흥미로운 볼거리들 사이를 미친 듯이 왔다 갔다 하는 대신 지금 이 순간을 순례 여행의 일부로 여겨야만 고쳐질 수 있다.

주요 행사 : 하나님과 더불어 먹고 마시기

하나님 앞에서 먹고 마신다는 주제는 창세기부터 요한계시록까지 두드러진다. 아담과 하와는 주인이신 하나님이 생명나무의 열매를 자신들에게 주시기를 기다리는 대신 그 자리에서 '행복한 식사'를 원했고 자기 나름의 메뉴를 주문했다. 그런 사건들은 새로 얻은 섬기는 왕(봉신)과 함께 공식 만찬을 나누는 큰 왕(종주)이 비준하는 세속 조약처럼 정치적인 색채가 농후했다. 아브람은 하나님의 원수들과의 전투 뒤에 신비에 싸인 살렘 왕 멜기세덱에게 빵과 포도주로 언약적인 식사를 대접받는데 성경에서는 멜기세덱을 그리스도의 모형이라고 말한다(창 14:18; 시 110:4; 히 7:1, 17).

하나님은 금송아지 사건 이후 언약을 갱신하실 때 모세와 아론과 아론의 아들들(나답과 아비후)과 장로 70인에게 산에 올라 하나님의 임재의 구름 속으로 들어오도록 부르셨다. 거기서 여호와의 초대 손님들이 "하나님을 뵙고 먹고"(출 24:11) 마실 때 하나님은 언약을 비준하셨다. 그 다음으로 모세는 십계명이 적힌 돌판을 받았고 산 위 구름 속에서 하나님과 함께 사십 주야를 머물렀다(18절). 그러나 광야 세대의 대다수는 지속적인 불신앙으로 인해 (모세와 더불어) 약속의 땅에 들어가는 것이 금지되었다. 그 세대는 시련을 견디고 젖과 꿀이 흐르는 땅에 들어가기는커녕 요단 강 바로 앞에서 다 죽었다. 의미심장하게도 하나님은 자기 백성을 위한 양식 공급을 영구히 확증하는 뜻으로 진설병을 지성소에 놓도록 명령하셨다(출 25:30).

"여호와 앞에서 먹고 마심"이라는 주제는 신약 성경으로 넘어와 예수님이 광야에서-사십 주야 동안 이스라엘이 받은 시험을 반복하며(그리고 사십 주야 동안 산 위에서 하나님과 함께 머문 모세의 중보를 본떠)-받으신 시험부터 시작된다. 그러나 이번에는 예수님이 '지금 영광'을 받으라는 뱀의 유혹을 물리치셨다. 예수님은 간절히 원한 음식을 요구하시는 대신 성경 말씀으로 대답하셨다. "기록되었으되 '사람이 떡으로만 살 것이 아니요 하나님의 입으로부터 나오는 모든 말씀으로 살 것이라.' 하였느니라"(마 4:4).

성경에서 우리가 어떤 다른 곳으로 가고 있을 때 하나님이 얼마나 자주 낯선 사람으로 우리를 만나시는지를 보면 참으로 놀랍다. 제자들은 나름의 계획과 미래에 대한 기대를 가지고 일상적인 일에 분주하다가 예수님을 만나고 잔치에 가는 여행길에 예수님과 동행하도록 부르심을 받는다.

누가복음은 자기 백성에게도 영접을 받지 못하는 여행하는 손님으로서의 예수님이라는 주제를 특별히 강조한다(눅 9:52~19:44). 실제로 예수님은 예루살렘에서 배척당하신다(19:45~23:49). "우리는 주 앞에서 먹고 마셨으며"(13:26, 강조는 저자)라는 표현은 명백히 구약 시대의 언약적 식사를 상기시킨다. 바로 지금, 초대를 거부하여 쫓겨나는 이들은 '내부인'이고 아브라함, 이삭, 야곱과 더불어 천국 잔치에 앉는 이들은 '외부인'이다.

데이비드 P. 모스너는 이렇게 설명한다.

> 신명기에서 모세가 백성들과 함께 약속의 땅으로 여행하는 모든 과정의 목표는 여호와 앞에서 "먹으며" "즐거워하라"는 말로 요약되는 바와 같이 아브라함과 이삭과 야곱에게 주어진 언약의 복을 상속받는 것이다……그 땅의 구원으로 들어가자마자 해야 할 첫 번째 일은 에발 산에 세워진 돌 위에 율법을 기록하고 거기서 "화목제를 드리고 거기에서 먹으며 네 하나님 여호와 앞에서 즐거워"(신 27:7)하는 것이다……그 땅 자체는 반복적으로 "젖과 꿀이 흐르는" 땅으로 묘사된다.[11]

그곳은 가장 좋은 포도주만 생산될 곳이다. 광야에서 하나님은 기적적인 식량 공급 외에는 "너희에게 떡도 먹지 못하며 포도주나 독주를 마시지 못하게"(신 29:6) 하셨다고 말씀하신다. "요컨대 포도주를 마신다는 것은 그 땅의 모든 은혜로운 언약적 복 속에서 즐거워하며 여호와를 높이거나 경외하는 것이다(예컨대 14:23).[12] 신명기 12~26장에서 중심 주제는 하나님이 정하신 장소에서 "여호와 앞에서 먹고 마시는"

---

11) David P. Mossner, *The Lord of the Banquet: The Literary and Theological Significance of the Lukan Travel Narrative* (Minneapolis: Fortress Press, 1989), p. 264.
12) 앞의 글, pp. 264~265.

것이다. 거기에는 정해진 *시간*, 즉 유월절("무교절"과 "구원의 잔")과 오순절 그리고 장막절 또는 초막절(하나님이 온 가족에게 "함께 즐거워하되"라고 말씀하시는 마지막 추수를 기념하는)(16:13~15; 참조. 31:10~13)의 주요 절기가 있다.

하나님은 자기 백성을 약속의 땅으로 인도하시며 물 없는 광야에서 식탁을 펼치신다. 하나님은 그들에게 하늘에서 내려온 떡과 반석에서 나온 물을 주신다. 그리고 바울이 우리에게 상기시키는 바와 같이 "그 반석은 곧 그리스도"(고전 10:4)시다. 그러나 정탐꾼들이 백성들이 들어 가려 하던 그 땅의 "첫 열매"를 가지고 돌아왔을 때조차 백성들은 이 선물을 거부하며 그 세대는 모세와 더불어 약속의 땅의 경계선 바로 밖에서 죽는다. 역사서와 선지서의 다른 모든 내용은 예루살렘-하나님이 거하실 장소인 시온 산-을 향해 움직인다. 하나님은 더 이상 단순히 여행하는 백성을 인도하시고 진 밖에 천막을 치시지 않고 "그들 가운데" 영원한 처소를 마련하실 것이다 "하나님이 우리와 함께 하신다." "주 여호와 앞에서 잠잠할지어다 이는 여호와의 날이 가까웠으므로 여호와께서 희생을 준비하고 그가 청할 자들을 구별하셨음이니라"(습 1:7).

이 역사는 예수님의 생애와 예수님과 동시대인들의 생애에서 모두 다시 반복된다. 세례 요한은 천국이 가까움을 선포하며 오지만 (비록 어떤 이들은 그의 소식을 믿었지만) 목 베임을 당한다. 요한의 사역은 약속의 땅에서 즐거워하는 것이 아니라 엄중한 심판을 알리고 회개를 촉구하는 사역인 반면("요한이 와서 먹지도 않고 마시지도 아니하매") 예수님의 사역은 죄인들과 버림받은 자들과 낯선 사람들과 이방인들을 즐거운 잔치로 초대하시는 사역이 될 것이다("인자는 와서 먹고 마시매 말하기를 '보라, 먹기를 탐하고 포도주를 즐기는 사람이요 세리와 죄인의 친구로다.' 하니"). 예수님은 오천 명을 먹이시지만 그들은 저 광야 세대와 마찬가지로 공짜 식사를 위해 거기 있었다. "이 사람이 어찌 능히 자기 살을 우리에게 주어 먹게 하겠느냐?"

예수님은 정탐꾼이 좋은 땅의 첫 열매를 가지고 돌아왔을 때 그랬던 것처럼 자기 백성에게 배척을 받으셨지만 그럼에도 잔치에 손님들을 모으시기 위해 '길과 산울타리 가로' 사자들을 보내신다. 예수님은 예루살렘으로 이동하시면서 그 과정에서 제자들에게 되갚을 능력이 없는 이들을 잔치에 초대하라고 가르치신다(눅 14:14). 결국 바로 그것이 하나님께서 우리에게 행하신 일이 아닌가?

앞에서 본 것처럼 제자들은 갈릴리에서 예루살렘으로 가는 여행의 의미를 이해하지 못한다. 제자들은 그 여행이 승리의 경축 행사일 것이라고 생각하고 대관식 날에 예수님의 보좌 좌우편에 있는 가장 좋은 자리를 차지하기 위해 경쟁한다. 3년 동안이나 예수님과 동행했음에도 불구하고 제자들은 주님이 그들의 죄를 위해 자기 생명을 바치실 때 자신들을 기다리고 있는 잔치는 자기들의 스승의 살과 피가 될 것임을 이해하지 못한다. 그러자 다락방에서 예수님은 약속의 땅을 목전에 둔 '광야'에서 잔칫상, 곧 자신의 죽음과 부활을 펼치신다. 이 새 언약의 중보자는 이 경우에 있어서만은 모세와 달리 이 약속의 땅의 어두운 이면에서 불순종하는 세대와 함께 죽지 않으시고 그보다 더 위대한 여호수아로서 죽으심과 부활을 통해 자기 백성을 이끌고 요단 강을 건너실 것이다. 예수님은 유월절이 성찬으로 이어질 때 예루살렘에서 이 식사를 거행할 장소를 찾으시기 위해 베드로와 요한을 먼저 보내신다(눅 22장).

다른 곳으로 가는 길에 낯선 사람 만나기(눅 24장)

여제자들이 유대 풍습을 따라 주님의 시신을 위해 새 향품을 가지고 무덤에 갔을 때는 "안식 후 첫날"-새 창조의 시작-새벽이었다(눅

24:1~12). 그러나 그들이 새벽 미명에 무덤에 이르렀을 때는 경비병도 없었고 돌은 굴려져 있고 무덤은 비어 있었다. "찬란한 옷을 입은" 두 천사가 나타나자 여자들은 "두려워 얼굴을 땅에" 대었다(4, 23절). 이와 비슷한 장면이 창세기 18장에도 나타나는데, 거기서는 두 천사가 야훼와 동일시되는 세 번째 천사와 동행하며(10절) 그 천사는 이야기의 뒷부분에서 심판을 행하기 위해 하늘로 돌아가는 반면, 다른 두 천사는 계속해서 여러 도성을 순행한다. 이 "두 천사"라는 주제는 변화산 사건에서 다시 나타나며(눅 9:30) 승천 사건에서도 또다시 나타난다(행 1:10). 이는 율법에서 요구되는 법정에서의 법적 증언의 패턴인 "두세 증인"과 잘 들어맞는다. 이들은 하늘에서 온 증인들이다. 여기서도 언약적 식사뿐만 아니라 심판과 구원의 주제까지 갖춘 비슷한 장면이 등장한다. 그러나 여기서 그 "세 번째 사람"은 창세기 18장에서와 같이 또 다른 천사가 아니라 하나님 자신-그들 가운데 계신 예수 그리스도-이시다.

누가복음 24장 6~7절은 26, 46, 47절과 같이 십자가 처형과 셋째 날의 부활이라는 공식으로 신조적 진술을 표현한다. 무덤가의 여인들은 죽은 자 가운데서가 아니라 "살아 있는 자" 가운데서 그리스도를 찾아야 한다. 여인들이 예수님께서 "너희에게"(6절) 말씀하신 대로 부활하셨다는 이야기를 듣고 "예수의 말씀을 기억"(8절)했다는 점도 중요하다. 이 부활 이후의 나타나심을 통해 공동체는 예수님이 하신 말씀을 상기하게 된다. 이제 모든 것이 예수님의 말씀을 상기하고(암송하고) 그 말씀을 처음으로 다시 '듣는' 일에 달려 있다! 믿음은 약속에서 성취로 움직일 뿐만 아니라 성취에서 약속으로도 움직인다.

성경의 줄거리를 이해하는 것은 교회의 존재 자체에 매우 중요하다. 우리가 결정하게 되는 것이 아니다. 그 이야기가 우리에게 예수님이 어떤 분인지 말해 준다! 예수님은 단지 우리 인생에서 우리가 원하는 일체의 모든 것이 아니다. 그러나 당신의 인생에서 다른 모든 것이 이 예수님이 '이스라엘을 구속할 자' 이신 그리스도라는 사실에 강력히 반대한다 하더라도 예수님은 당신의 가장 큰 원수, 곧 죄의 삯과 사망의 쏘는 것과 율법의 저주를 정복하셨다. 예수님은 "십자가에 못 박히고 제 삼 일에 다시 살아나야 하리라."고 성경에서 말한 분이다. 예수님은 누구신가? 당신의 죄에 대한 대속 제물이요 당신의 의와 불멸의 옷이다. 예수님의 나라-그리고 교회의 사명 선언문-는 무엇인가? 죄 용서다. 지금은 은혜의 나라, 종말에는 영광의 나라다.

여인들은 이 소식을 가지고 사도들에게 달려갔지만 "사도들은 그들의 말이 허탄한 듯이 들려 믿지"(11절) 않았다. 그러다가 베드로가 직접 무덤에 간 순간 상황이 바뀌었다(12절). 부활절 이후 시점에 서 있는 우리는 이날이 구속 역사에서 얼마나 혼란스럽고 정신이 없고 어리둥절한 날이었는지 종종 망각한다. 아우구스티누스가 우리에게 일깨워 주는 대로, 타락의 책임을 여성(하와)에게 돌리고자 하는 이들은 그리스도가 마리아의 태에서 잉태되고 태어났으며 여성이 부활의 첫 보고자였다는 사실을 기억해야 한다. 베드로와 그 밖의 남자들조차 이 여인들이 헛소리를 하고 있다고 생각했다.

"그날에"-예수님이 부활하신 날에-두 제자가 "예루살렘에서 이십오 리 되는" 엠마오로 가면서 자신들이 예루살렘에서 방금 경험한 그 중대한 사건에 대해 서로 이야기를 나누고 있었다(13~14절). 이번에는 천사가 아닌 예수 그리스도께서 친히 나타나신다. "그들의 눈이 가리어져서 그인 줄 알아보지 못하거늘"(16절). 나팔 소리나 천둥이나 번개도 없고, 하늘에서 들리는 음성도 없다. 예수님은 그냥 이 두 제자의 여행길에 동행하시면서 그들에게 무엇에 대해 그렇게 열정적으로 이야기하고 있는지 물으신다. "두 사람이 슬픈 빛을 띠고 머물러 서더라 그 한 사람인 글로바라 하는 자가 대답하여 이르되 '당신이 예루살렘에 체류하면서도 요즘 거기서 된 일을 혼자만 알지 못하느냐?' 이르시되 '무슨 일이냐?'"

이르되 "나사렛 예수의 일이니 그는 하나님과 모든 백성 앞에서 말과 일에 능하신 선지자이거늘 우리 대제사장들과 관리들이 사형 판결에 넘겨주어 십자가에 못 박았느니라 우리는 이 사람이 이스라엘을 속량할 자라고 바랐노라 이뿐 아니라 이 일이 일어난 지가 사흘째요 또한 우리 중에 어떤 여자들이 우리로 놀라게 하였으니 이는 그들이 새벽에 무덤에 갔다가 그의 시체는 보지 못하고 와서 그가 살아나셨다 하는 천사들의 나타남을 보았다 함이라 또 우리와 함께 한 자 중에 두어 사람이 무덤에 가 과연 여자들이 말한 바와 같음을 보았으나 예수는 보지 못하였느니라." 하거늘(19~24절).

하늘에서 온 증인인 두 천사는 부활을 알렸던 반면 낯선 분(예수님)이 길에서 동행하는데도(15절) 풀이 죽고 낙심에 빠진 두 증인도 있다. "뜻이 하늘에서 이루어진 것같이 땅에서도 이루어지이다." 목표는 하늘과 땅을 이어 줄 이 언약적 증인들을 얻는 것이다. 하늘은 무슨 일이 일어났는지 안다. 이제 땅이 그 소식을 받아들일 차례다.

방문객은 손님이다(29절)

예수님은 두 제자가 환멸감을 느낀 이유를 말하게 하심으로써 그들이 생각한 하나님 나라에 대한 오해를 말하게 하셨다. 우리는 이 이야기 전체를 통해 제자들이 하늘나라를 지상의 한 지정학적인 나라, 국가적 신정 체제, *영광의 나라*의 회복으로 오해했다는 사실을 살펴보았다. 종려 주일에는 천국이 당장 이루어질 것처럼 보였지만 왕이신 주님은 성금요일에 똑같은 무리의 손에 십자가에 못 박히셨다. 사람들은 십자가, 부활 그리고 심판하시고 모든 것을 새롭게 만드시기 위한 영광 중의 재림 등 그 모든 것의 순서에 대한 예수님 자신의 가르침을 잊어버렸다. 사람들은 자신과 다른 모든 이들이 지닌 가장 중요한 필요는 죄 용서 및 죄와 사망의 폭정에 대한 승리라는 사실을 망각했다.

하나님 나라는 사람들에게 순전히 지금 여기서의 이 세상 통치 체제가 되어 버렸다. 사람들은 영광의 신학 대 십자가의 신학, 처음에는 십자가요 나중에는 영광인 그 '여행'을 잘못 이해했다. 예수님은 능하신 선지자였다. "우리는 이 사람이 이스라엘을 속량할 자라고 바랐노라." 그러나 예수님은 십자가에 못 박히셨고 사흘 동안 죽은 상태로 계셨다. 시편 74편에서 시편 기자는 예루살렘의 멸망을 목도하면서 하나님께 자신의 대의를 변호해 주시고 "주의 회중을 기억하시며 주께서 계시던 시온 산도 생각" 해 달라고 하나님께 부르짖는다. 이 시편은 시온 산을 향한 애가다. 시온 산은 파괴될 수 없는 곳으로 여겨졌지만 성전은 이제 폐허 가운데 있다. 이 제자들도 바로 지금 그 자리에 있다. 그들의 주님의 죽으심과 더불어 그들의 구원도 폐허 가운데 있다. "우리는 이 사람이 이스라엘을 속량할 자라고 바랐노라."

그러나 놀랍게도 두 제자는 사실, 즉 빈 무덤에 대한 여인들과 제자들의 증언을 굳게 붙든다. 빈 무덤 그 자체는 부활을 확증해 주지 못했다. 두 제자는 그 모든 일로 인해 혼란에 휩싸였다. 누군가가 시신을 훔쳐 갔을까? 만일 그렇다면 누가 그랬을까? 로마인들일까? 공회원들일까? 몇몇 제자일까? 두 제자는 생명의 주님이 눈에 띄지 않게 그들 옆에서 걷고 계신 동안 산송장처럼 길을 따라 걷고 있었다. 이 엠마오로 가는 여정은 이스라엘 역사 전체의 재현과도 같다. 예수님이 "모세와 모든 선지자의 글로 시작하여" 이스라엘 역사 전체를 해석하실 때 이 서사시의 영웅 자신이 그들 곁에서 함께 여행하고 계신 것이다. 예수님은 그들과 길 위에서 함께 계실 뿐만 아니라 자신이 곧 "길이요 진리요 생명"임을 그들에게 보여 주신다.

이방인들은 이 사실을 이해하지 못할지도 모른다. 그래도 이스라엘은 분명 이해했어야 마땅했고 두 제자는 더더욱 잘못이 크다. 그래서 예수님은 모든 성경에서 자신을 증언하실 때 분노하시지 않으면서 부드럽게 그들을 책망하신다. 예수님은 단순히 불신을 책망하시는 대신 믿음을 창조하는 복음을 전파하신다. 이 시점에서도 예수님은 여전히 낯선 분이다. 예수님은 먼저 자신의 가르침을 언급하시는 것이 아니라 그들을 성경으로 데려가신다. 당시에는 물론 성경이란 곧 구약 성경을 의미했다. 예수님은 그들에게 자신의 말씀을 상기시키시기 전부터(44절) 성경 말씀을 상기시키신다.

예수님은 환대의 규칙을 아시고 (갑자기 자신을 부활하신 왕으로 계시하시며) 그들 위에 군림하실 수도 있었지만 그렇게 하시기보다는 낯선 이로 남으셔서 단지 "때가 저물어 가고 날이 이미" 기울었다는 이유로 저녁 식사에 초대받으신다(29절). 부활 이후에도 예수님은 겸손을 나타내시며 아래로 향하는 긍휼로 우리를 섬기신다. 이 두 제자는 32절에 나오는 회상을 통해 볼 때 저녁 식탁이 차려지는 동안 이 낯선 사람이 자신들에게 한 모든 말을 곰곰이 생각했던 것이 틀림없다.

방문객이 주인이 되다(30~35절)

예수님은 주인과 손님에 어울리는 역할을 뒤바꾸셔서 손님이 아닌 주인이 되신다. 제자들이 한 끼 식사를 위해 다락방에 들어갔다가(유월절) 새로운 음식을 덤으로 받았던 것처럼(성만찬) 이제 예수님은 평범한 음식을 받으시고 그것을 부활 이후 최초의 성찬으로 바꾸어 놓으신다. 그 과정에서 제자들의 슬픔은 기쁨으로 바뀌고 제자들의 불신은 인식으로 바뀐다. 22장에 나오는 다락방에서의 말씀을 떠올리게 하는 여기서의 공식은 명백하다. "가지사……떼어……주시니." 그 행동에서뿐만 아니라 예수님이 반복하시는 말씀의 형식에서도 제자들은 이 성찬을 제정하신 분을 알아보았다.

마지막 날(토요일)은 하나님의 백성이 영원한 안식에 들어가는 날인 첫째 날(주일)에 굴복한다. 오늘 밤에 그리고 세상 끝날에 그리스도는 안식의 보좌에서 이 음식을 대접하실 것이다. "두세 사람이 내 이름으로 모인 곳에는 나도 그들 중에 있느니라"(마 18:20).

"그들의 눈이 밝아져 그인 줄 알아보더니 예수는 그들에게 보이지 아니하시는지라"(31절). 여기서도 부활은 예수님께 실제로 일어난 일이지 단순히 제자들의 주관적 체험이 아니다. 계속 살아 있는 것은 예수님에 대한 기억이나 예수님의 효과나 영향이나 심지어 예수님의 영이 아니라 바로 나사렛 예수 자신이었다. 예수님은 물리적으로, 육체적으로 부활하셨다. 그럼에도 제자들에게 현재 일어나는 일은 이 사건에 대한 *인식*이다. 똑같은 신체적 특징을 지닌 똑같은 사람이 그곳에 있었지만 인식되지 못한 것이다. 제자들은 예수님이 "그들에게 보이지 아니하시는" 바로 그때까지 예수님을 알아보지 못했는데 그 까닭은 예수님이 유령이어서가 아니라 제자들의 감각이 예수님께 지배받고 있기 때문이다.

로마 가톨릭의 해석자들은 종종 이 사건을 말씀 선포가 아닌 성찬을 통해 예수님이 자신을 우리에게 알리신다는 증거로 지적한다. 그러나 이 식사가 주님을 인식하게 하기는 하지만 성경에는 이렇게 기록되어 있다. "그들이 서로 말하되 '길에서 우리에게 말씀하시고 우리에게 성경을 풀어 주실 때에 우리 속에서 마음이 뜨겁지 아니하더냐?' 하고"(32절). 천사들이 여인들에게 예수님이 하신 말씀을 상기시켰을 때 믿음이 여인들에게 찾아온 것처럼, 믿음은 이 제자들에게도 말씀을 통해 찾아온다. 그러나 그 말씀에 대한 이 즐거운 확증 속에서 제자들은 그 낯선 분을 다른 사람이 아닌 그리스도로 인식한다. 이 성례는 제자들이 들은바 그 낯선 분이 길에서 하신 말씀을 확증한다. 말씀과 성찬을 통해 성령님은 제자들의 지성을 여신다.

방문객들이 증인이 되다(33~49절)

이제 모두가 다시 길 위에 있다. 다시 예루살렘으로, 다시 다락방으로 돌아간다. 그러나 이번에는 모두가 말씀을 세상에 전파하는 일에 동참하게 하기 위해서다. 상황은 역전된다. 전파자가 전파되는 내용이 된다. 방문객이 주인이 되고 이제 주인이 방문객이 된다. 그러나 방문객들도 증인과 주인의 친구들만큼 알려지게 된다. 지상의 이 두 제자는 이제 하늘에서 온 증인인 두 천사처럼 좋은 소식을 들고 예루살렘에 있는 제자들에게로 되돌아간다. 거기서 두 제자는 빈 무덤에 대한 소식으로 이미 들떠 있는 다른 제자들과 재회한다.

이제 부인과 슬픔과 혼란으로 흩어져 있던 교회는 기쁨으로 함께 "모여 있어" "주께서 과연 살아나시고 시몬에게 보이셨다."고 말한다. "두 사람도 길에서 된 일과 예수께서 떡을 떼심으로 자기들에게 알려지신 것을 말하더라"(33~35절). 바베트의 만찬에 온 손님들처럼 작은 섬에서 기도와 성경 읽기를 위해 정기적으로 모이는 이웃들도 서로 낯선 사이가 될 수 있다. 반면 생판 모르는 사람들이라도 놀라운 소식을 들으면 길거리에서 서로 포옹하고 춤출 수도 있다. 그리스도는 설교와 성례라는 공적인 섬김을 통해 자신을 우리에게 알려 주시므로 그리스도를 떠나서는 '공동체'라는 말은 의미 없는 말이 된다. (세대적, 사회경제적, 정치적, 음악적 선호 등의) 다른 친밀감에 의해 형성되는 다른 유대 관계가 여기 낄 자리가 없다. 우리 가운데 계신 부활하신 그리스도와 비교해 볼 때 은사 배분, 위원회의 결정과 활동, 지도자, 교구민 등은 더 이상 한 언덕에서 다른 언덕으로 향하는 개미들의 행진 이상으로 중요하지 않다. 제자들은 그들 사이에서 일하시는 그리스도의 역사를 통해 그리스도뿐만 아니라 서로와도 하나가 된다.

이제 마침내 다락방에서 '떡을 떼는 일'이 자기 백성의 생명을 위해 그리스도의 몸을 떼는 일이라는 의미가 되었다. 좋은 소식은 이 최초의 기독교인 무리라는 중심핵과 더불어 시작되며 그 다음으로 '예루살렘과 유대와 사마리아와 땅끝'까지 펼쳐진다.

중요한 것부터 먼저 다루어 보자. 교회는 그리스도를 받는다(36~49절). 교회는 스스로 좋은 소식의 수령자가 되기 전까지는 증인이 될 수 없다. "예수께서 친히 그들 가운데 서서"(36절). 여기에 언약적 표현이 다시 등장한다. "두세 사람이 내 이름으로 모인 곳에는……." 예수님은 더 이상 "영문 밖"의 십자가 위나 무덤 안이나 심지어 엠마오 도상의 제자들과 함께 계신 것이 아니라 자기 백성들 가운데 "펼쳐진 장막"으로 서 계시면서 "너희에게 평강이 있을지어다."라고 선언하신다. 이는 언약적 선언이며 예전을 시작할 때 하는 축도(또는 인사)다.

여기서 또다시 이야기는 제자들의 너무나 인간적인 반응으로 인해 그만큼 더 신뢰할 만하게 된다. "그들이 놀라고 무서워하여 그 보는 것을 영으로 생각하는지라"(37절). 예수님이 말씀을 하기 시작하시고 나서야 비로소 이 무서운 낯선 사람은 가장 반가운 방문객이 된다. 예수님은 영이 아니라 부활한 살과 뼈다(38~39절). 예수님은 심지어 자세히 살펴보도록 손과 발을 내보이심으로써 제자들의 약점에 눈높이를 맞추신다. 십자가에 달리고 사흘 동안 죽어 있었던 바로 그 몸이 이제 제자들 앞에 부활했지만 아직 영화롭게 되지는 않은 상태로 서 있다. "그들이 너무 기쁘므로 아직도 믿지 못하고 놀랍게 여길 때에 이르시되 '여기 무슨 먹을 것이 있느냐?' 하시니 이에 구운 생선 한 토막을 드리니 받으사 그 앞에서 잡수시더라"(41~43절). 혼령은 생선을 먹지 못한다. 예수님은 추수 전체의 첫 열매이시므로 이 사건은 우리의 부활이 육체적인 부활이 될 것이며 흙으로 된 우리 몸을 버리기보다는 회복시키고 영화롭게 하는 부활이 될 것임을 보증한다. 예수님의 죽으심은 예수님이 정복하신 죄와 사망의 과거 시대에 속한 반면, 예수님의 부활은 우리 모두를 위한 미래를 활짝 연다.

제자들이 예수님을 눈으로 보고 자세히 살펴보더라도 참으로 예수님을 있는 그대로 알아보려면 반드시 들어야 하는 것이 바로 예수님의 말씀이다(44절). 더 나아가 제자들은 마음 문을 열어야 한다(45절). 여기에 쓰인 동사는 수동태 동사다. 제자들은 열린 마음으로 나아오지 않았다. 제자들이 자기 마음을 연 것이 아니다. 제자들의 마음은 이 잔치의 주인으로 인해 열렸다. 제자들은 그 마음이 열릴 때에야 비로소 예수님이 자신에 대해 하실 말씀과 46~49절에 나오는 하나님 나라의 그 다음 단계를 이해할 것이다. 이 증언은 예수님이 예언하시는 대로 밖으로 나가 "그의 이름으로……예루살렘에서 시작하여 모든 족속에게 전파" 되었다.

그러나 제자들은 아직 준비되지 않았다. 제자들은 '이 모든 일의' 증인이지만 아직 온 세상에 이 일을 증언할 증인이 되기 위해 '위로부터' 능력으로 입혀지지 않았다. 아직 승천과 오순절이 앞에 있다. 예수님은 사십 일(유월절—하나님의 진노가 '넘어가는' 절기—과 추수의 첫 열매를 바치는 절기 사이의 기간) 동안 그들과 함께 계실 것이다. 그 기간은 '40일의 준비 기간'—제자들을 사도들로 바꾸어 놓는 일종의 신학교 기간—이다. 그때는 다락방에 함께 모여 증인들이 사명을 감당하도록 준비시키실 약속된 성령을 기다리는 시기다. 미가는 이렇게 예언한 적이 있었다.

끝날에 이르러는 여호와의 전의 산이 산들의 꼭대기에 굳게 서며 작은 산들 위에 뛰어나고 민족들이 그리로 몰려갈 것이라 곧 많은 이방 사람들이 가며 이르기를 "오라, 우리가 여호와의 산에 올라가서 야곱의 하나님의 전에 이르자 그가 그의 도를 가지고 우리에게 가르치실 것이니라 우리가 그의 길로 행하리라." 하리니 이는 율법이 시온에서부터 나올 것이요 여호와의 말씀이 예루살렘에서부터 나올 것임이라(미 4:1~2).

약속과 성취의 측면에서 성경에 나오는 그리스도의 선포는 사도행전에 나오는 사도들의 설교의 본질이 된다. 그리스도께서 친히 사도들의 가르침과 떡을 떼는 일과 교제와 기도를 위해 모인 언약 백성들 '가운데 서' 계셨기 때문이다.

예수님은 제자들에게 영광의 나라 가운데 재림하시기 전까지는 다시 그들과 함께 포도주를 마시지 않겠다고 말씀하셨다. 우리의 성찬대는 하늘의 혼인 잔치가 아니다. 성찬은 지금 당장은 그리스도가 양식이자 음료인 희생 제사의 음식이다. 그러나 우리는 모일 때마다 그리스도의 죽으심을 그가 오실 때까지 선포할 뿐만 아니라 다가올 시대의 새롭게 하는 능력에 참여한다. 그리스도의 희생의 식사가 끝없는 기쁨의 잔치가 될 그 혼인 잔치를 우리는 약간 맛보고 있다. 그날에는 그리스도께서 음식이 아니라 주인이 되실 것이고 우리는 영원토록 선물을 교환하며 그리스도와 함께 먹고 마실 것이기 때문이다.

결론

주일마다 우리는 우리의 문제를 가지고 교회에 온다. 우리는 신앙생활이 지금과는 다른 모습일 것이라고 상상했다. 심지어는 왜 예수님이 아직 영광 중에 돌아오시지 않으셨는지, 세상은 왜 언제나 다를 바 없이 굴러가고 야망과 탐욕, 살인과 전쟁, 죄와 사망의 지배를 받는지 이상히 여겼을 수도 있다. 그러나 한 주 동안의 여정 가운데 우리는 모든 성경을 들어 자신을 설명하시는 성령으로 우리의 이해력을 여시는 한 낯선 분을 만난다. 그 낯선 분은 우리와 함께 저녁 식사를 하시며 결국 스스로 주인이 되시고 자신이 영광 중에 다시 오실 때 우리의 부활한 육체로 자신과 함께 나눌 빵과 포도주에 대한 시식인 천상의 잔치 음식이 되신다. 마침내 이해가 된다. 우리는 부활하신 구주를 다시 알아보고 주님이 우리 대신 죄와 무덤을 정복했음을 안다. 우리는 주님의 말씀을 듣고 주님의 몸과 피를 먹고 마시며 주님의 죽음과 부활에 개인적으로 참여함을 확신한다.

우리는 더 이상 우리가 교회에 가져온 문제들에 사로잡힌 상태에서가 아니라 이런 성찬 공동체로 감사와 기쁨 가운데 모인다. 우리 마음은 더 이상 환멸과 두려움으로 가득 차지 않고 다시 한 번 아직도 부활절 저편의 죄와 사망 가운데 있는 궁핍한 세상에 전해 줄 좋은 소식으로 기운을 얻는다. 프레더릭 뷰크너는 이를 다음과 같이 훌륭하게 요약해서 표현한다.

우리 삶 속에는 하나님의 진노가 아닌 다른 것을 받을 만하다고 지적할 수 있는 것이 별로 없다. 우리의 최고의 순간들은 대체로 기괴한 패러디였다. 우리의 최고의 사랑은 거의 언제나 이기심과 기만으로 혼탁해졌다. 그러나 우리가 지적할 수 있는 것이 있다. 우리가 그렇게 하거나 그렇게 된 것은 아니지만 다른 사람이 우리를 위해 행한 어떤 것이다. 우리 자신의 삶이 아니라 우리 대신 죽으셨지만 아직 살아 계신 어떤 분의 삶이다. 이것이 우리의 유일한 영광이자 우리의 유일한 소망이다. 그리고 그것이 내는 소리는 큰 잔치에서 흘러나와 밤공기를 타고 떠다니는 흥분과 즐거움과 웃음의 소리다.[13]

주님의 말씀으로 공표되고 주님의 식탁 교제에서 봉인된 '너희에게 평강이 있을지어다.' 라는 이 좋은 소식은 우리 안에서 다른 이들에게 선포될 메시지로 솟아오른다. '한곳에 모인' 우리는-부활절 이편에서-이 축도 이후에 이루어진 모든 일에 대한 주님의 증인으로 세상 밖으로 흩어진다. '주님이 부활하셨다.' '그가 참으로 부활하셨다.' 우리는 주님의 백성이며 주님은 우리의 처소다. 그리고 그것이 참으로 좋은 소식이다.

---

13) Frederick Buechner, *Magnificent Defeat* (New York: HarperOne, 1985), p. 89.

THE GOSPEL DRIVEN LIFE

10

망명 중인 교회: 오늘의 헤드라인

- 포로들에게 보내는 편지

- 기독교 세계 이후의 하나님의 도성

- 현대의 승리주의와 환멸

- 예수님 바라보기

- 다문화 공동체를 위한 유일한 능력

10

망명 중인 교회

오늘의 헤드라인

예수님은 다음과 같이 유명한 선언을 하셨다. "가이사의 것은 가이사에게, 하나님의 것은 하나님께 바치라"(마 22:21). 바울도 이 말씀을 되풀이했다. "각 사람은 위에 있는 권세들에게 복종하라 권세는 하나님으로부터 나지 않음이 없나니 모든 권세는 다 하나님께서 정하신 바라." 세상의 관원들은 "공연히 칼을 가지지 아니하였으니" 세속의 영역에서 "하나님의 사역자"다. "모든 자에게 줄 것을 주되 조세를 받을 자에게 조세를 바치고 관세를 받을 자에게 관세를 바치고 두려워할 자를 두려워하며 존경할 자를 존경하라"(롬 13:1~7). 세상에는 각기 궁극적으로 하나님의 통치를 받지만 서로 다른 제도와 정치 질서를 통해 다스려지는 두 왕국이 존재한다.

하나님이 하고 계신 사역 때문에 세상에는 "이 시대"만 존재하는 것이 아니다. 아우구스티누스가 『하나님의 도성』에서 주장했던 것처럼 세상에는 각자 나름의 궁극적인 사랑과 운명과 목적과 수단을 지닌 두 왕국 혹은 두 도성이 있다.[1] 궁극적으로 일시적인 도성은 자아에 대한 사랑에 주목하며 지배와 그 순간에 적합한 온갖 방법을 통해 이 욕구를 채운다. 이는 지상의 도성이 하나의 집이 될 수 없다는 뜻이 아니다. 거기서 기독교인들은 비기독교인들과 함께 공동의 과업을 추구하며 살지만 그곳은 기독교인의 집이 될 수 없다. 신자는 신약 성경에서 포로로 끌려온 유다와 비슷한 관점에서 객, 이방인, 순례자로 묘사된다.

포로들에게 보내는 편지

가인의 계보가 그 탁월한 문화적 성취로 유명해지고 셋의 후손들이 "비로소 여호와의 이름을" 부른 이들로 두드러지는 창세기 4장 이래로 하나님의 백성들은 문명에 대한 기여보다는 분명한 신조와 예배로 더 잘 알려져 왔다. 복음은 인간적 원천의 지혜와 능력과 안전을 신뢰하는 교만한 심령에게는 어리석은 것이다. 그래서 하나님은 세상의 약한 것들을 택하셨으며 그 중에 문벌 좋은 자가 많지 않다고 바울은 말한다(고전 1:29).

그러나 우리는 이 사실을 과장해선 안 된다. 다니엘과 그 밖의 유대인 포로들은 바벨론의 가장 유명한 대학에서 공부했고 바벨론의 궁정에서 그들의 동료들보다 더 높이 올라갔다. 선지자 예레미야는 포로들에게 보내는 편지에 이렇게 썼다.

> 너희는 집을 짓고 거기에 살며 텃밭을 만들고 그 열매를 먹으라 아
> 내를 맞이하여 자녀를 낳으며 너희 아들이 아내를 맞이하며 너희

---

1) Augustine, *City of God*, in *The Essential Augustine*, ed. Vernon J. Bourke (Indianapolis: Hackett, 1983), p. 201.

딸이 남편을 맞아 그들로 자녀를 낳게 하여 너희가 거기에서 번성하고 줄어들지 아니하게 하라 너희는 내가 사로잡혀 가게 한 그 성읍의 평안을 구하고 그를 위하여 여호와께 기도하라 이는 그 성읍이 평안함으로 너희도 평안할 것임이라(렘 29:5~7).

이것이 포로의 생활이다. 기본적으로 선지자는 그들에게 포로로 잡혀갔을 때 마치 잠시 거쳐 가는 것처럼 천막에서 살지 말라고 말하고 있다. "너희는 집을 짓고 거기에 살며 텃밭을 만들고 그 열매를 먹으라." 장기 체류할 준비를 하라는 것이다. 자녀도 기르고-언약 공동체를 키우고-"내가 사로잡혀 가게 한 그 성읍의 평안을 구하고" 심지어 이를 위해 기도까지 하라는 것이다. "이는 그 성읍이 평안함으로 너희도 평안할 것임이라." 그들을 사슬로 묶어 끌어오고 성전을 파괴한 느부갓네살의 악한 나라를 전복시키라는 부르심은 전혀 없다. 그와 동시에 그들은 언제나 먼저 유대인일 것이다. 그들의 궁극적 정체성은 결코 바벨론 사람이 되지 않을 것이다.

다니엘과 궁정에 있는 그의 몇몇 동료 신자들은 우상 숭배에 참여하기를 거부했을 때 혐오의 대상이 되었지만 다른 모든 측면에서 그들은 왕을 높였다. 데살로니가전서 4장 9~12절에서도 똑같은 조언을 발견할 수 있다. 그것은 곧 경건한 공화국이나 문화 변혁에 대한 청사진이 아니라 교회의 신실한 지체들에게 "조용히 자기 일을 하고 너희 손으로 일하기를 힘쓰라 이는 외인에 대하여 단정히 행하고 또한 아무 궁핍함이 없게 하려 함이라."고 촉구하는 말씀이다. 다시 말해, 오직 교회 안에서만 눈에 보이는 것은 바로 비기독교인과 함께 공동의 문화에 참여하고 신령한 성도들의 교제에 참여하는 새 시대다.

다니엘은 하나님을 높이는 것과 느부갓네살을 높이는 것의 차이점을 분명히 인식하고 하나님의 도성과 인간의 도성을 섬겼다. 아브라함과 마찬가지로 다니엘은 예루살렘이나 바벨론보다 더 나은 도성을 바라보았다. "내가 그들을 내게 범한 그 모든 죄악에서 정하게 하며 그들이 내게 범하며 행한 모든 죄악을 사할 것이라 이 성읍이 세계 열방 앞에서 나의 기쁜 이름이 될 것이며 찬송과 영광이 될 것이요 그들은 내가 이 백성에게 베푼 모든 복을 들을 것이요 내가 이 성읍에 베푼 모든 복과 모든 평안으로 말미암아 두려워하며 떨리라"(렘 33:8~9). 이 모든 일은 하나님이 "다윗에게서 한 공의로운 가지가 나게" 하실 때 발생할 것이다. "이 성은 여호와는 우리의 의라는 이름을 얻으리라"(14~16절).

이 망명(exile)이라는 주제는 신약 성경 속으로 들어와서 그리스도의 초림과 재림 사이의 시간을 표시한다. 베드로는 새 언약의 신자들에게 "근신하여 예수 그리스도께서 나타나실 때에 너희에게 가져다주실 은혜를 온전히 바랄" 것을 권면한다. 베드로는 신자들에게 다음과 같이 촉구한다. "*너희가 나그네로 있을 때*(throughout the time of your exile)를 두려움으로 지내라 너희가 알거니와 너희 조상이 물려준 헛된 행실에서 대속함을 받은 것은 은이나 금같이 없어질 것으로 된 것이 아니요 오직 흠 없고 점 없는 어린 양 같은 그리스도의 보배로운 피로 된 것이니라"(벧전 1:13~19, 강조는 저자). 이 망명(exile) 기간에 신자들은 "신령한 집으로 세워지고 예수 그리스도로 말미암아 하나님이 기쁘게 받으실 신령한 제사를 드릴 거룩한 제사장"(2:4~5) 되어 간다. 바벨론에 있는 포로들에 대한 예레미야의 조언과 비슷하게 베드로는 이렇게 덧붙인다. "사랑하는 자들아, 거류민과 나그네 같은 너희를 권하노니 영혼을 거슬러 싸우는 육체의 정욕을 제어하라 너희가 이방인 중에서 행실을 선하게 가져 너희를 악행한다고 비방하는 자들로 하여금 너희 선한 일을 보고 오시는 날에 하나님께 영광을 돌리게 하려 함이라"(11~12절). 신자들은 자유인으로 살지만 기꺼이 세속 정부에 복종해야 한다고 베드로는 촉구한다. "하나님을 두려워하며 왕을 존대하라"(17절).

로마 황제는 느부갓네살처럼 교회의 가장 좋은 친구는 아니었다. 그러나 그 정도면 괜찮았다. 그리스도가 성부의 우편으로 높아지셨는데 누가 지상의 통치자 중에 동맹자를 필요로 하겠는가? 로마 황제는 언제나 반란을 다루는 법을 알고 있었다. 그러나 로마 황제는 자신이 교회를 순교의 형장으로 보내는데도 자신을 위해 계속 기도하는 교회에 당황했다.

신약 성경 전체에 걸쳐 회심자들은 평범한 이 땅에서의 부르심에 충실하다. 루디아는 계속 자주색 옷감을 팔아 가족과 이웃을 섬겼고, 고넬료는 로마군 백부장으로 계속 복무했으며, 바울은 심지어 부업으로 천막 만드는 일을 했다. 그러나 요셉 가문과 다니엘 가문과 에스더 가문-지배자의 문화에 막대한 유산을 남긴 포로들-은 최소한 우리가 성경에서 알고 있는 바로는 상대적으로 보기 드물다. 언약 공동체가 문명에 대한 기여로 역사에서 두각을 드러내지 못한 이유 중에 하나는 성경이 포로 기간 중에 시민적 영역에서 어떤 뚜렷한 형태의 공동생활도 규정하지 않기 때문이다. 수많은 건축가, 화가, 시인, 과학자, 정치인, 음악가, 공학자가 오늘날까지 그리스도에 대한 믿음을 고백했다. 그러나 특별히 회심의 길에 들어선 이들은 생각이 위를 향하게 되기 때문에 하나님의 백성들에게 세상의 도성을 하나님의 도성으로 바꾸어야 한다는 비성경적인 부담감을 지울 위험성이 존재한다. 신자들은 문화적 소명을 성취해야 한다는 처음의 창조 명령을 계속해서 불신자들과 공유한다. 신자들의 동기는 다양할지도 모르지만 대부분의 경우에 신자들의 일상적인 일-그 방법, 수단, 교육상의 전제 조건, 기준-은 그들의 비기독교인 직장 동료와 구분하기 어려울 것이다.

기독교인들은 세속 문화의 공통 영역에서 두각을 드러낼 수도 있지만 교회 활동의 일환으로 그렇게 하는 것은 아니다. 기독교인들은 심지어 '하나님 나라의 일'을 하는 것도 아니다. 교회는 아직 지상에 실현된 그리스도의 나라는 아니지만 그 나라가 말씀과 성례의 사역을 통해 부분적으로 눈에 보이게 되는 유일한 장소다. 기독교인들의 일조차 세속 문화의 일부로 남아 있으며 세속 문화 속에서 하나님은 의인과 악인에게 똑같이 햇빛과 비를 주신다. 기독교인의 문화적 노력은 전혀 비기독교인 이웃의 문화적 노력보다 더 구속적이지 않지만 성령은 일반 은혜라는 탁월한 선물로 모든 도시 건설에 복을 주신다.

그러므로 신자들은 명백히 세상 속에 있고 심지어 교회의 예배조차 세속 문화와의 유사성을 보여 주지만 그리스도의 나라는 지상의 도성이 아니다. 웅변가들로 유명한 그리스-로마 세계는 공적인 연설의 가치를 알고 있었지만 언약의 회중 속에서 그리스도에 대한 설교는 이질적인 능력을 이 세상 속에 도입했다. 호화로운 공적 만찬은 흔했지만 주님의 식탁에서 신자들은 다가올 시대의 능력을 맛보았고 친구들의 집단일 뿐만 아니라 성도들의 교제가 되었다. 스스로를 공화국으로 간주한 로마는 정교한 공적 복지 체계를 가지고 있었지만 교회에서는 각 신자가 자신의 재화와 용역을 교회 전체를 위한 공동 위탁물로 여겨야 했다. 기독교인들은 불신자들과 함께 자유롭게 자기가 좋아하는 음악을 즐길 수 있었지만 하나님의 식민지 거주자들로서 함께 모일 때 신자들의 소명은 그와는 달랐다. "그리스도의 말씀이 너희 속에 풍성히 거하여 모든 지혜로 피차 가르치며 권면하고 시와 찬송과 신령한 노래를 부르며 감사하는 마음으로 하나님을 찬양하고"(골 3:16).

그리스도의 나라에는 통속적이지 않고 거룩한 나름의 문화가 있다. 이는 기독교 문화가 하나의 대안적 하위문화라는 뜻은 아니다. 다시 말해, 기독교 스포츠, 기독교 오락, 기독교 정치학, 기독교 건축, 기독교 과학 같은 것은 존재하지 않는다. 이런 공통의 분야에서 기독교인과 비기독교인은 궁극적인 목표와 동기 외에는 어떤 것으로도 구분이 되지 않는다. 아이러니컬하게도 오늘날 우리가 보는 많은 통계수치들은 신앙을 고백하는 복음주의자들이 그 핵심적인 신념과 윤리에 있어서 비기독교인들과 별반 차이가 없다는 점을 보여 주는 반면, 세련된 '기독교적' 하위문화는 번성하고 있다. 이와는 대조적으로 2세기의 『디오게네투스의 편지』에는 기독교인들이 "나라나 언어나 풍습으로는" 다른 이들과 구별되지 않는다고 기록되어 있다. 기독교인들은 자신들만의 집단 거주 지역에서 살거나 "이상한 형태의 말을 사용"하지 않는다. 기독교인들은 각자가 사는 땅의 문화적 풍습이나 복식이나 음식에 있어서도 다른 이들과 다르지 않다. 그러나 일상적인 삶에 있어서 "기독교인들은 자기 나름의 [하늘의] 시민권의 탁월하고 명백히 기묘한 질서를 보여 준다." "기독교인들은 자신의 조국에서 살되 이방인처럼 산다. 기독교인들은 시민으로서 모든 것을 공유하고 이방인으로서 모든 일을 겪는다. 모든 외국 땅이 그들의 조국이며 모든 조국이 외국 땅이다……그들은 이 땅에서 세월을 보내지만 그들의 시민권은 하늘에 있다." [2]

교회들은 영적인 은사뿐만 아니라 세속적 재능도 자유롭게 공유했지만 제국 안에서 부의 재분배를 옹호하지는 않았다. 교회들은 분쟁, 분열, 이단의 문제를 다루기 위한 나름의 교회 법정을 세웠지만 물리적 처벌을 강화하기 위해 세속 통치자의 일시적인 칼을 요청하지는 않았다. 교회는 시편을 노래했지만 하나님께 대한 예배를 음악당이나 극장으로 바꾸어 놓지는 않았다. 교회는 애찬과 성찬을 함께 나누었지만 고린도 교인들이 이방 문화의 사회적 관습으로 자신들의 기념 의식을 결정했을 때 바울은 그들을 날카롭게 책망했다. 말씀과 성례의 사역-하나님의 통치- 은 이 시대의 문화 속에서 구별된 문화를 창조한다. 이 문화가 무너지고 이 지나가는 시대의 방법이 다가올 시대의 개입을 가

---

2) *The Epistle to Diognetus* (c. 170~180) in Ray C. Petry, ed., *A History of Christianity*, vol. 1, *The Early and Medieval Church* (New York: Prentice Hall, 1962), p. 19.

로막게 될 때, 세대에서 세대로 언약을 전하는 일과 멀리 있는 이들에게 전도하는 일은 위협을 받는다. 소금이 그 맛을 잃게 되는 것이다.

기독교 세계 이후의 *하나님의 도성*

4세기에 콘스탄티누스 치하에서 기독교가 정치적으로 인정을 받으면서 '기독교 세계'가 탄생했다. 락탄티우스에 따르면 콘스탄티누스와 그의 병사들은 방패 위에 그리스도의 이름을 새겨 넣으면 밀비아 다리 전투(주후 312년)에서 승리할 것이라는 환상을 보았다. 십자가는 이제 순교자가 그리스도의 고난에 동참하는 것을 상징하는 대신 제국의 상징이 되었다. "이 표시를 가지고 싸워 이겨라." 이 세상 나라들이(최소한 그 중에 하나는) 이제 그리스도의 나라가 되었다는 소식은 종말론적인 성급함을 부추기며 너무 조급했을 뿐만 아니라 교회와 국가 모두에 지속적인 결과를 가져왔다. '바벨론'이 이제 '기독교 세계'가 되었고 기독교인들은 더 이상 자신을 망명자로 보지 않고 주인으로 보았다.

최소한 로마에서는 이와 같은 축하가 적어도 잠시 동안은 주후 410년에 있었던 고트 족과 반달 족의 로마 침략으로 인해 방해를 받았다. 이교도들은 제국의 붕괴를 기독교인들의 탓으로 돌렸고 많은 기독교인들은 교회가 살아남게 될지 의문을 품었다. 세속 문화가 그리스도의 나라와 지나치게 융합된 곳에서는 세속 문화의 붕괴가 절망을 가져온다. 교부 히에로니무스는 이렇게 한탄했다. "로마가 무너졌으니 교회는 이제 어떻게 될 것인가?" 아우구스티누스는 바로 이런 상황 속에서 대작 『하나님의 도성』을 썼다. 하나님은 선교사들에게 선교지를 가져다주셨다고 아우구스티누스는 말했다. 히에로니무스와 아우구스티누스는 하나님 나라와 이 세상 나라의 본질과 관계뿐만 아니라 서로 다른 두 종말론을 고찰하면서 계속해서 문화적 위기에 대한 두 가지의 지배적인 답변을 제시한다.

『하나님의 도성』에서 아우구스티누스는 이렇게 설명한다.

> 이것은 두 가지의 사랑이다……첫 번째 사랑은 사회적인 사랑이고 두 번째 사랑은 이기적인 사랑이다. 첫 번째 사랑은 신령한[하늘의] 공동체를 위한 공동의 복리를 고려하며, 두 번째 사랑은 오만한 지배를 위해 사회적인 문제를 이기적으로 통제하려 한다. 첫 번째 사랑은 하나님께 복종하며, 두 번째 사랑은 하나님을 대적하려 한다. 첫 번째 사랑은 고요하며, 두 번째 사랑은 불안하다. 첫 번째 사랑은 평화롭고, 두 번째 사랑은 말썽을 일으킨다. 첫 번째 사랑은 오류에 빠진 이들에 대한 칭찬보다 진리를 더 좋아하며, 두 번째 사랑은 어떻게 칭찬을 받든지 상관없이 칭찬에 욕심을 부린다……이에 따라 두 도성은 이 두 사랑으로 형성되었다. 지상의 도성은 하나님을 경멸할 만큼 자아에 대한 사랑으로 형성되었고, 하늘의 도성은 자아를 경멸할 만큼 하나님께 대한 사랑으로 형성되었다.[3]

그에 따라 지상의 왕국들은 세속적인 평화를 가져올 다양한 법과 관습을 세운다. 이는 타락 이후의 인류에게는 결코 작지 않은 성취다. 그러나 하늘의 도성은 그 목표가 지상의 도성과는 달라서 천상의 평화를 추구하며 사람들을 온 열방에서 하나님의 나라로 불러낸다.

이는 신자들이 더 이상 지상의 도성의 시민이 아니라는 뜻이 아니라 자신의 궁극적인 위로나 만족이나 안전이나 변호나 소망을 지상의 도성에서 이끌어 내지 않는다는 뜻이다. 세속 사회는 타락 이전이나 이

---

3) *Essential Augustine*, p. 201.

후나 하나님의 선물이며 기독교인들도 믿지 않는 이웃들과 마찬가지로 세속 사회를 발전시켜야 한다. 사실 "하나님을 인간들의 나라와 인간의 지배와 예속을 떠나 자신의 섭리의 법 밖에 계신 분으로 믿을 수는 없다."[4] 그러나 지상의 도성은 언제나 바벨론이다. 지상의 도성은 그 거주민과 더불어 결코 하나님이 거하시는 처소로 바뀌지 않는다. 하나님의 나라는 무력을 통해서가 아니라 복음 선포를 통해 진보한다. "그러므로 이 도성은 지금 건축 중에 있다. 진리를 전파하는 이들이 손으로 산에서 돌을 떼어 영원한 건물 속에 들어가도록 다듬는다."[5]

새로워진 신성 로마 제국 안에서는 말할 필요도 없이 야만인들의 '기독교화'와 더불어 그리스도의 나라와 세속적인 도성과의 동일화가 다시 추진력을 얻었다. 중세 내내 신성 로마 제국은 종종 자신의 정체성을 구약적 신정 체제의 성취, 참된 하나님의 이스라엘로 나타냈다. 황제는 다윗 왕(즉, 그 이름의 거룩한 부분)과 카이사르(즉, 로마적인 부분)의 혼합물이었다. 제국 전체와 사실상 모든 기독교 국가들이 그리스도의 몸(corpus Christianum)을 구성했다. 그리고 이 하나의 하나님 나라는 성장하여 땅끝까지 그 통일된 의식과 문화, 예배와 문명을 확산시킬 것이었다.

루터는 종교개혁으로 아우구스티누스의 통찰력을 되살렸다. 그리스도의 나라는 오직 영적인 검, 즉 하나님의 말씀으로만 전진한다. 그 나라는 무력을 통해 강압적으로 임하는 것이 아니라 믿음으로 받아들여진다. 세속적인 문제에 있어서는 불신자들이 종종 신자들보다 탁월하다. 우리는 우리의 노력으로 세속의 도성을 건설하지만 설교와 성례를 통해 그리스도의 나라를 받는다.

프랑스 인문주의의 가장 탁월한 진영에서 교육받은 존 칼빈은 광범

---

4) 앞의 글, p. 222.
5) 앞의 글, p. 208.

위한 문헌과 주제에 익숙해져 있었다. 칼빈은 이 유산을 거부하기는커녕 세속적인 사상의 약점을 더 분명하게 깨달았을 때조차 그 강점을 계속해서 제대로 평가했다. 칼빈은 이렇게 호소했다. "우리는 세속 저술가들에게서 이런 문제들을 접할 때마다 그들 속에서 빛나는 이 감탄할 만한 진리의 빛을 통해 인간의 지성은 비록 타락하여 그 온전함에서 벗어나 있지만, 그럼에도 하나님의 탁월한 은사들로 옷 입혀지고 장식되어 있다는 사실을 배우자." 칼빈은 계속해서 이렇게 말한다.

> 그렇다면 무엇인가? 진리가 그토록 공명정대하게 시민적 질서와 규율을 세운 고대의 입법자들 위에 비추었다는 사실을 부정할까? 철학자들의 세밀한 관찰과 자연에 대한 정교한 묘사도 맹목적이라고 말할까?……의학을 발달시키며 우리에게 유익이 되도록 노력을 쏟아부은 이들도 미친 사람들이라고 말할까? 온갖 수학적인 학문들에 대해서는 뭐라고 말할까? 그런 학문들을 미친 사람들의 광란으로 여길까?……성경이 '자연인' 이라고 부르는 그런 사람들도 진실로 세속적인 것들에 대한 연구에 있어서는 날카롭고 통찰력이 있었다. 따라서 인간 본성이 그 참된 선을 빼앗긴 이후에도 주님이 인간 본성에 얼마나 많은 은사를 남겨 두셨는지를 그들의 본보기를 통해 배우자.[6]

하나님은 일반 은혜로 가인을 보존하셔서 가인이 성을 건설할 수 있게 하신 것처럼 우리가 포로로 와 있는 '바벨론' 을 돌보신다. 그러나 이 시대의 나라들은 몸을 입은 왕이신 주님이 이 시대 끝에 다시 오실 때까지는 결코 그리스도의 나라가 되지 않는다.

'기독교 세계' 라고 알려진 칼빈이 말한 이른바 '꾸며낸 제국' 에

---

6) Calvin, *Institutes*, II. ii. 15.

대적하는 일은 16세기에는 별로 인기가 없었다. 아우구스티누스나 루터와 마찬가지로 칼빈의 행동도 언제나 자신의 이론과 조화를 이루는 것은 아니었다. 그럼에도 우리는 "이중적인 정부 아래 있으므로……(흔히 그렇듯이) 이 둘을 지혜롭지 못하게 뒤섞지 않는다. 이 둘은 본질이 완전히 다르다."는 점을 인식해야 한다고 칼빈은 주장한다. 몸과 영혼이 반드시 서로 반대되지는 않지만 구별되는 것처럼 "그리스도의 영적인 나라와 세상의 권력은 완전히 구별되는 실체다." 그러나 그는 계속해서 이렇게 말한다.

> 그러나 이 구별이 우리로 하여금 정부의 본질 전체를 오염된 것, 기독교인과는 아무 관계가 없는 것으로 간주하도록 이끄는 것은 아니다. 이는 실로 구속받지 않는 방종을 좋아하는 어떤 광신자들이 소리 높여 떠들어 대는 이야기다……그러나 우리는 방금 전에 이런 종류의 정부는 저 영적이고 내적인 그리스도의 왕국과는 구별된다는 점을 지적한 것과 마찬가지로 이 둘은 서로 모순되지 않는다는 사실도 알아야 한다.[7]

창조와 섭리 속에서의 하나님의 선하심 때문에 세속 왕국을 부정하면 반드시 하나님의 진노를 불러일으키게 되지만, 하나님께 대한 죄와 반역 때문에 이 세상의 도성들은 역사의 끝에 있을 마지막 심판을 떠나서는 결코 하나님과 화해할 수 없을 것이다.

중세 교회가 세상을 다스리기를 원했다면 재세례파 공동체는 세상에서 완전히 분리되기를 원했다. 재세례파의 슐라이트하임 신앙 고백(1527)은 모든 참된 신자가 악인들과의 공동생활에 참여하기를 거부

---

7) 앞의 글, IV.xx.1~2.

해야 한다고 촉구했다. 악인들은 "하나님께 매우 가증하므로 그들에게서는 가증한 것들 외에는 어떤 것도 자라나거나 나올 수 없다." 아이러니컬하게도 이 분리된 공동체들은 두 나라에 대한 새로운 혼란을 일으켰다. 기독교 세계에서와 마찬가지로 세속 정부와 영적인 정부가 똑같은 것으로 간주되었다.

일부 재세례파는 은둔한 반면 다른 일부는 토머스 뮌처의 불운한 혁명에서와 같이 기존의 정부를 전복하고 무력으로 하나님 나라를 세우려 했다. 이 점에 있어서 재세례파의 문제는 그들이 창조와 타락 또는 하나님이 세우신 두 왕국을 제대로 구별하지 않으려 했다는 점이라고 칼빈은 주장했다. 이처럼 하나님 앞에서의 칭의는 도덕적, 사회적, 정치적 의와 혼동되어 복음은 물론 기독교인과 비기독교인 사이의 예의까지 훼손했다. 그래서 칼빈은 이렇게 썼다. "하나님의 법 준수를 유지하는 데 완벽하게 적합한 그런 다양성에 불쾌감을 느끼는 사람은 공공의 복리에 대해 얼마나 악의적이고 증오로 가득한가! 모세를 통해 주어진 하나님의 법은 그 법이 폐기되고 새로운 법이 선호되었을 때 명예를 잃었다는 몇몇 사람들의 말은 완전히 헛된 주장이기 때문이다." [8] 결국 칼빈은 이렇게 말한다. "우리가 도덕법이라고 부르는 하나님의 법이 다름 아닌 자연법과 하나님이 인간의 마음에 새겨 놓으신 양심의 증거라는 것은 사실이다." [9] 바울이 자기 시대의 보다 이교도적인 환경 속에서도 보여 주고 있는 대로 불신자들도 공의롭고 신중하게 다스릴 수 있다 (롬 13:1~7).

칼빈과 더불어 다른 목사들은 사람들의 영적인 문제에 있어서 교회의 자유를 고집했다는 바로 그 이유 때문에 제네바에서 추방되었다. 종교개혁을 받아들인 다른 도시에서는 시 의회나 영주가 신앙 고백과

---

8) 앞의 글, IV.xx.8, 14.
9) 앞의 글.

자기 영역 안에 있는 교회의 외적인 형태와 치리를 결정했다. 그러나 칼빈은 세속적 주권으로부터 교회의 독립을 주장했다. 세속적인 일에 있어서 우리는 통치자에게 순종한다. 반면 하늘에 속한 일에 있어서 우리는 오직 부활하신 왕의 목소리만 듣는다.

칼빈은 시 의회로부터 많은 간청을 받고 나서 제네바로 돌아오자 떠나기 전까지 했던 성경 강해를 바로 그 다음 본문부터 다시 시작했다. 집사 직분은 말씀과 성례의 사역에 힘입어 각처에서 제네바로 흘러들어오는 난민들을 돌보는 분주한 직분이 되었다.

프로그램이 때때로 사람들보다 지도자들의 이목을 더 집중시키는 것처럼 보이는 교회에서 자라서 그런지 내가 신앙 고백적인 개혁교회에 새로 가입한 신자로서 놀랍게 생각했던 한 가지 사실은, 집사 직분이 성도들의 물리적 복지를 돌보는 데 매우 중요한 역할을 한다는 점이었다. 제네바는 유토피아는 아니었지만 교회가 그 나름의 구별된 소명을 추구할 수 있을 정도로 그리스도의 나라의 문화가 엄청난 영향력을 가진 곳이었다. 우리가—특히 안락한 교외 지역에 위치한 교회에서는—복음을 전하고 고통을 경감시키기 위해 먼 곳의 선교지에 선교사와 돈을 보내는 것은 쉽다. 그러나 미국에 있는 각 지역 교회가 교회의 지체들 사이에서 그리고 지역 공동체 안에서 참된 교제와 사랑과 영육 간의 돌봄의 모델이 된다면 어떻게 될까?

현대의 승리주의와 환멸

콘스탄티누스적인 '기독교 세계'의 승리주의는 아우구스티누스의 시대와 매우 비슷하게 환멸로 이어지게 되어 있었다. 19세기의 마지막 25년은 두 종말론의 충돌 또는 역사에 대한 관점과 창조 세계의 종착역과의 충돌, 즉 승리주의와 환멸을 목격한 시기였다.

1. 승리주의

1588년에 영국이 스페인의 무적함대를 격파한 놀라운 사건은 콘스탄티누스가 312년의 밀비아 다리 전투에서 겪은 회심 체험과 매우 비슷하게 많은 개신교 국가에 있어서 적그리스도의 통치의 종말이 시작되었음을 상징했다. 그리스도의 천년 통치(천년 왕국)는 지상의 제국들의 발전을 통한 그리스도의 왕국의 발전과 동일시되었다.

아이러니컬하게도 개신교 국가들은 콘스탄티누스적이고 중세적인 기독교 세계의 이상을 로마 가톨릭의 대적들과 공유하며 하나님이 은혜 베푸시는 제국으로서의 자신의 지위를 강화하기 위해 구약 본문에 호소했다. 바로 이것이 십자군과 종교 재판소, 인디언 학살에 서사적 정당성을 부여한 '명백한 운명'의 교리나 노예제와 같은 미국적인 제도 뒤에 숨어 있는 신화다. 말할 필요도 없이 하나님 나라와 세상 나라에 대한 혼동은 하나님과 메시아의 이름으로 저질러진 악행의 원인 가운데 가장 큰 몫을 차지했다.

19세기에 대부분의 개신교인들은 낙관적이었다. 복음 전도자 찰스 G. 피니(1792~1875)는 원죄에 근본적인 은혜의 필요성에 대한 아우구스티누스주의와 칼빈주의의 교리를 날카롭게 배격했다. 개인과 민족의 회심은 모두 전적으로 우리 손에 달렸다. 그리스도의 나라는 급진적인 사회적, 도덕적 개혁을 통해 찾아올 것이다. 각종 절제 협회들이 기독교화된 미국이라는 이상을 중심으로 조직된 많은 운동 가운데 하나로 출현했다. 스트롱은 이런 의견을 밝혔다. "돈의 힘이 기독교화되기 전까지는 이 세상 나라들이 우리 주의 나라가 되지 않을 것이다."[10] 호러스 부시넬의 다음과 같은 발언에서 발견할 수 있듯이 미국의 복음주의는 보수와 진보의 양극화가 진행되기 오래 전에 이른바 '사회 복음'을 주창했다.

> 재능은 이미 대규모로 기독교화되었다. 나라들과 왕국들의 정치적 권력은, 개인적인 안전과 자유를 유지하는 것이 일반적으로 인정된 국가의 책무가 되는 한, 오랫동안 존재하는 것으로 생각되어 왔으며 최소한 지금은 실제로 존재한다. 건축, 예술, 법, 학교, 교육은 대체로 기독교화되었다. 그러나 모든 권력 중에서 가장 효력 있고 가장 중요한 권력 중에 하나인 금력은 이제 겨우 기독교화되기 시작하고 있다. 마침내 그리스도와 그의 나라의 용도에 완전히 정복될 것이라는 전도유망한 표징은 있지만……그날이 찾아온다면 그날은 말하자면 새 창조의 아침이다. 지금이 바로 그날이 밝아올 때가 아닌가?[11]

미국판 신성 로마 제국은 개신교 병원, 대학, 여성 협회, 남성 협회의 번성을 하나님의 인정과 실로 하나님 나라의 진보의 표징으로 간주했다. 미국의 사회 복음 운동은 대체로 진보적인 복음주의적 부흥의 결과였다. 사회적 진보는 (미국적인 생활 방식의 해외로의 확대를 포함하여) 그리스도의 나라의 전조로 간주되었다.

2. 환멸

미국의 개신교는 이미 19세기 전체에 걸쳐 진보의 개념에 대한 환멸의 고조를 경험했다. 우리가 이제 전천년설이라고 부르게 될 이러한

---

10) Josiah Strong, "Our Country," in William G. McLoughlin, ed., *The American Evangelicals, 1800~1900: An Anthology* (Gloucester, MA: Peter Smith, 1976), p. 196.
11) 앞의 글에서 재인용.

견해의 분출이 개신교의 소외된 분파에서 발생했다는 사실은 별로 놀랄 일이 아니다. 준비에서 소외되면 축하에 동참하기가 어렵다. 다양한 집단들이―밀러주의자들처럼―그리스도의 재림에 못 미치는 어떤 것도 상황을 변화시키지 못할 것이라고 주장했고 심지어 날짜까지 정하여 많은 변경 지대의 미국인들이 기대감을 가지고 그날을 기다렸다. 그러나 그 예언된 날짜는 아무 일 없이 흘러가 버렸다. 미국 역사가들은 이를 '대 실망' 이라고 부른다.

그러나 전천년설은 주류 개신교 진영에서 세력을 얻기 시작했다. 18세기의 마지막 25년 동안에 동료 복음주의자들인 조사이어 스트롱과 D. L. 무디는 승리주의적인 후천년주의자들과 비관주의적인 전천년주의자들 사이의 점증하는 균열을 나타내곤 했다. 무디는 처음에는 찰스 피니의 사회적 행동주의를 대표했지만 점점 더 이 땅의 제국들이 하나님의 나라가 될 수 있는 가능성에 대해 비관적으로 변했다. 무디는 훗날 이렇게 썼다. "나는 이 세상을 난파된 배로 본다. 하나님은 내게 생명선을 주시며 이렇게 말씀하셨다. '무디야, 능력 닿는 대로 사람들을 구원해라.'"[12] 부흥은 보통 복음과 사회적 행동을 통해 사회를 기독교화하는 도구로 간주되었던 반면, 무디는 부흥을 개인들을 회심시키는 수단으로 보았다.

특별히 미국이 마지못해 1차 세계대전에 휘말려 들어가면서 상황은 더 악화되었다. 후천년설을 믿는 장로교인인 우드로 윌슨 대통령은 1차 세계대전을 "모든 전쟁을 종식시킬 전쟁" 이라고 불렀지만 물론 1차 세계대전이 끝은 아니었다. 2차 세계대전은 절망의 종말론, 세상으로부터의 분리, 임박한 재난에 대한 묵시론적 환상에 어울리는 완벽한 풍토를 제공했다.

---

12) George Marsden, *Fundamentalism and American Culture* (New York: Oxford University Press, 1980), p. 38에서 재인용.

기독교 우파와 기독교 좌파는 모두 이 19세기 후반의 복음주의에서 파생되었다. 현대의 복음주의적 행동주의를 이끄는 것은 아우구스티누스와 종교개혁자들에 대한 심오한 성찰이라기보다는 이런 꽤 최근의 사상적 흐름(또는 보다 정확히 말하면 행동주의)이다. 아이러니컬하게도 제리 폴웰 같은 강경한 전천년주의자들조차 과거의 후천년주의자들과 상당히 비슷한 이야기를 한다. 사실 대화 중에 제리 폴웰과 제리 월리스는 둘 다 내게 자신들은 찰스 피니를 미국적인 삶에 있어서 기독교에 대한 자신들의 이상의 주된 모델로 생각한다고 말했다.

예수님 바라보기

우리는 예수님을 외면하거나 최소한 우리의 죄를 위해 십자가에 달리시고 우리의 칭의를 위해 부활하신 분으로서의 예수님을 외면하기가 쉽다. 예수님과 동시대 사람들처럼 우리도 우리가 이용할 수 있는 메시아, 우리의 모든 꿈을 지금 여기서 성취시켜 주고 세상에서 권능과 영광으로 자기 나라를 눈에 보이도록 만드실 어떤 분을 원한다. 우리는 하늘의 성부 우편에서 우리를 위해 중보하시고 선물을 나누어 주시는 예수 그리스도에게서 시선을 거두기가 쉽다. 예수님이 이 땅에 육체로 계시지 않은 사실을 덜 분명해 보이게 하려고 우리가 하는 일에 초점을 맞추기는 더 쉽다.

브래드 칼렌버그의 다음과 같은 말은 아마도 오늘날 많은 복음주의자들의 입장을 대변해 줄 것이다. "하나님이나 그리스도의 신성이나 표준 성경의 권위와 영감에 대한 믿음은 더 이상 없다. 다시 말해, 우리는 선교사들이 하는 것처럼 할 필요가 있다. 즉 성령이 복음을 어떻게 새 시대에 구체화되도록 의도하시는지를 발견할 수 있도록 주인

문화(host culture)를 배워야 한다. 선교학자들은 이를 상황화라고 부른다."[13] 그러나 선교사들이 최소한 자신의 소명에 충실하다면 선교사들은 예나 지금이나 그렇게 행동하지 않는다. 칼렌버그가 "주인 문화를 배워야 한다."라고 말한 바로 그 대목에서 우리는 "말씀을 배워야 한다."라고 말해야 한다. 칼렌버그가 예수 그리스도에게서 복음에 대한 우리 자신의 '성육신'으로 궤도를 바꾸는 그 대목에서 우리는 복음을 구현하는 유일한 분에게로 다시 궤도를 바꿀 필요가 있다. 만일 사람들이 복음을 알지 못한다면, 우리는 복음을 선포하고 가르치고 적용하며 우리의 삶이 복음의 선언적 능력으로 규정되게 할 필요가 있다. 칼렌버그의 호소에 함축되어 있는 것은 성령이 '주인 문화'에 따라 내용이나 사용되는 방법(또는 둘 다)에 있어서 다양하게 역사하실 가능성이다. 그러나 성령께는 불변하는 복음 외에 다른 하실 말씀이 없으시며 예수 그리스도께서 세우신 이들 외에 다른 수단이 없으시다. 나는 우리가 처한 상황을 이해하자는 주장에 전적으로 찬성하지만, 여기에는 성경에 깊이 근거를 둔 신학적 분석이 포함되어야 하며, 성경은 우리의 모든 '상황'을 복음과 그리스도의 통치에 적대적인 것으로 제시한다.

초림과 재림 사이에 있는 이 시기에 그리스도가 육신적으로 이 땅에 계시지 않다는 것은 비생산적이지도 않고 막연하지도 않다. 그리스도는 지금 하늘에서 교회가 나름의 영리한 모략으로 생각하거나 할 수 있는 어떤 일보다 중요한 일을 하고 계신다. 그리고 그리스도는 자신의 통치의 부요함을 죄와 사망에 속박된 세상에 전달하시기 위해 성령을 보내셨다. 우리 안에 그리스도의 재림에 대한 간절한 부르짖음을 불러일으키는 것도 바로 이 성령님이다.

---

13) Brad J. Kallenberg, *Live to Tell: Evangelism in a Postmodern World* (Grand Rapids: Brazos, 2002), p. 13.

그리스도는 만유의 주님이다. 이미 예수님은 승리의 부활로 하늘과 땅의 모든 이름 위에 뛰어난 이름을 받으셨다. 지금도 예수님의 나라는 현존하며 이 사라져 가는 악한 시대의 쓰레기 더미 가운데서 전진하고 있다. 그럼에도 예수님은 현재 아직은 영광이 아닌 은혜로 다스리고 계신다. 예수님의 나라는 현재 세상이 알아보지 못하는 방식으로, 세상이 어리석게 여기는 복음 전파 속에서, 세례와 가르침과 성찬 집례와 기도와 장로들과 집사들의 영적, 물질적 돌봄과 성도들의 교제 속에서 눈에 보인다. 이 모든 것은 언론 매체의 관심을 끌 가능성이 별로 없지만 이러한 사역을 통해 하나의 작은 씨앗이 그 가지를 온 땅에 드리운 나무로 자라나고 있다. 이 사역을 통해 성령님은 다가올 시대의 복을 지금 이 시대 속에 가져오시면서 우리의 구속을 위해 오셨고, 지금은 승리의 전리품을 나눠 주시며 자신의 나라를 완성하시기 위해 영광 중에 다시 오실 그리스도께 우리의 시선을 고정시키신다.

그동안 신자들은 두 문화에 속해 있다. 신자들은 일반 은혜의 복과 타락의 일반적 저주를 비기독교인들과 함께 공유한다. 신자들과 불신자들은 똑같이 가까운 친구들과 저녁 식사의 따스함을 즐기며 똑같이 개인적, 자연적 재난을 겪는다. 우리가 앞으로 일반적 저주에 예속된 상태에서 풀려나게 된다는 점은 추수 전체의 "첫 열매"이시며 우리의 살아 있는 머리이신 그리스도의 부활과 승천 속에서 보증된다(고전 15:20; 히 2:5~9도 함께 보라). "그러나 우리의 시민권은 하늘에 있는지라 거기로부터 구원하는 자 곧 주 예수 그리스도를 기다리노니 그는 만물을 자기에게 복종하게 하실 수 있는 자의 역사로 우리의 낮은 몸을 자기 영광의 몸의 형체와 같이 변하게 하시리라"(빌 3:20~21). "그러므로 너희가 그리스도와 함께 다시 살리심을 받았으면 위의 것을 찾으라 거기는 그리스도께서 하나님 우편에 앉아 계시느니라 위의 것을 생각하고 땅의 것을 생각하지 말라 이는 너희가 죽었고 너희 생명이 그리스도와 함께 하나님 안에 감추어졌음이라 우리 생명이신 그리스도께서 나타나실 그때에 너희도 그와 함께 영광 중에 나타나리라"(골 3:1~4).

아브라함도 천상의 안식의 모형일 뿐인 가나안보다 더 나은 땅을 바라보았다(히 11:10). 낮아지시고 죽으신 그리스도처럼 "우리도 그의 치욕을 짊어지고 영문 밖으로 그에게 나아가자 우리가 여기에는 영구한 도성이 없으므로 장차 올 것을 찾나니"(히 13:13~14). 지금은 교회가 아직 이 세상에서 그리스도와 더불어 다스릴 때가 아니라 그리스도의 복음을 위해 고난을 받을 때다. 지금으로서는 (교회로서의) 교회의 일은 불신자들과 공통의 시민권을 가진 개별 신자들의 일과는 구별되기 때문이다. 그리스도의 나라의 팽창은 문화적 활동이라기보다 예배 활동이며 일반적이기보다는 거룩하다.

신약 성경은 우리에게 일부 창조되지 않은 영역에서 죽을 때 몸에서 영혼이 도피한다는 이교적 신화를 받아들이라고 요구하지 않는다. 신약 성경이 제시하는 정반대의 명제는 물질적 존재와 영적 존재 사이의 어떤 존재가 아니라 (죄와 사망의 지배를 받는) "이 세대"와 (그리스도의 부활 속에서 이미 그 첫 번째 할부금을 받은 하나님의 안식일 통치의 지배를 받는) "오는 세상" 사이의 어떤 존재다. 요한계시록에서 예견된 천상의 예배에서 옛 질서에 대한 하나님의 심판에 남겨진 것은 일반적인 문화가 아니라 (인간의 도성을 상징하는) 바벨론이다. 새 예루살렘에서는 열방의 부-하나님이 특정한 민족들에게 주신 문화적 재화-가 영원히 시온의 해방된 포로들과 더불어 하나님의 도성 안으로 들어가게 될 것이다.

그동안 하나님이 신자와 불신자에게 똑같이 복을 주시는 것처럼 기독교인들도 자기 이웃을 판단하고 정죄하기보다는 사랑하고 섬겨야 한다(마 5:43~48, 7:1~6도 보라). 곡식과 가라지는 함께 자라도록 내버려 두었다가 마지막 추수 때만 분리해야 한다(13:24~30). "우레의 아들" 야고보와 요한이 주제넘게 예수님의 가르침을 거부한 사마리아의 한 마을에 하나님의 심판을 내리겠다고 나설 때, 예수님은 그들을 "돌아보시며 꾸짖으시고" 함께 다른 마을로 가셨다(눅 9:51~56). 이 시대는 하나님이 마지막 심판의 맛보기로 명령하신 옛 언약의 전쟁처럼 불경건한 자들에 대한 거룩한 전쟁의 시대가 아니라 두려운 '여호와의 날' 이 오기 전인 '구원의 날' 이다. 우리는 옛 시대의 성도들이나 마지막 날의 성도들처럼 여호와와 그 기름 부음을 받은 자의 군대가 모는 병거에 타고 있는 것이 아니다. 오히려 우리는 원수에게 냉수를 대접하고 우리를 박해하는 이들을 사랑하며 그 우주적 권능이 고난과 십자가 아래 감춰진 그리스도의 나라를 선포해야 한다.

아직 (기독교 세계와 현대가 모두 자기 나름의 방식으로 차지하려 하는 것과 같은) 약속의 땅에 이른 것도 아니고 또 (포스트모더니즘의 성향인) 정처 없는 방랑자와도 거리가 먼 우리는 '거류민과 나그네', 정해진 행로와 끊임없이 서둘러 가야 할 목적지가 있는 '순례자' 다. 하나님 나라는 성전이나 지상의 어떤 땅이나 도시 같은 하나님의 임재의 정해진 장소를 가리키며 '여기 있다' 혹은 '저기 있다' 고 말할 수 있는 곳이 아니라 말씀과 성례를 통해 우리를 그리스도께 연합시키고 우리의 자연적 결속보다 더 깊은 사랑의 끈으로 우리를 함께 엮으시는 성령의 능력 안에서 우리 가운데 있다. 세례의 물은 인종과 혈족의 피보다 더 진하다.

다문화적 공동체를 위한 유일한 능력

교회는 다문화다. 이 이중의 의미는 의도적이다. 우리는 정말로 복음에 구원받은 개인뿐만 아니라 구원받은 문화, 즉 구속된 성도, "우리 하나님 앞에서 나라와 제사장들" 로 "각 족속과 방언과 백성과 나라 가운데에서"(계 5:9) 나온 새 인류도 창조할 능력이 있다고 믿는가?

우리는 이 질문에 너무 성급하게 답변하기 전에 복음이 우리-우리 모두-에게 어떤 것, 심지어 우리가 아주 귀하게 여기는 어떤 것들을(우리가 그런 것들을 귀하게 여기고 있는지 또는 왜 귀하게 여기는지 잘 인식하지 못하더라도) 대가로 지불하게 할 것임을 깨달을 필요가 있다. 복음은 적절한 이론적 해답은 결코 얻지 못하지만 최소한 보다 명백한 실천은 얻을지도 모르는 어려운 문제, 예컨대 우리의 포용성-즉, '그리스도 안'에서의 우리의 위치-은 문화적, 인종적, 사회경제적, 세대적으로 혼합된 우리의 다양한 공동체의 특정한 특징들을 어느 정도까지 제거하고 어느 정도까지 통합하는가 하는 등의 문제를 내포할 것이다.

얼마 전에 어느 목사님이 내게 주로 백인들과 교외 거주자로 이루어진 자신의 교회가 시내의 한 흑인 교회와 서로 합치고 있는 중이라고 말했다. 두 교회는 모두 장로교회였지만 십자가가 아닌 다른 어떤 것으로 규정되어 온 교회였다. 지역 언론에 널리 보도된 이 두 교회의 합병은 복음의 능력에 대한 놀라운 증거였고, 이 목사님은 자신 및 새롭게 자신과 함께 사역할 목사 앞에 놓여 있는 사역에 대한 기쁨과 기대감으로 가득 찼다. 모든 교회가 어떻게 이 새 창조의 실재에 적응해야 하는가에 대한 청사진은 성경에 없다. 그 청사진은 다양한 시대와 장소에 따라 서로 다른 모습을 보일 것이다. 그러나 우리가 그리스도 안에서 우리의 궁극적인 위치를 발견하려면 그것이 무엇을 뜻하는지를 구체적인 관점에서 인식하려면 문화적인 친밀감을 초월하여 사회적 쾌적 범위 밖으로 나가야 한다.

저 「라이프」지의 표지 사진과 익명의 행인들을 환호하는 동료 시민들의 무리로 뒤바꾸어 놓은 유럽에서의 승전보에 대해 다시 생각해보라. 복음은 영원한 결과와 더불어 성취된 훨씬 더 큰 승리에 대한 훨씬 더 큰 소식이다. 우리의 정체성을 새 창조의 시민으로 형성하는 데는 평생에 걸친 설교, 가르침, 기도, 성찬, 목사들과 장로들의 가정 방문, 세례와 장례식 참여, 동료 성도들과의 교제가 필요하다.

그리스도의 교회에는 어떤 권력—최소한 세상이 강력하다고 여길 만한 권력—도 없다. 최소한 교회는 그래야 한다. 어느 때에는 참으로 기독교적인 문명이 존재했다는 의심스러운 명제는 차치하고 바로 그런 생각 자체가 나쁜 생각이다. 교회가 진정으로 소유한 유일한 무기는 복음이다. 이방인에게는 어리석은 것이지만 모든 믿는 자에게는 구원을 위한 하나님의 능력인 이 좋은 소식이 우리가 가진 모든 것이다. 그리고 성령의 역사를 수반한다면 복음은 복음이 말하는 세상을 창조하는 데 충분하고도 남음이 있다.

내가 드라마와 교리와 송영과 제자도를 한데 모아 주장한 것과 같이 우리는 기독교인으로서 생각과 느낌과 행동 사이에서 선택할 수 없다. '정통 신앙'이라는 말 자체가 바른 믿음과 찬양을 의미한다. 교회는 '세상 안에 있되 세상에 속해 있지 않아야' 한다는 말을 우리는 자주 들어 왔다. 서구의 교회들, 특히 미국 교회는 모든 방면에서 '세상에 속해 있으나 세상 안에 있지는 않은' 것처럼 보인다. 세상에 있는 거의 모든 것의 소독된 복제품을 갖춘 우리 나름의 하위문화를 건설한 우리는 우리가 믿고 있는 것과 그것을 믿는 이유를 나머지 세상에 변호할 필요 없이 감언이설과 오락과 아첨과 욕구 충족과 칭찬을 경험할 수 있다.

디네시 드수자가 신앙을 고백하는 일부 기독교인들—특히 목사들과 신학자들—은 "거꾸로 된 선교를 떠맡았다. 그들은 세상에 교회의 선교사가 되는 대신 교회에 세상의 선교사가 되었다."[14]고 지적했을 때, 그의 말은 정곡을 찌른 말이었다. 드수자는 이것을 "맞는 말이지만 그러나(yes-but)" 기독교라고 부른다. 우리는 더 이상 기적이나 주권적 권

---

14) Dinesh D'Souza, *What's So Great About Christianity?* (Washington, DC: Regnery Publishing, 2007), p. 3.

위와 거룩한 진노를 지닌 하나님을 믿을 수 없지만 건져 낼 만한 가치가 있는 것-보통은 몇 가지의 도덕적 금언- 은 여전히 있을지도 모른다. "이 '맞는 말이지만 그러나' 기독교는 완전한 지적 후퇴이며 또한 점점 더 적실성을 잃어 가고 있다." 이 사실은 주류 개신교의 신자 수 급감으로 경험적으로 입증할 수 있다. 드수자의 말이 옳다. 후퇴로는 결코 전쟁에서 이길 수 없다.[15)]

우리는 적대적인 수사학에 의존하는 것을 최대한 피해야 하지만, 지금 당장 전쟁이 벌어지고 있고, 이 전쟁은 우리가 지금까지 겪은 가장 큰 전쟁이다. 이 전쟁은 총이나 심지어 마케팅 활동과 정치적 권력 행사로 싸우는 전쟁이 아니다. 이 전쟁은 사랑 많고 끈기 있으며 박식하고 논리 정연한 예수 그리스도에 대한 증언을 가지고 싸우는 전쟁이다. 지금은 교회와 세상 모두를 이방 신들에 예속된 상태에서 해방시킬 능력이 있는 단 하나의 것에 대한 우리의 확신을 포기할 때가 아니다. 복음을 지성이 받아들일 수 없다면 복음은 마음에도 위안거리가 아니다. 많은 사람들이 가치 있거나 가치 없는 온갖 것들을 위해 자기 삶을 바친다. 고대 교회가 이교도적 환경에서 번성했던 이유는 교인들이 믿음을 위해 기꺼이 죽으려 한 것은 물론이고 기꺼이 믿음을 변호하려 했기 때문이다. 바울이 복음은 멸망하는 자들에게는 어리석은 것이라고 말할 때는 믿음이란 어둠 속에서의 비합리적 비약이라고 말하고 있는 것이 아니다. 바울의 요점은 지금 최고의 삶을 누리기를 열망하고 사변적인 형이상학, 신비주의, 자신의 노력 등을 통해 하늘로 올라가려 하는 이들에게 하나님이 육신을 입고 내려오셔서 우리 죄를 위해 십자가에 달리시고 육신으로 부활하셨다는 메시지는 요점을 벗어난 메시지라는 것이다. 복음은 이방인의 이성이 사로잡혀 있

---

15) 앞의 글.

는 질문에는 대답하지 않는다. 복음은 이성 그 자체가 아니라 죄인인 우리의 도덕적 논리에 있어서 직관에 어긋난다.

바울은 우리에게 다음 사실을 상기시킨다. "우리의 싸우는 무기는 육신에 속한 것이 아니요 오직 어떤 견고한 진도 무너뜨리는 하나님의 능력이라 모든 이론을 무너뜨리며 하나님 아는 것을 대적하여 높아진 것을 다 무너뜨리고 모든 생각을 사로잡아 그리스도에게 복종하게 하니"(고후 10:4~5). 예수 그리스도와 사도들의 가르침은 우리 시대에 이르기까지 역사상 가장 위대한 지성 가운데 일부를 차지해 왔다. 그래서 교회나 교회 지도자들이—이 메시지에 당황하여—그 가르침에 더 흥미롭거나 더 설득력 있는 말할 거리가 있다고 상상하는 정도만큼 그리스도와 사도들의 가르침은 적실성을 상실하게 된다.

게으른 머리는 게으른 가슴과 손을 조장한다. 자유주의는 이웃에 대한 자연주의적인 세계관을 전제하면서 종교는 내적인 신비로운 체험과 보편적 도덕성의 영역에 존재한다고 가정했다. 기독교의 주장을 변호하겠다는 이들이 기독교의 주장을 부정하거나 기독교의 주장에 대한 지적 접근을 부정한다면, 기독교의 주장을 반드시 고려해야 할 의무감을 느낄 이유가 무엇인가? 기독교에 가장 큰 위협은 결코 맹렬한 지적 비판이 아니라 진리를 감정으로, 공적인 주장을 사적인 체험으로, 사실을 단순한 가치관으로 바꾸어 버리는, 서서히 찾아오는 노망이다. 기독교는 참이거나 아니면 거짓이다. 그러나 기독교는 비이성적이지는 않다. 만일 기독교의 주장이 객관적으로 참이 아니라면 그것은 주관적으로도 유용하지 않다. 만일 우리가 예수님이 살아 계시다고 믿는 유일한 이유가 '예수님은 우리 마음속에 살아 계신다' 는 것이라면 바울이 말한 대로 "우리가 전파하는 것도 헛것이요 또 너희 믿음도 헛것" 이다. "또 우리가 하나님의 거짓 증인으로 발견되리니 우리가 하나님이 그리스도를 다시 살리셨다고 증언하였음이라……

그리스도께서 다시 살아나신 일이 없으면 너희의 믿음도 헛되고 너희가 여전히 죄 가운데 있을 것이요……만일 그리스도 안에서 우리가 바라는 것이 다만 이 세상의 삶뿐이면 모든 사람 가운데 우리가 더욱 불쌍한 자이리라"(고전 15:14~19). 기독교적인 확신과 믿음과 회개와 제자도의 참된 갱신이 있으려면, 그 전에 먼저 엄밀하고 탐구적이고 설득력 있는 사고에 대한 뚜렷한 성경적 열심을 회복해야 한다. 지금은 다시 한 번 우리의 지성으로 하나님을 사랑해야 할 때다.

도로시 세이어즈는 1950년대에 영국 독자들에게 이렇게 호소했다.

> 하나님의 이름으로 하나님의 드라마를 무성의한 사고의 무서운 축적과 그 위에 쌓여 있는 쓰레기 같은 감정 아래서 끌어내자. 그리고 세상을 놀라게 하여 일종의 격렬한 반응을 불러일으키도록 그 드라마를 열린 무대 위에 올리자. 만일 경건한 자들이 먼저 충격을 받는다면 그들에게는 더 안 좋은 일이지만 다른 사람들이 그들보다 먼저 하늘나라에 들어갈 것이다. 만일 모든 사람들이 그리스도 때문에 심기가 불편해진다면 심기가 불편해지도록 내버려 두라. 그렇지만 그들이 그리스도도 아니고 그리스도와 전혀 비슷하지도 않은 것에 심기가 불편해진다면 말이 안 되지 않는가? 우리는 그리스도의 인격이 파리 한 마리의 심기도 불편하게 할 수 없을 때까지 그리스도의 인격을 희석시킴으로써 그리스도께 거의 영광을 돌리지 않는다. 교회가 하는 일은 그리스도를 사람들에게 맞추는 것이 아니라 사람들을 그리스도께 맞추는 것이다.
>
> 아름다운 문구나 위로를 주는 감정이나 인자함과 도덕적 향상에 대한 모호한 갈망이나 죽음 뒤의 어떤 멋진 것에 대한 약속이 아니라 세상을 만드신 바로 그 하나님이 세상 속에서 사셨고 무덤과 사망의 문을 통과하셨다는 놀라운 주장, 이러한 교리야말로 드라마

다. 이방인들에게 그것을 보여 주라. 그러면 이방인들은 그것을 믿지 않을지도 모르지만 최소한 믿으면 마음이 기쁠 만한 어떤 것이 여기 있음을 깨달을 것이다.[16]

앞에서 인용한 바울의 말이 우리에게 상기시켜 주는 대로 만일 이 이야기가 사실이 아니라면, 그 이야기는-최소한 어떤 진지하고 궁극적인 의미에서도-유용하지도 않다. 그러면 교리를 살펴볼 필요도 없다. "우리는 기분 좋게 말하듯이 '서로 다르다는 데 동의' 할 수 있다. 우리는 부드러운 어조로 이렇게 말한다. '신학은 신경 쓰지 마세요. 서로에게 형제애로 대하기만 한다면 우리가 하나님에 대해서 무엇을 믿건 그건 중요하지 않아요.'"[17] 어려운 질문과 남의 심기를 건드릴 가능성을 배제하면서 지상에서 가장 공적인 선언을 사적인 영혼의 문제로 만들어 버린다.

세이어는 이렇게 지적한다. "그러나 개인적 경건으로의 은둔이나 '기도의 부름'에 대한 단순한 권면으로는 어떤 유익도 이루어지지 않을 것이다." "'신학은 가져가고 우리에게 멋진 종교를 달라'는 말이 너무 오래도록 인기 있는 표어가 된 나머지 우리는 신학 없는 종교에 과연 의미가 있는지 묻지도 않고 그것을 받아들이기 쉽다……내가 아무리 인기가 없어지더라도 나는 교회들이 오늘날 불신을 받는 이유는 교회들이 신학에 대해 너무 완고해서가 아니라 신학에서 멀리 도망쳐 버렸기 때문이라고 자의로든 타의로든 단언할 것이다."[18] 신학을 없애 버리면 그것은 곧 하나님과 씨름해야 할 어떤 이유도 다 없애 버린 것이다. 복음주의 지도자들이 때때로 '신조보다 행위'를 요구하는 시

---

16) Sayers, *Creed or Chaos?*, p. 5.
17) 앞의 글, p. 24.
18) 앞의 글, pp. 26~27.

대에는 세이어가 말한 요점이 특별히 적절하다.

> 그러나 만일 기독교 교리가 삶과 무관하다면 대체 기독교 교리는 무엇과 관련이 있는가? 종교적 교리는 사실 삶과 우주의 본질에 대한 교리의 진술 바로 그것이기 때문이다. 만일 기독교의 사역자들이 진실로 교리란 오직 신학자를 위한 지적인 유희일 뿐이며 인간의 삶과는 아무런 관련이 없다고 믿는다면, 그들의 회중이 무지하고 지루해하며 갈피를 못 잡는 것은 당연하다.[19]

물론, 복음의 이야기에는 어렵고 심지어 노골적으로 심기를 불편하게 하는 부분도 있다. 그럼에도 "만일 사람들이 심판의 의미를 이해하려는 마음이 없다면, 은혜의 의미도 결코 이해하지 못하게 될 것이다. 만일 사람들이 모세나 선지자들의 말을 듣지 않는다면, 누군가가 죽은 자들 가운데서 되살아나더라도 그들은 설득되지 않을 것이다."[20]

오늘날 정통 신앙은 종종 문화적 보수주의, 심지어 정치적 보수주의와도 혼동된다. 그러나 언제나 그랬던 것은 아니다(세계의 다른 지역에서는 지금도 그렇지 않다). 미국의 문화 전쟁에서 서로 대립하는 이들은 흔히 '정통파'와 '진보파'로 불리는데, 이는 정통 신앙을 또다시 기독교 교리가 아닌 다른 관점에서 정의하는 것이다. 마찬가지로 교회에서 세속성은 보수주의와 진보주의의 형태로 나타나며, 이 경우 (무비판적인 전통주의의 가치관이든 아니면 똑같이 무비판적인 새로움과 혁신에 대한 애착이든) 문화적 가치에 대한 열중은 십자가와 부활의 문화를 저해한다.

정통 신앙은 역사 속에서 하나님이 '우리와 우리의 구원을 위해' 행하신 능한 일들의 줄거리에 주목하며, 우리가 이 믿음을 얼마나 잘 보

---

19) 앞의 글, pp. 29~31.
20) 앞의 글, p. 45.

존하느냐 하는 것뿐만 아니라 믿음의 규칙에 따르기 위해 우리의 믿음과 실천을 얼마나 잘 바로잡느냐 하는 것으로 신실함을 정의한다. 정통 신앙이 개혁을 보존만큼이나 자주 가져온 것도 바로 그 때문이다. 정통 신앙은 살아 있는 믿음이며, 사실 기독교라고 불리는 것의 실제로 살아 있는 유일한 부분이다. 이 아르키메데스의 점에서부터 윌리엄 윌버포스는 영국의 노예 무역을 무너뜨리는 데 거의 독보적인 위치를 차지할 수 있었다. 기독교 정통 신앙은 진보주의나 보수주의에 아무런 개인적인 이해관계가 없다. 정통 신앙의 타고난 성향은 가장 심오한 의미에서 복음주의적이어서 모든 시대와 장소에서 교회를 창조하고 지탱하는 복음을 지향한다.

보수주의와 진보주의는 쉬운 길이다. 들은 이야기를 무엇이든 앵무새처럼 계속 되풀이하고 지금까지 해 왔던 일을 계속 하면서 시대정신이 어디로 이끌든지 그것만 따라가면 된다. 그러나 *정통 신앙은 어려운 과제다.* 정통 신앙은 우리로 하여금 우리가 소중히 여기는 가정과 실천이 주는 위로를 넘어 늘 새롭고 먼 항구를 향해 닻을 올리게 한다. 모험적이며 우리가 자업자득으로 고생하도록 내버려 두지 않는 것이 바로 정통 신앙이다. 우리는 우리의 지평을 우리 자신의 시간과 장소 속에 있는 우리 자신의 체험의 차원으로 축소시켜서는 안 되며 '보편적인' 피조물이 되어 모든 시대와 장소의 교회에 열려 있어야 한다. 맹목적인 믿음-즉 생각 없는 동의- 은 보수주의와 진보주의의 특징이다. 그러나 기독교인은 과거나 현재나 미래를 믿는 것이 아니라 모든 시대와 장소를 다스리시는 주님이신 삼위 하나님을 믿는다.

그리스도께서 주님이시기 때문에 하늘로부터 모든 것을 받으며 땅위에서는 이웃에게 증언하고 이웃을 사랑하고 섬기는 망명 중인 교회가 존재한다. 교회 안에서의 새로운 개혁과 세상 속에서의 새로워진 증언을 위해 우리는 성경의 드라마와 교리로 재무장해야 할 뿐만 아니라 우리가 다문화적인 공동체, 언덕 위에 둔 등불이 되도록 하기 위해 이 가장 위대한 이야기가 늘 귀에 들리도록 해야 한다.

우리는 온라인상에서 종교적 치유를 위한 자료를 발견할 수는 있지만, 우리를 하나님의 양 떼와 더불어 은혜의 수혜자로 모으시는 하나님의 주권적 행위를 떠나서는 성도의 교제에 동참할 수 없다. 거기에는 설교와 성례를 통한 하나님의 은혜로 작동되는 은사의 순환이 있다. 우리는 성부로부터 성자 안에서 성령으로 말미암아 하나님의 좋은 선물들을 받고 성도의 교제 안에서 선물 교환에 동참한다. 여기에는 나라면 가장 친한 관계를 맺기 위해 선택하지는 않았을 법한 온갖 낯선 사람들이 있지만, 하나님은 나와 그들을 함께 선택하셨다. 개혁교회가 참된 복음 선포와 공통의 믿음 안에서의 가르침과 공통의 기도 속에서의 교제와 성찬식의 의미 및 잦은 시행을 회복했을 때, 역사가들과 경제학자들은 개혁교회의 엄청난 사회적 영향에 대해 여러 책들을 썼다. 하나님에게서 선물들이 내려와 이 사라져 가는 시대에 새로운 질서를 만들어 냈고 그 결과에 부모, 직장 동료, 이웃으로서의 세속적 소명 속에서 개별 신자들의 평범한 직업뿐만 아니라 집사로서의 정력적인 사역도 포함되었다.

한 친구가 내게 베트남 전쟁 기간 동안 목사로서 자신이 겪은 경험을 말해 주었다. 그 친구는 자신의 정치적 견해보다는 성경을 선포했기 때문에 교회는 베트남 전쟁에 대한 다양한 입장을 가진 신자들로 이루어져 있었다. 어느 날 주차장에서 내 친구는 두 교인―참전 용사와 반전 시위자―이 주먹다짐을 벌일 정도까지 논쟁을 벌이는 모습을 목격했다. 내 친구는 그들을 예배에 참석하게 하고서 만일 그들을 한 지붕 아래 데려다 놓으면 어떤 일이 벌어질까 하는 생각을 했다. 그들은 교회 안에서 서로 반대편에 앉아 목사님이 그리스도의 이름으로 그들에게 인사하는 소리를 들었다. 그들은 율법에 대해 들을 때 눈에 띄게 감동을 받았다. 그리고 공동체의 죄 고백에 참여하고 목사님의 입술을 통해 그리스도의 사죄의 메시지를 들었을 때는 더더욱 감동을 받았다. 설교가 끝난 뒤에 그 친구는 그들이 성찬을 받으러 앞으로 나올 뿐만 아니라 거기서 손을 내밀어 성찬의 빵을 받을 때 두 팔로 서로 감싸고 울면서 함께 무릎을 꿇는 모습을 보았다.

세상의 정치에는 중요한 역할이 있다. 우리가 투표를 하고 우리 중에 일부가 공복으로서 결정하는 쟁점들은 중요하지 않은 문제가 아니다. 하나님은 자신이 창조하신 모든 것의 일상적인 복리에 큰 관심을 기울이고 계신다. 하나님은 우리에게 세속적인 소명 속에서 이웃을 사랑하고 섬기라고 요구하시며 정치는 그러한 요구의 일부다. 그럼에도 주일에 우리는 또 다른 나라의 시민이 된다. 거기에는 국경을 표시하는 국기도, 특정한 민족적, 사회경제적, 세대적 또는 성적 정체성을 표시하는 깃발도 없다. 거기에는 설교단과 성찬대와 세례반이 있고 거기서 우리는 십자가 주위에 "어두운 데서 불러내어 그의 기이한 빛에 들어가게 하신" 한 백성으로 모인다. 거기서 "백성이 아니던" 이들이 "하나님의 백성", 하나님의 긍휼의 수혜자가 된다(벧전 2:9~10).

시온 산은 다른 모든 산과 망대와 산당을 능가한다. 현세의 어떤 정부나 문화적 운동이나 틈새시장도 "각 족속과 방언과 백성과 나라 가운데에서" 남은 자들을 모아 그들을 "영원히 다스릴" "우리 하나님 앞에서 나라와 제사장들"(계 5:9)을 삼지 않는다. 우리는 이 땅의 나라들을 세우고 있지만 시온은 하나님이 세우고 계신 도성이다. 우리는 우리 자신의 이익 집단의 건축자와 건설자가 되는 것이 아니라 함께 이 나라를 받는 이들이 된다. 다른 모든 나라들은 마지막 날에 흔들리고 마침내 무너져 잿더미가 되겠지만, 이 나라는-세상 사람들의 눈에는 약하고 어리석은 것으로 경멸받았지만-영원히 지속될 것이다.

그리스도 안에 있는 모든 것은 살아 있지만 그리스도 밖에서는 생명이 시들고 말라죽으며 마침내 불태워지는 겨와 같이 바람에 날아가 버린다. 우리는 하나님과 그리스도를 우리의 개인적 성취나 소비자 취향이나 국가적 긍지나 민족적 권한 부여의 이야기의 일부로 만들려고 애쓰는 대신 우리의 궁극적 정체성과 소망과 소원과 체험을 규정하는 새로운 줄거리를 가진 새로운 대본을 받는다. 이 왕은 자기 자녀들의 피를 요구하는 대신 그들을 위해 자신의 피를 주신다. "인자가 온 것은" 권력과 지배력을 장악하는 것이라기보다 "섬김을 받으려 함이 아니라 도리어 섬기려 하고 자기 목숨을 많은 사람의 대속물로 주려 함"(마 20:28)이며, 우리를 불러 주인이 아닌 종이 되게 하시려는 것이다(20~27절).

마침내 여러 인종과 문화와 계층과 세대와 취향에서 나온 사람들을 하나로 만드는 하나의 정체성이라는 정치학이 존재한다. 쇼핑몰에서 그들은 베이비붐 이전 세대거나, 베이비붐 세대거나, 베이비붐 이후 세대일 것이다. 투표소에서는 공화당 지지자거나, 민주당 지지자거나, 자유당 지지자거나, 무당파일 것이다. 그들은 이웃과 함께 록 콘서트나 교향악 연주회에 가거나 축구 경기를 하거나 스키를 탈지도 모른다. 그러나 그리스도의 세례반과 회중석과 성찬대에서 그들은 하나의 새로운 백성이 된다. 여기서 우리는 "하나님께로부터 하늘에서 내려오니 그 준비한 것이 신부가 남편을 위하여 단장한 것" 같은 거룩한 도성의 시민이 된다. 그리고 마침내 영원히 "보라 하나님의 장막이 사람들과 함께 있으매"라는 말씀을 듣게 될 어린 양의 혼인 잔치를 기대하며 미리 맛본다(계 21:2~3). 사탄의 무시무시한 왕국을 무너뜨리고 아직은 희미하지만 점점 더 커져 가는 하늘 잔치의 웃음소리로 온 세상을 가득 채우는 것은 바로 이 좋은 소식이다.

복음이 이끄는 기독교

발 행 일 | 2010년 9월 25일

3쇄발행 | 2014년 7월 10일

지 은 이 | 마이클 호튼

옮 긴 이 | 이용중

편 집 인 | 서금옥

디 자 인 | 김영미

펴 낸 이 | 김은주

펴 낸 곳 | 부흥과개혁사

판권 ⓒ부흥과개혁사 2010

주소 | 서울시 마포구 양화로6길 9-24(서교동)

전화 | Tel. 02) 332-7752 Fax. 02) 332-7742

홈페이지 | http://rnrbook.com

e-mail | rnrbook@hanmail.net

ISBN 978-89-6092-168-9
     978-89-6092-123-8(세트)

등록 | 1998년 9월 15일 (제13-548호)

값 18,000원